번암집

한국고전번역원 한국문집번역총서

번암집 12

樊巖集

채제공 지음
蔡濟恭

정문채 김정기 옮김

일러두기

1. 이 책의 번역 대본은 한국고전번역원에서 간행한 한국문집총간 235~236집 소재 《번암집(樊巖集)》으로 하였다. 번역 대본의 원문 텍스트와 원문 이미지는 한국고전종합DB(http://db.itkc.or.kr)에서 확인할 수 있다.
2. 역주는 내용이 간단하면 간주(間註)로, 길면 각주(脚註)로 처리하였다.
3. 한자는 필요한 경우 이해를 돕기 위하여 넣었으며, 운문(韻文)은 원문을 병기하였다.
4. 문장 부호는 '한글 맞춤법'에 규정된 용법을 따랐으며, 그 밖에 새로 만들거나 용법을 달리하여 사용한 부호는 다음과 같다.

「 」: ' ' 안의 재인용을 나타낼 때 사용한다.

『 』: 「 」 안의 재인용을 나타낼 때 사용한다.

《 》: 책명 및 각주의 전거(典據)를 나타낼 때 사용한다.

〈 〉: 편명, 작품명, 논문 제목을 나타낼 때 사용한다.

…… : 번역문에서 원문의 '云云'을 처리할 때, 각주에서 긴 인용문을 처리할 때, 각주의 표제어가 네 어절 이상일 경우 생략되는 말을 처리할 때 사용한다.

- - : 본문에서 소자(小字) 원문 주(註)의 처음과 끝에 사용한다.

차례

일러두기 • 4

번암집 제46권

신도비 神道碑

대광보국숭록대부 의정부좌의정 겸 영경연사 감춘추관사 세자부 증시 문정공 일송 심공 신도비명
大匡輔國崇祿大夫議政府左議政兼領經筵事監春秋館事世子傅贈諡文貞公一松沈公神道碑銘 • 13

대광보국숭록대부 의정부좌의정 겸 영경연사 감춘추관사 동원 김공 신도비명
大匡輔國崇祿大夫議政府左議政兼領經筵事監春秋館事東園金公神道碑銘 • 38

정헌대부 예조판서 겸 지의금부춘추관사 오위도총부도총관 유공 신도비명
正憲大夫禮曹判書兼知義禁府春秋館事五衛都摠府都摠管兪公神道碑銘 • 55

숭정대부 행 예조판서 겸 판의금부사 지경연춘추관성균관사 과암 이공 신도비명
崇政大夫行禮曹判書兼判義禁府事知經筵春秋館成均館事果菴李公神道碑銘 • 70

증 자헌대부 이조 판서 행 가의대부 이조참판 겸 동지경연의금부춘추관사 오위도총부부총관 백암 김공 신도비명
贈資憲大夫吏曹判書行嘉義大夫吏曹參判兼同知經筵義禁府春秋館事五衛都摠府副摠管栢巖金公神道碑銘 • 87

번암집 제47권

신도비 神道碑

증 가선대부 이조 참판 행 통정대부 홍문관부제학 겸 경연참찬관 춘추관수찬관 창석 선생 이공 신도비명
贈嘉善大夫吏曹參判行通政大夫弘文館副提學兼經筵參贊官春秋館修撰官蒼石先生李公神道碑銘 • 101
증 대광보국숭록대부 의정부영의정 겸 영경연홍문관예문관춘추관관상감사 행 숭정대부 행 이조판서 겸 판의금부사 지경연사 홍문관제학 동지춘추관사 귀암 이공 신도비명
贈大匡輔國崇祿大夫議政府領議政兼領經筵弘文館藝文館春秋館觀象監事行崇政大夫行吏曹判書兼判義禁府事知經筵事弘文館提學同知春秋館事歸巖李公神道碑銘 • 145
증 대광보국숭록대부 의정부영의정 겸 영경연홍문관예문관춘추관관상감사 행 숭정대부 행 호조판서 겸 판의금부사 오위도총부도총관 박공 신도비명
贈大匡輔國崇祿大夫議政府領議政兼領經筵弘文館藝文館春秋館觀象監事行崇政大夫行戶曹判書兼判義禁府事五衛都摠府都摠管朴公神道碑銘 • 173
증 대광보국숭록대부 의정부 우의정 행 보국숭록대부 평안도병마수군절도

사 겸 영변대도호부사 부원수 김공 신도비명
贈大匡輔國崇祿大夫議政府右議政行輔國崇祿大夫平安道兵馬水軍節度使兼寧邊大都護府使副元帥金公神道碑銘 • 189

번암집 제48권

신도비 神道碑

수충익모광국 추충분의협책평난 공신 대광보국숭록대부 의정부영의정 겸 영경연홍문관예문관춘추관관상감사 세자사 아성부원군 이공 신도비명
輸忠翼謨光國推忠奮義協策平難功臣大匡輔國崇祿大夫議政府領議政兼領經筵弘文館藝文館春秋館觀象監事世子師鵝城府院君李公神道碑銘 • 211

숭록대부 행 의정부좌참찬 겸 판의금부사 지경연사 홍문관제학 한평군 이공 신도비명
崇祿大夫行議政府左參贊兼判義禁府事知經筵事弘文館提學韓平君李公神道碑銘 • 243

증 대광보국숭록대부 의정부 영의정 청원부원군 행 가선대부 경기 관찰사 심 충장공 신도비명
贈大匡輔國崇祿大夫議政府領議政青原府院君行嘉善大夫京畿觀察使沈忠壯公神道碑銘 • 262

자헌대부 공조판서 겸 지의금부사 정공 신도비명
資憲大夫工曹判書兼知義禁府事鄭公神道碑銘 • 275

번암집 제49권

묘갈명 墓碣銘

신당 정 선생 묘갈명 新堂鄭先生墓碣銘 • 291
숭록대부 행 지중추부사 치사 봉조하 이공 묘갈명
崇祿大夫行知中樞府事致仕奉朝賀李公墓碣銘 • 304
사호 오공 묘갈명 沙湖吳公墓碣銘 • 312
가선대부 행 승정원 도승지 정공 묘갈명
嘉善大夫行承政院都承旨鄭公墓碣銘 • 318
증 사헌부 집의 행 호조 정랑 허공 묘갈명
贈司憲府執義行戶曹正郎許公墓碣銘 • 328
가선대부 삼도통제사 완은군 이공 묘갈명
嘉善大夫三道統制使完恩君李公墓碣銘 • 335
증 참판 엄공 묘갈명 贈參判嚴公墓碣銘 • 347
가의대부 한성부 좌윤 이공 묘갈명
嘉義大夫漢城府左尹李公墓碣銘 • 353
증 이조 참판 행 금천 군수 한공 묘갈명
贈吏曹參判行金川郡守韓公墓碣銘 • 364
통훈대부 행 공조 좌랑 심공 묘갈명
通訓大夫行工曹佐郎沈公墓碣銘 • 372
충신 이공 묘갈명 忠臣李公墓碣銘 • 379
통정대부 수 충청도관찰사 겸 병마수군절도사 순찰사 공주목사 이공 묘갈명
通政大夫守忠淸道觀察使兼兵馬水軍節度使巡察使公州牧使李公墓碣銘 • 384
통훈대부 행 동복 현감 순천 진관 병마절제도위 이공 묘갈명
通訓大夫行同福縣監順天鎭管兵馬節制都尉李公墓碣銘 • 396

증 자헌대부 호조 판서 행 가선대부 경상좌도 병마절도사 증시 무의 박공 묘갈명
贈資憲大夫戶曹判書行嘉善大夫慶尙左道兵馬節度使贈諡武毅朴公墓碣銘 • 400

번암집

제46권

신도비 神道碑

대광보국숭록대부 의정부좌의정 겸 영경연사 감춘추관사 세자부 증시 문정공 일송 심공 신도비명

大匡輔國崇祿大夫議政府左議政兼領經筵事監春秋館事世子傅贈諡文貞公一松沈公神道碑銘

공의 휘(諱)는 희수(喜壽), 자는 백구(伯懼), 자호(自號)는 일송(一松)이다. 청송 심씨(靑松沈氏)는 고려조에서 위위시 승(衛尉寺丞)을 지낸 홍부(洪孚)로부터 세계(世系)가 이어졌고, 그로부터 3대를 내려와 청성백(靑城伯) 덕부(德符), 안효공(安孝公) 온(溫), 공숙공(恭肅公) 회(澮)에 이르러서는 3대가 재상이 되어 공훈과 덕행이 국사(國史)에 실렸다. 고조의 휘는 원(湲)으로 내자시 판관(內資寺判官)을 지내고 좌찬성(左贊成)에 증직되었으며, 증조의 휘는 순문(順門)으로 의정부 사인(議政府舍人)을 지내고 영의정에 증직되었다. 조부의 휘는 봉원(逢源)이고 호는 효창(曉窓)인데, 두 차례 과거에 급제하였으나 영달(榮達)의 길에 발을 끊고 동지돈녕부사(同知敦寧府事)로 벼슬을 마쳤으며 좌찬성에 증직되었다. 선고(先考)의 휘는 건(鍵)으로 문학(文學)에 재주가 있었고 문과에 급제하였으나 일찍 세상을 떠났으며 영의정에 증직되었다. 이상 두 세대에 걸쳐 추증이 이루어진 것은 공이 귀한 신분이 되었기 때문이다. 선비(先妣)는 탄수(灘叟) 이공 연경(李公延慶)의 따님으로 명종 무신년(1548, 명종3)에 공을 낳았는데, 공이 겨우 3세가 되던 해에 의정공이 세상을 떠나 찬성공(贊成公)이 공을 맡아 길렀으며 그 과정에서 매우 극진하게 교육하고 훈도하였다. 조금 장성해서는 부인 노씨(盧氏)를 아내로 맞이하였는바, 이분은 첨정(僉

正) 노극신(盧克愼)의 따님이자 소재공(穌齋公)[1]의 질녀(姪女)이다. 이 당시 소재공은 섬에 유배되어 있었는데, 공은 거친 파도를 건너 몸소 그곳으로 나아가 성리서(性理書)를 배우기를 청하고 과거 공부에 얽매이지 않았다.

무진년(1568)에 사마시(司馬試)에 입격하였다.

경오년(1570)에 퇴계(退溪) 선생이 졸하자 태학(太學)에서 공을 보내어 치제하게 하였는데, 이때 공이 만시(輓詩)를 짓기를,

옥빛과 쇳소리는 정 백자이고[2] 玉色金聲程伯子
얼음 담긴 옥병과 가을 달은 이연평[3]이네[4] 氷壺秋月李延平

1 소재공(穌齋公) : 노수신(盧守愼, 1515~1590)으로, 본관은 광주(光州), 자는 과회(寡悔), 호는 소재(穌齋)·암실(暗室)이다. 1545년 을사사화(乙巳士禍)에 이조 좌랑으로 있다가 파직되어 1547년 순천(順天)으로 유배되고 윤9월 양재역 벽서 사건(良才驛壁書事件)에 연루되어 진도(珍島)로 옮겨져 섬에서 19년 동안 귀양살이하면서 학문에 정진하였다.

2 옥빛과……백자이고 : 옥의 빛깔처럼 온유하고 쇠로 만든 종소리처럼 맑은 품격과 지조를 지닌 모습이 송(宋)나라 학자 정호(程顥)와 같다는 말로, 주희(朱熹)가 정호의 인품을 묘사하면서 "양기가 만물을 기르듯 산처럼 우뚝 섰으며, 옥 같은 빛깔이며 쇠 같은 소리라네.〔揚休山立, 玉色金聲.〕"라고 한 것을 활용한 표현이다. 《晦庵集 卷85 六先生畫像贊》 정 백자(程伯子)는 정자(程子) 가운데 형이란 뜻으로 정호를 말하는데, 정호의 동생인 정이(程頤)를 정 숙자(程叔子)라고 하는 것과 대칭되는 표현이다.

3 얼음……이연평 : 주희의 스승인 이동(李侗)의 고결한 인품을 표현한 말이다. 연평(延平)은 이동의 호이다. 주희의 〈연평선생이공행장(延平先生李公行狀)〉에 "부친께서 일찍이 사현(沙縣)의 등적 천계(天啓)와 선생에 대하여 언급한 적이 있는데, 그때 등적이 말하기를 '원중은 얼음 담긴 옥병과 가을 달과 같아 티 없이 맑고 투명하니 우리들이 미칠 수 있는 바가 아니다.〔愿中, 如氷壺秋月, 瑩澈無瑕, 非吾曹所及.〕'라고 하였다." 하였다. 《晦庵集 卷97》

4 옥빛과……이연평이네 : 이 시구는 심희수의 문집인 《일송집(一松集)》에는 보이지

하였다. 서애(西厓) 유 문충(柳文忠 유성룡(柳成龍))이 일찍이 말하기를 "영남의 선비 가운데 이 시를 보고 탄복하여 칭찬하지 않은 이가 없었으니, 내 이로써 그와 교분을 맺었다."라고 하였다.

선조 임신년(1572, 선조5)에 문과에 급제하고 이듬해 괴원(槐院 승문원)에 뽑혀 들어가 정자(正字)가 되었다.

갑술년(1574)에 승중(承重)으로 찬성공의 상(喪)에 거하여 3년 동안 묘막(墓幕)을 지켰다. 상기(喪期)를 마치고는 저작(著作)과 박사(博士)를 거쳐 전적(典籍)에 올랐다. 형조 좌랑 및 함경도와 충청도의 도사(都事)에 제수되었으나 부임하지 않았다.

경진년(1580)에 홍천 현감(洪川縣監)이 되었는데, 3년 만에 온 경내에서 치적을 칭송하였다.

계미년(1583)에 질정관(質正官)으로 차임되어 황조(皇朝)에 갔다가, 돌아오는 길에 홍문관 수찬(弘文館修撰)에 제수되고 독서당(讀書堂)으로의 휴가를 하사받았다. 공은 해박한 학문과 능통한 재주로 젊은 나이에 과거에 급제하였는데, 그 당시는 관료들이 서로를 배척하여 동(東)이니 서(西)니 하면서 마치 깃발을 세우듯이 저마다 당색을 표방하던 상황이었다. 이러한 와중에도 공은 오직 공평한 태도만을 견지함으로써 어느 한편과 구차하게 다르게 행동하거나 똑같이 행동하지도

않고 심희수와 동시대 사람인 이성중(李誠中)이 지은 〈만퇴계선생(挽退溪先生)〉에서 확인해 볼 수 있어 누가 지었는지 의문이 남는다. 이성중의 문집인 《파곡유고(坡谷遺稿)》에서는 이황이 세상을 떠난 1570년 당시 이성중이 승문원 정자의 신분으로 이 작품을 지었다고 하였다. 한편 번암은 심희수의 7대손 심정수(沈廷秀)가 수집해 온 자료들을 바탕으로 심희수의 신도비명을 지었는데, 그중 어떤 자료에 근거하여 해당 일화를 작성했는지는 알 수 없다.

않은 탓에 10여 년 동안 낮은 직책에만 머물러 있었는데, 이 시기에 이르러 비로소 현달하게 된 것이다.

호당(湖堂 독서당)에 하곡(荷谷) 허봉(許篈)[5]이 파 놓았다고 하는 작은 못이 하나 있었는데, 공이 사물을 보고 사람이 그리워지는 마음이 일어 우연히 시 한 수를 읊었다.[6] 그런데 상이 그 시를 보고는 죄를 지어 귀양 간 신하[7]를 마음에 두고 잊지 못하고 있다 하여 수찬(修撰)을 체차하고 직강(直講)으로 이배(移拜)시켰다.

갑신년(1584)에 모친상을 당하였다. 상기를 마친 뒤 수찬에 제수되고 얼마 뒤에 금산 군수(錦山郡守)가 되었는데, 이때 거사비(去思碑)가 세워졌다.

기축년(1589)에 사간원 헌납(司諫院獻納)에 제수되었다. 당시는 당인(黨人)들이 정여립(鄭汝立)의 옥사(獄事)[8]를 꾸며 내고는 자신들과

5 허봉(許篈) : 1551~1588. 본관은 양천(陽川), 자는 미숙(美叔), 호는 하곡이다. 1572년 친시 문과(親試文科)에 병과로 급제한 후 교리를 거쳐 창원 부사 등을 역임했다. 김효원(金孝元) 등과 함께 동인의 선봉이 되어 이이(李珥)와 심의겸(沈義謙)을 비롯한 서인들을 탄핵하다가 갑산(甲山)으로 유배되었다. 해배(解配)된 뒤로는 벼슬길을 단념하고 산천을 방랑하였다.

6 공이……읊었다 : 《일송집》 권2에 〈회허하곡적거(懷許荷谷謫居)〉로 실려 있다.

7 죄를……신하 : 허봉을 말한다. 허봉은 1583년 홍문관 전한으로서, 임금을 무시하고 군정(軍政)을 마음대로 휘두른다는 명목으로 당시 병조 판서를 맡고 있던 이이를 탄핵하다가 파직되어 갑산으로 유배 갔다. 이때 탄핵에 함께 동참하였던 송응개(宋應漑)와 박근원(朴謹元) 역시 각각 회령(會寧)과 강계(江界)로 유배 갔는데, 이 세 사람의 유배 처분을 계미삼찬(癸未三竄)이라고 하며 이로써 동인과 서인의 대립은 더욱 격화되었다. 《宣祖實錄 16年 8月 28日》《海左集 卷31 大匡輔國崇祿大夫議政府左議政兼領經筵事監春秋館事謚文貞公一松先生沈公墓誌銘》

8 정여립(鄭汝立)의 옥사(獄事) : 1589년 10월 정여립이 모반을 일으켰다는 죄목으로

입장을 달리하는 사람 가운데 당시 명망이 있던 자들을 모함해 죽여 그 피해 범위가 몹시도 확대되는 상황이었다. 이에 공은 구제할 수 없는 상황이라 판단하고는 사직하여 체차되었다. 이후 교리(校理)와 응교(應敎)에 누차 제수되었는데, 당시 재상의 집으로 찾아가 옥사를 처리하는 과정에서 지나친 처분이 많이 발생한다고 격절(激切)하고 강개(慷慨)한 어세로 소리 높여 말하고는 옷깃을 떨치고 자리에서 일어나 문밖으로 나가 버렸다. 그때 장공 운익(張公雲翼)[9]과 마주쳤는데, 운익이 공의 소매를 잡아당기며 만류하려고 하자 공이 웃으며 말하기를,

백구가 너른 물결 위에 있으니 白鷗波浩蕩
만 리 먼 길에 누가 능히 길들이랴[10] 萬里誰能馴

하였다. 이는 대개 공의 자가 백구(白鷗)와 음이 같고[11] 운익의 자가 만리(萬里)이기 때문에 노두(老杜)의 시를 외어 자신의 뜻을 내보인 것이다. 이 일로 당로자(當路者)가 한층 더 불쾌해하며 공을 삼척 부사(三陟府使)로 의망(擬望)하였는데, 이는 공을 내쫓으려는 의도였다. 그러나 이러한 조치가 인사 행정의 관례상 부당하다고 말하는 자 덕분

일어난 기축옥사(己丑獄事)를 가리킨다.

9 장공 운익(張公雲翼) : 장운익(張雲翼, 1561~1599)으로, 본관은 덕수(德水), 자는 만리(萬里), 호는 서촌(西村)이다. 기축옥사 당시 장령으로서 동인에 대한 단호한 처벌을 주장하다가 1591년 양양 부사(襄陽府使)로 재직 중 정철의 일당으로 몰려 온성(穩城)으로 유배되었다. 《大東野乘 己丑錄上》

10 백구(白鷗)가……길들이랴 : 당(唐)나라 시인 두보(杜甫)의 〈봉증위좌승장이십이운(奉贈韋左丞丈二十二韻)〉의 일부분인데, 강호에서 자유롭게 나는 백구처럼 세상을 떠나 멀리 은둔한다면 누구도 얽매거나 만류할 수 없다고 함으로써 어디에도 구속받지 않으려는 의지를 표명한 것이다. 《補注杜詩 卷1》

11 공의……같고 : 심희수의 자가 백구(伯懼)이므로 이렇게 말한 것이다.

에 마침내 일이 중지되었다.

신묘년(1591)에 응교로서 선위사(宣慰使)에 차임되어 동래부(東萊府)에 갔다가, 돌아와서는 장령(掌令)과 사간(司諫)에 제수되었다. 공은 대각(臺閣)에 오랫동안 재직하였는데, 어떠한 사안을 만날 때마다 힘써 쟁변하여 소신을 굽히지 않았다. 상이 선부(選部 이조)에 유시하기를 "호당(湖堂)으로 휴가를 내린 자에 대해 일전에 이미 대각의 직임을 제수하지 말라고 명하였는데, 이는 과업(課業)을 빼앗지 않기 위해서였다. 마땅히 체직하여 다른 직임을 제수해야 할 것이다."라고 하므로, 마침내 사성(司成)으로 이배되었다.

임진년(1592)에 왜노(倭奴)가 대대적으로 침략해 들어오자 공은 방어사(防禦使) 성응길(成應吉)의 종사관(從事官)이 되어 영남 밀양(密陽)으로 내려갔다. 그런데 적의 기세가 더욱 급박해지는 상황에서 성응길은 공이 세상에 쓰일 만한 재주를 가졌음을 간파하고는 전장(戰場)에서 죽게 하고 싶지 않아 모종의 일을 이유로 공을 조정으로 돌려보냈다. 공이 조정에 도착해 보니 상은 이미 서쪽으로 피난을 간 뒤인지라 태묘(太廟)의 터에서 곡하고서 말을 되돌려 서도(西道)를 향해 갔는데, 나흘 동안 아무것도 먹지 않고 기구한 험로를 지나 행재소(行在所)에 도착하고는 필선(弼善)과 응교에 제수되었다. 명을 받들어 어사(御史)가 되어서는 먼저 용만(龍灣 의주(義州))에 가서 행궁(行宮)을 수리하였고, 얼마 뒤에 병조 참지, 승정원 동부승지로 승진하였다.

이듬해에 승진하여 도승지(都承旨)에 제수되고 뒤이어 가선대부(嘉善大夫)에 가자(加資)되었다. 2월 상이 탄 수레가 서울로 돌아가던 길에, 서울에서 용만까지 어가(御駕)를 호종한 신하들의 이름을 적어 아뢰라는 명이 내려졌다. 그러나 공은 영남에서 뒤따라 도착했다는 이유로, 승지 유몽정(柳夢鼎)은 공무로 인해 뒤늦게 도착했다는 이유로 그 명단에 들지 못하였다. 이에 유몽정이 공 앞에서 노기 섞인 말을 하자, 공이 찬찬히 말하기를 “군의 말은 무엇을 바라는 것에 가깝지 않겠는가. 가령 황조(皇朝)가 우리에게 ‘임금이 사직(社稷)과 운명을 같이하는 의(義)’[12]로 책망하면서 말고삐를 잡고 호종한 신하들에게 허물을 꾸짖는다면 공은 능히 스스로 감당할 수 있겠는가.”라고 하였다.

어가가 궁으로 돌아온 뒤 대사헌(大司憲)에 제수되고 다시 도승지가 되었다. 아우의 장례를 치르기 위해 사직을 청하였는데 상이 허락하지 않고 이르기를 “경을 조금 쉬게 해 주고 싶기는 하나 듣건대 조사(詔使)가 도착했는데 격앙된 소리가 일어난다고 하니,[13] 경이 아니면 또 누가 능히 접대를 하겠는가. 내 곁에 경이 없어서는 안 된다.”라고 하였다. 겨울에 형조 판서에 오르니, 국난 이래로 한 해 만에 등급을 뛰어넘어 정경(正卿)의 지위에 이른 경우는 공이 실로 으뜸이었다.

갑오년(1594)에 호조 판서로 전직되고 정헌대부(正憲大夫)에 가자

12 임금이……의(義) : 《예기(禮記)》 〈곡례 하(曲禮下)〉에 “임금은 사직과 운명을 같이하고, 대부는 군대와 운명을 같이하고, 사는 임금의 명령에 죽는다.”라고 하고, 〈예운(禮運)〉에 “나라에 환란이 생겼을 때 임금이 사직과 운명을 같이하는 것을 의라 하고 대부가 종묘와 운명을 같이하는 것을 바름〔正〕이라고 한다.”라고 한 것을 말한다.

13 조사(詔使)가……하니 : 1593년 1월 임진왜란의 원군(援軍)으로서 군무를 돕기 위해 조선으로 온 명나라의 병부 원외랑(兵部員外郞) 유황상(劉黃裳)이 조선의 접대가 소홀하다는 이유로 크게 화를 낸 것을 완곡하게 표현한 말이다. 이 소식이 알려지자 선조는 심희수를 보내어 유황상에게 사죄하도록 하였는데, 심희수가 미처 가기 전에 유황상의 일행이 이르자 선조는 말에서 내려 직접 사과하고 자초지종을 설명하는 한편, 술과 안주로 일행의 화난 마음을 누그러뜨렸다. 《宣祖實錄 26年 1月 20日》 《龍灣聞見錄》

되었다. 이후 송 경략(宋經略)[14] 및 손 시랑(孫侍郎)[15]과 고 시랑(顧侍郎)[16]을 접반하는 일로 용만관(龍灣館)에 머물렀는데, 이 당시 서도는 갓 병란의 참화를 겪은 데다 농사마저 흉년이 들어 백성들의 시체가 도랑과 골짜기에 가득한 실정이었다. 이에 공은 관찰사 이공 원익(李公元翼)과 논의를 거친 뒤 송 경략에게 힘껏 요청하여 관시법(關市法)을 창설하게 하였는데, 이로 인해 우리나라 사람들이 깨진 무쇠와 묵은 솜을 조와 쌀로 바꿀 수 있게 되어 그 덕에 목숨을 부지한 사람들이 매우 많았다.

병신년(1596)에 세자시강원 빈객, 예문관 제학(藝文館提學), 비국 유사(備局有司)를 겸관(兼管)하였다. 이듬해에 주청사(奏請使)의 자격으로 연경(燕京)에 갔다가 돌아와서는 예조 판서에 제수되었다.

무술년(1598)에 만 경리(萬經理)[17]의 접반사가 되었다.

14 송 경략(宋經略) : 명나라 사람 송응창(宋應昌, 1536~1606)으로, 자는 시상(時祥), 호는 동강(桐岡)으로, 절강성(浙江省) 인화(仁和) 사람이다. 1592년 8월 경략 비왜 군무(經略備倭軍務)로 조선에 부임하였다.

15 손 시랑(孫侍郎) : 명나라 사람 손광(孫鑛, 1542~1613)으로, 자는 문융(文融), 호는 월봉(月峯)으로, 절강성 소흥부(紹興府) 여요현(餘姚縣) 사람이다. 1594년에 병부 우시랑(兵部右侍郎)으로 고양겸(顧養謙)을 대신하여 경략(經略)이 되었다.

16 고 시랑(顧侍郎) : 명나라 사람 고양겸(顧養謙, 1537~1604)으로, 자는 익경(益卿), 호는 충암(冲菴)으로, 직례성(直隷省) 양주부(楊州府) 통주(通州) 사람이다. 1593년 11월 송응창을 대신하여 경략이 되었다. 조선에서 철병하자며 주화론(主和論)을 주장하였고, 봉공(封貢)을 적극 지지하다가 탄핵을 받아 귀국하였다.

17 만 경리(萬經理) : 명나라 사람 만세덕(萬世德)으로, 자는 백수(伯修), 호는 진택(震澤)이다. 1598년 양호(楊鎬)를 대신해 경리 조선 군무(經理朝鮮軍務)가 되어 조선에 왔다가 1600년 귀국하여 계료 총독(薊遼總督)이 되었다.

기해년(1599)에 숭정대부(崇政大夫)에 가자되고 이조 판서에 제수되었다. 얼마 후 좌참찬(左參贊)에 전직되고 양관(兩館 예문관과 홍문관)의 대제학(大提學)을 겸관하였으며, 우찬성(右贊成)으로 이배되었다가 사직하여 체차되었다. 당시 만 경리가 영남으로 내려가려고 하였는데, 이때 공이 그를 수행해야 했다. 이에 만 경리가 자문(咨文)을 보내어 말하기를 "실직(實職)이 없으면서 공무를 받드는 것은 마땅치 않다."라고 하니, 이로 인해 마침내 예조 판서에 제수되었다. 그러나 공은 다리의 경련 때문에 걷기 힘들다는 이유로 이를 사양하였는데, 조정이 만 경리에게 공의 병을 고한 연후에 비로소 체직될 수 있었다. 이로부터 좌찬성, 우찬성에 연이어 제수되고 세자시강원 이사를 겸관하였으며 숭록대부(崇祿大夫)에 가자되었다. 문묘(文廟)의 시호(諡號) 및 배향된 제현(諸賢)의 위패에 대한 승출(陞黜)을 한결같이 황명(皇明)의 제도대로 바로잡을 것을 청하자 상이 가납(嘉納)하였다.[18] 이후 연이어 이조와 공조의 장관이 되었으며 판의금부사를 겸관하였다.

갑진년(1604) 1월 1일에 흰 무지개가 해를 꿰뚫는 일이 발생하자

18 문묘(文廟)의……가납(嘉納)하였다 : 심희수가 접반사로서 명나라 장수 만세덕을 수행할 당시, 만세덕 일행은 조선의 문묘를 보고 대성지성문선왕(大成至聖文宣王)이란 공자의 시호가 왕(王)이라는 칭호를 천하게 여기고 사호(師號)를 높이는 도리에 맞지 않는다 하여 왕(王)을 사(師)로 고치도록 하는 한편, 주돈이(周敦頤), 정호(程顥), 정이(程頤), 장재(張載), 주희(朱熹)는 배향되어 있으나 공자의 72제자는 배향되지 않은 점, 공자의 아버지인 계성공(啓聖公)의 사당이 없는 점 등을 문제로 지적하였다. 이에 심희수는 대제학의 직임을 사양하는 상소를 올리면서 이 문제를 거론하고, 만세덕은 1601년 1월 조선의 조정에 자문을 보내어 공자의 시호와 72현의 배향 및 공자의 아버지 계성공의 사당 건립 문제를 명나라의 법식대로 개정하기를 요구하였다. 《一松集 卷5 辭大提學》《宣祖實錄 34年 5月 1日》

공이 성지(聖旨)에 응해 상소하기를,

"왕자(王子)들이 백성들의 토지와 재물 및 포백(布帛)을 빼앗는 것이 날이 갈수록 더 심해지니, 문 앞에서 소리치며 재물을 독촉하는 급박한 상황과 때리고 매질하는 참혹한 정경은 차마 말로 할 수 없을 정도입니다. 이 때문에 상처가 이제 막 아문 백성들이 두려움에 똑바로 서지도 보지도 못하면서 왜적이 와 주기를 바라지 않으면 그저 오랑캐라도 와 주기를 바라니, 그 처참한 상황이 과연 어떻겠습니까. 그러나 이 와중에서도 조정에 있는 자들은 모두 오직 애써 입을 다물고 도성 안에 시신을 버리고 사람을 겁박하는 변고가 일어나는데도 끝내 아무도 그것을 드러내 말하지 않고 있습니다. 세도가 이러한데 어찌 천지의 화기(和氣)를 손상하지 않을 수 있겠습니까."

하였다. 이 소장(疏狀)이 입계(入啓)되자 공을 염려하지 않는 이가 없었으나, 상은 이를 죄로 삼지 않았다. 이윽고 신병(身病)을 이유로 정고(呈告)하자 상이 약원(藥院)으로 하여금 시탕하도록 함으로써 오랜 병을 걱정하고 위로해 주는 한편 어의(御醫)를 보내어 진찰하도록 하니, 이는 특별한 은전(恩典)이었다.

얼마 뒤에 정승의 선발 명단에 들어 의정부 우의정에 제수되었다. 이때 가장 먼저 사습(士習)이 공리(功利)에 빠져 의리(義理)의 학문을 알지 못한다고 아뢰고는, 대사성에게 명을 내려 《소학(小學)》, 《심경(心經)》, 《근사록(近思錄)》 등의 서적을 가르치게 함으로써 나아갈 방향을 알게 해 달라고 청하니, 상이 서둘러 명을 내려 시행하도록 하였다.

한편 공은 특별히 언로(言路)를 열어 넓히는 것을 급선무로 여겼다. 일찍이 어전(御前)에서 김공 상용(金公尙容)이 대사간으로서 궁궐이 엄숙하지 못한 문제에 대해 힘껏 논하였는데, 상은 대답하지 않은 채 몹시 노여운 안색을 지어 보였다. 이에 좌우에 있던 신하들은 모두 두려움으로 목을 움츠렸는데, 공이 나아와 아뢰기를,

"이 일을 신 또한 들은 바 있으며 여러 신하도 듣지 않은 이가 없습니다. 그러나 무섭고 두려운 마음에 감히 말을 꺼내지 못했을 뿐인데, 김상용이 홀로 이를 말하니 가히 '봉황이 조양(朝陽)에서 운다.'[19]라고 이를 만합니다."

하였다. 상이 이 말을 듣고 안색을 누그러뜨렸다.

병오년(1606)에 성균관에 익명의 글을 투서한 자가 있자 상이 학관(學官)과 유생(儒生) 및 반례(泮隷) 들을 잡아들이라고 명하였다. 이에 공이 위관(委官)으로서 진상을 밝혀내기 힘든 사정에 대해 힘써 진달한 결과 일이 중지될 수 있었는데, 공이 졸한 뒤에 반인(泮人)들이 공의 사당을 세워 제사를 지내 주었다. 얼마 뒤에 좌의정으로 승진하여 여러 궁가(宮家)가 백성을 괴롭히는 실태를 차자(箚子)로 진달하였는데, 그 대략에,

"나라의 고질적인 폐단이 전적으로 여기에 있는데 사람들은 모두 '상께서 듣기 싫어하시는 일이다.'라고 하고 이목(耳目)의 책임을 맡은 이들 역시 입을 열지 못하니 무슨 말을 하겠습니까."

하였다. 그러자 상이 불편해하는 전교를 내렸고, 이에 마침내 공은

19 봉황이 조양(朝陽)에서 운다 : 출중한 덕과 정직한 품성을 지녀 과감하게 직간하는 것을 비유하는 말이다. 《시경》 〈대아(大雅) 권아(卷阿)〉에 "봉황이 우네, 저 높은 산에서. 오동이 자라네, 저 조양에서.〔鳳凰鳴矣, 于彼高岡. 梧桐生矣, 于彼朝陽.〕"라고 한 데서 온 말이다.

세 차례에 걸쳐 사직을 청한 끝에 체직되었다. 한 유생이 상소하여 대원군(大院君)의 추숭을 청하자[20] 상이 이를 대신들에게 내려 의논하게 하였는데, 공이 예전(禮典)을 원용하면서 그것은 불가한 일이라고 극력 진달하여 일이 마침내 중지될 수 있었다.

무신년(1608)에 선조가 훙서(薨逝)하고 광해가 왕위를 이어받자, 공은 완평(完平) 이공 원익(李公元翼)과 동시에 다시 조정에 들어가 상신(相臣)이 되었다. 이에 앞서 공이 세자시강원 빈객으로서 만 경리의 접반사가 되어 서도(西道)로 내려가려 할 적에, 출발을 앞두고 상소하기를,

"세자(世子)를 보도(輔導)하는 일은 진정 오늘날의 급선무입니다. 설사 시사(時事)가 어려워 그렇게 할 겨를이 없다고 하더라도, 동궁(東宮)에게는 기실 당면한 기무(機務)가 없는 까닭에 상에게 안부를 묻고 수라상을 살피는 시간 외에는 모두 자선(資善)[21]하고 강학할 수 있으니, 어찌 하는 일 없이 그냥저냥 세월을 보내면서 끝없는 후회를 남길 수 있단 말입니까."

20 한……청하자 : 1606년 통정대부(通政大夫) 김계(金稽)가 선조의 생부인 덕흥대원군(德興大院君) 이초(李岹)를 대왕(大王)으로 추봉(追封)하기를 청한 것을 말한다. 이초는 중종의 일곱째 아들이며, 중종의 후궁인 창빈(昌嬪) 안씨(安氏)의 소생이다. 1567년 명종이 후사 없이 죽자, 덕흥대원군 이초의 셋째 아들 하성군(河城君) 이균(李鈞)이 왕위를 이었는데, 그가 곧 선조이다.《宣祖實錄 39年 9月 2日》

21 자선(資善) : 선의 도움을 받는다는 말로, 세자가 강학하는 것을 말한다. 송(宋)나라 왕영(王林)의《연익이모록(燕翼貽慕錄)》권3에 "대중(大中) 상부(祥符) 8년에 인종(仁宗)이 수춘군왕(壽春郡王)을 황태자로 책봉하고 장사손(張士遜), 최준도(崔遵度)를 벗으로 삼고 강학하는 곳을 자선당(資善堂)이라 했으니, 이것이 자선이란 명칭이 생겨난 유래이다."라고 하였다.

하니, 이에 식견이 있는 자들은 공에게 깊은 생각과 심원한 근심이 있다고 여겼다.

당시는 이이첨(李爾瞻) 등이 이미 권력을 농단하고 있던 때[22]로, 삼사(三司)가 임해군(臨海君)이 역모를 꾀하였다고 보고하자 이이첨 등이 그에 대한 주벌을 청하였다.[23] 그러나 공은 법을 관대히 적용해서 은혜를 베풀어 달라고 수차에 걸쳐 청하고 완평 및 오성(鰲城) 이공항복(李公恒福)과 함께 연명(聯名)하여 차자를 올렸는바, 그 글은 공의 손에서 나온 것이다. 이 당시는 국사를 말하는 자들이 연이어 파출(罷黜)을 당하던 상황이었는데, 이러한 와중에도 공은 또다시 소장을 올려 학문에 부지런히 힘쓰는 일, 간쟁(諫諍)을 받아들이는 일, 용사(用舍)를 신중히 하는 일, 호오(好惡)를 분명히 하는 일, 궁궐을 엄숙히 하는 일, 척속(戚屬)을 경계하는 일, 사습(士習)을 바로 하는 일, 군정(軍政)을 정비하는 일, 홀아비와 과부를 진휼하는 일, 절검(節儉)

22 당시는……때 : 대북(大北)의 영수인 이이첨이, 선조가 죽고 광해군이 즉위하자 예조 판서에 오르고 광창부원군(廣昌府院君)에 봉해지는 등 정치적으로 승승장구하면서 정인홍(鄭仁弘) 등과 함께 소북(小北)을 비롯한 반대 일파를 숙청하고 정권을 좌지우지한 것을 말한다.

23 삼사(三司)가……청하였다 : 광해군이 즉위한 첫해에 광해군의 형인 임해군 이진(李珒)이 사병(私兵)을 양성하여 반역을 꾀하려 한다는 대간(臺諫)들의 계사가 올라와 임해군은 진도(珍島)로 정배(定配)되고 그의 심복 100여 명이 복주(伏誅)되었는데, 정인홍과 이이첨의 대북 일파는 이에 그치지 않고 임해군까지도 죽일 것을 주장하였다. 이에 반해 이원익, 이항복 등 원로대신은 형제의 도리를 들어 귀양을 보내는 선에서 옥사를 마무리 짓고자 하였다. 결국 임해군은 사사(賜死)를 면하고 교동(喬桐)으로 유배되었으나, 1609년 5월 원인 불명의 이유로 사망하였다. 《光海君日記 卽位年 2月 14日》《燃藜室記述 卷19 臨海君之獄》

을 숭상하는 일 등 모두 10개 조목을 진달하였는데, 모두 당대에 절박하고도 시급한 경계였다.

기유년(1609, 광해군1)은 광해가 즉위한 1년이었다. 여러 간신에게 이미 모후(母后)[24]를 위해하려는 조짐이 있음을 알아차린 뒤, 공은 밤낮으로 걱정과 염려를 하던 끝에 마침내 봉사(封事)를 올려 아뢰기를,

"자전(慈殿)을 봉양하는 일은 그 진심 어린 효성을 다할지라도 혹 한 가지 일이나마 미진한 점이 있지 않을까, 혹 한마디 말이나마 행하지 못한 것이 있지 않을까 염려스럽기 마련입니다. 이 때문에 한갓 봉양에 필요한 물품을 갖추는 것에 그칠 뿐 아니라 반드시 그 뜻을 봉양하는 데 힘써 화열한 기운이 궁궐 안에 언제나 있도록 함으로써 부모의 사랑과 자식의 효성이 융성하여 그 둘이 다 지극해지도록 만들면, 비록 환관(宦官)과 궁첩(宮妾) 및 흉하고 음험한 무리일지라도 모두 이에 감화될 것입니다. 그렇게 되면 누가 감히 털끝만큼이라도 참소하고 이간질하려는 생각을 가질 수 있겠습니까."

하였다. 얼마 뒤에 완평의 소장이 제출되자, 흉악한 무리들이 공이 그 논의를 주동했다고 하여 마찬가지로 찬배할 것을 논의하였으나 실행되지 못하였다. 그러다 마침내 공은 병을 칭탁하고 물러나 1년이 넘도록 계속 소장을 올리며 면직을 청하였는데, 광해는 좌의정 이항복을 보내어 조정에 복귀할 것을 효유하였다. 이에 공은 마지못해 조정에 나와서는 당세의 폐단에 대해 수백 자에 걸쳐 끝까지 다 말하는 한편, 경연(經筵)에서 《상서(尙書)》를 강론한 일을 계기 삼아 우순(虞舜),

24 모후(母后) : 선조의 계비(繼妃)이며 영창대군(永昌大君)의 어머니인 인목대비(仁穆大妃)를 말한다.

성탕(成湯), 태갑(太甲), 상종(商宗)의 시절에 대해 반복해 말하면서 직간을 받아들이고 눈과 귀를 넓히는 것을 가장 먼저 해야 할 일로 내세우고, 이어서 기천영명(祈天永命)의 도[25]에 대해 언급하였는바, 이상의 문제에 대해 몹시도 정성스럽고 간곡하게 말하여 반드시 감동하여 깨닫게 만들고 말려고 하였다.

거인(擧人) 임숙영(任叔英)이 대책문(對策文)에서 대궐의 일을 곧바로 거론하여 기휘(忌諱)를 저촉한 일이 있자, 여러 고관(考官)은 놀라 서로 돌아보며 그를 삭출하고자 하였으나 공은 명관(命官)으로서 그를 발탁하여 급제시켰다. 이후 광해가 임숙영의 삭과(削科)를 명하자 공은 "임숙영은 광망(狂妄)한 자인데도 신이 그를 발탁하였으니, 신의 광망함은 임숙영보다 더 심한 점이 있습니다."라고 하고 마침내 면직해 주기를 청하였는데, 상은 이를 허락하지 않고 임숙영의 복과(復科)를 명하였다.

임자년(1612)에 우복(愚伏) 정경세(鄭經世)가 반역죄를 지은 죄수로부터 무고를 당하여 감옥에 잡혀 들어갔는데,[26] 공이 옥 안으로 편지

25 기천영명(祈天永命)의 도 : 국가의 운세가 영원하도록 하늘에 기원하는 도리를 말한다. 《서경》 〈소고(召誥)〉에 "새 도읍에 머무시어 왕께서는 빨리 덕을 공경하소서. 왕께서 덕을 쓰는 것이 하늘의 영원한 명을 비는 것입니다.〔宅新邑, 肆惟王, 其疾敬德. 王其德之用, 祈天永命.〕"라고 하였다.

26 우복(愚伏)……들어갔는데 : 1612년 봉산 군수(鳳山郡守) 신률(申慄)이, 병조의 문서를 위조해 사용하다가 체포된 김경립(金景立)을 문초하던 중 김직재(金直哉), 김백함(金百緘) 부자의 역모 사실이 드러났는데, 이 사건을 조사하던 중 역모 관련자 유팽석(柳彭錫)이란 자가 정경세와 정인홍이 김직재와 함께 역모를 모의하였다고 거짓 자백하여 정경세가 세 아들과 함께 체포된 것을 말한다. 이는 대북파가 소북파를 제거하기 위해 조작한 옥사로, 이 사건으로 김직재 등은 모두 사형을 당하고 100여 명의 소북파가 처벌을 당했다. 《燃藜室記述 卷19 金直哉之獄》《愚伏年譜》

를 보내어 그를 위문하였다. 이 일로 죄에 연좌되어 파직되었다. 그러다가 얼마 뒤 서용되어 판중추부사(判中樞府事)에 제수되었다.

계축년(1613)에 무옥(誣獄)이 크게 일어났는데, 이이첨 등은 영창대군(永昌大君)이 화의 근원이라고 지목하면서 그를 극형(極刑)에 몰아넣고자 하였다. 이에 한음(漢陰) 이공 덕형(李公德馨)이 목숨을 걸고 간쟁하려고 하자, 오성(鰲城)이 말하기를 "이 일은 장차 모후(母后)에까지 미칠 것이다. 우리들은 마땅히 모후와 운명을 같이해야 하니, 대군(大君)을 위하여 죽으면 용기를 손상하는 것이다."라고 하고는,[27] 영창대군을 밖으로 내쳐서 안치시킬 것을 청하였다. 이에 공은 당시 원임 대신(原任大臣)의 신분으로 간쟁하기를 "이는 중대한 일이니, 마땅히 여러 대신과 두루 논의해야 할 것입니다."라고 하였다. 이때 완평이 영창대군을 내쳐서 안치시키려는 논의에 참여하지 않으려 하자, 공은 그를 끌어들여 도움을 받고자 하였다. 그러나 끝내 그렇게 되지 못하자 상공(相公) 정창연(鄭昌衍)을 보고 눈물을 흘리며 말하기를,

> "주상께서 대군을 무릎에 앉히고 과일을 먹이면서 어루만져 이르기를 '내가 있으니 너는 두려워하지 마라.'라고 하셨던 그때는 하늘에 계신 선왕의 영령을 가히 위로할 수 있었는데, 지금 차마 이러한 지경이 되고 마니 우리나라는 필시 보전되지 못할 것입니다. 늙은 이 신하는 일찍 죽지 못하는 것이 한스럽습니다."

하였는데, 말을 한마디 내뱉을 적마다 눈물이 따라 흐른 나머지 옷자락이 모두 다 젖어 버렸다.

27 오성(鰲城)이……하고는 : 이항복의 이 말은 《상촌집(象村集)》 권27 〈영의정백사이공신도비명(領議政白沙李公神道碑銘)〉에 실려 있다.

갑인년(1614)에 정동계 온(鄭桐溪蘊)이 상소하여 영창대군의 억울함을 호소하자 광해가 노하여 그를 옥에 가두어 죽이려고 하였는데, 이때 공이 소장을 올려 그를 극력 변호하였다. 당시는 오랜 가뭄이 이어지던 상황으로, 이에 공이 아뢰기를 "오늘날 화기(和氣)가 손상된 것은 참으로 무옥(誣獄)에 그 이유가 있을 뿐 다른 이유는 없습니다." 라고 하고, 마침내 극언하기를,

"큰 옥사가 지나가자마자 연이어 거짓을 날조하며 공격을 해 대고 있는데, 이것의 태반은 공(功)을 바라고 상(賞)을 기대하는 속셈이며, 그게 아니라면 뭇 죄수들이 다 죽게 된 상황에서 목숨을 부지하기 위해 벌이는 계책입니다. 이 때문에 중외(中外)의 사서인(士庶人)들이 다 이것저것 주워 모은 사소한 죄목에 걸려들어 형구가 즐비하게 늘어선 가운데 나란히 옥에 갇힌 신세가 되어 죄의 실정(實情)이 있든 없든 모두 정상(情狀)을 드러내 밝히지 못하고, 이에 사람들마다 위험을 느껴 조석(朝夕)도 목숨을 보전하지 못합니다. 이 어찌 청명한 시대에 의당 있을 수 있는 일이겠습니까."

하면서, 한(漢)나라의 한랑(寒朗)과 송(宋)나라의 여공저(呂公著)의 일[28]을 인용해 아뢰었다. 이로써 광해가 조금 깨닫고는 명을 내려 옥에

28 한(漢)나라의……일 : 한랑은 후한(後漢) 때 사람으로 자가 백기(伯奇)인데, 명제(明帝) 때 알자수시 어사(謁者守侍御史)로서 초왕(楚王) 유영(劉英)의 역옥(逆獄)을 처리하였다. 이 과정에서 수향후(隧鄕侯) 경건(耿建), 곡성후(曲成侯) 유건(劉建) 등 수천 명에 가까운 사람들이 억울하게 죄를 뒤집어썼다는 것을 안 한랑은 명제의 진노를 무릅쓰고 끝까지 그들의 무죄를 변호하다가 마침내 명제의 마음을 돌려 1000여 명에 가까운 사람들이 풀려나게 만들었다.《後漢書 寒朗列傳》여공저는 송나라의 명재상으로 자는 회숙(晦叔)이다. 신종(新宗) 때 동지추밀원사(同知樞密院事)로서 상소하

갇힌 죄수들을 의논해 처리하도록 하였다.

을묘년(1615)에 영돈녕부사에 제수되었는데, 상이 옥사를 다스리라고 명을 내리자 병을 이유로 사직하였다. 이듬해에 허균(許筠)이 황성(皇城)에서 돌아와 제 스스로 말하기를 "명나라 사람들의 야사(野史)에 종계(宗系)와 관련된 잘못된 사실이 기록되어 있다."라고 하면서 그 잘못된 사실을 바로잡기를 진청(陳請)하는[29] 한편, 이 일을 가지고 자기의 공(功)을 과장하고 종묘에 고하여 경축하고자 하였다. 공은 이러한 허균의 행동을 싫어하여 마침내 말하기를 "종계와 관련하여 잘못된 사실이 분명하게 밝혀진 것은 이미 기축년(1589, 선조22)《회전(會典)》이 내려진 시점에 있었던 일[30]이므로 지금에 와서 이 일을 경사(慶事)로 삼는 것은 부당하다."라고 하였다. 이에 앞서 완평이 유

여 옥사가 남발되는 현실을 비판하고 포용과 용서의 정치를 베풀 것을 청하여 신종으로부터 규간을 다 하는 도리를 얻었다고 칭찬을 받았다. 《宋元通鑑 卷27》

29 허균(許筠)이……진청(陳請)하는 : 허균이 1614년 천추사(千秋使)로서 중국에 가서 구입해 온 명나라 문인 오원췌(伍員萃)의 저작 《임거만록(林居漫錄)》에 종계변무(宗系辨誣)의 결과가 반영되지 않고 예전대로 이성계(李成桂)의 계보가 과거 그대로 수록되어 있는가 하면, 광해군이 그의 형 임해군의 자리를 빼앗아 왕위에 올랐다는 내용이 들어 있다고 주장하였다. 이에 허균은 왕명을 받고 다시 중국으로 가서 이 문제를 해결하고 돌아왔으며, 이 사건으로 인해 허균은 광해군의 신임을 받아 형조 판서에까지 올랐다. 그런데 이후 문제의 도서 《임거만록》이 실은 허균에 의해 조작된 위서라는 주장이 끊임없이 제기되었다.

30 종계와……일 : 《회전》은 《대명회전(大明會典)》을 말하며, 명나라 《태조실록(太祖實錄)》과 《대명회전》에 태조 이성계가 고려의 권신 이인임(李仁任)의 후손이라고 잘못 기록되어 있는 사실에 대해 조선이 명나라 측에 기록의 개정을 수없이 요청한 끝에 1589년 윤근수(尹根壽)가 《대명회전》 전부를 받아 옴으로써 종계변무 문제가 완전히 해결된 일을 말한다.

배형에 처해질 당시, 흉악한 무리들은 공까지 아울러 내쫓고자 하였다. 그러나 구실을 삼을 것이 전혀 없자 주변에서 매우 철저하게 틈을 엿보고 있었는데, 이때에 이르자 삼사(三司)가 공의 삭출을 요청하였고 상은 이를 윤허해 주었다.

얼마 뒤 대비(大妃)가 서궁(西宮)에 갇히게 되자, 공은 둔산(屯山)으로 나가 거처하면서 스스로를 '수뢰누인(水雷纍人)'이라 부르고는 늘 《주역》을 대하면서 침잠하고 반복하였다. 이렇게 지낸 지 4년 만에 비로소 서용(敍用)되어 판중추부사에 제수되었으나, 공은 더 이상 도성 문에 들어가지 않고 치사(致仕)를 청하는 소장을 10여 차례나 올리면서 속히 생이 마감되기만을 염원하다가 마침내 임술년(1622) 5월 18일 우거하던 집에서 졸하였다. 이날 밤 도승지 이덕형(李德泂)이 공이 위독하다고 아뢰자, 광해는 문을 열고 어의를 보내 진찰하도록 명하였다. 공은 병세가 심해지자 아픈 몸을 무릅쓰고 소장을 올려 나라의 위태롭고 어지러운 실상을 낱낱이 논하였는데, 소장이 회부되지 않고 중간에 계류된 지 달포가 지난 뒤에야 비답이 내려졌다. 사관(史官)을 보내어 빈차(殯次)에 유지(諭旨)를 전하게 하니, 향년 75세였다.

공은 어려서는 찬성공의 가르침을 이어받고 장성해서는 소재(穌齋)의 문하에서 공부하여, 몸을 수양하면서 익힌 시례(詩禮)[31]에 연원이 있었다. 집에서는 찬성공과 모부인을 섬김에 정성과 공경이 극진하였는데, 찬성공의 상에 거할 때에 소재가 이르러 "심모(沈某)는 크게 쓰

31 시례(詩禮) : 가학(家學)이나 집안의 교육을 말한다. 공자(孔子)의 아들 리(鯉)가 뜰에서 공자 앞을 공손하게 종종걸음으로 지나다가 공자로부터 시(詩)와 예(禮)를 배우라는 가르침을 받았다는 고사에서 나온 말이다. 《論語 季氏》

일 만한 인재인데, 거상(居喪) 중에 예법을 지키다가 슬픔으로 몸이 상하여 거의 죽을 지경에 이르렀으니, 무척 안타깝습니다."라고 상에게 아뢰니, 상이 이로 인해 감동하였다. 연봉(蓮峯) 이공 기설(李公基卨)은 공과 연배가 서로 비슷한데도 공을 엄한 스승처럼 우러러 존경하였고, 우복 정공은 예제(禮制)에 의심스럽거나 난해한 부분이 있을 때마다 번번이 공에게 질정하여 공을 당대의 법가(法家)로 추앙하였다. 그 마음속에 보존되어 있던 도를 드러내어 사업(事業)으로 이루어낼 때엔, 공정함을 견지하는 한편 평탄할 때나 험난할 때나 한결같은 절조를 지켜 나라 사람들은 손을 이마에 대어 경의를 표하고 중국의 사신들은 그 재주에 탄복하였다. 이 때문에 임금은 공을 마치 다리와 팔, 심장과 척추처럼 생각하여[32] "내 곁에 하루라도 경이 없어서는 안 된다."라고 유시하기까지 했으며, 백관(百官)의 윗자리에서 인끈을 늘어뜨리고 홀(笏)을 똑바로 잡고 있을 때엔 사람들이 그가 사직신(社稷臣)[33]이라는 사실을 알 수 있었다. 또 혼조(昏朝)에 있을 때엔, 간흉들이 권세를 농단하여 국사가 어떻게 해 볼 수 없는 지경에까지 이른 것을 목도하고는 대궐 문에서 호소하면서 소장을 올렸으니 이는 풍랑

32 임금은……생각하여 : 주 목왕(周穆王)이 군아(君牙)를 대사도(大司徒)에 임명하면서 "그대는 나를 도와 나의 다리와 팔과 심장과 척추가 되어라."라고 한 데서 유래한 표현이다. 《書經 君牙》 여기서는 선조가 심희수를 믿고 의지할 수 있는 중신(重臣)으로 생각했다는 말이다.

33 사직신(社稷臣) : 국가의 안위가 달려 있는 중신(重臣)이라는 뜻으로, 곧 국가와 사생을 같이하는 신하를 말한다. 《맹자》 〈진심 상(盡心上)〉에 "사직을 편안히 하려는 신하가 있으니, 사직을 편안히 함을 기쁨으로 삼는 자이다.〔有安社稷臣者, 以安社稷爲悅者也.〕"라고 한 데서 유래한 말이다.

속의 지주(砥柱)였고, 어전에서 의견을 아뢰었으니 이는 명현(瞑眩)의 약[34]이었다. 오성, 한음, 완평 등 세 동료 상신과 함께 한마음으로 임금을 보좌하여 지극한 정성과 간절한 뜻으로 임금의 마음을 움직여 되돌리는 일에 힘썼으나 조정에 있는 것을 편히 여기지 못하였다. 그리하여 직위를 버리매 영창대군의 화가 일어나고 초야로 은거하매 서궁(西宮)의 변고가 발생하였으니, 공의 일신이 국가와 관련됨이 어떠한가.

공은 몸가짐이 청렴하고 검소하였다. 살고 있던 허물어져 가는 집 두어 칸은 영락없이 가난한 선비 꼴이었는데 상신에 제수되자 상이 내구마(內廏馬)를 팔아 공을 위해 집을 짓도록 명하였고, 일찍이 사복시 제조(司僕寺提調)가 되었을 때 정기적으로 주는 녹봉조차 받지 않았는데 서리들이 그 녹봉을 봉한 뒤 대들보에 걸어 두어 이를 표시하였다. 선조 대에 청렴하고 신중한 관리 5명을 선발하였는데, 공이 그 명단에 들었다. 그러나 이상의 일들은 공에게는 여사(餘事)이다.

문장이 고아(古雅)하고 전중(典重)하여 안으로는 사명(辭命)을 주관하고 밖으로는 사신을 접대하는 일을 공이 아니면 할 수 없었다. 그리하여 온 세상 사람들이 우러러보아 관각의 종장(宗匠)이 되었으나 한 번도 이를 가지고 스스로 대단하다고 여기지 않고 더욱 겸손하였으며, 선비들에 대해서는 잘났든 못났든 할 것 없이 몹시 정성스럽게 예우하여 한 시대의 명류(名流)들이 문하에서 많이 배출되었다. 광해의 치세 때 정인홍(鄭仁弘)이 상소하여 문원공(文元公)과 문순공(文純

34 명현(瞑眩)의 약 : 정신이 아찔해질 정도로 독성이 강하면서 효험이 큰 약을 말하는데, 《서경》 〈열명 상(說命上)〉에 "만약 약이 독하여 어지럽지 않으면, 그 병은 낫지 않을 것이다.〔若藥弗瞑眩, 厥疾弗瘳.〕"라고 한 데서 유래한 말이다.

公) 두 선생의 문묘(文廟) 종사(從祀)가 부당하다고 비방하자 성균관 유생들이 정인홍을 유적(儒籍)에서 삭제한 일이 있었다.[35] 이에 광해가 그 의론의 주도자를 금고(禁錮)하고자 하자, 공이 아뢰기를 "정인홍이 선현을 터무니없는 말로 비방하였으니 선비들에게 죄를 줄 수는 없습니다."라고 하니, 평상시엔 비록 사문(斯文)으로 자임하지 않았으나 사안을 마주해서는 사림(士林)의 모범이 된 것이 이와 같았다. 공이 살아 있을 적엔 중국인들이 우리나라 사신을 볼 때마다 번번이 공의 안부를 물었고, 공이 세상을 떠난 뒤엔 여러 선비가 제기(祭器)를 갖추어 상주(尙州)의 봉암(鳳巖)에서 공의 제사를 지내 주었다. 숙종조에 이르러서는 문정(文貞)이란 시호를 하사받았고, 영종(英宗)은 근신(近臣)을 마주할 때 공을 언급하게 되면 이름을 말하지 않고 반드시 '심일송(沈一松)'이라고 함으로써 예우하고 존경하는 뜻을 극진히 하였다. 아아, 이러한 일들을 통해 공이 국조(國朝)의 명상(名相)이라는 사실을 확인해 볼 수 있으니, 훌륭하지 않은가.

묘는 고양(高陽) 원당면(元堂面) 목희리(木稀里) 해좌(亥坐)의 언덕에 있으며 정경부인(貞敬夫人) 노씨(盧氏)가 그곳에 합장되어 있다. 부인은 계묘년(1543, 중종38)에 태어나 병자년(1636, 인조14)에 졸하여 94년을 살았는데, 아들이 없어 아우 첨정(僉正) 창수(昌壽)의 아들 창(昶)을 후사로 삼았다. 창은 음직(蔭職)으로 군수를 지냈으며 2남

35 광해의……있었다 : 1611년 3월 26일 정인홍이 차자를 올려, 이황(李滉)이 자신의 스승인 조식(曺植)을 비판한 일을 조목조목 반박하면서 이언적(李彦迪)과 이황을 비난하고 그들의 문묘 종사를 반대하였다. 문원공은 이언적, 문순공은 이황의 시호(諡號)이다. 이 일로 정인홍은 팔도의 유생들에게 탄핵을 받고 청금록(靑襟錄)에서 삭제되는 등 큰 파문이 일었다. 《光海君日記 3年 3月 26日》

2녀를 낳았다. 첫째는 유훈(儒訓), 둘째는 유행(儒行)이고 사위는 사부(師傅) 원진해(元振海), 통제사(統制使) 유정익(柳廷益)이다. 유훈은 3남 6녀를 낳았는데, 첫째는 빈(彬), 둘째는 통제사를 지낸 박(樸), 셋째는 근(根)이고, 사위는 이시필(李時馝), 원진택(元振澤), 백창문(白昌門), 이만림(李萬林), 최만치(崔萬峙), 이정빈(李廷彬)이다. 유행은 문과에 급제하여 교리를 지냈고 1남 1녀를 낳았다. 아들은 재(梓)로 문과에 급제하여 직위가 총재(冢宰 이조 판서)에 이르렀으며 마지막 벼슬은 판중추부사이다. 사위는 오시태(吳始泰)이다. 나머지는 기록하지 않는다.

공의 7대손 군자감 봉사(軍資監奉事) 정수(廷秀)가 공의 행적을 모은 뒤 나를 찾아와 명(銘)을 지어 달라고 부탁하였다. 그 정성이 충분히 사람을 감동시키는 바가 있어 눈이 침침하고 귀가 잘 들리지 않는다는 이유로 사양할 수 없기에 마침내 명을 짓는다. 명은 다음과 같다.

선조께서 임종하시자　宣祖憑几
나라는 현신을 의지하였으니　國賴賢臣
오성과 한음 그리고 완평이　鰲漢暨完
나라만 생각하고 제 몸은 돌보지 않았네　有國無身
공이 그 가운데 있으면서　公在其間
세 분을 짝하여 넷이 되었는데　配三爲四
그 당초에 종군하면서는　厥初從戎
험한 길을 판판한 숫돌 걷듯이 하였네　履險如砥
사령[36]을 눈부시게 해내어　辭令煥若
중국 사신을 미소 짓게 하니　華使色笑

왕께서 말하기를 오직 경만이 王曰惟卿
내 곁에 있을 사람이라 하였네 予右予左
엄숙한 상부[37]에 있을 때에는 相府嚴嚴
관복을 입고서 안색을 정중히 하였네 紳笏正色
혼매한 조정에서 옥처럼 고결히 서서 玉立昏朝
오매불망 종묘만을 생각하였고 寤寐宗祏
봉사를 손에 들고서 手有封事
피눈물을 뚝뚝 흘렸으며 淚血點滴
아침저녁으로 서로 이끌어 주며 朝提夕挈
자신의 동지들과 우애를 다했네 友我同德
애통하도다 서궁이여 痛矣西宮
하늘의 뜻을 어찌하겠는가 奈何乎天
황량하고 적막한 둔산에 물러나 屯山荒寂
《주역》을 앞에 두고 지내었네 羲易在前
돌아가 선조에게 뜻을 바친 것은 歸獻宣祖
신하로서 스스로 의리에 편안하고자 함이니[38] 臣以自靖

36 사령(辭令) : 외교에서 응대하는 말을 가리킨다.

37 상부(相府) : 정승이 거처하며 정무를 보는 곳으로 의정부를 가리킨다.

38 돌아가……함이니 : 선조의 계비인 인목대비가 서궁에 유폐되자 사직하고 둔산으로 돌아가 선왕인 선조에게 자신의 뜻을 드러내 보인 것은, 신하로서 마땅히 해야 할 의리 앞에서 부끄럽지 않고자 한 것이라는 말이다. 《서경》〈미자(微子)〉에 "스스로 의리에 편안하여 사람마다 스스로 선왕에게 뜻을 바칠 것이다.〔自靖, 人自獻于先王.〕"라고 한 것을 활용한 표현으로, 채침(蔡沈)은 《집전(集傳)》에서 "정(靖)은 편안함이다. 각자 마땅히 다해야 할 의리를 편안히 여겨 스스로 그 뜻을 선왕에게 진달하여

네 상신이 한 몸을 이루매	四相一體
의리는 같고 이름은 나란하였네	義均名竝
내밀하고도 긴요하였던 그 상소문은	密勿章奏
백대의 모범이 되니	百世之儀
공에 대해 알려 한다면	有欲徵公
위대한 공적을 여기서 찾아야 할 것이네	偉績在玆
목희의 언덕에서	木稀之原
이 빛나는 업적을 볼지어다	視此耿光
나의 말 아첨이 아니니	我辭不諛
이를 새겨 먼 후세에 보이노라	刻視茫茫

신명에게 부끄러움이 없게 할 뿐이다."라고 주석하였다.

대광보국숭록대부 의정부좌의정 겸 영경연사 감춘추관사 동원 김공 신도비명

大匡輔國崇祿大夫議政府左議政兼領經筵事監春秋館事東園金公神道碑銘

좌의정 동원(東園) 김공(金公)은 선조조(宣祖朝)의 상신(相臣)으로서, 세상을 하직한 지 지금 200년이 넘었건만 세상에서는 그가 성세(聖世)의 명상신(名相臣)이었다는 사실을 모르는 사람이 없다. 그러나 그 덕업(德業)과 문장(文章) 및 언론(言論)과 풍지(風旨)에 대해서는 그 사이 병화를 겪은 탓에 문헌으로 확인해 볼 길이 없어 사람들이 그것을 자세하고 온전하게 전하고 말해 볼 수가 없으니, 남아 있는 문헌이 어찌 이리도 심히 적고 보잘것없는가. 맹자가 말씀하기를 "그의 시를 낭송하고 그의 글을 읽으면서도 그가 어떤 사람인지 몰라서야 되겠는가. 그렇기 때문에 그 당대의 행적을 논하게 되는 것이다."라고 하였다.[39] 대저 우리나라의 동서 분당(東西分黨)은 선조 때부터 시작되었는바, 어느 당에 들어가면 그곳을 주인으로 삼고 그 당에서 나가면 그곳을 노예로 여겨[40] 상대방의 흠결을 캐내는 일이 분분하였는데, 유독

39 맹자가……하였다 : 옛 시대로 올라가서 옛사람과 벗하며 평론하는 '상우(尙友)의 도리'를 말한 것으로 《맹자》 〈만장 하(萬章下)〉에 나온다.

40 어느……여겨 : 어느 한편에 소속되면 그곳의 주장과 입장을 마치 주인을 모시듯 떠받들다가, 그곳에서 나와 다른 편에 소속되면 돌연 태도를 바꿔 기존에 있던 곳을 마치 노예처럼 업신여긴다는 말로, 붕당에 따른 맹목적 호오와 첨예한 갈등을 표현한 말이다. 당(唐)나라 한유(韓愈)의 〈원도(原道)〉에 "도덕과 인의를 말하는 자가 양주

동인(東人)만큼은 평소부터 사류(士類)가 많다고 일컬어졌다. 그 당시 공은 왕을 보좌하는 고굉지신(股肱之臣)으로서 사류를 보호하고 그들의 안전을 확보하는 일에 최선을 다하였는데, 비록 이로 인해 주변과 관계가 틀어지고 배척을 받은 까닭에 조정에 편히 있지는 못하였으나 그 의연한 태도는 아무도 꺾고 억누르지 못하였으니, 이러한 점을 통해 공이 조정에 있는 동안의 전말을 알 수 있다. 그러한즉 후세에 그의 당대 행적에 대해 논하는 자는 그저 응당 "선조조 사류의 영수(領袖)"라고만 포괄해서 말해도 충분할 것이며, 여타 나머지 소소한 일들은 생략해 버려도 좋을 것이다.

공의 휘(諱)는 귀영(貴榮), 자는 현경(顯卿)으로, 그 선대는 상산(商山) 사람이다.

중종 경자년(1540, 중종35)에 사마시의 생원시와 진사시에 모두 입격하였다.

명종 정미년(1547, 명종2)에 알성 문과(謁聖文科)에 급제하여 홍문관 정자에 선발되고, 박사(博士)로 승진하였다. 추천으로 사국(史局)에 들어가 검열(檢閱)이 되고 세자시강원 설서를 겸관하였다. 얼마 뒤에 부수찬(副修撰)으로 승진하고 지제교(知製教)를 겸관하였다. 사간원 정언에 제수되었다가 이조의 좌랑과 전랑(銓郎)으로 전직하였다. 세상에서는 이를 열관(熱官 권력이 막강한 관직)이라 불렀으나 공은 마치 가난한 선비 같은 모습으로 머물렀다.

(楊朱)에 들어가지 않으면 묵적(墨翟)으로 들어가고 노장(老莊)에 들어가지 않으면 불교로 들어가게 되었다. 저기로 들어가면 반드시 여기에서 나오게 되는데, 들어가면 그곳을 주인으로 삼고 나가면 그곳을 노예로 여겼다."라고 한 말을 활용한 것이다.

신해년(1551)에 호당(湖堂)으로의 휴가를 하사받았다.

이듬해 교리(校理)로서 소장을 올려 을사년(1545) 당시 화를 당한 사람들의 억울함을 풀어 달라고 청하는 한편, 윤원형(尹元衡)의 죄악에 대해 남김없이 논하였다.[41] 윤원형은 임금의 외척으로서 국권을 독차지하면서 사림들을 해치고 죽음에 이르게 하였으나, 조야(朝野)에서는 두려움에 사로잡혀 감히 아무도 말 한마디 꺼내는 자가 없었다. 이러한 상황에서 공만이 홀로 소리 높여 그에 대해 숨김없이 다 말하였는바, 곧고 반듯하게 임금을 섬기는 태도는 이미 이때부터 시작되었다. 전한(典翰), 사인(舍人), 홍문관 제학을 역임하고 예문관 응교를 겸관하였는데, 모두 당대의 더할 나위 없는 극진한 선발이었다.

갑인년(1554)에 부모의 봉양을 위해 외직을 청하여 춘천 부사(春川府使)가 되었다. 이듬해 통정대부(通政大夫)로 품계가 오르고 부제학(副提學)에 제수되었다.

병진년(1556)에 성천 부사(成川府使)가 되고, 얼마 뒤에 다시 정주 목사(定州牧使)로 이배(移拜)되었다. 조정으로 돌아와 대사간에 제수되고 대사성(大司成), 이조 참의, 동부승지로 전직하였다.

무오년(1558)에 영남 관찰사에 제수되었다. 공은 문장과 경술(經術)로 젊은 나이부터 이름을 드날려 대성(臺省)과 관각(館閣)에서 거친 자리가 모두 청조(淸朝)의 더할 나위 없는 직책이므로, 행정을 담당하는 관리의 일에 대해서는 반기지 않을 것 같았다. 그런데 막상 성천(成川)에 부임해서는 위엄으로써 강포한 토호(土豪)들을 억누르고 은

41 을사년……논하였다 : 을사사화로 억울하게 화를 당한 사람들의 신원(伸冤)을 청하고, 그 사건의 주동자인 윤원형의 죄상을 고발하였다는 말이다.

혜로써 백성과 선비 들을 아끼는 한편, 정주(定州)의 풍속이 유업(儒業)을 숭상하지 않는 것에 대해 걱정하면서 피로한 줄 모르고 경전의 의리를 강론함으로써 문교(文敎)가 왕성해지게 하고 간간이 술과 음식을 차려 놓고 노인들을 초청해 연회를 벌임으로써 인륜의 질서를 돈독하게 만드니, 이로 인하여 풍속이 크게 변화하였다. 관찰사가 되어서는, 영남은 큰 지방이라서 경내로 들어가 보니 행정 문서가 산처럼 쌓여 있었는데, 이 와중에 공은 웃으면서 붓을 씻고는 해가 중천에 뜨기도 전에 이미 판결을 끝내는 한편, 그러한 결과물들이 이치에 합당하지 않은 것이 없어 백성들이 크게 기뻐하였다. 임기가 다 되어서는 가선대부로 승진하여 도승지가 되었다.

경신년(1560)에 한성부 우윤에 제수되고 대사헌과 이조 참판으로 전직하고 동지경연사와 동지성균관사와 예문관 제학을 겸관하였다.

계해년(1563)에 양관(兩館 홍문관과 예문관)의 대제학에 제수되었다. 정경(正卿)에 오르고 판윤(判尹)에 제수되었다. 병조, 형조, 공조의 판서를 차례로 역임하였다.

을축년(1565)에 태부인(太夫人)의 상을 당하여 예법을 지키다 몸이 몹시 상하였다. 상이 특별히 승지를 보내 조문하게 하였는데, 이는 특별한 은전(恩典)이었다. 상기(喪期)가 끝난 뒤에 예조 판서에 제수되었다.

기사년(1569, 선조2)에 이조 판서에 제수되었다. 당시 퇴계(退溪) 이 선생(李先生)이 사직하고 남쪽으로 돌아가려 할 적에 공이 시를 지어 주며 전별하였는데,[42] 이에 선생이 크게 칭찬하고는 출발을 앞둔

42 공이……전별하였는데 : 《동원집(東園集)》 권1에 〈봉송퇴계이선생환향(奉送退溪李先生還鄕)〉으로 실려 있다.

상황에서 이 일로 다시 며칠을 더 머물렀다.

이에 앞서 우리나라는 황조(皇朝)에 사신을 파견하여 의인왕후(懿仁王后)에 대한 고명(誥命)을 청하였다가 이루지 못한 일이 있었다.[43] 그런데 공은 일찍이 천사(天使) 성헌(成憲)의 반접사(伴接使)로서 그와 함께 시를 주고받으며 몹시 즐거운 시간을 보낸 적이 있고[44] 성헌도 이 당시 예부 상서(禮部尙書)로 있었기에 조정에서는 공을 주청사(奏請使)로 차임하였다. 공이 경사(京師 연경)에 도착하자 예부에서 즉시 황제에게 주달하였고, 이에 공은 고명을 받들고 돌아오니, 상이 이를 가상히 여겨 토지와 전답을 하사함으로써 총애를 베풀었다.

신미년(1571)에 병조 판서를 거쳐 호조로 이배되었는데, 사안의 요점을 정밀하게 조사하고 밝혀 쓸데없는 비용을 절약함으로써 부고(府庫)가 마침내 가득 차게 되었다. 이로부터 이조와 병조의 장관을 연이어 지냈다. 이때 관료들이 당색을 표방하기 시작하여 심의겸(沈義謙)과 가까운 자를 서인(西人), 김효원(金孝元)과 가까운 자를 동인(東人)이라고 부르는 등 조정이 평온하지 못하였다. 이러한 상황에서 율곡(栗谷) 이공(李公)은 '조정론(調停論)'을 견지하여 그 두 사람을 모두 외직으로 내보낼 것을 청하였는데, 이에 심의겸은 송도 유수(松都留

43 우리나라는……있었다 : 당시 명나라 황제였던 목종(穆宗)의 병세가 악화되어 정사를 돌볼 수가 없었기 때문이다.《東園先生年譜槪略》 고명은 전근대 책봉 조공 체제로 이루어진 동아시아에서 천자국인 중국의 황제가 제후국의 국왕이나 왕비의 승계(承繼)를 인준하던 조칙(詔勅)을 말한다. 의인왕후는 선조의 비(妃)이다.

44 공은……있고 : 이 당시 성헌이 조선에 온 것은 1568년 7월의 일로, 명나라 황태자 책봉의 조칙을 반강(頒降)하기 위한 반조사(頒詔使)의 임무를 띠고 있었다.《宣祖實錄 1年 7月 2日》《東園先生年譜槪略》

守)에 보임되고 김효원은 경흥 부사(慶興府使)에 보임되었다. 그러자 공은, 경흥은 서생이 진무(鎭撫)할 곳이 되지 못한다고 누차 아뢰었고, 이로써 마침내 김효원은 부령(富寧)으로 이배되었다.

정축년(1577)에 문형(文衡)으로서 〈삭을사위훈문(削乙巳僞勳文)〉[45]을 지어 올렸다. 공은 이에 앞서 을사년의 원흉[46]을 논핵하는 상소를 올렸는바 그 의리가 무척이나 엄정하였는데, 이때에 이르러 국시(國是)가 크게 바르게 되어 그에 관한 교문(敎文)이 공의 손에서 나오니, 사론(士論)이 이를 통쾌하게 여겼다.

경진년(1580)에 호조 판서로서 궁내에 소장된 활자(活字)를 꺼내 다시 주조하여 서문(序文)을 편찬하였는데,[47] 이 일로 특별히 숭정대부에 가자되고 우찬성에 제수되었다.

45 삭을사위훈문(削乙巳僞勳文) : 1545년(명종 즉위년) 인종의 외숙인 윤임(尹任) 및 유관(柳灌), 유인숙(柳仁淑) 등 대윤(大尹) 일파를 제거한 공으로 정순붕(鄭順朋), 이기(李芑), 임백령(林百齡), 허자(許磁) 등 29명에게 내려진 위사 공신(衛社功臣)이라는 훈호(勳號)가 위훈(僞勳)이라며 이를 삭제하는 한편, 당시 희생된 소윤(小尹) 일파를 신원한다는 내용의 교서이다. 선조가 즉위한 이후 을사사화 때 억울하게 희생당한 이들에 대한 신원과 복권이 꾸준하게 제기되었는데, 위훈을 삭제하는 일은 1570년 5월 홍문관에 의해 처음 발의되어 결국 1577년 12월 1일 이 교서가 반포되었다. 이 글은 《선조수정실록(宣祖修正實錄)》 10년 12월 1일 기사에 실려 있으며, 《동원집》 권3에 〈삭위훈교문(削僞勳敎文)〉이라는 제목으로도 실려 있다.

46 을사년의 원흉 : 을사사화의 주동자였던 윤원형을 가리킨다.

47 궁내에……편찬하였는데 : 1580년 1월 선조가 박순(朴淳), 황윤길(黃允吉)에게 명하여 1434년(세종16)에 주조된 초주갑인자(初鑄甲寅字)를 경진자(庚辰字)로 새로 개주(改鑄)하도록 하였는데, 일이 완료되자 김귀영은 경진자 개주의 전말을 서술한 서문을 지어 바쳤다. 이 서문은 《동원집》 권1에 〈제주자도감계축(題鑄字都監契軸)〉으로 실려 있다.

신사년(1581)에 상신에 제수되고 이전과 같이 문임(文任)을 겸관하였는데, 얼마 안 되어 수상(首相) 박사암 순(朴思菴淳)이 정고(呈告)하자 상이 새로 상신을 선발하도록 하였다. 당시는 율곡이 문학과 재술(才術)로 인해 심의겸의 무리로부터 인정과 존경을 받고 있었으며, 상 역시 그를 마음에 들어 하여 등용한 상황인지라 이에 사암(思菴)이 율곡을 추천하려고 하였다. 그러나 이에 대해 공이 이견을 고집한 끝에 상신의 자리는 결국 다른 사람에게 돌아갔고, 이로 인해 당시 사람들과 반목이 계속되었으나 공은 아랑곳하지 않았다.

계미년(1583)에 양사(兩司)가 율곡을 논핵하였다.[48] 당시 율곡은 병조 판서로서 대장(對章)을 통해 대신들이 대간(臺諫)을 논척하지 않는 것은 잘못이라고 변론하는 한편 또 자신에게 죄가 있는지 없는지를 주변의 대부(大夫)들에게 물어봐 달라고 청하였고,[49] 성우계 혼(成牛溪渾)은 상소를 통해 언관(言官)이 공평하지 못했다고 지적하면서 그

48 양사(兩司)가 율곡을 논핵하였다 : 1583년 2월 경원부(慶源府)의 번호(藩胡) 이탕개(尼湯介)가 반란을 일으켜 경원부와 안원보(安遠堡)가 함락되는 일이 발생하였는데, 삼사(三司)는 이이가 이를 수습하는 과정에서 임금을 업신여기고 군정(軍政)을 마음대로 한다면서 이이의 파직을 요청하였다. 그러나 선조가 이를 허락하지 않자 송응개(宋應漑), 허봉(許篈), 박근원(朴謹元) 등이 주축이 되어 이이가 음흉한 계략을 품은 채 심의겸, 성혼(成渾) 등과 파벌을 이루어 공의를 배척하고 권력을 마음대로 휘두른다고 하며 더욱 맹렬한 공격을 가하는 한편, 성혼과 태학생(太學生) 유공신(柳拱辰) 등은 이이가 무함을 받고 있다면서 그를 옹호하였다. 이 일로 조정이 동인과 서인 측으로 나뉘어 장기간 극심하게 대립하다가 결국 이이를 공격한 동인인 박근원, 송응개, 허봉 등이 각각 회령, 강계, 갑산으로 유배를 가게 되었다. 《宣祖實錄 16年 6月 11日·19日, 7月 15日·16日·17日, 8月 28日》

49 대장(對章)을……청하였고 : 이 내용은 《율곡전서(栗谷全書)》 권8 〈육소후청죄계(六疏後請罪啓)〉에 실려 있으며, 《선조실록》 16년 6월 17일 기사에도 실려 있다.

들에게 죄를 씌우려고 하였는데,[50] 이 일로 사론(士論)이 더욱 극렬해져 옥당(玉堂)으로 있던 허봉(許篈)이 차자(箚子)를 올려 이 문제에 대해 논하기도 하였다. 이러한 상황에서 상이 공에게 "이이(李珥)는 과연 소인(小人)인가?"라고 묻자, 공이 대답하기를,

"사람을 알아보기란 어려운 일이므로 대번에 이이를 소인이라고 하는 것도 부당하거니와 또한 감히 덕을 이룬 사람이라고 칭찬할 수도 없습니다. 성혼은 소장을 통해 말의 출처를 캐내어 죄를 씌우고자 하였는데, 그렇다면 비록 권세 있는 간신이 국정을 담당하는 일이 있더라도 아무도 그에 대해 감히 말하지 못할 것입니다. 대저 동인이니 서인이니 하는 말이 혼란의 빌미입니다."

하였다. 그다음 날 상이 승정원에 하교하기를,

"현사(賢邪)의 구분을 알지 못한다면 지혜롭지 못한 것이고, 이를 알면서도 똑바로 아뢰지 않는다면 불충한 것이다. 좌상(左相) 김귀영은 갑과 을의 시시비비를 가리기를 두려워하면서 구차하게 비위를 맞추며 아부하는 작태를 보였으니, 자고로 대신으로서 이렇게 한 자가 있었는가."

하자, 승정원에서 연명(聯名)으로 아뢰기를,

"요즘 주상의 위엄이 진동한 일로 사류들이 고립되고 위태로워 조석(朝夕)도 보장하지 못하고 있습니다. 김귀영이 만약 구차하게 비위를 맞추며 아부하려는 생각을 가졌다면 주상의 뜻을 그대로 따르기에도 겨를이 없지, 도리어 고립되고 위태로운 사류들에게 구차하게

50 성우계……하였는데 : 이 내용은 《우계집(牛溪集)》 권2 〈논삼사핵율곡소(論三司劾栗谷疏)〉로 실려 있으며, 《선조실록》 16년 7월 15일 기사에도 실려 있다.

비위를 맞추며 아부하려고 하였겠습니까."

하였다. 이런데도 상의 전교(傳敎)가 점점 더 준엄해지자 응교 홍적(洪迪)이 차자를 올려 공을 변호하기를,

"좌상이 굽히지 않고 자기 소신을 지키면서 조정의 안정을 도모하려 하는데 전하께서는 구차하게 비위를 맞추며 아부한다고 꾸짖으시니, 신은 이 이후로 뜻에 영합하고 구차히 동조하는 자들이 나타나 국사(國事)가 날로 그릇되지나 않을까 걱정스럽습니다."

하였고, 대사간 송응개(宋應漑)도 상소하여 생각을 남김없이 다 말하였다. 그러나 공은 엄한 교지(敎旨)가 내려진 뒤로 조정에서 이루어지는 논의에 감히 참여하지 않고 간간이 상을 면대할 때마다 송응개, 허봉, 박근원(朴謹元)에 대한 찬축(竄逐)이 옳지 못하다고 힘주어 아뢰었다. 이에 앞서 공은 이 세 명을 찬축하는 일과 관련하여 여러 차례 엄한 교지를 받은 까닭에 모두들 공을 걱정하였는데 정작 공은 두려워하지도 않고 의기소침해하지도 않으며 품은 생각을 기필코 아뢰니, 순경(順境)과 역경(逆境)에 따라 그 지조를 바꾸지 않음이 이와 같았다. 이후 누차 차자를 올린 끝에 상신 직에서 해임되어 집에 머물게 되었는데, 오랜 시간이 지난 뒤 조중봉 헌(趙重峰憲)이 소장을 올려 명행(名行)과 의론(議論)이 있는 사류 가운데 계미년(1583)에 삼사에서 한 말과 조금이라도 관련된 자라면 누구도 가리지 않고 다 비방하고 논척하였는바, 공의 이름이 그중 가장 첫머리에 있었다. 이에 마침내 사직을 청하고 상산(商山)으로 돌아가 그곳에서 노후를 마칠 계획을 하였다.

기축년(1589)에 기로사(耆老社)에 들어가게 되어 마지못해 조정에 나아가 숙배하였다. 얼마 뒤 정여립(鄭汝立)의 역옥(逆獄)을 만나 원

임 대신으로서 국문(鞫問)에 참여하였다. 당시는 변고가 조정의 관료들로부터 발생하여 죄의 연루 범위가 점점 확대되는 상황이었는데, 공은 억울하게 잘못 내려진 판결을 재조사하여 시정하는 쪽으로 노력을 기울임으로써 사림들의 의지처가 되었다. 문형(文衡)을 회천(回薦)할 적에 이공 덕형(李公德馨)이 중망(衆望)을 받았으나 권점(圈點)이 나오자 점 하나가 부족하여 온 좌중이 경악하였다. 그때 공이 느긋하게 말하기를 "권점하지 않은 자는 늙은 이 사람입니다. 이모(李某)는 나이가 젊고 직위가 낮으니 제공(諸公)보다 앞서서는 안 됩니다. 재주와 덕이 노성해질 때를 기다린 뒤라도 늦지 않습니다."라고 하였는데, 이공이 이 말을 듣고 진심으로 탄복하니, 사론(士論)은 그 둘을 다 훌륭하다고 칭찬하였다.

임진년(1592)에 왜구들이 갑자기 나타나 상이 서쪽으로 피난하기로 결정하고 왕자들을 각처로 나누어 보냈는데, 임해군(臨海君)은 북관(北關)으로 떠나게 되어 공이 호종하고 순화군(順和君)은 관동(關東)으로 가게 되어 장계군(長溪君) 황정욱(黃廷彧)이 호종하였다. 왜적이 관동에 접근하자 순화군은 북쪽을 향하여 임해군을 좇아갔고, 왜적은 이를 추격하였다. 그런데 회령(會寧)에 이르자 군사와 백성 들이 난을 일으켜 두 왕자와 재신(宰臣) 들을 붙잡고는 투항해 버렸고, 왜적은 그들을 군중(軍中)에 두어 인질로 삼았다. 이때 공은 적중에 있으면서 두 왕자를 탈출시키기로 계획하였으나, 일이 거의 성사될 무렵 기밀이 새어 나가는 바람에 왜적은 수행하던 장정들을 전부 죽이고 방비와 수위를 더욱 촘촘히 하였다. 마침 소서행장(小西行長)이 평양에서 패배하였다는 보고를 들은 가등청정(加藤淸正)은 크게 겁을 먹어 화의를 맺고자 하였는데, 대신(大臣)이 간다면 일이 성사될 수 있을 것이라고 판단하여 공을 강제로 보냈다. 이러한 상황 속에서 공은 상에게 돌아가 알현한 다음 적정(賊情)의 허실을 소상히 아룀으로써 차후의 일을 천천히 도모하려고 생각하고 있었다. 그러나 행재소(行在所)에 도착하자 상은 공에게 "붙잡힌 뒤에도 죽지 않고 도리어 화의를 위해 찾아왔구나."라고 하는 한편, 화의를 요청하는 왜적의 문서를 가지고 왔으면서도 숨겨 놓고 이를 알리지 않는다고 의심하여 고문을 행하고자 하였다. 유 문충 성룡(柳文忠成龍)과 이 문충 원익(李文忠元翼)이 간언하여 중지시키고 공을 희천(熙川)으로 귀양 보냈다.

갑오년(1594) 5월 29일 귀양지에서 졸하니,[51] 향년 75세였다. 부음이 전해지자 조야(朝野)가 애통해하고 고을의 인사(人士)들이 한데 모여 곡을 하였다. 이해 8월에 충주(忠州) 북쪽 덕산동(德山洞) 임좌(壬坐)의 언덕으로 돌아가 묻혔다.

현종 5년(1664)에 공의 후손 명창(命昌)이 임금이 거둥하는 길에서 상언(上言)하자 대신이 연석(筵席)에서 공의 관작을 회복시켜 달라고 아뢰었다.

공은 불행히도 조정의 의론이 이반하고 소원해진 시절을 만나 횡역(橫逆)과 곤경 속에서도 남을 따라 이랬다저랬다 하려 하지 않고 번번이 재제(裁制)하여 중도(中道)를 얻는 것을 첫 번째 의리로 삼았다. 이 때문에 공과 의견을 달리하는 자들은 공을 몹시도 좋아하지 않았는데, 공이 귀양을 가게 되자 수많은 자들이 입을 놀리면서 죽지 않는 것을 죄라고 하였다. 광해 시절에는 언관들이 또 공이 화의를 주장하였

51 갑오년……졸하니 : 《선조수정실록》에는 김귀영의 졸년이 계사년(1593) 5월 1일로 기록되어 있다.

던 사실을 뒤미처 논하면서 벌을 줄 것을 청하자 상이 이를 대신에게 내려 의논하게 하였는데, 이 문충 항복(李文忠恒福)이 의견을 내놓기를 "설령 모(某)가 진정 화의를 주장하였다고 해도 그 의도는 한때의 급박한 상황을 누그러뜨리고자 한 것에 불과합니다. 더구나 겉으로 화의란 명분을 가탁하면서 실상은 왕자를 탈출시켜 돌려보내고자 하였으니, 과연 무슨 죄가 있겠습니까."라고 하였으며, 미수(眉叟) 허 문정(許文正)[52]은 일찍이 공의 유사(遺事)를 찬술하기를 "대신들이 명을 받을 당시 상이 부탁한 것은 왕자들이며, 대신들 역시 제 몸을 왕자에게 바친 것이다. 그런즉 만약 불행히도 왕자가 죽게 될 경우 대신은 의리상 혼자 살아서는 안 되지만, 왕자가 죽지 않았다면 대신은 죽어야 할 의리가 없는 것이다."라고 하였던바, 이러한 말들은 공에 대해 잘 논한 것이다. 더군다나 공이 두 왕자를 탈출시키려고 계획할 때 계책상 일행이 전부 탈출할 도리가 없었으므로, 왕자가 탈출하고서 종신(從臣)이 적중에 남아 있었다면 적들이 통쾌하게 그들을 죽였을 것임은 자명한 사실이다. 그러니 공이 어찌 죽지 않기를 바랐겠는가.

동원(東園)은 공의 호이다. 신라 때 보윤(甫尹)을 지낸 휘 수(需)라는 분이 있는데, 이분이 공의 시조가 된다. 고려조에 이르러 휘 득제(得齊)라는 분이 있어 삼사 우사(三司右使)를 지내고 상산군(商山君)에 봉해졌는데, 왜적을 격퇴한 공이 있어 《고려사(高麗史)》에 실렸다.

52 미수(眉叟) 허 문정(許文正) : 허목(1595~1682)으로, 본관은 양천(陽川), 자는 화보(和甫)·문부(文父), 호는 미수, 시호는 문정(文正)이다. 정구(鄭逑), 장현광(張顯光)의 문인이며 예학(禮學)에 밝아 남인으로서 17세기 후반 두 차례의 예송(禮訟)을 이끌었다.

그 아들 휘 흡(洽)은 처음 본조(本朝)를 섬겨 중추원사(中樞院事)를 지냈다. 3대를 내려와 공의 고조가 되는 분은 휘가 치(錙)로 현령을 지냈고, 증조의 휘는 숙춘(叔春)으로 현령을 지내고 이조 판서에 추증되었다. 조부의 휘는 사원(士元)으로 문과에 급제하여 청현직(淸顯職)을 거쳤으나 당로자에게 막혀 벼슬이 목사에 그쳤고 좌찬성에 추증되었다. 선고(先考)의 휘는 응무(應武)로 영의정에 추증되었는데, 이는 공이 귀한 신분이 되었기 때문이다. 선비(先妣)는 성주 이씨(星州李氏)로 사인(士人) 이수관(李守寬)의 따님이며, 중종 경진년(1520, 중종15)에 찬성공(贊成公)이 부임해 있던 청풍(淸風)의 임소(任所)에서 공을 낳았다. 이때 관찰사가 마침 순행차 그곳에 이르렀는데 그는 평소 성요술(星耀術)에 정통하였는바, 공의 운명을 추정해 보고서 말하기를 "이 아이는 응당 문장에 능할 것이고 지위는 1품에 이를 것이다."라고 하였다.

8, 9세 때 장로(長老)들을 따라 고기잡이를 구경하다가 발을 헛디뎌 깊은 못에 빠졌는데, 급한 물살에 배가 빠른 속도로 나아가는 바람에 뱃사람들은 당황하며 어쩔 줄을 몰라 하였다. 이러는 사이 홀연 공이 물밑에 잠긴 채로 나아가다 연안에 이르러 올라와서는 사람들에게 "어떤 동물이 나를 등에 업고 물 밖으로 내보내 주었습니다."라고 하자, 보는 이들이 모두 기이하게 여겼다. 장성해서는 집안사람들의 생업과 관련된 일을 언급하지 않고 남의 과실에 대해 말하는 것을 부끄러워하였으며, 진심 어린 효성을 천성으로 타고나 감히 태부인의 가르침을 어기지 않았다. 형벌을 관장하는 직책을 맡았을 때는 시종일관 사람을 해치지 않으려는 마음을 품었고, 문형을 맡은 수십 년 동안에는 공사(公私)의 중요한 글을 상당수 찬술하였다.

내 일찍이 황산(荒山)에 들렀을 때 공이 지은 〈대첩비(大捷碑)〉[53]를 읽었는데, 그 명문(銘文)이 창연(蒼然)하고도 굴기(崛起)하여 크게 한문공(韓文公 한유(韓愈))의 기미가 있었다. 이를 통해 공이 문원(文垣)의 고수란 사실을 더욱 알게 되었으나 초고가 병란의 와중에 일실되어 책 상자 속에 보관되어 있는 것이 하나도 없으니 한스러울 뿐이다.

배위(配位)는 남원 윤씨(南原尹氏)로 집의(執義) 윤관(尹寬)의 따님이고 계배(繼配)는 남양 홍씨(南陽洪氏)로 현감 홍흡(洪洽)의 따님인데, 모두 정경부인(貞敬夫人)에 추증되었다. 삼취(三娶)는 함안 이씨(咸安李氏)로 주부(主簿) 이계형(李繼亨)의 따님인데 정경부인에 봉해졌으며 1남 1녀를 낳았다. 임진년(1592)에 공을 따라 북쪽으로 갈 적에 왜구가 핍박해 오자 부인은 빠져나갈 수 없다고 판단하고 스스로 목을 매어 죽었는데, 뒤에 이 일이 상에게 아뢰어져 정려문(旌閭門)이 세워졌다.

아들은 개(闓)로 한성부 좌윤을 지냈는데, 광해 무오년(1618, 광해군10)에 역적 허균의 옥사(獄事)에 연좌되어 옥중에서 죽었으며 숙종 무오년(1678, 숙종4)에 병조 판서 김석주(金錫冑)[54]가 억울한 사정을 아뢰어 복관되었다. 딸은 진사 이생인(李生寅)에게 출가하였다. 서녀(庶女) 가운데 첫째는 덕신령(德新令) 이경례(李鏡禮)에 출가하였고

53 대첩비(大捷碑) : 1380년(우왕6) 이성계(李成桂), 이두란(李豆蘭)이 황산에서 왜적을 물리친 사실을 기념하기 위해 김귀영이 1575년 왕명에 의해 지어 올린 〈황산대첩지비(荒山大捷之碑)〉를 말한다. 《동원집》 권3에 실려 있으며, 비석은 전라북도 남원시 운봉읍 화수리에 있다.

54 김석주(金錫冑) : 1634~1684. 본관은 청풍(淸風), 자는 사백(斯百), 호는 식암(息庵)이다.

둘째는 영천군(靈川君) 이정(李侹)의 첩이고 셋째는 유희량(柳希亮)의 첩이다.

개(闓)의 장남은 수창(壽昌)으로 좌승지에 추증되었고, 차남은 명창(命昌)으로 바로 공의 관작을 회복시켜 달라고 상언한 자이다. 이생인의 아들은 재형(齊衡)으로 판사(判事)를 지냈다.

수창의 아들 가운데 첫째는 사(泗)로 호조 참판에 증직되었고, 둘째는 홍(泓)으로 계부(季父)의 양자로 들어갔다. 나머지는 기록하지 않는다.

공이 졸한 뒤 가문에 화가 몰아친[55] 까닭에 전해 오는 서적이 없었다. 8대손 우현(禹鉉)이 성심을 다해 기록들을 수집한 뒤 한데 모아 일록(一錄)을 만들고는 묘도문을 짓고자 나에게 집필을 부탁하였는데, 그 때 그가 규모가 소략한 것을 아쉬워하는 듯한 안색을 지어 보여 내가 말하기를,

"이것으로도 족히 공이 사류의 영수였다는 사실을 증명할 수 있다. 여덟 번 동전(東銓 이조)을 관장하고 아홉 번 중원(中原)에 들어가고 세 번 호당(湖堂)에 선발되고 여섯 번 문형을 주관한 것은 비록 야사(野史)에서 칭송하는 일이기는 하나, 공에게는 그저 외물에 불과할 뿐이다. 연월(年月)을 고증하지 못하는 것에 어찌 족히 연연하겠는가."

하였다. 명(銘)은 다음과 같다.

55 가문에 화가 몰아친 : 김귀영의 아들인 김개(金闓)가 허균의 역모에 연루되어 장살(杖殺)된 것을 말한다.

그 옛날 선조 시절 조정의 의론이 분열되어　　昔宣廟世廷議裂
동이니 서니 하며 초월[56]처럼 나누어졌네　　曰東曰西界楚越
경수와 위수[57]가 뒤섞이니 누가 분별할까　　涇渭混混孰分別
나라 걱정하는 상신 있어 가슴 가득 더운 피를 품었네　　有相憂國腔血熱
들어가 임금에게 고함에 정성스럽고도 곧았으니　　入以告后款而直
그가 베푼 은혜 덕에 사류들이 부지되었네　　藉其覆燾士類植
어진 상신 없다면 그 나라를 어찌하겠는가　　不有賢相其何國
왜구의 기세 하늘까지 치달아 국운이 움츠러들었네　　蠻寇滔天國步蹙
왕이 이에 왕자를 부탁하매 공은 눈물을 떨구었는데　　王用托子公涕簌
머나먼 북변에서 주선하다가 힘이 다하였네　　周旋力竭北塞逴
응당 죽고 사는 것을 오직 의에 합당케 하였는데　　合死合生惟義適
충정은 보상받지 못하고 귀양 가는 신세 되었네　　忠不見償身迺謫
봄은 관원을 따라 돌아왔으나 죽은 이는 어쩔거나[58]　　春隨冠冕奈冥漠

56 초월(楚越) : 초(楚)나라와 월(越)나라로, 두 나라는 서로 거리가 멀어서 아주 먼 사이를 비유한다. 《장자(莊子)》 〈덕충부(德充符)〉에 "서로 다른 입장에서 보자면 간과 담도 초월처럼 멀다.〔自其異者視之, 肝膽楚越也.〕"라고 한 데서 온 표현이다.

57 경수(涇水)와 위수(渭水) : 중국 섬서성(陝西省)에 있는 두 강의 이름으로 경수는 물이 흐리고 위수는 맑으므로 사물의 청탁, 시비, 귀천 등이 분명히 구분되는 것을 비유하는데, 여기서는 각각 소인과 군자를 가리킨다. 《시경》 〈패풍(邶風) 곡풍(谷風)〉의 "경수가 위수 때문에 흐려 보이나, 그 물가는 맑고 맑다.〔涇以渭濁, 湜湜其沚.〕"라는 시구에 유래한 표현이다.

58 봄은……어쩔거나 : 전란이 종식되고 서울이 수복되어 피난 가 있던 관원들이 새로 찾아든 봄과 함께 다시 궁궐로 돌아왔으나 이미 귀양지에서 죽어 버린 신하는 그에 동참하지 못하고 구천에 있는 것을 탄식하는 말이다. 당나라 두보(杜甫)의 〈세병마(洗

밝은 태양 같은 깊은 충정 구천에서 빛나네　　皦日深衷九地燭
미수 노인이 정밀한 의리로 통렬히 분석해 밝혀내니　眉老義精痛剖析
천추만세에 그 마음 분명히 드러날 수 있네　　千秋萬歲心可白
나의 명을 덧붙이니 빗돌은 영원하리라　　我銘繼之石不泐

兵馬)〉에 "푸른 봄날 다시 벼슬아치 따라 들어오니, 대궐에 연화가 두른 모습 참으로 볼만하네.〔青春復隨冠冕入, 紫禁正耐煙花繞.〕"라고 한 데서 유래한 표현이다.《全唐詩 卷217》

정헌대부 예조판서 겸 지의금부춘추관사 오위도총부도총관 유공 신도비명

正憲大夫禮曹判書兼知義禁府春秋館事五衛都摠府都摠管兪公神道碑銘

나는 상신(相臣)으로서 일찍이 상에게 다음과 같이 아뢰었다.[59]

"사람들 가운데 '기사여당(己巳餘黨)'[60]이란 네 글자로 나라 사람의 절반을 겁박하고 모욕하면서 이를 상의 귀에 올리기까지 하는 자가 있으니, 이는 당인(黨人)들의 버릇입니다. 무릇 기사당(己巳黨) 운운은 바로 숙종 기사년(1689, 숙종15)을 가리켜 말하는 것입니다. 그 당시에 한쪽 편의 사람들이 모두 등용될 때 명색(名色)이 비록 같았으나 그 청탁(淸濁)이 나뉘어 갈라진 것은 이미 허적(許積)이

59 나는……아뢰었다 : 이하 번암의 말은 1788년(정조12) 12월 26일 차대(次對)한 자리에서 이루어졌다. 번암이 이 말을 한 것은 이해 11월 10일 정조가 조덕린(趙德鄰)의 죄명을 탕척해 준 일로 11월 26일 윤시동(尹蓍東)이 즉각 그 부당성을 지적하고 번암을 비난하는 내용의 상소를 올리자 그 상소문의 허위성을 변별하려는 의도에서였다. 조덕린은 1725년(영조1) 당쟁(黨爭)의 폐해를 논하는 10여 조의 상소를 올렸는데, 여기에 노론을 비난하는 내용이 있으므로 당쟁을 격화시킬 염려가 있다고 해서 종성(鍾城)에 유배되었다가 3년 뒤인 1727년 정미환국(丁未換局)으로 소론이 집권하게 되자 유배에서 풀려났다. 그러나 1736년 서원을 마구 설치한 데 대해 반대하는 상소를 올린 것이 1725년의 상소와 연관되어 노론의 탄핵을 받았고 다시 제주로 유배되어 가던 중 강진(康津)에서 죽었다. 《正祖實錄 12年 11月 10日·26日, 12月 3日·26日》

60 기사여당(己巳餘黨) : 기사년의 잔당이란 말로, 기사년에 희빈(禧嬪) 장씨(張氏)의 소생인 이윤(李昀), 즉 훗날의 경종을 원자(元子)로 정하려는 숙종의 뜻에 반대하는 서인을 공격해 실각시킨 남인 일파를 가리킨다.

국병(國柄)을 잡았을 때부터 그러하였습니다.[61] 유하익(兪夏益), 이만원(李萬元), 이동표(李東標), 이후정(李后定) 같은 명류들에게 명의(名義)를 부지한 공(功)이 있다는 사실을 누군들 모르겠습니까. 더군다나 그중 유하익은 경월(卿月)[62]의 지위에 올라 탁류(濁流)를 배격하고 청류(淸流)를 드날리는 것을 주된 임무로 삼았는바, 당시 국권을 쥐고서 사람들의 위복(威福)과 생사를 좌우하던 자들은 모두 평소 그와 함께 공부하던 친구들임에도 득실만을 걱정하는 그들의 태도를 싫어한 까닭에 평상시의 행보가 마치 흐린 경수(涇水)와 맑은 위수(渭水)처럼 서로 맞지 않는 점이 있었습니다. 끝에 가서는 결국 몇몇 뜻을 같이하는 이들과 함께 연명(聯名)으로 상소하여 당로자를 지적함으로써 죄 없는 자들까지 부질없이 함께 죄에 빠지는 일이 없도록 하자고 약속하였는데, 일이 거의 성사될 무렵 조정의 국면이 급변하여 유모(兪某)를 비롯한 여러 사람마저 한꺼번에 뭉뚱그려 출척(黜斥)되고 말았습니다. 그러나 이러한 사실을 아는 사람

61 청탁(淸濁)이……그러하였습니다 : 숙종 초에 김석주(金錫胄)의 주도로 이루어진 갑인환국(甲寅換局)으로 남인이 정권을 잡게 되자 청남(淸南)과 탁남(濁南)으로 분열하게 되는데, 청남은 사림에서 진출한 허목(許穆)과 윤휴(尹鑴)를 추종하는 세력으로 오정창(吳挺昌), 오정위(吳挺緯), 오시수(吳始壽), 조사기(趙嗣基), 이수경(李壽慶), 이하진(李夏鎭), 이옥(李沃), 이담명(李聃命), 장응일(張應一) 등이고, 탁남은 탁월한 행정력과 원만한 처신을 갖춘 허적과 권대운(權大運)을 추종하는 세력으로 민희(閔熙), 민암(閔黯), 목내선(睦來善), 이관징(李觀徵), 유명천(柳命天), 유명현(柳命賢) 등이다.《이성무, 조선시대당쟁사 2, 동방미디어, 2001, 16~24쪽》

62 경월(卿月) : 조정의 경(卿), 대부(大夫)를 가리키는 말로《서경》〈홍범(洪範)〉에 "왕이 살펴야 할 것은 해이고 경사는 달이고 사윤은 날이다.〔王省惟歲, 卿士惟月, 師尹惟日.〕"라고 한 데서 유래한 말이다.

은 매우 적고 지금은 또 그때와의 시간적 격차가 거의 100년이나 됩니다. 후생들 가운데 오직 파당(派黨)을 이루는 데에만 익숙하여, 자신과 친하거나 오래된 사이가 아니면 겁박과 모욕으로 자신의 악독함을 멋대로 부리는 자들에 대해서는 비록 족히 말할 것도 없겠으나, 옛 성현들의 말씀을 많이 알아 정직한 사람을 들어 쓰고 부정한 사람을 버려두는 의리에 힘쓰시는 성상께서는 또한 분명하고 철저히 분별하지 않을 수 없는 것입니다."

이에 상이 이르기를,

"내 요사이 속이 답답한 증세로 괴로웠는데 경이 아뢴 말을 들으니 가슴속이 후련해진다. 사신(史臣)은 이를 자세히 기록해야 할 것이다."

하니, 성인(聖人)이 사방으로 귀를 열어 받아들임이 이와 같았다.

삼가 일찍이 듣건대 공이 하대부(下大夫)의 직위에 있던 시절 마침 오정창(吳挺昌)의 집에 들른 적이 있었다. 그때 오정창의 누이의 아들인 종실(宗室) 이정(李楨)이 공이 왔다는 소식을 듣고서는 밖에서부터 예상치 못하게 들어와서는 공이 차고 있던 대(帶)를 당겨 서로 묶음으로써 교우를 맺고자 하는 뜻을 보였다. 이에 공이 즉시 검을 꺼내 대를 자르고 그 자리를 나가 버렸는데, 얼마 지나지 않아 경신옥사(庚申獄事)[63]가 일어나 이정이 역모(逆謀)로 복주(伏誅)되어 버렸다. 일이 일어나기 전부터 절조를 지킨 이 모습이 과연 어떠한가. 당국자들을 향해 항장(抗章)을 올리려 했던 계획은 검을 꺼내 대를 잘라 버린 일과 더불어 똑같이 삼달덕(三達德)의 용(勇)에 해당하는 일이다. 그러나 전자의 경우는 눈앞에서 바로 일어난 일이므로 결단하여 행동으로 옮기는

63 경신옥사(庚申獄事) : 경신환국(庚申換局)을 말한다.

데에 조금의 빈틈도 용납하지 않았던 반면, 후자의 경우는 뜻이 같고 도가 일치되는 사람들과 함께 비밀스럽고도 면밀한 논의를 거쳐야 했던 까닭에 애초부터 짧은 시간 안에 아뢸 수가 없었고, 마침내 일이 미처 성사되기도 전에 시사(時事)가 일변해 버림으로써 조화를 이루면서도 휩쓸리지 않으며 가운데 서서 치우치지 않는 공의 강함을 실현해 보일 기회가 사라지게 된 것이다. 그러나 공은 도리어 이러한 사실을 남들에게 말하지 않고 외부로부터 닥쳐오는 상황을 순순히 받아들이고 말았으니, 아아, 공은 가히 당화(黨禍) 속의 완인(完人)[64]이었다고 이를 만하다.

공의 자는 사겸(士謙)이다. 기계 유씨(杞溪兪氏)는 실로 우리나라의 대성(大姓)으로 고려 때부터 대대로 관리를 배출하였다. 성조(聖朝)에 들어와서는 휘 기창(起昌)이란 분이 연산군의 난정(亂政)을 만나 강직한 도로 인해 방축되었다가 중종반정(中宗反正) 이후에 병조 참의에 제수되었다. 그러나 공은 예전에 섬기던 임금을 위하여 북쪽을 향해 곡을 하고는 호서(湖西)로 돌아와 끝내 출사하지 않았으며, 이후 병조 판서에 추증되었다. 이분은 휘 여림(汝霖)을 낳았는데 예조 판서를

64 완인(完人) : 난세에도 절조와 목숨을 온전히 지킨 사람을 말한다. 송(宋)나라 학자 유안세(劉安世)가 북송 철종(北宋哲宗) 연간에 장돈(章惇)에 의해 밀려난 뒤 30년 동안 전전하였는데, 휘종(徽宗) 선화(宣和) 연간에 환관 양사성(梁師成)이 권력을 잡고 그에게 자손을 위해서라도 관직에 나오라는 편지를 보내자, 유안세가 "내가 자손을 위했더라면 이런 지경에 이르지는 않았을 것이다. 게다가 내가 밀려난 지 거의 30년이 되도록 일찍이 권력을 가진 자와 편지 한 자 주고받은 적이 없다. 나는 '원우의 완인'으로 그대로 남고 싶으니 파계(破戒)를 할 수 없다."라고 한 말에서 유래하였다. 《宋名臣言行錄 後集 卷12》

지내고 좌찬성에 추증되었으며 시호를 경안(景安)이라 하였다. 이상의 두 분은 공의 7대조와 6대조가 된다. 증조의 휘는 대정(大禎)으로 병조 참판을 지냈다. 조부의 휘는 수증(守曾)으로 세자시강원 필선을 지내고 이조 참판에 추증되었으며, 선고의 휘는 비(秘)로 군수를 지내고 이조 판서에 추증되었는데, 양세(兩世)가 추은(推恩)된 것은 공이 귀한 신분이 되었기 때문이다. 선비(先妣)는 증 정부인(貞夫人) 진주유씨(晉州柳氏)로, 종친부 전첨(宗親府典籤) 유시보(柳時輔)의 따님이자 호가 서경(西坰)인 진원부원군(晉原府院君) 유근(柳根)의 손녀이다. 숭정(崇禎) 신미년(1631, 인조9)에 남양부(南陽府)의 관아에서 공을 낳았는데, 당시 참판공이 그 부에 부임해 있었기 때문이다.

7, 8세에 능히 붓을 휘둘러 대자(大字)를 썼는데 이미 법도에 맞았다. 이에 관청과 불당에 편액을 걸려는 자들이 매양 찾아와 글씨를 부탁하였다.

13, 4세에 경전(經傳)을 꿰뚫었고 종이와 붓을 잡고 공령문(功令文)[65]을 써 내려감에 단 한 번도 수정을 가한 적이 없었다.

21세에 사마시에 입격하였다. 효종이 일찍이 양심(養心)과 경의(敬義)란 이름의 두 별당(別堂)을 세울 적에 공을 불러 승정원에 이르러 편액을 써서 바치라고 명하고, 궁내에서 쓰이는 지필묵(紙筆墨)을 몹시도 넉넉히 하사하였다.

경자년(1660, 현종1)에 증광시 문과(增廣試文科)에 급제하여 당후(堂后)의 섭기주(攝記注)로서 상을 시종하였다. 당시 현종이 막 즉위하여 공의 성명을 물어 알고서는 이에 근심 어린 표정을 지으며 이르기

65 공령문(功令文) : 과거 시험에 필요한 시문(詩文) 등을 가리키는 말이다.

를 "선왕께서 일찍부터 그 필법이 정밀하고 훌륭하다고 칭찬하였는데, 이제야 과거에 급제하여 조정에 출사하였는가."라고 하였다. 이에 수상 정공 태화(鄭公太和)가 나아와 아뢰기를 "유모(兪某)는 평소부터 훌륭한 명성이 있으니, 한 가지 기예로만 칭찬해서는 안 됩니다."라고 하였는데, 관료들은 이 말을 전하며 영광스러운 일이라 여겼다. 괴원(槐院)에 분관(分館)되어 부정자(副正字)에 부임되었다.

계묘년(1663)에 태부인(太夫人)의 상을 당하였다. 상기를 마친 뒤에 정자(正字)를 거쳐 박사(博士)로 천직하였다.

정미년(1667)에 전적(典籍)에 오르고 남학 교수(南學教授)를 겸관하였다. 예조와 병조의 좌랑 및 함경도 도사로 누차 천직하였다.

기유년(1669)에 사헌부 지평(司憲府持平)에 제수되었다. 당시 재신(宰臣) 서필원(徐必遠)이 소장을 통해 유상(儒相)을 비판하면서 안민창(安民倉)을 만든다면 백성들이 그 번거로움과 수고를 감당하지 못할 것이라고 하자,[66] 양사(兩司)가 서필원이 현인을 모함했다고 하면서 일제히 일어나 그를 극력 비난하였다. 이런 와중에 공은 홀로 그 의론에 참여하지 않았는데, 이 때문에 외직으로 쫓겨나 원양도 도사(原襄道都事)가 되었다.

신해년(1671)에 세자시강원 사서에 제수되고, 문학(文學)을 거쳐

66 당시……하자 : 유상(儒相)은 과거 시험을 거치지 않고 선비의 신분으로서 정승이 된 사람을 말하는데, 여기에서는 송시열(宋時烈)을 가리킨다. 1669년 1월에 송시열이 태안(泰安)에 창고를 설치할 것을 건의하여 조정에서 이를 추진하자, 형조 판서 서필원이 2월에 상소를 올려 이를 반대하고 당시 대신이었던 허적(許積)과 김좌명(金佐明)이 부당한 논의를 바로잡지 못하는 불충의 죄를 저질렀다고 비판한 일을 말한다.《顯宗實錄 10年 2月 6日》

훈국 낭청(訓局郎廳)과 비국 낭청(備局郎廳)을 겸관하였다. 얼마 지나지 않아 판서공이 청도(淸道)의 임소에서 졸하자 반장(返葬)을 하고서 3년 동안 시묘(侍墓)를 하였다. 상복을 벗은 뒤에 외직으로 나가 황주판관(黃州判官)이 되었다.

을묘년(1675, 숙종1)에 지평(持平)으로 부름을 받고 조정으로 돌아와 《현종실록(顯宗實錄)》의 편찬에 참여하였다. 사간원 정언이 되고 중학교수(中學敎授)를 겸관하였다. 이조 홍문록(吏曹弘文錄)[67]에 선발되고 얼마 뒤 헌납에 제수되었다가 곧이어 부교리, 교리, 수찬에 제수되었다.

병진년(1676)에 명을 받들고 해서(海西) 지방의 여러 군을 몰래 염찰(廉察)하였는데, 선한 이를 포장하고 천거하며 악한 이를 규찰하고 적발하니 온 도내가 엄숙해졌다. 조정에 돌아와서는 이조 좌랑에 제수되었다가 정랑에 오르고 지제교와 교서관 교리(校書館校理)를 겸관하였다. 이듬해에 부응교(副應敎)로 오르고 직강(直講)과 집의로 천직하였다. 사국(史局)에서 애쓴 공로로 통정대부로 자급이 뛰어올랐다. 호조 참의와 병조 참지를 역임하고 은대(銀臺: 승정원)에 들어가 동부승지를 거쳐 좌승지로 승진하였다.

기미년(1679)에 대사간에 제수되고 형조 참의로 이배(移拜)되었다. 얼마 뒤에 특지(特旨)로 승진하여 한성부 우윤에 제수되고 부총관(副摠管)을 겸관하였으며 예조 참판에 천직되었다. 묘당(廟堂)이 의론을 거쳐 엄격한 기준으로 평안도 관찰사를 선발할 때 공에게 그 직임을 맡겼는데, 이는 대개 공의 중망(重望)을 얻어 서쪽 관문의 방어를 단단

67 이조 홍문록(吏曹弘文錄) : 이조 낭관이, 홍문록에 오른 사람 중에서 가장 훌륭한 사람을 가려 권점하여 이조 낭청으로 추천하는 일을 이른다.

히 하고자 하는 의도였다. 공은 그곳에 부임해서 사치스럽고 풍요로운 생활에 조금도 물들지 않고 오로지 출척(黜陟)을 분명하게 시행하였으며, 위엄이 행해져 엄숙해지고 은혜가 베풀어져 따뜻해지도록 힘썼다. 그렇게 함으로써 1년도 되지 않아 정사를 잘한다는 명성이 원근(遠近)으로 전해졌다.

경신년(1680)에 한쪽 무리의 사람이 또다시 권력을 부리자 대간(臺諫)의 탄핵을 받아 고향으로 돌아갔다. 이로써 영화로운 생활을 버리고 본성을 함양하면서 교외의 전장(田莊)에서 유유자적 은거하며 거의 10년 세월을 살았다.

기사년(1689)에 이르러 조정의 부름을 받고 도승지에 제수되었다가 이조 참판에 이배되고 동지춘추관사(同知春秋館事)를 겸관하였다. 그 후 몇 개월이 지나 중전(中殿)이 폐위되는 일이 발생하자[68] 공은 예닐곱 경재(卿宰)와 함께 눈물을 흘리면서 누차 소장을 올렸는데, 그 말이 간절하고도 지극하였다. 그러나 하늘을 되돌릴 수 없었으니, 공이 하늘에 대해 어찌할 수 있었으랴.

정경(正卿)에 올라 공조 판서로 이배되고 지의금부사를 겸관하였다. 대사헌으로 전직한 뒤에 또 상소하여 박태보(朴泰輔)[69]와 오두인

68 중전(中殿)이……발생하자 : 1689년 인현왕후(仁顯王后)가 폐위되고 희빈(禧嬪) 장씨(張氏)가 중전에 오른 일을 말한다. 오랫동안 왕자를 생산하지 못하여 숙종의 총애를 잃은 인현왕후는 희빈 장씨가 왕자 이윤(李昀)을 출생하자 결국 기사환국(己巳換局)이 시작된 지 4개월 만에 투기죄(妬忌罪)를 지었다는 명목으로 궁중에서 쫓겨나 폐서인(廢庶人)이 되었다.《肅宗實錄 15年 4月 21日, 23日》

69 박태보(朴泰輔) : 1654～1689. 본관은 반남(潘南), 자는 사원(士元), 호는 정재(定齋)이다. 1689년 기사환국 때 인현왕후의 폐위를 강력히 반대하는 소를 올리는 데

(吳斗寅)[70]의 억울한 사정을 드러내 놓고 변호하였는데, 그 임금의 결점을 지적해 아뢰기를,

"전하께서 정령을 시행하시는 것에 미진한 점이 많습니다. 요사이 간혹 장상(將相)을 경시하여 위엄과 분노로 그들의 뜻을 꺾어 버리는 한편, 기용(起用)과 파출(罷黜)을 대수롭지 않게 행하시니, 이러한즉 조정에 있는 신료들 가운데 누군들 전하가 경시하는 사람이 되지 않겠습니까. 경시하는 데서 그칠 뿐만이 아니라 스스로를 성인(聖人)이라고 여기는 교만한 마음이 자라날 것입니다. 고인(古人)이 말하기를 '임금이 남에게 교만하게 굴면 그 나라를 잃는다.'라고 하였으니[71] 두려워하지 않을 수 있겠습니까."

하였고, 또 고(故) 상신(相臣) 오시수(吳始壽)의 억울함[72]에 대해 언급

주동적인 구실을 하였다가 심한 고문을 받고 진도로 유배 도중 옥독(獄毒)으로 노량진에서 죽었다.

70 오두인(吳斗寅) : 1624~1689. 본관은 해주(海州), 자는 원징(元徵), 호는 양곡(陽谷)이다. 인현왕후가 폐위되자 이세화(李世華), 박태보와 함께 반대하는 소를 올려 국문을 받고 의주로 유배 도중 파주에서 죽었으며, 그해에 복관되었다.

71 고인(古人)이……하였으니 : 위 문후(魏文侯)의 아들 격(擊)이 길에서 예를 표하지 않는 전자방(田子方)에 대해 화를 내며 "부귀한 자가 교만합니까, 가난한 자가 교만합니까?"라고 따져 묻자, 전자방이 "빈천한 자가 교만하지, 부귀한 자가 어찌 교만하겠소. 임금이 교만하면 나라를 잃고, 대부가 교만하면 집안을 잃소."라고 대답한 것을 말한다. 《史記 魏世家》

72 오시수(吳始壽)의 억울함 : 오시수는 본관은 동복(同福), 자는 덕이(德而), 호는 수촌(水邨)으로, 1674년(현종15) 현종의 국상을 당해 원접사(遠接使)로서 청나라 조제사(弔祭使)를 영접하고 이듬해 돌아왔는데, 이후 막 즉위한 숙종에게 청나라 역관 장효례(張孝禮)의 말이라고 하면서, 선왕이 강성한 신하에게 제압당하여 일을 자유롭게 할 수가 없기 때문에 황제가 특별히 명하여 두 차례나 치제하게 하였다고 아뢰었다.

하였다. 이에 상이 모두 넉넉히 포용하여 은혜로운 비답을 내렸다. 명을 받들고 장렬왕후(莊烈王后)의 연주(練主)를 썼다. 이어 정헌대부로 품계가 올랐고, 그해 겨울 상사(上使)로서 청나라에 갔다.

이듬해 봄에 복명(復命)하였다. 이로부터 수년간 한성부 판윤, 예조·형조·공조의 판서, 의정부의 좌참찬과 우참찬에 누차 제수되었다.

계유년(1693)에 김정열(金廷說)의 역옥(逆獄)을 국문하는 데 참여하였다. 당시의 의론은 세찬 기세로 이 사안을 끝까지 캐내고자 하였는데, 공은 옥사의 실상이 채 규명되기도 전에 많은 사람들이 죄에 연루되는 상황을 걱정하여 상에게 신중하게 일을 처리해야 한다고 아뢰었다. 상이 그 말을 옳게 여기고는 서둘러 원찬(遠竄)을 명하였는데, 이 일로 옥사를 처리하던 신하들이 다투어 분노에 찬 손뼉을 쳐 가면서 전력을 다해 공을 비방하고 중상하였다. 대체로 공은 당로자에게 구차히 동조하려 하지 않았다. 그리하여 비록 조적(朝籍)에 매여 있지 않을 수 없는 몸이었으나 제수하는 명이 내려질 때마다 직위에 오래 머물려고 하지 않아 번번이 병을 칭탁하여 해면되곤 하였고, 한가롭게 집에 거처하면서 깊이 염려한 것은 오직 지저분한 찌꺼기가 자신의 옷을 더럽힐까 해서였다. 그 당시에 지위와 명망, 자격과 경력으로 볼 때 공보다 뛰어난 자가 누가 있었겠는가마는 경월(卿月)의 지위에 오른 뒤로부터는 요직에 천거될 때마다 몹시도 강력한 배척과 저지가 이루

그 뒤 1680년 경신환국으로 권력을 장악한 서인 집권 세력은 오시수의 그 말이 허위로 꾸며 낸 사실이라 판단하여 9월 10일 오시수를 유배지에서 붙잡아 와 국문한 다음 1681년 6월 12일 사사하였다. 《顯宗改修實錄 12年 2月 20日》《肅宗實錄 7年 4月 21日, 22日》

어졌다. 이후 공의 아들이 과거에 급제해 한원(翰苑)에 들어간 일을 계기로 비로소 공을 이조와 병조의 장관 자리에 의망하였다. 이에 사람들 모두는 세태가 가증스럽다고 하였으나 정작 공은 느긋하고 평온한 태도를 보이면서 무심히 그것을 괘념치 않았는데, 이에 세상 사람들 가운데 공을 장덕(長德)[73]으로 일컫지 않는 자가 없었다.

갑술년(1694)에 조정의 국면이 다시 일변하면서[74] 공 역시 축출되었다. 이 일로 공은 방문을 닫아걸고 집에만 있으면서 서적으로 스스로 즐기며 살아가다가, 기묘년(1699) 12월 2일에 이르러 병으로 인해 침소에서 졸하니, 향년 69세였다. 상이 공을 위하여 조회(朝會)를 정지하고 예법대로 조제(弔祭)를 지내 주었다. 그 이듬해 2월 통진(通津) 오란리(五卵里) 모향(某向)의 언덕에 장사 지내고 두 부인을 천장(遷葬)하여 합부(合祔)하였다.

공은 집 안에서는 부모에 대한 효성과 형제간의 우애와 친족과의 화목을 실천하였으며, 집 밖에서는 온화하고 유순하며 공손하고 검소한 몸가짐을 미루어 행하였다. 또 조정에 있던 40년 동안 무슨 일인들 공적으로서 크게 드러나지 않았겠는가마는, 오직 초연한 태도로 조맹(趙孟)에 의해 귀천(貴賤)이 좌우되는 처지[75]에서 스스로 벗어나 화

73 장덕(長德) : 나이가 많고 덕이 있는 사람을 이른다.

74 갑술년에……일변하면서 : 갑술환국(甲戌換局)을 이른다.

75 조맹(趙孟)에……처지 : 실권자에 의해 자신의 신분과 작위가 높아지기도 낮아지기도 하는 처지를 말한다. 조맹은 춘추 시대 진나라 대부 조돈(趙盾) 및 그의 후대 조무(趙武), 조앙(趙鞅), 조무휼(趙無恤) 등을 가리키는데, 《맹자》 〈고자 상(告子上)〉에 "천작(天爵)이 있고 인작(人爵)이 있으니, 인의와 충신을 행하고 선을 좋아하여 게을리하지 않음은 천작이고, 공경과 대부는 인작이다.……남이 귀하게 해 준 것은

복(禍福)에 따라 자신의 지조를 바꾸지 않았고, 종국에는 마침내 뜻을 같이하는 이들과 맹약하여 깨끗한 몸으로 남의 더러운 것을 받지 않고자 하였으니, 일은 비록 미처 성사되지 못했어도 그 우뚝한 발군의 지조는 가히 알 수가 있다. 그 위대함이 이와 같은 이상, 관직에 있은 일은 말단에 불과하므로 족히 공을 위해 여러 번 쓸 필요가 없는 것이다.

전배(前配)는 증 정부인(貞夫人) 사천 목씨(泗川睦氏)로 이조 참판 목행선(睦行善)의 따님이고, 계배(繼配)는 정부인 양천 허씨(陽川許氏)로 현감 허륙(許稑)의 따님인데 모두 부덕(婦德)이 있다고 일컬어졌으며 가도(家道)가 매우 합당하였다.

전 부인은 2남 2녀를 낳았다. 장남은 임중(任重)으로 군수를 지냈고, 차남은 세중(世重)으로 문과에 급제하여 한림(翰林)을 지냈는데 어버이의 상을 당해 지나치게 슬퍼하다가 몸이 상해 세상을 떠났다. 사위는 사인(士人) 정중재(鄭重載)와 참봉(參奉) 강력(姜櫟)이다. 후 부인은 2녀를 낳았는데, 사위는 사인 김경복(金慶復), 목사 윤기경(尹基慶)이다.

군수는 세 번 장가들었으나 모두 자식을 기르지 못하여 한림의 아들 언용(彦容)을 후사로 삼았다. 한림은 1남 2녀를 낳았는데, 아들은 바로 언용이고 두 사위는 문과에 급제하여 사인(舍人)을 지낸 홍만우(洪萬遇)와 권지경(權至經)이다. 정중재는 1녀를 두었는데 최수인(崔守仁)에게 출가하였다. 강력은 3남 3녀를 낳았는데, 장남은 강필보(姜必輔)

참으로 귀한 것이 아니니, 조맹이 귀하게 해 준 것은 조맹이 천하게 할 수 있다."라고 한 데서 유래한 표현이다.

로 문과에 급제하여 도사(都事)를 지냈고 나머지는 강필성(姜必聖)과 강필동(姜必東)이다. 세 사위는 오중운(吳重運), 한세영(韓世英), 이규령(李圭齡)이다. 김경복은 1녀를 두었는데 이제백(李齊白)에게 출가하였다. 윤기경은 1남을 두었는데 윤사용(尹師容)이다. 증손과 현손 이하 내외의 후손은 많으므로 다 기록하지 않는다.

4대손 승지군(承旨君) 항주(恒柱)가 일찍이 공의 묘도에 새길 글을 나에게 부탁하였다. 나는 이 일을 무겁게 생각하여 미처 완성하지 못하고 있었는데, 얼마 지나지 않아 승지군이 재신의 반열에 오른 후 갑자기 세상을 뜨고 말았다. 그러나 지난날 했던 부탁은 여전히 귓가에 남아 있는지라 내 차마 유명(幽明) 간의 도리를 저버리지 못하는 것은 물론이거니와 또 생각해 보면 나는 여든이 다 된 나이로 정신이 혼미하여 다만 언제 죽을지 모르는 사람일 뿐이므로, 공의 언론과 사적(事迹)을 만약 지난날 선배들과 장로들로부터 직접 들은 말을 통해 나열하여 기록해 두지 않는다면 지금부터 100년이 지난 뒤 비록 후손들이 가장(家狀)을 편찬하더라도 또한 일실되어 기록하지 못하는 부분이 많게 될 것이다. 하물며 훗날의 어리석고 몽매한 자들은 그럴 경우 무슨 수로 진실하여 징험할 데가 있는 말을 얻어 볼 수 있겠는가. 이에 마침내 억지로 정신을 수습하여 서(序)를 쓰고 명(銘)을 덧붙인다. 명(銘)은 다음과 같다.

세상이 온통 혼탁해지면　　擧世混濁
맑은 선비 그제야 드러나는 법　　淸士乃見
공은 실로 우뚝이 빼어났으니　　公實矯矯
진정으로 국사였네　　展也邦彦

패옥 차고 긴 옷자락 끄는 것[76]은 佩玉長裾
내가 바라던 게 아니었는데 匪我思存
슬프다 저 벗들이 哀哉故舊
흙탕물에 빠져들었네 獨漉墊昏
이에 손으로 구원하여 欲以手援
맑은 물결로 옮겨 주려 하였으나 轉之淸波
그대들은 내 말을 듣지 않고 爾不我聽
나를 먼 곳으로 내버려 버렸지 棄我于遐
대를 진작에 잘라 버린 이상 有帶旣絶
팔도 응당 끊어 버려야 하니[77] 有腕宜斷
모두를 구제할 길이 사라진지라 兼濟已矣
내 한 몸만 홀로 선하게 하였는데 吾獨吾善
임금의 뜻을 기다리기도 전에 惟動未徯
세상이 갑자기 뒤바뀌어 버렸네 桑海遽變
소장을 봉해 놓고 잊지 못한 채 緘封耿耿
가슴 가득한 혈성을 품고 돌아가니 抱歸腔血
묵묵히 입 다물고 변명하지 않았으나 默然無辨
천지신명이 곁에 늘어서 있네[78] 神祇傍列

76 패옥……것 : 모두 관리의 복식으로, 관복을 입고 관직 생활을 하는 것을 말한다.

77 팔도……하니 : 큰 것을 보전하기 위해 자신의 일부분을 희생하는 것을 비유하는 말로, 여기에서는 같은 남인이지만 이미 구제할 수 없을 정도로 타락해 버린 탁남(濁南)과의 연을 끊는다는 말이다.

78 묵묵히……있네 : 아무런 변명을 하지 않아도 하늘과 땅의 신령은 누가 소인이고 군자인지 훤히 아는 까닭에 그 누구도 진실을 속일 수 없음을 말한 것이다. "천지신명이

공의 일평생 자취를 살펴보니	蹟公終始
군자의 마음이라	君子之心
흐린 세상의 온전한 명절이	濁世完名
지금까지 환하게 빛나네	輝映至今
내가 공의 묘에 명을 지어	我銘公墓
후세의 모범으로 삼게 하노니	俾式于後
모든 당인들은	凡厥黨人
화의 우두머리가 되지 말지어다	毋爲禍首

그 곁에 늘어서 있네."라는 표현은, 한유가 〈여맹상서서(與孟尙書書)〉에서 부처가 군자와 소인 중에 어디에 속하는지 따지면서 "천지신명이 분명히 포진하고 삼엄히 벌여 있으니, 속일 수 있는 일이 아니다."라고 한 데서 유래하였다.

숭정대부 행 예조판서 겸 판의금부사 지경연춘추관성균관사 과암 이공 신도비명
崇政大夫行禮曹判書兼判義禁府事知經筵春秋館成均館事果菴李公神道碑銘

공의 휘는 무(袤), 자는 연지(延之), 자호(自號)는 과암(果菴), 본관은 한산(韓山)이다. 가정(稼亭) 문효공(文孝公) 휘 곡(穀)과 목은(牧隱) 문정공(文靖公) 휘 색(穡)이 공의 10대조와 9대조가 된다. 목은의 셋째 아들 양경공(良景公)의 휘는 종선(種善)이고, 양경공은 영중추부사를 지낸 문열공(文烈公) 휘 계전(季甸)을 낳고, 문열공은 대사성을 지낸 휘 우(堣)를 낳았다. 3대를 내려와 휘 지번(之蕃)이란 분이 있는데 내자시 정(內資寺正)을 지내고 호가 성암(省菴)이고 영의정에 증직되었으며, 이분이 휘 산해(山海)를 낳으니 영의정을 지내고 아성부원군(鵝城府院君)에 봉해졌으며 호는 아계(鵝溪)인데, 이분들이 바로 공의 증조부와 조부이다. 선고의 휘는 경전(慶全)으로 좌참찬을 지내고 한평군(韓平君)에 봉해졌으며 호는 석루(石樓)이다. 선비(先妣)는 정경부인(貞敬夫人) 안동 김씨(安東金氏)로 홍문관 교리 김첨(金瞻)의 따님인데, 만력(萬曆) 경자년(1600, 선조33)에 공을 낳았다.

공은 어려서부터 총명함이 또래에 비해 월등하였다. 아옹(鵝翁 이산해)의 슬하에서 간혹 시정(時政)을 논하고 시비(是非)를 가리기도 하였는데 그 논리가 대나무를 쪼개듯 명쾌하였고, 조금 장성하여서는 잠깐 스쳐보기만 한 책을 암송하면서도 언제나 헷갈리거나 틀린 적이 없었다. 이에 아옹이 기특히 여겨 늘 말하기를 "내 허리춤에 있는 서대

(犀帶)를 반드시 이 아이에게 부탁할 것이다."라고 하였다.

광해가 집권하던 시절 셋째 형 부(阜)가 항장(抗章)을 올려 이이첨의 참수(斬首)를 청할 때 공이 소장의 앞뒤 내용에 관여하였는데, 이때 공은 아직 관례(冠禮)도 하지 않은 나이였다. 몇 년 뒤에 백형인 호당공(湖堂公) 후(厚)와 중형인 한림공(翰林公) 구(久)가 젊은 영재로서 잇달아 요절하자, 석루공(石樓公)은 공이 현달하는 것을 원치 않아 공부를 독책하지 않았다. 그러나 공은 즐기고 좋아하는 것이 책이었던 까닭에 때를 놓칠까 염려하여 석루공이 호남 관찰사로 있던 시절 혼자 서실(書室)에 틀어박혀 그곳을 깨끗이 정돈한 다음, 분잡하고 화려한 것들에 대해 마치 자신의 몸을 더럽힐 오물인 양 여기면서 매일같이 글을 음송하는 일밖에 하지 않았다. 하지만 당시는 혼조(昏朝)의 시대였던지라 과거에 응시하려 하지 않다가, 인조반정(仁祖反正)이 이루어진 뒤 "이모(李某)는 지금 나와 응시할 만하다."라고 하는 전교가 내려지고서야 비로소 공은 과거에 응시하였다. 그리하여 병인년(1626, 인조4) 별시(別試)에 합격하였으나 마침 합격자 전원이 파방(罷榜)되었고, 이후 또 기사년(1629) 별시에 합격하였는데, 당시 월사(月沙) 이공 정귀(李公廷龜)가 시관(試官)으로 있으면서 감탄하기를 "이는 진정 모래와 자갈 속의 주옥(珠玉)이다."라고 하였다.

병자년(1636)에 오랑캐의 침탈이 급박해지자 공은 석루공에게 상을 호종하여 강도(江都)로 들어간다고 여쭙고는 노량(鷺梁)으로 말을 타고 달려가서 어가(御駕)를 기다렸다. 그런데 상이 갑자기 남한산성(南漢山城)으로 들어가 버리자 길이 막혀 쫓아갈 수 없게 되어, 눈물을 흘리며 갈팡질팡한 채 몸을 맡길 곳을 찾지 못하였다. 이후 사태가 안정되자 벼슬 생활이 달갑지 않게 느껴져 우협(牛峽)의 깊은 곳에 초가집을 짓고 세상의 소식에 귀를 닫았으며 이따금 조그만 배를 타고 내왕하면서 부모님을 뵙고 문안하는 일만 일삼았다.

무인년(1638)에 국자감(國子監)에서 비로소 전적으로 승진하였다. 이로부터 예조와 병조에서 좌랑과 정랑을 지내고, 사간원에서 정언과 헌납과 사간을 지내고, 사헌부에서 지평과 집의를 지내고, 춘방(春坊)과 국자감에서 필선과 보덕(輔德)과 직강과 사성을 지내고, 여러 시(寺)의 경우는 군기시(軍器寺), 종부시(宗簿寺), 상의원(尙衣院), 사복시에서 정(正)을 지냈다. 한 관직을 여러 번 지낸 경우는 사헌부와 사간원에서 가장 많았다. 외직으로는 관서 아사(關西亞使)에 제수되었으나 부임하지 않아 파직되었고, 해미(海美)와 서천(舒川)과 담양(潭陽)에 외보(外補)되기도 하고 좌천되기도 하였다.

공이 지평이 되었을 때는 인조가 재위하던 시절이었는데, 소장을 올려 "임금의 마음을 바로잡고 세자를 보익하는 것이 가장 먼저 힘써야 할 일입니다."라고 하고, 이어 정온(鄭蘊), 홍익한(洪翼漢), 오달제(吳達濟), 윤집(尹集)을 모두 정표(旌表)하고 이경여(李敬輿), 이식(李植) 등을 모두 너그럽게 용서해 달라고 청하였다.[79] 이에 상이 우악한

79 소장을……청하였다 : 이 내용은 《인조실록》 24년 10월 13일 기사에 실려 있다. 홍익한, 오달제, 윤집은 병자호란 때 청(淸)나라와의 화의(和議)를 반대하고 척화(斥和)를 주장하면서 끝까지 명나라에 대한 절의를 지키다가 심양(瀋陽)에 끌려가 참형을 당하여 삼학사(三學士)로 불린 인물들이고, 정온 역시 그 당시 척화를 주장하다가 항복이 결정되자 자결을 시도한 뒤 관직을 버리고 덕유산(德裕山)에 들어가 세상을 떠났는데, 이무는 당시 지평으로 있으면서 소장을 올려 이들의 절개를 높이 칭양하고 추증(追贈)과 정표(旌表)를 청하였다. 한편 당시 이경여는 1645년 소현세자(昭顯世子)의 빈(嬪)이 소의(昭儀) 조씨(趙氏)를 저주했다고 하여 사약을 받게 되었을 때 반대하다가 진도로 유배를 가 있었고, 이식은 1646년 9월 별시관(別試官)으로서 출제한 과거 시험

비답을 내렸고, 묘당에서는 회계(回啓)하기를 "이모(李某)는 언관(言官)의 책임을 맡아 시국을 걱정하는 뜻이 간절하니, 만언의 소장을 올린 것은 진심 어린 충정에서 나온 것입니다."라고 하였다.

병조의 낭관으로 있을 때 효종이 막 정사를 맡아 전부(銓部)에 명하여 간관(諫官)을 선발하라고 하였는데 공이 이로 말미암아 정언으로 자리를 옮겼다. 이때 유신(儒臣)이 간관 두세 명과 함께 대행 대왕(大行大王)의 시호에 대한 의견을 내놓았다가[80] 상의 뜻을 거스르자 공이 힘써 그들을 변호하였는데, 이 일로 상이 노하여 공을 외직으로 내보내 해미현(海美縣)에 보임하였다. 이후 임지에 이르러서는 오직 민사(民社)를 시급히 여겨 소장을 통해 고질적인 폐단을 반복하여 아뢰었는데 그 분량이 1000자에 이르렀으며 상이 이에 대해 "임금을 사랑하고 나라에 충성한다."라는 비답을 내렸다. 또 어사(御史)가 "몸가짐이 청렴하고 백성을 사랑하였다."라고 표창하였다. 그러다 마침 중죄를 지은 죄수가 도망간 일로 파직되어 돌아가게 되자 백성들이 비석을 세워 칭송해 주었다. 서천군(舒川郡)을 다스릴 적에는 오공주(五公主)의 궁노(宮奴)들이 심한 전횡을 일삼아 백성들의 전답을 빼앗아 사찰을 살찌

의 문제에 역모의 뜻이 있다고 하여 삭탈관직 처분을 받은 상태였다. 《仁祖實錄 24年 2月 18日, 3月 14日, 9月 5日》

80 이때……내놓았다가 : 인조가 승하한 뒤 효종이 부왕(父王)의 묘호(廟號)를 '인조(仁祖)'로 정하자, 응교 심대부(沈大孚)가 상소하여 창업한 군왕만 조(祖)로 호칭하고 그 밖에 선대의 뒤를 이은 군왕들은 큰 공덕이 있다 하더라도 종(宗)으로 호칭하는 것이 예에 맞는다고 논하는 한편, 다음 날 부수찬 유계(兪棨)가 상소하여 이미 인묘(仁廟)가 있으므로 다시 묘호에 인(仁) 자를 쓰는 것은 예에 맞지 않는다고 논하면서 심대부의 주장을 옹호한 일을 말한다. 《孝宗實錄 卽位年 5月 23日》

우는 한편, 스스로 원당(願堂)에 붙어 오만한 태도로 기세를 부렸는데 백성들은 이에 대해 아무도 흘겨보지 못하였다. 이에 공은 소장을 올려 그 죄상을 폭로하였는데,[81] 상이 비답을 내리기를 "그대가 백성을 사랑함이 이와 같으니, 나는 고을 하나에 대한 걱정을 덜었다."라고 하는 한편, 특명을 내려 궁노를 거두고 사찰을 본군(本郡)에 귀속하였다. 그러자 온 경내가 환호작약(歡呼雀躍)하였는데, 공이 돌아갈 때에는 비석을 새겨 그 공덕을 잊지 않기를 해미현의 경우와 똑같이 하였다.

어떤 사람이, 공이 한만히 읊은 시구(詩句)를 가지고 권세 있는 간신에게 공을 참소하면서 "당세를 기롱하고 업신여겼다."라고 하였는데,[82] 이 일로 담양부(潭陽府)로 좌천되었다. 그 후 열 달이 지난 뒤에 현종이 새로 즉위하여 공을 사간으로 부르자, 백성들이 모두 눈물을 머금으며 떠남을 애석히 여기는 한편, 비각(碑閣)을 세워 거사비(去思碑)를 덮어 준 뒤 그것을 '이후생사우(李侯生祠宇)'라고 불렀다.

당시 예를 의논하는 자가 국가의 예법을 그르쳐 식견 있는 이들이 놀라고 개탄하였다.[83] 이에 미수(眉叟) 허 문정공(許文正公)이 장령으

81 이에……폭로하였는데 : 이 상소문은 《효종실록》 3년 12월 7일 기사에 실려 있다.

82 어떤……하였는데 : 여기서 말한 한만히 읊은 시구는 "흰 달은 얼음에 양보하고 얼음은 달에 양보하며, 밝은 모래는 눈을 속이고 눈은 모래를 속이네.〔白月讓氷氷讓月, 明沙欺雪雪欺沙.〕"를 말하며 권세 있는 간신은 송시열(宋時烈)을 가리킨다. 송시열이 정권을 잡자 이무가, 송시열이 일을 그르칠 것을 염려하여 한 재상에게 시를 지어 보이며 그를 풍자했는데, 곁에서 이 말을 들은 어떤 사람이 송시열에게 이 말을 전하고 그 시구를 인용하면서 당세에 대한 모독의 감정이 담겨 있다고 하였다. 《韓山李氏世譜 果菴公行狀》

83 당시……개탄하였다 : 1659년 효종의 장례에 효종의 계모이자 인조의 계비인 자의대비(慈懿大妃)의 복상(服喪) 문제가 제기될 때 서인인 송시열과 송준길(宋浚吉)이

로서 소장을 올려 이를 개정(改定)하여 종통(宗統)을 엄중히 할 것을 청하자, 당로자가 몹시 노여워하였다. 이러한 상황에서 공은 고산(孤山) 윤공 선도(尹公善道)에게 말하기를 "국가의 예법이란 중대한 의론인데, 어찌 허 장령만 훌륭한 명성을 독차지하게 둘 것인가."라고 하였다. 이튿날 고산공(孤山公)이 강개한 심정으로 소장을 올리자 당시 의론이 크게 시끄러워져 먼 지역으로 유배를 보내도록 한 뒤야 잠잠해졌는데, 공이 강가에서 그를 전송할 때는 서로를 바라보며 웃음을 지을 뿐이었다.[84] 이때부터 공은 시골집으로 물러나 있었는데 이따금 직무가 한가한 사국(司局)으로 제수하는 명이 내려지기도 하였으나 일절 나아가지 않았으니, 이렇게 두문불출한 기간이 12년이었다.

계축년(1673, 현종14)에 공이 70세가 되었다. 조정의 반열에 있던 옛 신하라는 이유로 쌀과 콩을 하사받았는데, 이는 실로 양로(養老)의 은전이었다.

갑인년(1674)에 왕대비(王大妃)가 승하한 당시 대왕대비(大王大妃)

주장한 기년설(朞年說)이 채택되자 윤휴(尹鑴)와 허목(許穆)을 비롯한 남인들이 크게 반발하여 삼년설을 주장한 것을 말한다.

84 서로를……뿐이었다 : 이무와 윤선도가 서로 마음에 거슬림이 없는 막역지우(莫逆之友)라는 사실을 암시하는 말이다. 《장자》 〈대종사(大宗師)〉에 "자상호, 맹자반, 자금장 세 사람이 서로 벗하면서 말하기를 '누가 서로 사귐이 없는 것을 서로 사귀는 것으로 여기며, 누가 서로 도와줌이 없는 것을 서로 도와주는 것으로 여길 수 있는가. 누가 하늘에 올라 안개 속에 노닐어 한없이 넓은 세계에서 자유롭게 움직여 생을 잊고 끝나고 다하는 바가 없게 할 수 있는가.'라고 하였다. 세 사람이 서로 보며 웃고 마음에 거슬리는 것이 없어 마침내 서로 벗이 되었다."라고 한 이래로 "서로를 바라보며 웃는다."라는 표현은 굳이 말이 없어도 마음으로 이해하는 막역한 친구 사이를 의미하게 되었다.

의 복제(服制)를 중부복(衆婦服)으로 결정하자 현종은 지난날의 의례(議禮)가 잘못되었다는 사실을 크게 깨달았는데,[85] 그러던 중 갑자기 병이 크게 악화되어 옥궤(玉几)에 몸을 기대어 유언을 남겼다. 숙종이 왕위를 이어받아 허 문정(許文正)을 발탁하여 대사헌에 제수하고는 전조(銓曹)에 명을 내려 벼슬에서 물러나 칩거하고 있는 자들을 녹용(錄用)하여 나오게 하였는데, 공이 그중 한 사람이었다.

다시 사간에 제수되었으나 사직을 청하는 상소를 올렸는데, 그 대략에,

"일찍이 경자년(1660)에 고(故) 참의(參議) 윤선도(尹善道)가 예(禮)를 변론한 소장으로 인해 북방으로 귀양 간 일이 있었습니다. 윤선도는 신이 평소 서로 친하게 지내던 사람이나 구제하기에 역부족이라 두문불출하여 입을 닫고는 더 이상 당대의 일을 논하지 않았습니다. 그러다 중간에 아첨을 일삼는 무리가 신을 명예와 이익을 낚는 미끼로 삼아 신이 조경(趙絅)의 시골집에 왕래하고 김 국구(金國舅)[86]의 문관(門館)에 출입한다고 하는 한편, 윤선도, 허목, 홍우원(洪宇遠)의 소장이 전부 신의 손에서 감교(勘校)되었다고 말하는

85 왕대비(王大妃)가……깨달았는데 : 여기서 왕대비는 효종의 비(妃)이자 현종의 어머니인 인선왕후(仁宣王后) 장씨(張氏)이고, 대왕대비는 인조의 계비이자 효종의 모후(母后)인 자의대비 조씨(趙氏)이다. 중부복이란 '서자부복(庶子婦服)'이라고도 하는데 차장자(次長子)의 며느리에 대한 상복인 대공복(大功服)을 말한다. 1674년 현종이 인선왕후의 상에 자의대비가 입을 복을 서인의 주장대로 대공복으로 정하였다가, 남인들이 그 부당성을 지적하자 이를 전면 재검토할 것을 지시한 것을 말한다.

86 김 국구(金國舅) : 김우명(金佑明, 1619~1675)으로, 현종의 장인이기 때문에 국구라고 칭한 것이다.

등, 한쪽에서 말하면 다른 한쪽에서 화답하면서 기어코 신을, 폐기되어 금고(禁錮)에 처해진 와중에서 죽게 만들려고 하였습니다. 참소하는 입으로부터 시달리는 것이 신처럼 혹심한 경우가 없으니, 성명(聖明)하신 상이 아니었다면 신이 어떻게 이러한 뜻밖의 재앙에서 벗어날 수 있었겠습니까."

하였는데, 상이 비답을 내려 위로하고 타일러 주었다. 아아, 공이 소장 가운데에서 나열한 몇몇 공은 곧 당대의 현인으로 당시로부터 곤액을 당했던 분들이다. 하물며 그 예를 변론한 소장은 의리가 엄정하여 백세 뒤 성인을 기다려도 의혹이 없을 것이니, 시샘하고 질투하는 자들이 공을 몰아 공과 뜻을 같이하는 분들 속으로 밀어 넣었던 것은 그 의도가 실로 화를 싣고 와 먹이려는 것[87]에서 나온지라, 다만 공이 평소 가지고 있던 명절(名節)을 성취시켜 주기에 충분할 뿐이다. 그러한즉 공이 말한 "참소하는 입으로부터 시달린다."라는 것은 공에게 범진(范鎭)과 사마광(司馬光)이 함께 전(傳)에 실린 것 같은 행운이 되는 것[88]이다.

87 화를……것 : 동한(東漢)의 하복(夏馥)이 중관들의 미움을 받아 체포령이 내리자 임려산(林慮山)으로 숨어들어 대장간에서 일하고 있었는데, 그의 아우 하정(夏靜)이 비단을 싣고 찾아와서 대접하려 하자 "아우는 어찌하여 재앙을 싣고 와서 나를 먹이려 하는가."라고 한 데서 유래한 표현이다. 《資治通鑑 卷56》 윤선도를 비롯하여 이미 화를 입은 바 있는 여러 사람과 한패라고 함으로써 이무에게까지 그 화를 미치게 한다는 말이다.

88 공에게……것 : 왕안석(王安石)이 재상으로서 막강한 권력을 휘두를 때 천자에게 여러 차례 바른말을 한 것으로 유명한 범진은 사마광과 일생 동안 두터운 우정을 유지하였는데, 사마광에게 말하기를 "그대와는 살아서는 뜻을 함께하고, 죽어서는 열전을 함께할 것이다."라고 한 데서 유래한 말이다. 《緇衣集傳 卷3 壹類章》 여기서는 이무가 윤선도를 비롯한 동지들과 함께 역사서에 나란히 실리게 되는 행운이 있을 것이라는 말이다.

그 후로 얼마 되지 않아 통정대부로 품계가 올라 판결사(判決事)가 된 뒤에, 예조 참의에 이배되고 같은 날 발탁되어 대사헌에 제수되었다. 대개 허 문정은 공을 문학(文學)으로 천거하였다. 이런 이유로 상은 공의 사직 상소에 대한 비답을 내리면서 "경 같은 문학과 중망이 아니면 어찌 이 중임을 감당하겠는가."라고 하였다. 이윽고 또 형조 참판에 제수되는 한편, 겸임으로 의금부, 춘추관, 성균관의 세 직함이 한날에 이르렀다. 이에 공은 두려운 마음에 몹시 간절한 내용으로 사직 상소를 올렸는데, 상이 또다시 "경의 문학에 대해 오래전부터 익히 들어 왔다. 승진시켜 발탁함이 이에 이르렀는데 또 어찌 지나치게 사양하는가."라는 비답을 내렸다. 다시 대사간으로서 이조 참판으로 이배하고 동지경연사를 겸관하게 하였는데, 그 사직 상소에 또 비답을 내리기를 "이조의 참판은 누구나 감당할 수 있는 자리가 아니다. 뜻이 맞는 임금과 신하가 서로 만나는 것은 천 년에 한 번 찾아오는 기회인데, 백발로 정사에 참여함에 어찌 비웃고 손가락질할 일이 있겠는가. 대정(大政)을 실시할 날도 머지않으니 공정함을 다하는 데 힘쓰도록 하라." 라고 하였다. 공은 그 특별한 대우에 감격하여 오로지 지극히 공정한 태도를 견지하였는데 이에 아무도 감히 사사롭게 청탁하지 못하였다.

병진년(1676, 숙종2)에 부묘 당상(祔廟堂上)으로서 가의대부(嘉義大夫)로 품계가 올랐다. 대사헌을 거쳐 또 이부(吏部)에 들어가 천거해 올린 사람이 7명인데, 효행과 청렴을 갖추고 언행이 방정한 사람을 천거하기도 하고 학문과 선행을 갖추고 재주와 도량이 있는 사람을 추천하기도 하니 조야가 모두 하나같이 이에 대해 칭찬하였다. 중궁(中宮)의 옥책문(玉冊文)을 찬술하여 상전(賞典)을 받았다.

정사년(1677)에 대사성에 제수되고 예조 참판에 전직되었다. 상이 특별히 우로전(優老典)[89]으로 발탁하여 자헌대부(資憲大夫)로 품계를 올려 주고 기로소(耆老所)에 들어가도록 하니, 조자손(祖子孫) 3대가 기영회(耆英會)에 들어간 것은 국조(國朝)에서 보기 드문 일이다.

무오년(1678)에 우참찬에 제수되고 공조 판서로 전직하였다.

기미년(1679)에 여든의 나이로 종1품에 올라 문형(文衡)에 천거되고 누차 예조 판서에 제수되었는데, 공은 관직을 사양하고서 시골로 돌아가리라 단단히 작정하고는 매번 "강호(江湖)는 내 즐거움이다."라고 말하였다.

경신년(1680) 봄에 척신(戚臣)이 큰 옥사를 일으켜 관리들이 일망타진되었다.[90] 이에 공의 관작이 삭탈되었다가 대간(臺諫)의 분한이 더욱 기승을 부림으로 인해 북관(北關)의 이성(利城)으로 유배를 가게 되었다. 친지들은 공과 작별하면서 모두 탄식하며 눈물을 흘렸으나 정작 공은 풍설(風雪)이 몰아치는 철관(鐵關)을 마치 평탄한 길처럼 여겼다. 당시 남파(南坡) 홍공(洪公)[91]도 귀양을 간 상태였는데 그 귀양지가 공이 있던 지역과 고개 하나를 사이에 두고 있어, 수시로 서로 시통(詩筒)을 전하면서 대궐을 그리워하고 시국을 걱정하는 마음을 풀어

89 우로전(優老典) : 나이 많은 사람을 우대하여 특별히 내리는 벼슬을 말한다.

90 척신(戚臣)이……일망타진되었다 : 1680년 경신대출척 때 김석주(金錫冑), 김익훈(金益勳) 등이, 허적(許積)의 서자인 허견(許堅)이 종실인 복창군(福昌君), 복선군(福善君), 복평군(福平君) 형제와 같이 역모를 꾀한다고 남인들을 대거 무고한 일을 가리킨다.

91 남파(南坡) 홍공(洪公) : 홍우원(洪宇遠, 1605~1687)으로, 본관은 남양(南陽), 자는 군징(君徵), 호는 남파이다. 1680년 허적의 역모 사건에 연루되어 유배지에서 죽었다. 1689년 기사환국으로 복작(復爵)되었고 영의정에 추증되었다.

냈다.

임술년(1682)에 상의 전교로 인해 덕원(德源)으로 양이(量移)되었다.

계해년(1683)에 나라에 임금의 마마가 무사히 회복된 경사[92]가 생겨 방귀전리(放歸田里)의 명이 내려졌다. 이에 보령(保寧)의 옛집으로 돌아갔는데, 기운이 조금도 줄지 않았다. 그러다 같은 해 11월 6일에 작은 감기로 인해 별세하니, 향년 85세였다. 다음 해 1월에 집 뒤 임좌(壬坐)의 언덕에 장사 지냈다.

공은 부모에 대한 효성과 형제에 대한 우애를 천성으로 타고났다. 7세에 모친을 잃자 능히 몸이 상하도록 애통해하면서 예제(禮制)를 지켰으며, 중년에 이르러 석루공(石樓公)이 별세하자 시묘살이를 하며 죽만 먹으니 고을 사람들이 감복하였다. 어릴 적에 큰누님이 출산하였는데 곁에 아이를 돌볼 사람이 없자 자신의 여종을 보내 드리니, 누님이 공의 등을 어루만지면서 말하기를 "여종이 귀한 게 아니라 너의 그 뜻을 귀중하게 생각한다."라고 하였다. 장가들 때에 마침 추위에 떨고 있는 사람을 보고는 서둘러 초이엄(貂耳掩)[93]을 벗어 주었으며, 화려하고 아름다운 옷이 있으면 번번이 거친 베옷으로 바꾸어 입었다. 늘 집안의 생업에 대해 초탈하고 대수롭지 않게 여겼는데, 여러 형제와 노비를 나누어 가질 적에 공이 말하기를 "종질(宗姪)이 책임은 무거우나 살림이 가난하니, 이들을 전부 그에게 주어 제사에 이바지하도록

92 임금의……경사 : 숙종이 앓던 천연두가 회복된 경사를 말한다. 숙종은 1682년 천연두가 발병하였다가 열흘 남짓이 지난 뒤에 완쾌되어 종묘와 사직에 경사를 고하고 대사면(大赦免)을 명하였다. 《肅宗實錄 9年 10月 18日, 11月 17日》

93 초이엄(貂耳掩) : 관복(官服)을 입을 때에 사모(紗帽) 밑에 쓰던 초피(貂皮)로 된 방한 도구로, 귀 가리개를 말한다.

하는 것이 어떻겠습니까?"라고 하자 모두들 "좋습니다."라고 하였다. 일찍이 누군지도 모르는 어떤 사람이 찾아와 울 아래에 있던 노비를 가리키면서 "이자는 내 노비이다."라고 하였는데, 공은 "그런가?"라고 하고 웃으면서 주었고, 뒤에 또 잇달아 찾아와 같은 행동을 하는 자가 두 명이 있었는데 그들에게도 마찬가지로 대해 주었다.

수재(守宰)로 있을 때에는 일용품이 남으면 전부 공공 장부에 기록해 두었는데, 임기를 마치고 돌아가는 날 저녁에 거친 밥과 나물국만 있었어도 유감을 가지지 않았다. 지위가 팔좌(八座)[94]에 이르고 나이가 구순(九旬)의 고령이 되고서도 가볍고 따뜻한 옷을 몸에 가까이하지 않았는데, 공을 몰래 엿보고 돌아온 어떤 사람이 감탄하며 말하기를 "그의 집에는 짚으로 만든 깔개 하나와 질흙으로 만든 동이 하나만이 있을 뿐이니, 그를 해하려는 자는 반드시 자신이 재앙을 당할 것이다."라고 하였다.

여러 조정을 차례로 거치면서 비록 관직에 머물던 기간은 적었으나, 임금에 대한 충성과 나라에 대한 사랑이 가슴속 깊이 뿌리내리고 있어 언제나 그에 대한 일념으로 직무를 태만히 하지 않고 늘 말하기를 "임금을 섬기는 도리는 목숨을 바치는 것일 뿐이다."라고 하였다. 만년에 이르러서는 임금의 지우(知遇)에 감격하여 미수(眉叟), 남파(南坡) 등 여러 공과 더불어 임금과 함께 정사를 논의하고 공경하는 마음으로 협력하여 한 시대의 정치를 일신하고자 하였다. 그런데 불행히도 세로

94 팔좌(八座) : 재신(宰臣)의 반열에 있는 여덟 명의 고위 관료를 이르는 말로, 동한(東漢) 시대에는 육조(六曹)의 상서(尙書)와 영(令)과 복야(僕射)를 가리켰으며 조선 시대에는 흔히 판서를 가리키는 말로 쓰였다.

(世路)가 기구하여 덤불 속에 잠복한 군사 같은 무리[95]로 인해 북변으로 유배를 갔다가 4년이 지난 뒤에야 돌아왔는데, 풍파의 존몰(存沒) 속에 만사가 공허해져 버려 세도가 마침내 어찌할 수 없는 지경에 이르렀으니, 아아, 이 어찌 천도가 아니랴.

공의 문장은 하늘로부터 타고난 것이었다. 지봉(芝峯) 이공 수광(李公睟光)이 그의 문장을 보고 감탄하며 말하기를 "천하의 모든 책을 다 읽어 본 것이 아니라면 어찌 이와 같을 수 있겠는가."라고 하고, 미옹(眉翁 허목)은 일찍이 말하기를 "이 노인이 가진 문장의 품격은 가면 갈수록 더욱 신이(神異)해지니, 글자마다 정력(精力)을 볼 수 있다."라고 하였다. 이것은 모두 지혜가 낮다 해도 자기가 좋아하는 사람에게 아부하지는 않던 분들이 한 말이다. 유편(遺編)이 집안에 소장되어 있다.

부인은 증 정경부인(貞敬夫人) 문화 유씨(文化柳氏)로 과거에 급제한 유희발(柳希發)의 따님이다. 마음씨가 선량하고 부드러우며 온화하고 순종적이어서 남편을 섬기면서 덕에 위배되는 행동을 하지 않았다. 향년 60세에 졸하였으며 2남 1녀를 두었다.

장남은 인빈(寅賓)으로 문과에 급제하고 홍문관 수찬을 지냈으며,

95 덤불……무리 : 제 모습을 숨기고 잠복해 있는 강포하고 흉악한 소인을 의미한다. 《주역》 〈동인괘(同人卦) 구삼(九三)〉에 "군사를 덤불 속에 숨겨 두고 높은 구릉에 올라가서 3년이 되어도 일어나지 못한다."라고 하였는데, 정자(程子)의 전(傳)에 "이치가 정직하지 못하고 의(義)가 이기지 못하므로 감히 드러내어 발하지 못하고서 병사를 수풀 속에 숨겨 둔 것이며, 악한 마음을 품고 안에 정직하지 못한 생각을 갖고 있으므로 또 두려워하여 때때로 높은 구릉에 올라가 관망하여, 이와 같이 하기를 3년에 이르도록 끝내 감히 일어나지 못하는 것이다. 이 효는 소인의 정상(情狀)을 깊이 나타냈다."라고 하였다.

차남은 용빈(龍賓)이다. 딸은 현령 이행경(李行敬)에게 출가하였다. 측실에게서 3남 3녀를 두었는데, 아들은 세빈(世賓), 홍빈(鴻賓), 봉빈(鳳賓)이며, 딸 가운데 첫째는 학관(學官) 윤직미(尹直美)에게 출가하고 둘째는 생원 김영(金瑛)에게 출가하고 셋째는 정행천(鄭行千)에게 출가하였다.

인빈은 4남 2녀를 두었는데, 아들 가운데 첫째는 동근(東根)으로 문과에 급제하고 문학(文學)을 지냈으며 둘째는 도근(道根)으로 내시교관(內侍敎官)을 지냈고 셋째는 회근(晦根)으로 요절하였고 넷째는 효근(孝根)으로 문과에 급제하고 정언을 지냈다. 딸 가운데 첫째는 사인(士人) 이만주(李萬柱)에게 출가하고 둘째는 진사 유명린(兪命麟)에게 출가하였다. 용빈은 아들이 없어 도근을 후사로 삼았다. 내외의 손자와 증손자는 많아 기록하지 않는다.

공이 세상을 하직한 지 지금 100여 년이 흘렀으나 묘도에 아직 비명이 없어, 6대손 호명(灝溟)이 나에게 명(銘)을 지어 주기를 부탁하였다. 나는 같은 고을에 사는 후생(後生)으로서 일찌감치 공의 풍도를 들어 왔기에 감히 노쇠하다는 이유로 사양할 수 없으므로 명을 짓는다. 명(銘)은 다음과 같다.

《주역》에선 난초의 향기라 하였고[96] 易言蘭臭

96 주역에선……하였고 : 《주역》 〈계사전 상(繫辭傳上)〉에 "두 사람이 마음을 같이하니 그 예리함이 쇠를 끊는다. 마음을 같이하는 말은 그 향기가 난초와 같다.〔二人同心, 其利斷金. 同心之言, 其臭如蘭.〕"라고 하였는데, 이는 친구와 우정이 매우 두터운 것을 말한다.

《예기》에선 담담한 물이라 불렀는바[97] 禮稱淡水
의리의 사귐은 義理之交
자기를 이롭게 하고자 함이 아니니 匪以利己
숙종이 즉위한 처음에 肅廟初元
한 무리의 군자들이 있었네 有彙君子
미로[98]가 항장을 올리자 眉老抗章
나라의 체통이 비로소 높아졌는데 國統始尊
아름다운 이공이 있어 有美李公
향리로부터 기용되니 起自鄉園
두어 선류들은 이로 인해 二三善類
그 덕에 이웃이 있게 되었네[99] 其德有隣
한 해 만에 등급을 뛰어올라 一歲超遷
연로한 몸으로 높은 반열에 섰네 黃髮崇班
좌우로 서로 이끌어 주며 左提右挈
춘대[100]의 세상을 만들려고 하였는데 擬鑄春臺

97 예기에선……불렀는바 : 《예기》 〈표기(表記)〉에 "군자의 접함은 물과 같고 소인의 접함은 단술과 같으니, 군자는 담담하여 이루고 소인은 달아서 무너진다.〔君子之接如水, 小人之接如醴. 君子淡以成, 小人甘以壞.〕"라고 한 것을 말한다.

98 미로(眉老) : 미수 허목을 가리킨다.

99 그……되었네 : 《논어》 〈이인(里仁)〉에 "덕은 외롭지 않아서 반드시 이웃이 있다.〔德不孤, 必有隣.〕"라고 한 데서 온 말로, 덕이 있는 사람은 같은 부류의 사람이 따르므로 항상 친한 사람이 있다는 뜻이다. 여기에서는 이무가 기용됨으로써 조정에 있던 여러 선류에게 뜻을 함께하는 동료가 생겼음을 말한 것이다.

100 춘대(春臺) : 태평성대의 화락한 기상을 상징하는 말이다. "세속 사람들 화락하여 마치 큰 잔칫상을 받은 듯, 따스한 봄날 누대에 오른 듯하다.〔衆人熙熙, 如享太牢,

변고가 좌복에서 일어나[101]	變起左腹
태평한 나날이 가고 비색의 시대가 도래했네	泰往否來
철관은 바다에 이웃해 있어	鐵關隣海
고래와 악어의 소굴이었는데	鯨鰐攸宅
임금을 그리는 곡을	望美之曲
시통을 부치며 계속 노래하였네	郵筒有續
신하에게 고향 땅이 있어	臣有田里
왕이 돌아가라 하였는데	王曰歸哉
신하가 돌아가 있을 곳을 얻으니	歸得臣所
강호의 모퉁이라	湖海之隈
살아서는 그곳에서 즐거워하고	生而樂斯
죽어서는 그곳에 묻혔네	歿而葬此
생각건대 이 약당[102]은	惟玆若堂
이공의 무덤이니	李公之隧
이곳을 지나는 모든 이들이	凡百過者

如登春臺.〕"라고 한 데서 유래하였다.《老子 第12章》

101 변고가 좌복(左腹)에서 일어나 : 임금에게 아첨을 떨면서 정권을 잡은 소인들의 계략으로 변고가 일어난 것을 말한다. 여기에서는 1680년 경신대출척 때 김석주, 김익훈 등이 일으킨 허적의 역모 사건을 가리킨다. 좌복은《주역》〈명이괘(明夷卦) 육사(六四)〉에서 "왼쪽 배로 들어가서 밝음을 해칠 마음을 얻는다.〔入于左腹, 獲明夷之心.〕"라고 하였는데, 이에 대한 전(傳)에 이르기를 "음흉하고 사특한 소인이 높은 지위에 있어 유순함과 간사함으로 군주에게 순종하는 것이다."라고 하였다.

102 약당(若堂) :《예기》〈단궁 상(檀弓上)〉에 공자가 "내가 집채같이 큰 봉분을 보았다.〔吾見封之若堂者矣〕"라고 한 데서 유래한 말로, 사방이 사각형으로 반듯하고 높은 무덤을 형용하는 말이며 후세에는 일반적으로 무덤을 뜻하는 말로 통용되었다.

어찌 공경하는 마음을 가지지 않겠는가 曷不敬止
담담한 물과 난초의 향기는 淡水蘭臭
미로와 파옹[103]이었으니 眉老坡翁
내 그 당대의 일을 논하고 我論其世
명을 지어 무궁한 후세에 보이노라 銘示無窮

103 파옹(坡翁) : 홍우원으로, 호가 남파(南坡)이기 때문에 이렇게 지칭하였다.

증 자헌대부 이조 판서 행 가의대부 이조참판 겸 동지경연의금부춘추관사 오위도총부부총관 백암 김공 신도비명
贈資憲大夫吏曹判書行嘉義大夫吏曹參判兼同知經筵義禁府春秋館事五衛都摠府副摠管栢巖金公神道碑銘

성상(聖上) 12년인 무신년(1788, 정조12)에 백암(栢巖) 김공(金公)에게 민절(敏節)이라는 시호(諡號)가 내려지자, 군자들이 말하기를,

"공은 선조조(宣祖朝)의 명신(名臣)이다. 학문은 대현(大賢)으로부터 직접 가르침을 받았고, 훈업(勳業)은 성심을 다해 백성들을 불러 모아 임진년(1592, 선조25)에 다시 나라를 일으키는 기틀을 세웠으며, 절의는 광해의 치세를 만나 추숭하는 예법이 참람하다는 사실을 소리 높여 말하였다. 군자에게 시호를 주는 일이 없다면 그만이거니와, 있다면 공 말고 또 누구에게 그것을 시행하겠는가. 우리 성상께서 덕을 높이고 현인을 본받아 200년 동안 빠뜨리고 행하지 못한 전장(典章)을 능히 거행하셨으니, 이는 다만 사림(士林)의 다행일 뿐 아니라 성상의 덕에도 영광된 일이다."

하였다.

공의 휘는 륵(玏), 자는 희옥(希玉), 본관은 예안(禮安)이다. 휘 담(淡)이란 분이 있어 문학으로 현달하였는데, 세종조와 문종조에 집현전 학사를 지냈고 세조가 등극하자 대총재(大冢宰)로 징배(徵拜)되었으나 끝까지 나아가지 않았으며, 졸한 뒤에 문절(文節)이란 시호를 하사받았는바, 이분은 공에게 4대조가 된다. 증조의 휘는 만평(萬秤)으로 성균관 생원이고 좌통례(左通禮)에 증직되었다. 조부의 휘는 우

(佑)로 좌승지에 증직되었다. 선고(先考)의 휘는 사문(士文)으로 형조 좌랑을 지내고 이조 판서에 증직되었다. 선비(先妣)는 정부인(貞夫人) 인동 장씨(仁同張氏)이다. 당초 판서공에게는 아들이 없었는데, 둘째 아우 성균관 생원 사명(士明)이 창원 황씨(昌原黃氏)에게 장가들어 공을 낳자 마침내 공을 취하여 아들로 삼았다. 공은 일찍부터 퇴도(退陶) 이자(李子 이황(李滉))를 모시면서 학문하는 요체를 들을 수 있었는데, 끝내 이를 통해 성취하였다.

가정(嘉靖) 갑자년(1564, 명종19)에 사마시에 입격하였다.

만력(萬曆) 병자년(1576)에 문과에 급제하여 괴원(槐院 승문원)을 거친 뒤, 천거로 한원(翰苑 예문관)에 들어가 대교(待敎)와 봉교(奉敎)를 역임하였다. 성균관 전적에 오르고 예조와 병조의 좌랑, 사간원 정언에 누차 천직되었다. 지제교(知製敎)에 선발되었다가 얼마 안 있어 옥당(玉堂 홍문관)에 들어가 홍문관 부수찬에 제수되었으며, 사헌부 지평, 성균관 직강, 이조 좌랑으로 전직되었다. 옥당에 재직할 때 차자를 올려 임금의 덕에 대해 논하였는데 그 말이 매우 직설적이었다. 이에 상이 불러 앞으로 나오게 하고는 힐책하기를 "너는 나를 일러 영민함과 슬기로움이 너무 지나치다고 하였는데, 무슨 근거로 그런 말을 하였는가?"라고 하자, 공이 대답하기를 "오늘 같은 일이 바로 그것입니다."라고 하니 상이 갈수록 더 분노하였다. 그러다 마침 근신(近臣)이 공을 위해 변론해 준 덕에 상의 마음이 풀려 술을 내리고 위로하고서 자리를 파하였다.

갑신년(1584)에 부모를 봉양하기 위해 외직을 청하여 영월 군수(寧越郡守)가 되었다. 이에 앞서 영월군에는 괴이한 일들이 일어나 수재(守宰)가 부임하면 번번이 죽어 나가곤 하였다. 이에 공은 맨 먼저 노산군(魯山君)[104]의 묘를 배알하여 제수를 마련하는 주방을 설치한 뒤 신위(神位)를 세우고 송 부인(宋夫人)을 배향하여 희생(犧牲)과 공물(供物)에 정성을 다하는 한편, 노산군을 거두어 묻어 준 자의 후손에게 부역을 면제해 준 뒤 그 무덤을 지키도록 하는 조치를 취하였다. 그러고 얼마 뒤 또 소장(疏狀)으로 영월군의 폐단을 논하여 차례대로 그 폐단을 혁파하였는데, 이렇게 한 지 3년 만에 영월군에 괴이한 일들이 없어지고 전답에는 보리에 이삭이 두 개씩 달리는 상서(祥瑞)[105]가 나타나게 되었다. 이 일로 상이 표리(表裏)[106]를 하사하고 표창하였다.

교리로서 돌아온 뒤 집의, 사간, 검상(檢詳), 사인(舍人), 사성, 장악원과 사복시의 정(正)을 역임하였다. 당시 상은 공에 대한 총애가 특별히 깊어 하교하기를 "옥당은 논사(論思)[107]하는 자리이므로 아무나 요행으로 차지하게 해서는 안 되니, 김륵(金玏) 같은 사람을 자리가 나는 대로 차임해야 하지 않겠는가."라고 하였는데, 이로 인해 다시

104 노산군(魯山君) : 단종으로, 세조에게 왕위를 빼앗기고 강봉(降封)된 칭호이다.

105 보리에……상서(祥瑞) : 지방관의 선정(善政)으로 인해 풍년이 들 상서로운 조짐을 말한다. 후한(後漢) 때의 어진 수령인 장감(張堪)이 어양 태수(漁陽太守)가 되어 선정을 베풀자, 백성들이 그를 칭송하여 노래하기를 "뽕나무엔 붙은 가지가 없고, 보리 이삭은 두 갈래가 생기었네. 장군(張君)이 고을을 다스리니, 즐거움을 감당치 못하겠네."라고 한 데서 유래하였다. 《後漢書 張堪列傳》

106 표리(表裏) : 임금이 공이 있는 관리에게 상으로 내려 주던, 옷의 겉감과 안감을 말한다.

107 논사(論思) : 임금과 같이 국사를 의논하고 생각한다는 말로 조선 시대에는 주로 홍문관 관원을 가리켰다. 전한(前漢) 반고(班固)의 〈양도부서(兩都賦序)〉에 "아침과 저녁으로 논사하고 날과 달로 충언(忠言)을 올린다.〔朝夕論思, 日月獻納.〕"라고 하였다. 《古今事文類聚 續集 卷1》

수찬이 되었다. 얼마 안 있어 동부승지에 제수되었다가 우부승지와 좌부승지에 전직되고 형조 참의에 제수되었다.

임진년(1592) 여름에 왜적이 대대적으로 침략하자 공은 영남좌도 안집사(嶺南左道安集使)로 임명되었다. 당시 영남은 가장 먼저 적병에게 피해를 입어 수재(守宰)는 달아나고 백성들은 도망치고 숨는 등 고을 안이 사람 하나 없이 텅 비어 버린 상태였다. 이런 와중에 공이 이르러 여러 읍에 격문(檄文)을 전하여 충의(忠義)로 타이르고 편의에 따라 처리하였으며, 임의대로 수재를 임명하고 출척(黜陟)을 단행하여 그들로 하여금 각자 경내(境內)를 지키고 적의 예봉을 차단하게 하는 한편, 자신은 위험한 지역을 오가면서 성심을 다해 위무하여 불러 모았는데, 이로써 달아난 자들이 다시 돌아오게 되었다. 의병들이 일어났을 때 병마사(兵馬使) 박진(朴晉)이 의병의 공로가 자기보다 높아질까 염려해서 왕왕 의병을 저지하곤 하였는데, 공은 이를 개의치 않고 참수하고 노획한 모든 것을 전부 그에게 넘겨주어 그로 하여금 스스로 공장(功狀)을 올리도록 하였다. 가을에 안동 부사(安東府使)에 제수되었는데 부임하기 전에 앞의 명이 다시 내려져 진휼(賑恤)과 양료(糧料) 등의 일을 겸관하게 되었다.

계사년(1593)에 가선대부로 품계가 올라 경상우도 관찰사에 제수되었는데, 그 교서(敎書)에 "흩어진 백성을 불러 모으고 의로운 무리를 떨쳐 일으킴으로써 백성들이 안도할 수 있게 되고 왜적이 더 이상 엿보지 못하게 한 것은 경의 힘이다."라고 하였다. 이때는 병란과 기근으로 백성들의 시체가 길에 겹겹이 쌓여 있었고, 천자(天子)의 군대는 경내에 당도한 상황에서 당장의 양식이 다 바닥난 상태였다. 이런 와중에 공은 온갖 곤란과 수고를 두루 겪으면서 분주히 계획을 수립하였는바,

취한 조치들이 모조리 적중하여 군대의 식량이 풍족해지고 굶주리던 백성들이 되살아날 수 있었는데, 이에 여항의 백성들과 군문의 병사들이 모두 공을 의지하여 중히 여겼다. 겨울에 도승지로 소환되어 대사간으로 개차(改差)되었다가, 우윤과 대사성으로 전직되었다.

갑오년(1594)에 대사헌을 거쳐 가의대부(嘉義大夫)로 품계가 올라 이조 참판에 제수되었다. 이때 마침 대간(臺諫)에서 기축년(1589)에 옥사를 담당한 대신이 징사(徵士) 최영경(崔永慶)을 죽인 일을 추론(追論)하자[108] 동료 관원들의 의견이 둘로 갈라졌는데, 이에 상이 특별히 공을 부제학에 제수하여 그 일을 의논하게 하였다. 이에 공은 최영경의 억울함을 풀어 주고 옥사의 남발에 대해 논하였는데, 그 차자의 말이 엄정하여 사론(士論)이 훌륭하게 여겼다.

을미년(1595)에 대사헌으로 천직하여 차자를 통해 나라를 부흥하고 회복할 16가지 대책을 진달하였다. 얼마 뒤에 부체찰사(副體察使)에 제수되었다.

병신년(1596)에 장 부인(張夫人)의 상을 당하여 벼슬을 떠났다.

정유년(1597)에 왜적이 다시 준동하자 상이 공을 기복(起復)하라고 명하여 안집사로 삼고 이전처럼 영남을 안정시키도록 하였다. 이에 공은 소장을 올려 왜적의 형세가 급하고 느슨한 사정을 진달하면서

108 대간(臺諫)에서……추론(追論)하자 : 기축년에 옥사(獄事)를 담당한 대신은 1589년 동인인 정여립의 모반 사건을 계기로 일어난 기축옥사 때 위관(委官)을 담당했던 정철(鄭澈)을 가리키고, 최영경은 기축옥사 당시 가공의 인물인 길삼봉(吉三峯)으로 무고되어 국문(鞫問)을 받다가 죽은 인물인바, 1594년 5월부터 사헌부와 사간원을 통해 최영경이 정철에게 억울하게 모함을 당해 죽었으므로 정철을 삭탈관직해야 한다는 요청이 지속적으로 이어진 것을 말한다. 《宣祖實錄 27年 5月 28日, 29日, 30日》

상제(喪制)를 마치게 해 주기를 몹시도 간절하게 청하였는데, 상이 이를 딱하게 여겨 허락해 주었다. 상기(喪期)를 마치자 대사성에 제수되고 대사간과 부제학으로 천직되었다. 당시는 간인(奸人)들이 서애(西厓) 유 문충공(柳文忠公)이 수상(首相)으로서 정권을 잡고 있는 것을 시기하여 온갖 방법으로 해칠 모의를 하던 상황이었다. 그러던 중 조정에서 사신을 파견하여 정응태(丁應泰)가 거짓으로 주달한 일에 대해 변론을 하려고[109] 하자 참소하는 자들은 문충공이 스스로 가기를 청하지 않는다고 하면서 이를 통해 상의 감정을 건드려 분노를 유발하였으니, 상 역시 문충공에 대한 원망이 없지 않았다. 이러한 상황에서 공은 개연히 문충공에게는 딴마음이 없다고 진달하다가 간사한 무리가 상을 속이고 가리는 바람에 연좌되어 낙직(落職)되었다.

이듬해에 천장 접반사(天將接伴使)가 되었다가 이어 형조 참판으로서 호서 관찰사에 제수되었다. 임기가 만료된 뒤에 다시 형조 참판으로 이배되었다.

신축년(1601)에 호조로 개차되었다.

이듬해 겨울 하절사(賀節使)로서 경사(京師)에 가 왜적의 실정을 헤아릴 수 없는 상황에 대해 자세히 진달하였는데, 병부(兵部)에서는 다섯 가지 어려움으로 공에게 논란하면서 "천자께서 크게 군대를 내어 왜적을 토벌하였는데, 철수하여 돌아오자마자 또다시 전쟁을 하려 나

109 조정에서……하려고 : 정응태가 거짓으로 주달한 일은, 1598년 명나라의 병부주사(兵部主事) 정응태가 명나라 신종(神宗)에게 임진왜란은 조선에서 왜병을 끌어들여 중국을 침범하려고 한 것이라고 무고(誣告)한 일을 말한다. 이 일로 조선은 이정귀(李廷龜)를 부사(副使)로 삼아 명나라에 보내 정응태가 조선을 무고한 사실을 밝히도록 하였다.《宣祖修正實錄 31年 9月 1日》

가는 것은 논할 수 있는 일이 아니다."라고 하였다. 이에 공은 한편으로는 눈물을 흘리고 또 한편으로는 대답을 하면서 간절한 언사로 유창한 의리를 펼치니, 천자가 크게 감동하여 마침내 칙지(勅旨)를 내려 왜추(倭酋)를 붙잡아 다시는 감히 날뛰지 못하도록 하겠다고 약속하는 한편, 공에게 내부(內府)에서 소장하고 있던 《대학연의(大學衍義)》 20책을 하사해 보냈다.

갑진년(1604)에 외직으로 나가 안동 부사가 되었다. 공은 사람됨이 차분하고 온후하여 평소엔 말을 입 밖으로 내지 못할 듯이 하였으나 어떤 사안을 만나서는 누구도 빼앗을 수 없는 드높은 소신이 있었다. 호서 지방을 안찰할 당시 한 무인(武人)이 불법을 저지르자 공이 이를 조사하여 죄를 다스리려고 한 일이 있었다. 그때 어떤 사람이 그 무인은 동궁(東宮)과 가까운 친척이라고 하였고 임해군(臨海君) 역시 편지를 보내 그를 풀어 달라고 요구하였는데, 그자는 바로 임해군의 친왕자(親王子)였다. 그러나 공은 끝내 그러한 요구에 응하지 않고 법으로 처벌한 뒤에야 일을 마무리 지었다. 그런 일이 있고 난 뒤 이때에 이르러 왕자의 노비가 몹시 횡포를 부려 아무도 감히 흘겨보지 못하였는데, 하루는 그가 말을 타고 관청으로 곧장 들어와서 당(堂)에 올라와 배알하자 공이 그를 꾸짖고는 당 아래로 끌어내려 쳐 죽이니, 횡포하고 교활한 자들이 모두 두려워 굴복하였다. 한편 고을이 낙동강 가에 위치해 있었는데 홍수가 맹렬한 기세로 고을을 집어삼켜 그곳에 거주하던 백성들이 여기저기 뿔뿔이 흩어지자, 공이 말하기를 "이곳은 큰 도회지로서 국가가 위급할 때 의지하는 곳이니, 어찌 심력을 다하지 않을 수 있겠는가."라고 하고는, 두 개의 큰 제방을 쌓아서 홍수를 막았다. 고을에 퇴도(退陶)의 원우(院宇)가 있었는데 이곳 역시 침수 피해를 당하자 터를 살펴 새로 건립하는 한편, 자신의 봉록을 떼어 그곳의 기물과 노비를 넉넉히 마련해 주었다.

무신년(1608, 광해군 즉위년)에 광해가 대위(大位)를 이어받자 대사성, 좌윤, 대사헌에 연이어 제수되었다. 당시 광해는 자기의 생모를 추존(追尊)하여 공성왕후(恭聖王后)로 삼고 따로 사당을 세워 그 이름을 봉자전(奉慈殿)이라 하면서 진하(陳賀)하고 반사(頒赦)하는 일을 종묘에 대한 의례와 똑같이 행하였다. 이에 공이 간쟁하기를 "추숭(追崇)하는 것은 예가 아닙니다. 신하가 이를 바로잡지 못한 것은 진실로 죄가 있다고 하겠거니와, 지금 그 품절(品節)이 종묘에 비해 차등이 없으니 어찌 별묘(別廟)라고 하겠습니까."라고 하자, 광해가 노하여 공을 파출시켜 강릉 부사(江陵府使)로 삼았다.

임자년(1612)에 역옥(逆獄)이 일어났을 때 "남중(南中)의 영수(領袖)가 추숭하는 것을 비난하였다."라는 말이 있자 임금은 그 사람이 바로 공이라는 것을 알고 급히 체포하게 하였다. 그러나 공은 태연히 대답하기를 "추숭하던 초기에 신은 마침 외지에 있어 미처 논하지 못하였으나, 품절에 대해서는 참으로 간쟁한 일이 있습니다."라고 하였고, 이에 임금이 더욱 노하여 화가 장차 어디까지 미칠지 예측할 수 없게 되었는데, 백사(白沙 이항복(李恒福)), 한음(漢陰 이덕형(李德馨)), 일송(一松 심희수(沈喜壽)) 등 명상신(名相臣)들이 힘써 변호한 덕분으로 일이 중지될 수 있었다. 공은 이로부터 영천(榮川)의 구학정(龜鶴亭)으로 돌아가 거리낌 없는 태도로 휘파람 불면서 유유자적하였다.

병진년(1616) 11월 16일에 졸하니, 향년 77세였다. 조야가 눈물을 흘리며 조문하였고, 장사 지낼 때에는 인근 고을에서 모여든 사람이 수백 명이었다. 그로부터 4년이 지난 뒤에 유생들이 서원을 세워 제향해 주었고, 인조는 개옥(改玉)[110]한 이듬해에 관원을 보내어 의례대로 제사를 지내 주었으며, 효종 4년(1653)에 선무 원종공신(宣武原從功臣)으로서 대총재 겸 태학사(大冢宰兼太學士)에 추증되었다.

배위는 정부인(貞夫人) 인동 장씨(仁同張氏)로, 주부(主簿) 장순희(張順禧)의 따님이다. 공의 무덤은 모두 세 번 천장(遷葬)되었는데, 마지막에는 안동부(安東府) 내성(乃城) 익곡리(益谷里) 축좌(丑坐)의 언덕에 장사 지냈고 부인을 그곳에 합장하였다.

2남 4녀를 두었는데, 장남은 기선(幾善)으로 찰방(察訪)을 지냈고, 차남은 지선(止善)으로 생원시에서 장원하였고 도사(都事)를 지냈다. 딸들은 군자감 정 권래(權來), 이백명(李伯明), 이유도(李有道), 생원 김시정(金是楨)에게 출가하였다. 측실에게서 아들 둘을 두었는데 잠선(潛善)과 종선(從善)이고, 딸을 넷 두었는데 이덕량(李德良), 이우익(李友益), 이영환(李榮煥), 황중준(黃中俊)에게 출가하였다. 내외의 손자, 증손자 이하는 지금까지 5대와 6대에 이르렀으므로 전부 싣지는 못한다.

찰방은 생원 견(堅)을 낳았다. 견은 종준(宗準)과 종연(宗衍)을 낳고, 종연은 정하(鼎夏)와 정원(鼎元)을 낳고, 정하는 종준의 후사가 되어 비연(斐然)과 목연(穆然)을 낳았다. 정원의 아들이 홍운(弘運)을 낳았는데 그는 비연의 후사가 되었다. 홍운은 일련(一鍊)을 낳았는데 이 사람이 그 세적(世適 대를 잇는 적자)이다.

110 개옥(改玉) : 개옥개보(改玉改步)의 준말로, 임금을 바꾸고 제도를 일신(一新)하는 것을 말한다.《春秋左氏傳 定公5年》 여기서는 1623년 광해군을 추방하고 인조가 등극한 인조반정을 가리킨다.

공은 일찍부터 어진 스승을 섬겨 학문의 지결(指訣)을 들었다. 집 안에 있을 때는 내행(內行)이 순정하고 완전하였으며 출사(出仕)해서는 훈업과 절개가 드높고 빛나 그 모두가 세상의 모범이 될 만하였다. 그러다 국란이 발생할 즈음엔 경상좌도(慶尙左道)를 감싸고 보호하면서 군민(軍民)들을 위무해 돌아오도록 만들고 병장기(兵仗器)를 수선하여 끝내 나라를 부흥하고 회복하는 일을 도왔고, 임금이 혼용무도(昏庸無道)하였던 시절엔 예법을 굳게 지키고 나아가 창언(昌言)을 끝까지 다하여 금용(金墉)의 싹[111]을 미리부터 꺾어 버렸으니, 진실로 배운 바를 저버리지 않았다고 이를 만하며, 그 나머지 일들은 생략해도 좋을 것이다.

일련이 천 리 길을 걸어 서울에 들어와서는 나에게 비문을 부탁하는 한편, 그 아들 영희(永羲)로 하여금 반년 동안 서울에 머물러 떠나지 않도록 하였다. 그 간청이 더욱 간절하여 의리상 사양할 수 없으므로 마침내 명(銘)을 짓는다. 명은 다음과 같다.

도로[112]가 인재를 길러 줄 때에	陶老作人
단비가 적셔 주듯 가르침을 내렸으니[113]	時雨潤若

111 금용(金墉)의 싹 : 광해군이 선조의 계비(繼妃)이며 영창대군의 어머니인 인목대비(仁穆大妃)를 폐위하여 서궁(西宮)에 유폐할 조짐을 말한다. 금용이란 위(魏), 진(晉) 시대에 폐위된 황제와 황후 들을 유폐하던 금용성(金墉城)으로, 여기에서는 인목대비가 유폐된 서궁을 말한다. 《讀史方輿紀要 河南 洛陽縣》

112 도로(陶老) : 이황을 가리킨다.

113 단비가……내렸으니 : 《맹자》 〈진심 상(盡心上)〉에 "군자가 가르치는 방법이 다섯 가지가 있으니, 단비가 변화시키듯이 하는 경우가 있고, 덕을 이루게 하는 경우도

누군가는 친히 감화를 받고 　或以親炙
어떤 이는 사숙을 하면서 　或以私淑
고요한 태도로 늘 학문에 힘써 　靜而藏修
감동시키매 명석이 되었네 　動斯名碩
아름다운 김공은 　有美金公
일찍부터 도를 들었는데 　聞道頗夙
조정에 처음 나아가 　漸于天陛
옥서와 대각에 재직하니 　玉署臺閣
직언을 가상히 여겨 　直言嘉乃
왕이 이에 관작을 내렸네 　王庸錫爵
오랑캐의 난을 만나 　歲値蠻訌
안집사의 명을 받으니 　受命安集
눈물과 함께 격문을 초하매 　和淚草檄
의병의 깃발이 구름처럼 모여들었고 　義旗雲帀
주린 이를 먹이고 달아난 자를 불러 모으면서 　哺餓萃逃
성벽과 성루를 튼튼이 쌓았네 　壁壘閒築
왕이 이에 조지를 내려 　王有詔旨
훌륭하도다 그대의 힘이여 하였네 　懋哉爾力
황제의 조정에서 조목조목 상주하여 　條奏帝庭
충정을 쏟아 내니 　瀉以衷赤

있고, 재주를 통달하게 해 주는 경우도 있고, 물음에 답하는 경우도 있고, 사사로이 선으로 다스리는 경우도 있다.〔君子之所以教者五, 有如時雨化之者, 有成德者, 有達財者, 有答問者, 有私淑艾者.〕"라고 한 데서 유래한 표현이다.

황제가 말하기를, 사신이여　帝曰使乎
그대에게 특별한 상을 후히 내리노라 하였네　侈爾殊錫
나라에 예에 어긋나는 일이 일어나니　國有非禮
시운의 곤액이었네　時運之厄
공이 준엄하게 그것을 막아　公峻厥防
탕확이 좌우에 늘어섰네[114]　左湯右鑊
어둡고 깜깜한 거리가　翳翳昏衢
촛불 하나에 의지하였네　賴有孤燭
돌아가 세상 밖에서 은거하며　歸臥物表
만권의 도서를 벗 삼았네　圖書萬軸
공의 살아온 자취를 살펴보니　跡公始終
훈업과 명절의 평생이었네　勳業名節
선사께서 내린 가르침이 있으니　先師有教
내 어찌 감히 태만히 하랴　我其敢忽
밝으신 우리 임금께서는　惟明我后
남은 자취에 광감[115]을 느끼셨네　曠感遺躅
아름다운 시호가 찬란하매　美謚煌煌
귀두가 밝게 빛나네　龜頭斯焯
문장을 새겨 보이니　文以刻示
내성의 기슭이라네　乃城之麓

114 탕확(湯鑊)이 좌우에 늘어섰네 : 형벌을 받게 된 것을 말한다.

115 광감(曠感) : 광세지감(曠世之感)의 준말로, 동시대에 태어나지 못해 서로 만나지 못한 데 대한 감회를 말한다.

번암집

제47권

신도비 神道碑

증 가선대부 이조 참판 행 통정대부 홍문관부제학 겸 경연참찬관 춘추관수찬관 창석 선생 이공 신도비명

贈嘉善大夫吏曹參判行通政大夫弘文館副提學兼經筵參贊官春秋館修撰官蒼石先生李公神道碑銘

나는 일전에 창석(蒼石) 선생 이공(李公)의 유문(遺文)을 읽어 보고는 탄식을 내뱉으며 이렇게 말하였다.

"공은 당대의 제일가는 인물로서 그분이 했던 말들은 모두 당대의 제일가는 도리였다. 광해는 혼용무도(昏庸無道)한 군주였으므로 그분이 추구한 도가 받아들여지지 않고 그분이 한 말이 뜻에 부합하지 않았던 것은 애당초 이상하게 여길 일은 아니다. 그러나 유독 인조가 용덕(龍德)을 가지고 대위(大位)에 올라 만물이 다 우러러보는 시대가 도래하였음에도,[1] 국가의 치란과 관계된 참되고 바른 대의리(大

1 인조가……도래하였음에도 : 인조가 성인(聖人)의 자질을 가지고 왕위에 오르자 어진 신하들이 그에 따라 일제히 호응함으로써 성군(聖君)과 현신(賢臣)이 서로 의기투합해 큰일을 이룩하는 시대가 도래한 것을 말한다. 용덕은 성인의 덕을 말하고, 만물은 만인(萬人)과 같은 말로 특히 성군의 출현에 호응하는 현신들을 의미한다. 이는《주역》〈건괘(乾卦) 문언(文言)〉에 "'나는 용(龍)이 하늘에 있으니, 대인(大人)을 만나 봄이 이롭다.'라는 것은 무슨 말인가? 공자가 말했다. '같은 소리는 서로 호응하고 같은 기운은 서로 구하여, 물은 습한 곳으로 흐르고 불은 건조한 곳으로 나아가며, 구름은 용을 따르고 바람은 범을 따른다. 그리하여 성인이 출현하면 만물이 우러러보는 것이다.'"라고 한 대목을 원용한 말로, 북송(北宋)의 학자 정이(程頤)의《역전(易傳)》에 따르면《주역》의 이 대목은 같은 성향을 지닌 존재가 서로 호응하고 따르듯이 성인이 대위에 오르면 큰 덕을 지닌 아랫사람이 자연스레 그에 호응하여 힘께 일을 이루어 가는 것을 의미한다. 번암은《주역》의 해당 대목을 원용함으로써, 이준이 성군에 부응하는 현신이

義理)와 대의론(大議論)이 번번이 훈귀(勳貴)의 권모술수와 서로 어긋나서, 세상에 포부를 크게 펼침으로써 백성들로 하여금 그 은택을 누리도록 할 기회를 얻지 못하고 말았다. 이에 후학(後學)들이 흠모하고 우러를 것은 그저 종이 위에 기록된 말에 지나지 않게 되었으니, 도를 실현하지 못한 것이 어찌 다만 이분의 운명일 뿐이겠는가. 그것은 실로 천하 국가의 한(恨)인 것이다."

공의 휘(諱)는 준(埈), 자는 숙평(叔平)이며, 계보(系譜)는 흥양(興陽)에서 출발하였다. 고려 때 양승(陽升)이란 분이 거란(契丹)을 상대로 힘껏 싸우다 전사한 일이 있는데 사서(史書)에서 "장군 이양승(李陽升)이 죽었다."라고 한 것[2]이 그것이며, 이분은 공에게 12대조가 된다. 성조(聖朝)에 들어와서는 서원(舒原)이란 분이 문하찬성사(門下贊成事)를 지냈고, 이분이 사헌부 대사헌을 지낸 은(垠)을 낳았다. 은의 아들은 언(堰)으로 전주 부윤(全州府尹)을 지냈는데, 광묘(光廟 세조)가 손수 적은 어찰(御札)을 내려 그의 청렴결백함을 칭찬하였다. 그의 아들은 사헌부 집의를 지낸 수천(壽川)으로, 이분은 공의 4대조가 된다. 증조는 조년(兆年)으로 판관을 지냈고, 조부는 탁(琢)이다. 부친은 수인(守仁)으로 좌승지에 증직되었다. 선비(先妣)는 고령 신씨(高靈申氏)로 신수경(申守涇)의 따님이며 숙부인(淑夫人)에 증직되었다. 가정(嘉靖) 경신년(1560, 명종15)에 상주(尙州)에 있는 고향 사저에서

었다는 점을 드러냄과 동시에 포부를 펼칠 만한 여건이 이미 마련되어 있었음에도 그러지 못하였던 것에 대한 안타까움을 대비(對比)하여 강조하였다.

2 사서(史書)에서……것 : 《고려사(高麗史)》 권103 〈김취려열전(金就礪列傳)〉에 "관군이 적과 위주성(渭州城) 밖에서 싸우다 패배하여 장군 이양승 등 1000여 명이 전사하였다."라고 한 것을 말한다.

공을 낳았다.

공은 장성한 뒤에 서애(西厓) 유 선생(柳先生)[3]으로부터 학문을 배웠는데, 뜻하는 바가 공명(功名)과 이욕(利慾)에 있지 않았다.

임오년(1582, 선조15)에 국자감 생원시에 입격하였다.

신묘년(1591)에 문과에 급제한 뒤 교서관(校書館)으로 낮추어 분관(分館)되었는데,[4] 이는 대개 당로자(當路者)가 시기해서 그런 것이었다.

임진년(1592)에 왜구들이 영남 지방을 크게 유린하였다. 공은 이 당시 서울에 있다가 걸어서 고향으로 내려갔는데, 도착해서는 부모님의 소재를 알지 못하여 연일 울부짖으며 찾아다니다가 효곡산(孝谷山)에서 해후하였으니, 사람들은 효성이 감응한 결과라고 하였다. 이로부터 수천 명에 이르는 피난민들을 취합하여 안령(鞍嶺)을 근거지로 삼고서 왜적을 막았는데, 왜적이 습격해 오자 죽은 이들의 시체가 서로 뒤엉켜 쌓일 정도로 많이 생겨났고, 공 역시 이때 부모를 잃는 몹시 참혹한 일을 당해 피눈물을 흘렸다. 그런 와중에서 공은 의병을 일으킬

3 서애(西厓) 유 선생(柳先生) : 유성룡(柳成龍, 1542~1607)으로, 본관은 풍산(豐山), 자는 이현(而見), 호는 서애, 시호는 문충(文忠)이다.

4 교서관(校書館)으로 낮추어 분관(分館)되었는데 : 분관이란 갓 문과에 급제한 자들에게 정식 벼슬을 바로 주지 않고 우선 승문원, 성균관, 교서관의 삼관(三館)으로 분산 배치하여 실무를 익히도록 한 것을 말하는데, 그 과정에서 3인의 박사(博士)들이 급제자들을 채점하여 3점을 얻은 자를 승문원으로, 2점을 얻은 자를 성균관으로, 1점을 얻은 자를 교서관으로 배속시키는 것이 관례였다. 따라서 교서관으로 낮추어 분관되었다는 말은, 이준이 승문원이나 성균관으로 분관될 만큼 높은 점수와 실력을 갖추었음에도 불공정한 인사 조치에 의해 오히려 가장 낮은 단계의 교서관으로 분관되었다는 의미이다. 《六典條例 禮典 承文院 總例》

것을 모의하였고 이에 무리들은 공과 우복(愚伏) 정공(鄭公)[5]을 추대하여 의병을 모집하는 일을 나누어 주관하도록 하였다. 그러고 오래지 않아 모집한 의병의 수가 수천 명에 달하자 충정과 절의로 서로를 북돋고 고무하여 많은 수의 적을 참수하고 생포하였다.

계사년(1593) 봄이 되자 왜적들이 대대적인 살육과 약탈을 자행하여 의병이 궤멸 상태에 빠졌다. 공 역시 이때 도피하던 중 갑자기 현기증으로 쓰러지는 바람에 거의 탈출하지 못할 뻔하다가 큰형인 월간공(月澗公)[6]이 등에 업고 달아나 준 덕분에 목숨을 보전할 수 있었다. 이후 다른 지방으로 몸을 옮겨 방백(方伯) 홍공 이상(洪公履祥)[7]을 만나 보고는 눈물을 흘리면서 현 상황에 대해 말하자, 방백이 "공에게 만약 둔전(屯田)을 경영할 만한 역량이 있다면 일이 해결될 것입니다."

5 우복(愚伏) 정공(鄭公) : 정경세(鄭經世, 1563～1633)로, 본관은 진주(晉州), 자는 경임(景任), 호는 우복이다. 예학(禮學)에 조예가 깊었다. 이준과는 유성룡의 문하에서 동문수학한 사이이자 1582년 회시(會試)에서 함께 입격한 동년(同年)으로서 매우 돈독한 친분을 유지하였는데, 임진왜란이 일어나서는 의병의 창설에 힘을 합하였으며, 이후 여러 정치적 사안이 있을 때마다 대체로 동일한 입장을 견지하였다. 《龍洲遺稿 卷18 愚伏鄭先生神道碑銘》

6 월간공(月澗公) : 이준의 형인 이전(李㙉, 1558～1648)으로, 자는 숙재(叔載), 호는 월간이다. 이준과 마찬가지로 유성룡의 문인이며 정경세와도 친분이 두터웠다. 임진왜란 때 이준 등과 함께 의병을 일으켰는데, 1593년 왜적의 기습을 받아 쫓기는 와중에 병든 아우를 업고 백화산(白華山) 정상으로 도망쳐 화를 면했으며, 이 일을 그린 〈형제급난도(兄弟急難圖)〉가 유명하다. 《大山集 卷49 月澗李先生行狀》

7 홍공 이상(洪公履祥) : 홍이상(洪履祥)으로, 본관은 풍산(豐山), 자는 원례(元禮)이다. 임진왜란이 일어난 1592년 예조 참의로서 선조를 호종하였다. 1594년 이준이 왜구를 막을 계책을 마련하기 위해 경상도로 향했던 당시 홍이상은 경상도 관찰사로 있었다. 《蒼石先生年譜 卷1》《宣祖實錄 27年 8月 15日, 9月 14日》

라고 하므로 공이 마침내 풀을 베고 토지를 개간하여 내줄 곡식의 규모를 계산한 뒤 백성들의 굶주림을 구휼하는 한편, 그렇게 하고 남은 것은 모두 군대로 귀속하였다. 이때는 갑오년(1594)으로, 조정에서는 의병을 일으킨 공로가 있다는 이유로 공을 전적(典籍)의 지위로 올려 주었으나 복상(服喪) 기간이 끝나지 않아 부임하지 않았다. 9월에는 예조와 형조의 좌랑에 제수되었다.[8]

을미년(1595)에 경상 도사(慶尙都事)가 되어 조량(調糧)과 어염(魚鹽) 등의 업무를 겸관(兼管)하였다. 이때 조정에서 유신(儒臣)들로 하여금 전대(前代)의 흥망(興亡)에 관해 서술해 올리도록 하였는데, 공은 이보다 앞서 《중흥귀감(中興龜鑑)》을 편찬하여 하(夏)나라 소강(少康)에서부터 송(宋)나라 고종(高宗)의 시대에 이르기까지 맨 먼저 군덕(君德)의 득실에 대해 논하고 그다음에 신하들의 사정(邪正)에 관해 언급하면서 마치 손바닥을 가리키듯 명백한 서술을 펼친 바 있었다. 이때에 이르러 그 글을 바치자, 상이 친히 쓴 교서를 내리며 포상해 주었다.

이 당시 정인홍(鄭仁弘)[9]이 영해 부사(寧海府使)로 있었는데 사대부들 가운데 그를 추종하는 이들이 많았으나 공은 홀로 "그자는 간사한 사람이다."라고 말하곤 하였다. 길을 가다 영해부(寧海府)를 지나게 되었을 때, 정인홍이 길에 나와 공을 맞이하였으나 공은 마치 아무것도

8 9월에는……제수되었다 : 실제로 부임하지는 않았다. 《蒼石先生年譜 卷1》

9 정인홍(鄭仁弘) : 1536~1623. 본관은 서산(瑞山), 자는 덕원(德遠), 호는 내암(來菴)이다. 1589년 정여립(鄭汝立)의 옥사(獄事)를 계기로 동인이 남북으로 분립될 때 북인(北人)에 가담하여 영수가 되었다.

못 본 양 호창(呼唱)[10]하게 하면서 그곳을 지나쳐 버렸고, 이에 정인홍은 몹시 분해하였으나 공은 신경도 쓰지 않았다. 임기가 만료되자 체찰사(體察使) 이공 원익(李公元翼)[11]이 공의 직임을 계속 유지시켜 달라고 조정에 요청하였으니, 이는 조량과 어염에 관한 일 처리가 시의적절하였기 때문이다.

정유년(1597)에 사헌부 지평에 제수되었다. 이해 가을 왜적이 다시 준동하자 대가(大駕)가 파천(播遷)해야 한다는 논의가 이루어졌다. 이러한 상황에서 공은 소모관(召募官)의 직임을 받고 소장(疏狀)을 올려, 조령(鳥嶺)의 어류성(御留城)에 대가를 잠시 머무르게 한 뒤에 삼군(三軍)을 친히 통솔함으로써 군사들을 용기백배하게 만들어 적을 이기기를 도모하자고 청원하였다. 상은 그 말을 가상히 여겼으나 끝내 실행으로 옮기지는 못하였다. 공이 명을 받들고 남쪽 지방으로 내려가는 길에 체찰사가 공을 곽공 재우(郭公再祐)에게 소속시키자 마침내 석문(石門)으로 들어가 성과 해자를 수선하고 군량미를 비축하였는데, 이를 통해 무리들은 모두 성은 둘러싸 지킬 만하며 죽는 것은 즐거울 만하다고 인식하게 되었다. 그런데 그로부터 얼마 되지 않아 근거 없는 의론에 선동되어 직임을 파한다는 명이 내려졌고, 이에 공은 통한해하며 "하늘이 실로 이렇게 만든 것이니 말해 본들 어쩌겠습니까."[12]라고

10 호창(呼唱) : 조정의 관원이 저잣거리에 행차할 때 하인이 행차 앞에서 관원의 관직을 크게 외치면서 행인을 통제하고 길을 인도하는 일을 말한다.

11 이공 원익(李公元翼) : 이원익(李元翼, 1547～1634)으로, 본관은 전주(全州), 자는 공려(公勵), 호는 오리(梧里), 시호는 문충(文忠)이다. 이원익은 생전에 자신의 비명(碑銘)을 이준에게 부탁할 정도로 이준을 각별히 생각하였다. 《蒼石集 卷15 忠勤貞亮效節協策扈聖功臣……完平府院君李公神道碑銘》

하였다. 이후 검찰사(檢察使) 성영(成泳)이 자벽(自辟)하여 공을 종사관(從事官)으로 삼았다.

무술년(1598)에 직위를 옮겨 총리사(摠理使) 이공 원익을 보좌하게 되자, 이공은 공에게 모든 업무를 맡겼다. 얼마 뒤에 예천 군수(醴泉郡守)에 제수되었는데 총리사가 "관할하고 있는 일은 이모(李某)가 아니면 아무도 해낼 수 없습니다."라고 아뢰어 상이 직임을 계속 유지하도록 하였다.

기해년(1599)에 단양 군수(丹陽郡守)에 제수되었다. 당시는 천자의 군대가 대규모로 집결해 있으면서 수령들을 욕보이고 날마다 사람들을 겁탈하던 상황이었다. 이런 와중에 공이 임지에 도착하여서는 공손한 예법을 보이고 올바른 말을 하면서 "부모로서 제 자식을 구하는데 침탈하고 포악하게 굴어서야 되겠습니까."라고 눈물로 고하였다. 이에 유격장군(遊擊將軍) 모국기(茅國器)[13]가 가시(歌詩)를 지어 사과하고 군졸들의 횡포를 멈추도록 하니, 백성들이 그제야 평안을 되찾았다. 이렇

12 하늘이……어찌겠습니까 :《시경》〈패풍(邶風) 북문(北門)〉의 한 대목으로 춘추시대 위(衛)나라의 한 현인(賢人)이 난세(亂世)와 혼군(昏君)을 만나 제 뜻을 제대로 펼치지 못한 것을 한탄한 말이자, 자신의 불행한 처지를 임금이 아닌 하늘에 돌림으로써 누구도 원망하지 않으려는 충심을 드러낸 것이다.《詩經集傳 邶風 北門》이 말을 통해, 이준이 나라를 위해 일심으로 고군분투하나 그것을 제대로 인정받지 못하고 있으며, 그럼에도 끝내 조정을 원망하지 않고 덤덤하게 상황을 받아들이려는 충심을 지녔다는 사실을 나타내었다.

13 모국기(茅國器) : 명(明)나라의 장수로, 호는 행오(行吾)이다. 정유재란(丁酉再亂)이 일어난 1597년에 3000여 규모의 보병을 이끌고 조선으로 와서 성주(星州)와 고령(高靈) 등지에 주둔하였으며 사천(泗川) 싸움에 참가하여 공을 세웠다.《象村稿 卷39 天朝詔使將臣先後去來姓名記自壬辰至庚子》

게 5년을 있는 동안 관찰사가 치적(治積)이 가장 뛰어나다고 상부에 아뢰었다.

계묘년(1603)에 홍문관 수찬에 제수되자 백성들이 수레를 부여잡고 차마 떠나보내지 못하면서 노래하기를,

단양의 산은 수려하고도 기이하며 丹山秀且奇
단양의 물은 깊고도 맑건만 丹水深而淸
공을 머물게 하지 못하고 不能使公留
그저 공의 이름만을 머물게 하였네 但得留公名

하였다.

이에 앞서 애옹(厓翁)이 소인배들로부터 배척을 당해 초야에 은거해 있었는데,[14] 이때에 이르러 공이 경연(經筵)에 입시(入侍)하여 글의 뜻을 계기 삼아 아뢰기를 "당(唐)나라 덕종(德宗)이 처음 행한 정치가 청명(淸明)하지 않았던 것은 아니지만 의심과 살핌이 너무 지나쳐 종국에는 파천(播遷)이라는 치욕을 초래하였고,[15] 육지(陸贄)[16]란 한 사

14 애옹(厓翁)이……있었는데 : 애옹은 유성룡이다. 1598년 명나라 병부 주사(兵部主事) 정응태(丁應泰)가 조선과 일본이 내통하고 있다고 본국에 무고하자 이이첨(李爾瞻)을 위시한 북인들이 당시 영의정으로 있던 유성룡이 직접 명나라로 가서 해명하지 않는다고 지속적으로 비판을 가하여, 마침내 유성룡이 파직과 복관을 거듭한 끝에 벼슬을 마다하고 은거해 있었다.

15 당(唐)나라……초래하였고 : 당 덕종이 즉위 초기인 780년 무렵부터 환관을 엄금하고 문벌에 관계없이 인재를 등용하는 한편 양염(楊炎)을 재상으로 삼아 종래의 조용조(租庸調) 제도를 폐지하고 양세법(兩稅法)을 실시하여 재정의 안정성을 확보하는 등 개혁적이고도 훌륭한 정사를 이어 가다가, 신하들의 충간(忠諫)을 믿지 못하고 간신 노기(盧杞)를 등용한 끝에 783년 주자(朱泚)와 요영언(姚令言)의 반란으로 섬서성(陝西省)의 봉천(奉天)으로 파천한 것을 말한다. 《舊唐書 德宗本紀上》 덕종에 대한 이러

람이 있었으나 그마저도 마치 물건을 버리듯이 내팽개쳐 버렸습니다. 그런데 전하께서 유성룡을 대하는 것이 불행히도 이와 유사합니다."라고 하였다. 상이 이 말을 듣고 불쾌해하며 경연을 파해 버렸는데, 그 뒤 며칠이 지나 오봉(五峯) 이공 호민(李公好閔)[17]이 상에게 "요즘 부드러운 태도로 아첨하는 것이 풍조를 이루고 있는 상황에서 유독 이준(李埈)만큼은 감히 남들이 꺼내기 어려운 말을 하였습니다. 이는 포상할 만한 일이지 노여워해서는 안 될 일입니다."라고 하였다. 그러나 상은 묵묵부답하다가, 공을 형조와 공조의 정랑, 상례 겸 실록랑(相禮兼實錄郎)으로 좌천시켰다.

갑진년(1604)에 서장관(書狀官)으로 황경(皇京)에 갔다가 이듬해 돌아왔다.

무신년(1608)에 선조가 승하하고 광해가 즉위하자 수찬을 거쳐 정

한 평가는 송(宋)나라의 학자 구양수(歐陽脩)가 《신당서(新唐書)》 편찬 당시 덕종을 "의심하고 꺼리고 각박하게 굴며, 강하고 총명함으로 자임하여 올바른 의론에 굴복당하는 것을 부끄럽게 여기고, 간사한 자와 아첨하는 자에게 기만당하는 것을 잊었다."라고 평한 이래, 사마광(司馬光)을 비롯한 수많은 학자들로부터 정설로 받아들여졌다. 《新唐書 德宗皇帝本紀》《歷代名賢確論 卷95》 여기서 이준은 덕종에 대한 기존 평가를 그대로 가져와서 선조를 비판한 것이다.

16 육지(陸贄) : 754~805. 당나라 덕종 때의 명신(名臣)으로 자는 경여(敬輿), 시호는 선(宣)이다. 773년 진사가 되었다가 덕종이 즉위하자 한림학사(翰林學士)에 임명되었고, 주자(朱泚)의 반란으로 인해 덕종을 따라 봉천으로 피난할 당시 대부분의 조서(詔書)를 기초(起草)하였다. 이후 벼슬이 중서 평장사(中書平章事)에 이르렀다가 배연령(裴延齡)의 참소에 의해 충주 별가(忠州別駕)로 폄적되어 그곳에서 죽었다. 《新唐書 陸贄列傳》

17 이공 호민(李公好閔) : 이호민(李好閔, 1553~1634)으로, 본관은 연안(延安), 자는 효언(孝彦), 호는 오봉, 시호는 문희(文僖)이다.

언에 제수되었다. 공은 광해가 선조의 덕을 끝까지 완수하지 못할까 걱정하여 잘못이 있을 때마다 늘 사전에 간쟁하여 바로잡았다. 재이(災異)가 발생하였을 때는 차자(箚子)를 올리기를,

"가까운 총신(寵臣)에 대해서는 치우쳐 얽매이는 잘못을 없애어 대공(大公)의 도량을 넓히지 않아서는 안 되며, 임금의 이목(耳目)을 막고 가리는 것에 대해서는 그 낌새를 살펴 미연에 그 시도를 환히 간파하지 않아서는 안 됩니다."

하고, 또 아뢰기를,

"원한을 품고 억울하게 죽어 오래도록 신원되지 못하고 있는 자를 향해 이미 '죄가 없다.'라고 하신 이상, 누명을 씻어 주는 일을 어찌 3년이나 기다려야 하겠습니까."[18]

하였으며, 또 아뢰기를,

"대신에게 임무를 완수하도록 책임 지우는 것은 그저 통상적인 자질구레한 일들일 뿐이고, 현명한 자를 올려 쓰고 어리석은 자들을 내치는 등 국가의 안위(安危)와 관련한 일들에 대해서는 막연하여 관할하지 못하게 하여, 그들로 하여금 그 직위를 불안하게 여겨 잇따라

18 원한을……하겠습니까 : 1608년(광해군 즉위년) 의금부 경력 나덕윤(羅德潤)이 정여립의 모반 사건에 연루되어 억울하게 죽은 정개청(鄭介淸) 등의 신원을 요청하자, 광해군이 "3년 동안 아버지의 도를 바꿈이 없어야 효라 할 수 있다."라는 《논어》의 내용을 명분 삼아 3년 뒤에 그 일을 논하겠다고 하였는바, 이러한 조치의 정당성을 문제 삼은 것이다. 정개청은 1589년 정여립 모역 사건 때 정여립과 동모했다는 죄목으로 이듬해 체포되고 유배되어 그해 7월 함경도 경원(慶源)에서 죽었는데, 이후 호남 유생을 중심으로 꾸준히 그의 신원을 요청하는 상소가 이어졌다. 이준은 이에 앞선 1603년에도 정개청의 원한을 풀어 달라고 선조에게 청한 바 있다. 《蒼石先生年譜 卷1》《宣祖實錄 36年 5月 6日》《光海君日記 卽位年 11月 12日, 1年 1月 16日》

서로 면직을 청하게 만들고 있습니다."

하였다. 대개 임해군(臨海君)의 옥사[19]가 일어날 당시 유사(有司)가 임해군을 극형에 몰아넣으려고 하자 수상(首相) 완평공(完平公 이원익)이 형제간의 은의(恩義)를 보존할 것을 청하다가 대간의 탄핵을 받고 직무를 돌보지 못한 일이 있었는데, 공이 그 일에 대해 할 말을 끝까지 다 하기를 이와 같이 한 것이다. 그러나 광해는 이 말을 채택하지 못하였다.

경연이 오래도록 폐해지고 있는 상황을 걱정하여 차자를 올리기를,

"임금을 모시고 받드는 시종 가운데 참소와 아첨을 일삼는 자들이 예(禮)가 아닌 곳으로 유도하고 의(義)가 아닌 데로 이끌어 자연히 도와 멀어지는 것입니다."

하고, 토목공사가 자주 일어나는 것을 걱정하여 차자를 올리기를,

"궁궐 안이 비록 협소하고 누추하다고는 하나 그곳은 실로 선왕께서 정신을 집중하며 한가롭게 거처하던 곳입니다. 전하께서는 즉시 그곳에 머물고 그곳에서 주무시면서 기둥과 서까래를 올려다보고 전당(殿堂) 아래의 섬돌을 내려다보며 항상 선왕께서 실제로 그 위에 강림해 계신 듯이 여겨야 할 것입니다. 이는 진정 긍구(肯

19 임해군(臨海君)의 옥사 : 1608년 광해군의 형인 임해군 이진(李珒)이 반역을 꾀하려 한다는 주장이 대간(臺諫)을 중심으로 제기되어, 임해군이 진도(珍島)로 유배되고 그의 심복 100여 명이 복주(伏誅)된 사건을 말한다. 이때 정인홍을 비롯한 대북 일파는 임해군을 죽여야 한다고 주장하였는데, 이원익과 이항복 등 원로대신은 형제의 도리를 들어 귀양을 보내는 선에서 옥사를 마무리 짓고자 하였다. 결국 임해군은 사사(賜死)를 면하고 교동(喬桐)으로 유배되었으나, 1609년 5월 원인 불명의 이유로 사망하였다. 《光海君日記 卽位年 2月 14日》《燃藜室記述 卷19 臨海君之獄》

構)[20]의 도(道)인데, 또다시 급하지도 않은 판국에 큰 공사를 일으키시니 이는 공경하고 두려워하는 뜻[21]이 아닙니다."

하였다.

조사(弔使)가 도착하였을 당시 조정에서 예로부터 해 오던 관례대로 가짜 신주를 설치하고서 그들을 영접하려 하자,[22] 차자를 올리기를,

"우리나라에서 종호(宗號)를 사용하는 것이 예(禮)는 아닙니다만, 오래도록 그것을 답습하면서 수백 년 동안 바꾸지 않았던 것은 대개 신자(臣子)가 군부(君父)를 높이는 정성에서 비롯된 것입니다. 만약

20 긍구(肯構) : 자손이 선대의 유업을 잘 계승하는 것을 뜻한다. 《서경》〈대고(大誥)〉에 "만약 아버지가 집을 지어 이미 그 법도를 마련해 놓았거늘 그 아들이 기꺼이 당의 터도 만들려 하지 않는데 하물며 기꺼이 집을 지으려 하겠는가.〔若考作室, 旣底法, 厥子乃不肯堂, 矧肯構?〕"라고 한 대목에서 온 말이다. 주(周)나라 무왕(武王)이 죽고 어린 성왕(成王)이 등극하자 그 틈을 타 무왕의 형제인 관숙(管叔), 채숙(蔡叔), 곽숙(霍叔) 세 사람이 반란을 일으켰는데, 이때 성왕이 그와 같은 말을 함으로써 반란을 평정하겠다는 의지와 아버지 무왕이 세워 놓은 창업(創業)의 공(功)을 보존하겠다는 각오를 천명하였다.

21 공경하고 두려워하는 뜻 : 하늘에 대한 공경과 두려움을 늘 가슴에 간직하면서 선왕의 유업을 계승하려는 의지를 말한다. 주나라 무왕이 문왕(文王)을 계승하여 제위에 오른 뒤에 상(商)나라 주(紂)를 토벌하려는 뜻을 밝히면서 "나 소자(小子)는 밤낮으로 공경하고 두려워하여 돌아가신 문왕께 명을 받아 상제(上帝)에게 유제(類祭)를 지내고 총토(冢土)에 의제(宜祭)를 지내고서 너희 무리를 데리고 하늘의 벌을 이루려 하노라."라고 한 데서 유래한 표현이다. 《書經 泰誓》

22 조사(弔使)가……하자 : 1609년 4월 선조의 승하에 따른 사제(賜祭), 사시(賜諡), 책봉(冊封) 등의 절차를 수행하기 위해 명나라 사신단이 조선에 오게 되자, 광해군과 조정의 일부 신료들이 명나라 사신단이 선조의 신주에 적힌 '선종(宣宗)'이란 묘호(廟號)를 보고 문제 삼을 것을 염려하여 임시방편으로 가짜 신주를 설치하려고 한 것을 말한다. 《光海君日記 1年 4月 11日, 24日, 26日, 27日》

앞도 가리고 뒤도 막으면서 그 잘못을 감추려 든다면 이는 실례(失禮) 중에 또 실례입니다. 더구나 인군(人君)은 지극히 성실한 마음을 지니고서 털끝만큼의 사사로움과 거짓도 용납하지 않아야 합니다. 인국(隣國)과 교제하고 이적(夷狄)을 대하는 데도 그렇게 하면 안 되는데, 하물며 본조(本朝)에게 하늘처럼 존귀한 상국(上國)의 경우는 어떻겠습니까. 사신을 파견하여 치제하는 것이 얼마나 성대한 예인데, 지극히 경건하고 엄중한 자리에서 감히 거짓을 행할 수 있겠습니까."

하였다.

〈연거십잠(燕居十箴)〉[23]을 지어 올리자 광해가 초피(貂皮)를 하사하며 칭찬하고, 백사(白沙) 이공(李公 이항복)은 편지를 보내어 "잠설(箴說)이 정밀하고도 적절하니, 오늘날에 계상(溪上)의 말씀[24]을 볼 수 있을 줄은 생각지도 못하였소."라고 하였다.

책사(策士) 임숙영(任叔英)이 직언을 하다 과방(科榜)에서 삭제되자,[25] 차자를 올리기를,

23 연거십잠(燕居十箴) : 이준이 1609년 4월 광해군에게 임금으로서 평상시 경계하고 유념해야 할 사항을 체천(體天), 법조(法祖), 존현(尊賢), 애민(愛民), 신습(愼習), 원려(遠慮), 청간(聽諫), 거사(去邪), 존성(存誠), 무학(務學) 등 10개 조목으로 나누어 잠(箴)의 형식으로 제시한 글이다. 이 작품은 《창석집》 권14에 〈연거비람십잠(宴居備覽十箴)〉으로 실려 있으며, 《광해군일기》 1년 4월 16일 기사에 이 작품과 함께 올린 상소문의 대략이 수록되어 있다.

24 계상(溪上)의 말씀 : 퇴계(退溪) 이황(李滉)의 말을 가리킨다. 계상은 이황이 살던 안동 도산면 토계리(兎溪里)를 가리킨다.

25 책사(策士)……삭제되자 : 임숙영이 1611년 별시 문과에서 지은 대책문(對策文)에서 광해군의 실정, 광해군의 처남인 유희분(柳希奮)의 전횡, 이이첨의 아부적 행태

"임숙영이 군부(君父)를 헐뜯고 비방하였다는 이유로 명에 의해 과방에서 삭제되었는데, 이른바 '헐뜯고 비방하였다.'라는 것은 어떠한 일입니까? 설사 사실이 아닌 일로 명예를 탐했다면 끝내 성덕(聖德)에 무슨 손상이 되겠습니까. 그러나 그가 말한 것이 만일 거짓이 아니라면 더욱 마땅히 두려운 자세로 스스로를 되돌아봐야 할 것이며 격식에 위배된다는 이유로 내쳐서는 안 될 것입니다."

하였다.

한재(旱災)가 발생하여 응지 차자(應旨箚子)를 올리기를,

"외인(外人) 가운데 궁중과 서로 내통하는 자가 있고 내지(內旨 왕비의 명령) 중에 마음대로 관직을 제수해 주는 경우가 있으며, 하늘에 영원한 명을 기원하는 일은 그 근본이 덕을 수양하는 데에 있는데도[26] 부정한 제사와 푸닥거리 등을 통해 귀신의 간악함을 열어 주는 자가 있고, 인재를 등용하고 각 부처의 장관을 세우는 일의 근본은 현인을 가리는 데에 있는데도[27] 권귀(權貴)에게 선물을 보내어 작록(爵祿)을 꾀하려

등을 비판하자, 광해군이 "감히 문제(文題)에서 벗어난 글을 지어 온갖 말로 헐뜯고 비방하였다."라고 하면서 급제를 취소한 것을 말한다. 이 일 이후 삼사(三司)의 간쟁과 이항복 등의 주장으로 다시 급제되었다. 《光海君日記 3年 3月 17日, 6月 10日》

26 하늘에……있는데도 : 내면의 덕을 수양하는 것이 곧 국운이 영원하도록 하늘에 비는 것의 근본이라는 말이다. 주나라 소공(召公)이 수도를 호경(鎬京)에서 낙양(洛陽)으로 옮기려 할 때 성왕(成王)에게 "새 도읍에 머무시어 왕께서는 속히 덕을 공경하소서. 왕께서 덕을 운용하시는 것이 하늘께 영원한 명을 비는 것입니다."라고 했던 말에 근본을 둔 주장이다. 《書經 召誥》

27 인재를……있는데도 : 《서경》 〈입정(立政)〉의 내용에 입각한 사고방식이다. 〈입정〉은 주공(周公)이 성왕에게 각 부처의 장관 임용에 대해 경계한 것으로 "지금부터는 장관을 세울 적에 약삭빠른 이를 쓰지 마시고 오직 길사(吉士)를 등용하시어 힘써 우리

는 자가 있습니다. 지금 재변(災變)을 없앨 방법을 구하고자 하신다면 재변을 초래한 근본 원인을 바로잡는 것만 한 일이 없습니다. 그렇게 하지 않는다면 비록 애달파하는 말이 입에서 끊이지 않는다 한들, 그것이 재변을 없애고 억제할 방도에 끝내 무슨 보탬이 되겠습니까."

하였다.

부역(賦役)이 번다하고 과중하게 부과되고 있는 와중에 토목공사가 또 일어난 것[28]을 걱정하여 차자를 통해 아뢰기를,

"부모가 자식을 사랑하는 마음은 지극하지 않은 경우가 없어서 자식이 병들면 약을 먹이고 배고프고 추워하면 옷을 입히고 밥을 먹이며, 이렇게 하는데도 혹 죽음에 이르면 도리어 감히 하늘을 원망하지 않고 자신의 간호와 치료가 미진했음을 상심합니다. 그러니 어찌 백성의 부모 된 몸으로 이런 무익한 공사를 펼침으로써 거의 끊어져 가는 목숨을 다그칠 수 있겠습니까."

하였다.

정인홍이 상소하여 회재(晦齋)와 퇴계(退溪) 두 현인을 비방하자,[29]

국가를 돕게 하소서."라고 하는 등 전편에 걸쳐 소인을 배제하고 현인을 가려 뽑는 것을 강조하였다.

28 토목공사가……것 : 광해군이 임진왜란으로 파괴된 각 궁궐을 재건하기 위해 1610년 2월부터 영건청(營建廳)의 주관하에 각종 토목공사를 벌이도록 한 것을 말한다. 《光海君日記 2年 1月 7日, 2月 11日》

29 정인홍이……비방하자 : 1610년 3월 26일 정인홍이 차자를 올려, 자신의 스승인 조식(曺植)과 성운(成運)이 이황으로부터 노장(老莊)의 무리라고 하는 억울한 모함을 받았다고 주장하고, 오히려 이황과 이언적(李彦迪)이 각종 사화가 일어나 소인들이 득세할 때도 벼슬을 버리지 않는 등 출처에 문제가 있는 인물이라고 맹렬하게 비판하면서 그 두 사람의 문묘 종사가 부당한 처사임을 논하였다. 이 일로 정인홍은 사류로부터

소장을 올려 아뢰기를,

"두 분 유자(儒子)의 도덕이 성대하게 당대의 존숭을 받았으나 자기 스승의 학문은 두 분의 유자로부터 인정을 받지 못하였던 까닭에, 그가 시기하고 능멸하는 마음을 가지고 분한과 원망의 기운을 품은 채 온갖 말로 비방을 가한 것입니다. 이는 시비의 구분이 흑백처럼 분명하다는 것을 전혀 모르는 것으로, 비록 한 시대의 눈과 귀를 뒤바꿔 버리고자 하나 그리될 수는 없습니다."

하였다. 이때 태학(太學)의 유생들이 정인홍을 유적(儒籍)에서 삭제해 버리자 광해가 노하여 유생들을 금고(禁錮)할 것을 명하였는데, 공이 상소하여 그 일에 대해 간쟁하였다. 그런데 광해가 "같은 쪽을 편들고 다른 쪽을 공격하면서 의리(義理)는 거들떠보지도 않는다."라는 말로 꾸짖기에, 또다시 소장을 올리기를,

"전하께서 말씀하신 '의리'란 무엇을 가리키는 말입니까? '도(道)'가 있는 곳이 바로 '이(理)'가 있는 곳입니다. 그런데 지금 정도(正道)를 부지하고 사문(斯文)을 수호하는 것을 의리가 아니라고 하신다면, 기필코 정인홍의 주장에 의지해 그 파란을 더 요동치게 만들고 박여량(朴汝樑)의 논의[30]를 좇아 그 세력을 조장하면서, 군부(君父)의

거센 비난에 직면하여 급기야 청금록(青襟錄)에서 이름이 삭제되기까지 하였다. 《光海君日記 3年 3月 26日》

30 박여량(朴汝樑)의 논의 : 사헌부 지평을 맡고 있던 박여량이 1610년 4월 12일에 올린 피혐 계사(避嫌啓辭)를 통하여, 정인홍이 이황과 이언적을 언급한 것은 스승인 조식을 존숭하는 마음에서 나온 것일 뿐 그 두 사람을 비난할 의도는 없었으며, 또한 그 일로 정인홍의 이름을 청금록에서 삭제한 것은 부당하다고 한 것을 말한다. 박여량은 자는 공간(公幹), 호는 감수재(感樹齋)로, 정인홍의 제자이다. 광해군은 박여량의 이

지나친 행위에 순순히 따르고 일시의 선비들을 금고하고 난 뒤에야 의리에 합당한 것입니까."

하니, 광해가 이르기를,

"내가 우매하고 졸렬한 탓에 현자들로 하여금 자기 직위를 편히 여기지 못하게 만들었다. 모름지기 속히 직위로 나아가 나의 잘못을 덮어 주도록 하라.[31]"

하였다. 그런데 이 당시 세 사람의 흉인(凶人)이 '삼창(三昌)'[32]이라고 불리면서 당여(黨與)를 심어 놓고 위복(威福)을 제멋대로 행사하자 공이 "물러나야 하겠다."라고 하였다. 그러고는 떠나기에 앞서 소장을 올리기를,

"생각이 없는 나머지 광인(狂人)이 되어[33] 욕심으로 법도를 무너뜨리고 방종으로 예를 무너뜨린다면,[34] 비록 부자와 형제같이 더없이 가

말로 인해 유생들이 정인홍을 청금록에서 삭제한 사실을 처음으로 알게 되었으며, 이후 그 주동자의 색출을 명하고 그 일에 가담한 유생들을 종신토록 벼슬에 나아가지 못하도록 지시하였다. 《光海君日記 3年 4月 12日, 13日》

31 모름지기……하라 : 앞서 이준이 올린 홍문관의 소장 말미에 자신들의 직위를 삭출해 줄 것을 청하였기 때문에 이런 말을 한 것이다. 《蒼石集 卷4 玉堂待罪疏》

32 삼창(三昌) : 광해군 때의 세 권신인 이이첨, 박승종(朴承宗), 유희분을 말한다. 세 사람은 권세가 서로 대등한 데다가 이이첨은 광창부원군(廣昌府院君), 박승종은 밀창부원군(密昌府院君), 유희분은 문창부원군(文昌府院君)에 봉해져 봉호에 모두 '창(昌)' 자가 들어가므로 '삼창'이라 불렸다. 《燃藜室記述 卷21 崔沂海州之獄》《光海君日記 5年 3月 12日》

33 생각이……되어 : 《서경》 〈다방(多方)〉에 "성인(聖人)이라도 생각이 없으면 광인이 되고, 광인이라도 생각할 줄을 알면 성인이 된다."라고 한 것을 인용한 것이다. 여기서 광인은 우매하고 완고한 사람이란 뜻이다.

34 욕심으로……무너뜨린다면 : 상(商)나라의 임금인 태갑(太甲)이 신하인 이윤(伊

까운 관계일지라도 그 평소의 정을 보장하지 못할 것이니, 이 어찌 크게 두려워할 만한 일이 아니겠습니까."

하였다. 이에 동시대의 어진 사대부들은 공이 떠나는 것을 아쉬워하지 않는 이가 없었는데,[35] 오봉(五峯) 이공(李公)은 광해에게 아뢰기를,

"이모(李某)가 고고함과 정직함으로 인해 조정으로부터 용납되지 못하여 한 척의 배로 남쪽을 향해 돌아가 버렸으니, 안타깝습니다."

하였다. 이후 공은 시냇가에 정사(精舍)를 짓고는 단정히 앉아 《주역》을 읽으며 지내면서 침식을 잊어버리기까지 하곤 했는데, 우복(愚伏) 정공(鄭公)은 매일 찾아와 학문을 강론하고 토론하면서도 지칠 줄 몰라 하였다. 공은 늘 말하기를 "우복은 나의 형제이니, 오직 성만 다를 뿐이다."라고 하였다.

임자년(1612, 광해군4)에 외직으로 나가 경성 판관(鏡城判官)에 보임되었으나 부임하지 않았다.

계축년(1613)에 풍기 군수(豐基郡守)에 제수되었는데, 이때 다스렸던 방법은 오직 백성들을 교화함으로써 좋은 풍속을 만드는 일에 힘쓰는 것이었다. 이 당시 영창대군(永昌大君)은 겨우 여덟 살밖에 되지 않았는데 흉악한 무리들이 "역모의 근원이 여기에 있다."라고 하면서

尹)에게 향락에 빠져 지냈던 지난날의 과오를 반성하면서 "나 소자(小子)는 덕에 밝지 못하여 스스로 불초함에 이르러 욕심으로 법도를 무너뜨리고 방종으로 예를 무너뜨려 이 몸에 죄를 불렀으니, 하늘이 지은 재앙은 오히려 피할 수 있으나 스스로 지은 재앙은 도망할 수가 없습니다."라고 한 말을 인용한 것이다. 《書經 太甲中》

35 동시대의……없었는데 : 이때 이호민은 〈숙평이행한출전지지이시간상(叔平已行恨出餞之遲以詩趕上)〉이란 칠언 율시를 지어, 귀향하는 이준을 미처 전송하지 못하는 데 대한 아쉬움을 표하였다. 《五峯集 卷5》

그지없이 참혹하게 죄를 뒤집어씌웠다.[36] 공이 이 소식을 듣고는 크게 탄식하기를 "나라가 망할 것이다."라고 하면서 만언(萬言)에 이르는 소장을 초하여 하고 싶은 말을 남김없이 다 쏟아 냈는데, 이때 마침 병조 판서 박승종(朴承宗)[37]이 수졸(戍卒)이 거짓으로 꾸민 고소를 끌어다 붙여 공을 직위에서 파면시키자 결국 상소를 그만두었다.

그로부터 10년 뒤 인조반정이 일어나자 교리(校理)로 소환되었고, 얼마 뒤 검상(檢詳)과 사인(舍人)으로 자리를 옮겼다가 집의로 이배되었다. 당초 상이 대위에 올랐을 적에 명을 내려 폐세자(廢世子) 이지(李祬)[38]를 강화(江華)로 안치한 바 있었다. 이때에 이르러 그가 땅굴을 파고 탈출해 버리자 연평(延平) 이공 귀(李公貴)가 그를 극형에 몰아넣고자 하였는데 공의 의견은 그와 부합하지 않았다. 이에 우복공(愚伏公)이 당시 옥당(玉堂)에 재직하고 있으면서 공에게 편지를 보내기를,

"이 사안에 대해 논자들은 이것이 화의 근원이 될까 걱정하는데 저 역시 반드시 그렇게 되지 않으리란 보장을 못 하겠으며, 논자들이

36 흉악한……뒤집어씌웠다 : 1613년 대북파(大北派)인 이이첨 등이 박응서(朴應犀)를 사주하여 인목대비(仁穆大妃)의 아버지인 김제남(金悌男)이 반역을 모의하고 영창대군을 옹립하려 했다고 거짓으로 고변하게 하자, 윤인(尹訒), 정조(鄭造) 등 이이첨 일파들이 이에 호응하여 인목대비를 서궁(西宮)에 유폐하고 영창대군의 처형을 주장한 것을 말한다.《蒼石先生年譜 卷1》《光海君日記 5年 4月 25日, 5月 25日・30日》

37 박승종(朴承宗) : 1562~1623. 본관은 밀양(密陽), 자는 효백(孝伯), 호는 퇴우당(退憂堂)이다. 광해군 집권기에 정승에 오르고 손녀가 광해군의 아들 이지(李祬)의 빈(嬪)이 되는 등 승승장구하면서 이이첨, 유희분과 함께 당대의 권신으로 꼽혔는데, 이 때문에 인조반정 후 폐모(廢母)에 간여하였다는 명목으로 많은 비판을 받았다.

38 이지(李祬) : 대본에는 '李晊'로 되어 있다.《광해군일기》15년 3월 12일 기사에 근거하여 '晊'를 '祬'로 바로잡아 번역하였다. 광해군의 장자인 이지를 말한다.

또 '상께서도 후일의 염려가 없지 않을 것이므로 옥당이 결사적으로 이론(異論)을 제기함으로써 군부(君父)에게 비평이 돌아가도록 해서는 안 된다.'라고 말하는데 이 말이 혹 일리가 있는 듯합니다."

하였다. 공이 이에 답하기를,

"임금의 은혜로운 뜻을 받들어 따르고 시의(時議)에 구차스레 동조하지 않으려 한 것이 형의 처음 입장이었습니다. 그리고 논자들이 군부에게 비평이 돌아가도록 하지 않고자 하는 것은 이치에 크게 해가 되는 일입니다. 충신은 도를 따르고 군주를 따르지 않으니, 군주의 뜻이 움직이느냐 움직이지 않느냐의 문제는 응당 논할 바가 아닐 듯합니다."

하였다. 연평이 또 공에게 편지를 보내어 "공께서는 기어이 서인(庶人)을 위해 절개를 세우려 하십니까?"라고 하자, 공은 "예로부터 어떤 일로 말미암아 기필코 군부에게 쟁론했던 일들이 모두 다 그 일을 위해 절개를 세우려 했던 것이겠습니까?"라고 하였다. 그런 뒤 마침내 계사(啓事)를 올렸는데 그 대략에,

"강도(江都)에서 담을 뚫고 탈출한 변고는 비록 밝히기 어렵다고는 하나 그 정황만큼은 쉽게 알아볼 수 있으니, 토굴을 파낸 흔적이 안에서부터 바깥으로 향해 이어지므로 외부에서 지원한 이가 없음을 알 수 있고, 편지는 가짜로 쓴 것이며 진짜가 아니므로[39] 외부에서

39 편지는……아니므로 : 강화도에서 탈출을 감행하던 이지가 붙잡혔을 때, 이지의 품속에서 '황해순영서간(黃海巡營書簡)'이라고 쓰인 편지가 발견되어 당시 황해 감사 이명(李溟)이 외부에서 조력한 혐의로 체포되었는데, 조사한 결과 그 편지는 이지가 탈출 과정에서 나루의 엄중한 경비를 통과하기 위해 스스로 위조한 것으로 밝혀졌다. 《仁祖實錄 1年 5月 22日》

호응한 이가 없음도 알 수 있습니다. 이는 갇혀 있던 곳이 협소한 와중에 이런 무더운 철을 만났는데, 바람이 통하는 길은 사방으로 막혀 근심과 번민이 마침내 광증(狂症)이 되어 버렸고, 그로 인해 하늘과 햇빛을 보고 싶은 마음과 아버지와 어머니를 보고 싶은 생각이 가슴속에 꽉 들어차 그것을 억누르지 못한 나머지 망녕되게도 갇힌 곳에서 탈출할 계획을 하여 스스로 왕명을 회피하는 죄를 불러들인 것에 지나지 않습니다. 그 정황을 깊이 따져 보자면 애처로운 일이니, 지금 법을 집행하는 자는 다만 법을 집행하되, 그 도망친 죄만을 다스려서 그전같이 구속해 가둬 두기만 하면 될 것입니다. 폐조(廢朝) 십수 년 동안 골육(骨肉)을 해쳐서 종국에는 하늘의 강상(綱常)을 멸절하고 그 덕을 전복하는 지경에까지 이르게 되었는데, 이는 진정 오늘날에 깊이 경계해야 할 일입니다."

하였다. 연평이 이에 분노해 마지않고서 공을 외직으로 쫓아내 철원부사(鐵原府使)에 제수하도록 하였는데, 이조 판서 신공 흠(申公欽)[40]이 이 소식을 듣고는 크게 놀라 낭관(郎官)을 불러 묻기를 "이공이 산림에 묻혀 지낸 지 이미 십수 년인데, 지금 도리어 용납하지 못하고 또 물리쳐 버리는가?"라고 하였다. 몇 달이 지나 신공이 "이모(李某)가 외직에 오래 머무르는 것은 조정의 복이 아닙니다."라고 계청(啓請)한

40 신공 흠(申公欽) : 신흠(1566~1628)으로, 본관은 평산(平山), 자는 경숙(敬叔), 호는 현헌(玄軒)·상촌(象村)·현옹(玄翁)·방옹(放翁), 시호는 문정(文貞)이다. 1613년 계축옥사가 일어났을 때 연루되어 파직되었고 1616년 인목대비 폐비 사건과 관련하여 유배되었다가 1624년(인조2) 사면되었다. 인조반정 후 다시 중용되었다. 명나라로 조회 가는 이준에게 〈송이서장조경사(送李書狀朝京師)〉라는 송시(送詩)를 주기도 하였다. 《象村稿 卷9》

결과 사인(舍人)으로 소환되었다. 얼마 안 되어 모종의 일[41]로 파직되자 대사간 정공 엽(鄭公曄)이 상에게 "이모는 문장과 덕의를 갖추고 있고 평소 일을 처리하면서 정도를 실천하고 정직을 견지하였으므로, 다른 여러 사람과 똑같이 취급하여 함께 파직시켜서는 안 됩니다."라고 아뢰었고, 수상 완평공은 공이 반드시 머무르지 않을 것을 알고 편지를 보내어 만류하였다. 그러나 공은 "의리상 머무를 수 없다."라고 하고는, 돌아갈 적에 만언소(萬言疏)[42]를 올려 관서(關西)의 형세에 관해 자세하게 논하는 한편, 또 말하기를 "성을 지키는 제도 가운데 포루(砲樓)가 가장 긴요합니다. 그 제도는 선정신(先正臣) 유성룡이 찬록해 바친 〈병요(兵要)〉[43]에 자세히 실려 있으니, 서둘러 그것을 채택해 시행한 뒤 중외(中外)에 반포할 것을 명해 주소서."라고 하였다. 당시는 청인(淸人)들이 요양(遼陽)과 심양(瀋陽)을 점거하고 있던 상황으로, 공이 그 점을 깊이 우려하여 가장 먼저 그 일에 대해 언급하였는데, 상이 가납해 주었다.

갑자년(1624, 인조2)에 부원수(副元帥) 이괄(李适)[44]이 반란을 일으

41 모종의 일 : 1623년 9월 24일 사헌부가 전국적인 과거 부정이 일어났다고 고발한 일을 말한다. 《仁祖實錄 1年 9月 27日》

42 만언소(萬言疏) : 《창석집》 권4 〈논수성급수덕지요소(論守城及修德之要疏)〉를 말한다.

43 병요(兵要) : 유성룡이 1594년 선조에게 올린 〈전수기의십조(戰守機宜十條)〉를 말한다. 일본과의 전쟁이 한창이던 당시 유성룡은 이 글에서 전쟁에서 요구되는 필수적 방책을 척후(斥候), 속오(束伍) 등 10개 조목에 걸쳐 논하였다. 《西厓年譜 卷2》

44 이괄(李适) : 1587~1624. 본관은 고성(固城), 자는 백규(白圭)이다. 1622년 인조반정에 가담하여 2등 공신으로 책봉된 뒤, 아들 이전(李旃)이 반역의 혐의를 받은 데 분개하여 한명련(韓明璉)과 제휴하여 반란을 일으켰다가 안현(鞍峴) 싸움에 참패하여

켜 상이 공주(公州)로 파천하였다. 공은 난이 일어났다는 소식을 듣고 군사를 모집하여 1000여 명을 확보한 뒤 '의승군(義勝軍)'이라고 불렀는데, 날을 정해 행재소로 달려가려 할 즈음 적들이 격파되었다는 소식을 듣고 즉시 군대를 해산하였다. 그러고는 서울에 들어가서 뒤늦게 도착한 것에 대해 청죄(請罪)하고, 이어 소장을 통해 적변(賊變)이 발생한 이유와 백성들이 원망하는 상황을 아뢰었는데 상이 그 말을 받아들였다.

집의를 거쳐 응교에 제수되고 사인(舍人)과 전한(典翰)으로 자리를 옮겼다. 이에 앞서 인성군(仁城君) 이공(李珙)의 이름이 역적의 초사(招辭)에서 나오자 상이 불문에 부치라고 명한 바 있었는데,[45] 그때 연평이 소장을 올려 양사(兩司)에서 이공을 논하지 않는 것을 논척하자, 공이 "이공이 이미 역적의 입에서 거론된 이상 내치지 않는다면 너무 과하게 돌봐 주는 것일 듯합니다. 일단 내치는 것도 왕자를 온전하게 보호하는 한 방법이니, 그렇게 하는 편이 낫겠습니다."라고 하였으나 조정에서는 따르지 않았다. 이때에 이르러 역적들이 또다시 이공을 끌어들이자 연평이 이공을 대궐 안에 두어 외부의 접근을 막자고 요청하였다. 이에 공은 연평에게 말하기를,

부하에게 죽음을 당하였다.

45 인성군(仁城君)……있었는데 : 인성군 이공은 선조의 일곱째 아들로, 1623년 10월에 이유림(李有林)과 황현(黃玹) 등이 일으킨 역모 사건을 조사하는 과정에서 이공을 추대하려 했다는 관련자들의 자백이 수차례 나와 이귀(李貴) 등이 그의 처벌을 주장하자, 인조가 구체적인 증거가 없으므로 추대와 관련한 문제는 더 이상 묻지 말라고 명한 일이 있었다. 《愚伏集 別集 卷5 年譜》《大東野乘 默齋日記1 治逆論辨》《仁祖實錄 1年 10月 1日, 2年 1月 17日 · 28日》

"공은 '보전(保全)'이란 것을 명분으로 내세우고 있는데,[46] 그것은 듣기엔 좋으나 행하기엔 어렵습니다. 예로부터 신자(臣子) 가운데 군주를 위협했다는 혐의를 받는 처지에 지존(至尊)과 같은 곳에 살며 스스로를 보전했던 자가 어디에 있었습니까. 게다가 공이 대궐 안에 두고자 하는 것은 그를 의심해서입니다. 의심한다는 '의(疑)' 한 글자를 내버리지 않는 한, 비록 성과 벽을 겹겹이 쌓아 올려 막는다 한들 무슨 도움이 되겠습니까."

하였다.

그런 뒤 시강(侍講)하는 자리에서 상이 묻기를,

"시사에 대해 말하고 싶은 것이 있는가?"

하자, 대답하기를,

"이공이 역적의 입에서 제기된 것이 한두 번이 아님에도 전하께서는 기필코 골육을 보전하고자 하시니 이는 삼대(三代) 제왕의 일입니다. 옛날 송(宋)나라 태조(太祖)는 '천명을 소유한 자는 자기 뜻대로 하는 것이다.'라고 하였는바, 금기와 제한을 엄격하게 두지 않았던 것이 그 정도였음에도 그것을 이용해 기회를 엿본 자가 있었다는

46 공은 보전(保全)이란……있는데 : 이귀가 이공을 대궐 안에 두어야만 하는 명분으로 이공에 대한 온전한 보호를 내세운 것을 말한다. 이귀는 이괄의 난 직후 이공의 역모 혐의가 제기되자 처음엔 이공을 도성 안에 둘 수 없다고 주장하다가, 인조가 반대하자 곧 기존 입장을 선회하여 이공을 대궐 안에 두고 삼엄한 방비 속에 외부인의 접근을 차단함으로써 역도들의 역모 의지를 꺾자는 의견을 내놓았다. 이 과정에서 이귀는 "신이 이렇게 청하는 것은 왕자(王子)를 보전하려는 의도일 뿐입니다. 당초에 신의 말을 듣지 않고 밖으로 내치지 않은 데다가 지금 또 대궐 안에 두지도 않으면 보전할 수가 없습니다."라고 말하였다. 《仁祖實錄 2年 3月 26日, 4月 1日》《蒼石先生年譜 卷1》

이야기는 듣지 못하였습니다. 제왕의 큰 도량은 응당 이와 같은 마음가짐이어야 하니, 그렇게 되면 사람들은 모두 가슴속에 제왕을 생각하여 간악한 마음이 저절로 사라질 것입니다."

하여, 상이 훌륭하다고 칭찬하였다. 공은 이어 또 아뢰기를,

"같은 쪽을 좋아하고 다른 쪽을 미워하는 오늘날의 풍조가 어찌 치세(治世)의 기상이라 하겠습니까. 일전에 정경세(鄭經世)가 올린 차자에 비답을 내리면서 '옥당이 정도(正道)를 지켰다.'라고 하셨는데,[47] 그렇다면 이귀의 말은 권도(權道)에 맞는 것이라 여기시는 것입니까? 권도란 경중(輕重)을 저울질하여 중도(中道)에 맞도록 함을 말하는 것인데, 이귀의 말을 어찌 중도라 하겠습니까."

하였다. 이상의 공의 말에 상은 마치 메아리가 울리듯 신속하게 응답해 주었고, 이에 좌우에서 듣고 있던 자들은 두려움에 목을 움츠렸다. 그런데 공이 자리에서 나간 뒤에 외부의 논의가 들끓어 "자기 뜻대로 하는 것이다.〔任自爲之〕"라고 한 말을 네 글자의 죄안(罪案)으로 삼자, 대신(臺臣)들이 공의 파직을 청하였다. 그러나 상은 이르기를,

"경연을 담당하는 신하가 자기 임금이 허물이 없기를 바라서 기휘(忌諱)를 회피하지 않았으니, 이는 제 직분을 다하였다고 할 만하다.

47 일전에……하셨는데 : 1624년 4월 24일 이공의 죄를 따지지 않는다는 이귀의 탄핵으로 인해 정경세가 차자를 올려 이귀의 태도를 비판하고 체직을 청하자, 인조가 "화합하고 뇌동하지 않는 것은 군자의 일이고, 정도를 지켜 흔들리지 않는 것은 옥당의 직임이다."라고 한 것을 말한다. '옥당'이라 한 것은 이 당시 정경세가 홍문관 부제학을 맡고 있어서이다. 이때 정경세는 이공에 대한 강경한 처벌을 요구하는 이귀와 시종 대립하여 이공을 '전은(前恩)'의 도리에 따라 선처해 주어야 한다고 주장하는 등, 이 사안에 관하여 시종일관 이준과 동일한 목소리를 내었다. 《愚伏集 別集 卷5 年譜》

훈신(勳臣)이 한번 말을 꺼낼 때 그 잘못을 아무도 감히 바로잡지 못하는 것은 국가로서 복된 일이 아니니, 그대들은 자기와 다른 의견에 대해 공격하는 이귀의 행동을 본받지 말라."

하였고, 이후 대신들의 청이 재차 올라왔을 때에도 상은 이전처럼 그 요청을 물리쳤다. 이에 대사간 장공 유(張公維)[48]는 "이 어른에겐 딴마음이 없으니, 심각하게 법을 적용하려 든다면 우리들은 공의(公議)에 죄를 짓게 되는 것이다."라고 하였고, 헌납 정공 백창(鄭公百昌)은 대청(臺廳)으로 나아갔다가 물러날 때 공의 집으로 찾아가 절하고 말하기를 "공께서는 저를 허물하지 마십시오. 공께서는 저로 인해 명성이 더욱 높아졌습니다."라고 하였다.

우레가 울리는 이변을 계기 삼아 응교로서 차자를 진달하였는데, 그 대략에,

"오늘날 국사를 의논하는 자들은 다스림의 효과가 드러나지 않을까 걱정하는 경우엔 위력과 형벌을 행함으로써 그것을 진작하고자 하고 국가의 예산이 넉넉하지 못할까 걱정하는 경우엔 세금을 마구 거둠으로써 보태고자 하며, 참과 진실이 거짓과 속임수만 못하다고 말하고 인(仁)과 의(義)가 각박하고 모진 것만 못하다고들 말합니다. 이 가운데 하나만 있더라도 모두 국가를 내리치는 도끼와 국가를 좀먹는 해충이 되기에 충분합니다."

48 장공 유(張公維) : 장유(1587~1638)로, 본관은 덕수(德水), 자는 지국(持國), 호는 계곡(谿谷), 시호는 문충(文忠)이다. 서인의 영수 김장생(金長生)의 문인이다. 이준이 이귀로부터 공격을 받았던 이 당시 장유는 대사간으로 재직하면서 사간 정종명(鄭宗溟), 헌납 정백창(鄭百昌) 등과 함께 이공에 대한 선처를 요청한 바 있다. 《仁祖實錄 2年 4月 8日》

하였다. 이에 상이 시신(侍臣)에게 이르기를 "옥당의 차자가 문장이 좋고 의론이 올바르니, 임금에게 고하는 글은 응당 이 정도여야 하지 않겠는가."라고 하였다.

을축년(1625)에 사간에 제수되고 필선을 겸관하였다. 이 당시 상이 명을 내려 공주[49]의 집을 짓도록 하였는데 그 규모가 정해진 제도를 훨씬 뛰어넘었다. 이에 공이 힘써 간쟁하였으나 상이 들어주지 않자 나아가 아뢰기를,

"신들이 논하는 것은 조종(祖宗)의 법이고 전하께서 행하시는 것은 자궁(慈宮)의 뜻입니다.[50] 전하께서는 일국의 법도가 되는 군주이시니 응당 사리로 깨우쳐 이끌어야 대효(大孝)라 할 수 있습니다. 그런데 어찌 모후(母后)의 분부라는 이유로 뜻을 굽혀 불의(不義)를 따르면서 그것을 효라고 할 수 있겠습니까."

하였다.

이후 사성, 사복시 정, 보덕, 집의 등으로 누차 천직하고 필선을 겸관하였으며, 말미를 청하여 고향에 내려갔다가 얼마 안 되어 집의로 소환되었다. 당시 정자(正字) 유공 석(柳公碩)과 대교(待敎) 목공 성선(睦公性善) 등이 소장을 올려, 이공을 찬축(竄逐)한 것은 무슨 죄 때문이냐고 아뢰자[51] 상이 그에 대한 사면을 명하였는데, 이에 연평이

49 공주 : 선조의 장녀인 정명공주(貞明公主)를 가리킨다. 《仁祖實錄 3年 2月 26日, 27日》

50 전하께서……뜻입니다 : 당초 정명공주의 집 공사가 인조의 모후인 인헌왕후(仁獻王后)의 명에 의해 시작되었으므로 이렇게 말한 것이다. 《蒼石先生年譜 卷1》《仁祖實錄 3年 3月 4日》

51 당시……아뢰자 : 역모의 혐의로 대간으로부터 지속적인 탄핵을 받아 온 이공이

"감히 나서서 유석(柳碩)을 펴드는 자가 있으면 역모로 논할 것이다." 라고 고성을 질러 대자, 마침내 양사(兩司)에서 합동으로 이공을 풀어 주라고 한 명을 거두어 달라고 청하였다. 이러한 상황에서 공이 고향으로부터 돌아오자 벗들이 공을 맞이하면서 "공이 만약 시의(時議)와 반대되는 의견을 내놓는다면 화가 즉시 닥쳐올 것이다."라고 말해 주었다. 그러나 공은 대청에 나아간 뒤 계사(啓辭)를 올리기를 "유석의 우직한 그 행위는 실로 나라를 걱정하는 마음에서 나온 것입니다."라고 하였고, 이로 인해 당시 논자들이 분노한 얼굴과 요란한 목소리로 들고 일어나 마침내 면직되었다. 이때 완평공이 감탄하기를 "나도 이러한 노련한 계책을 할 줄 몰랐는데, 지금에서야 사람의 마음을 자못 통쾌하게 한다."라고 하였다.

병인년(1626)에 인헌왕후(仁獻王后)가 훙서하자 연평이 상에게 삼년상을 해야 한다고 하였다. 이에 공이 "주상께서는 지손(支孫)으로서 대통(大統)을 계승하시므로 소종(小宗)을 대종(大宗)에 합치는 것은 불가합니다."[52]라는 의견을 내놓으면서 삼년상이 예에 맞지 않는다고

1625년 2월 25일 마침내 강원도 간성(杆城)으로 안치(安置) 처분을 받자 10월 18일 유석과 목성선이 상소하여 이공의 무죄를 주장한 것을 말한다. 이날 실록 기사를 보면 이때 이 두 사람의 직책은 각각 승문원 부정자와 예문관 검열로, 번암의 기록과는 차이가 있다. 이 상소가 상주되자 즉시 대각을 중심으로 유석과 목성선을 파직하라는 요청이 거세게 일었고 심지어는 해당 상소문을 불태울 것을 요구하는 일까지 있었다. 《仁祖實錄 3年 10月 18日, 19日, 24日》

52 주상께서는……불가합니다 : 인조는 애초에 선조의 적통은 아니지만 그 왕통을 이어 결국 선조는 적장자의 계통인 대종이 되고 친모인 인헌왕후는 그 방계(傍系)인 소종이 되었으므로, 소종인 인헌왕후에게 대종의 예법을 행해서는 안 된다고 말한 것이다. 이준의 이 주장은 1626년 1월 14일 인헌왕후가 사망함으로써 생겨난 상제 논란에서

극력 논하자, 이에 예관(禮官)은 마침내 부장기복(不杖期服)을 입을 것을 청하였다. 상은 비록 마지못해 그 청을 따라 주긴 하였으나 의장(儀章)과 예법은 모두 왕후의 예법을 사용하도록 하였다. 그러자 공이 또다시 간쟁하였는데, 그 대략에,

"종통(宗統)의 중함과 천지의 상도(常道)와 상하의 구분은 대의(大義)에 따른 경계가 분명합니다. 진실로 그 정해진 구분을 뛰어넘어 해서는 안 될 일을 한다면 이는 예가 아닌 예가 되어 버려 종묘로부터는 죄를 얻고 후세로부터는 비판을 받게 될 것입니다. 전하께서는 지손으로서 대통을 계승하시는데도 어버이에게 검박(儉薄)하게 대우하는 것이 미안한 일인 줄만 알 뿐, 예가 아닌 지경에 빠진다는 것은 자각하지 못하고 있습니다. 한번 사적인 마음에 의해 판단이

제기되었다. 인조는 정원군(定遠君)과 인헌왕후를 친부모로 두었으나, 반정(反正)이란 비정상적 방법을 통해 왕위에 등극하면서 조부인 선조의 후사가 된 까닭에 명분상의 부모는 선조와 의인왕후(懿仁王后)여야 했고, 《의례(儀禮)》 〈상복(喪服)〉에 "남의 후사가 된 자는 자기 부모를 위해 보답한다."라고 하고, 그에 덧붙여 "어째서 기년복(朞年服)을 입는가? 참최복(斬衰服)을 두 번 입지 못하기 때문이다. 어째서 참최복을 두 번 입지 못하는가? 대종에 대해 중한 임무를 맡은 자는, 소종에 대해서는 등급을 낮춰야 하기 때문이다."라는 기록이 있음에 따라, 인조는 원칙상 소종인 인헌왕후에 대해서 삼년복이 아닌 기년복을 입어야 했다. 그런데 이에 앞선 1623년 5월 1일 인조의 친부인 정원군의 호칭 문제가 대두될 때 정원군을 고(考)라고 칭하되 현고(顯考)라고는 하지 않으며, 자(子)라고 칭하되 효자라고는 칭하지 않아야 한다고 하는 절충적 주장이 채택된 바 있기 때문에, 그에 따라 정원군의 아내인 인헌왕후에 대해서 부모의 예를 적용해도 무방하다고 주장할 여지도 남게 되었다. 이로 인해 그 두 가지 입장을 저마다 지지하는 세력이 생겨나게 되었고, 이때 이준은 김장생, 정경세 등과 함께 전자의 입장을 견지하여, 인조의 동생인 능원군(綾原君)이 상주(喪主)가 되어야 하며 인조는 자최(齊衰)만 입고 상장(喪杖)은 짚지 않는 부장기복을 입어야 한다고 주장하였다.

가려진 까닭에 행동이 예에 위배되어, 명정(銘旌)에 금전(金篆)을 사용하고 성빈(成殯)에 찬궁(欑宮)을 사용하면서 5일 만에 빈(殯)을 하고 6일 만에 복(服)을 입으셨으니, 이는 왕후의 예법입니다. 그 상(喪)에 걸맞지 않은 예법을 쓰면 예에는 위배되고 분수에는 참람한 것입니다."

하였다. 그런데 그때 상이 상주(喪主)가 되어 장기복(杖期服)을 입으려 하자, 하루만을 남겨 둔 상황에서 또 간쟁하기를,

"신의 간쟁이 만일 오늘을 넘겨 버린다면 더 이상 가망이 없게 됩니다. 전하께서 이미 종묘를 주관하면서 또다시 사사로운 상(喪)까지 주관하신다면 어찌 존귀한 사람이 두 명이며 참최복(斬衰服)을 입어야 할 사람이 두 명인 꼴이 아니겠습니까. 고금 천하에 결단코 이러한 이치는 없습니다."

하였다. 당시 삼사(三司)가 함께 소장을 올렸는데, 우복공도 대각에 있으면서 더욱 힘써 간쟁하자 상이 심히 분노하여 간원(諫院)의 관원들을 모두 다 체직시켜 버렸다. 이에 공은 "승정원이 헌체(獻替)의 임무를 맡고 있으면서 능히 내비(內批)를 봉환(封還)하지 못하고 끝내 군부의 잘못된 행동을 실현하게 만들었다."[53]라고 하면서 마침내는 해

53 승정원이……만들었다 : 이준의 이 말은 《창석집》 권7 〈청파승지차(請罷承旨箚)〉에 자세하다. 헌체는 헌가체부(獻可替否)의 준말로, 임금이 마땅히 행해야 할 일은 시행하도록 건의하고, 행하면 안 될 일은 폐기하도록 간쟁하는 일을 말한다. 보통 임금을 측근에서 보좌하며 왕명 출납(出納) 같은 핵심적인 임무를 담당하는 승정원의 업무를 가리키는 말로 쓰인다. 《春秋左氏傳 昭公20年》 내비는 임금이 궁궐 안에서 조정의 의견을 따르지 않고 직접 내리는 명령을 말한다. 내비의 남용은 보통 임금의 독단으로 인한 부작용 때문에 신하들의 반발을 사는 경우가 많았다.

당 승지를 탄핵하여 파면시켜 버리니, 이를 대단하다고 여기지 않는 사람이 없었다. 그런데 연평이 "죄를 얻는다.", "비판을 받는다."라는 등의 구절을 골라내어 "이런 말을 한 자는 모두 참수해야 한다."라고 조정에서 크게 꾸짖자, 공이 사간으로서 스스로를 탄핵하며 말하기를,

"이귀가 이미 앞장서 그릇된 주장을 하여 전하를 잘못으로 인도하였음에도 잘못을 인정해 반성할 생각은 하지 않고, 되레 신하가 임금에게 아뢴 극히 간절한 말들을 골라 끄집어내어 상의 분노를 돋우고자 하니, 이로 인해 대각이 비록 체면이 가볍게 되었기로서니 어찌 훈신이 마구 꾸짖도록 용인할 수 있겠습니까. 후세에 반드시 그 폐단이 신으로부터 비롯되었다고 할 텐데, 신이 어찌 구차하게 그것을 용납할 수 있겠습니까."

하였다.

훈귀들이 시장(柴場)[54]을 절수(折受)[55]하고 노비를 차지하면서 해당 지역의 백성들이 견디지를 못하자, 공이 아뢰기를,

"임금이 국가를 유지하는 것은 '팔병(八柄)'[56]이 자기에게 있기 때문입니다. 한번 그것을 잃어버리면 찬탈의 화를 누가 막겠습니까. 신은 훈귀들의 방자하고 제멋대로인 버릇이 끝내 노(魯)나라 경(卿)들이 만족을 모르던 지경[57]에 이르게 될까 염려됩니다."

54 시장(柴場) : 국가에서 각 관아에 땔나무를 하도록 지정한 장소를 말한다.

55 절수(折受) : 국가로부터 일종의 토지 소유권 증명서인 입안(立案)을 발급받거나 전조(田租)의 수조권(收租權)을 지급받는 행위를 말한다.

56 팔병(八柄) : 임금이 군신(群臣)을 다스리는 여덟 가지 권한으로, 작(爵), 녹(祿), 예(豫), 치(置), 생(生), 탈(奪), 폐(廢), 주(誅)이다. 《周禮 天官冢宰》

57 노(魯)나라……지경 : 춘추 시대 노나라의 삼경(三卿)인 맹손씨(孟孫氏), 숙손씨

하였다.

정묘년(1627) 1월에 청인들이 군사를 일으키고 쳐들어와 여러 고을을 연달아 함락하자, 상은 세자(소현세자(昭顯世子))에게 명하여 호남으로 나가 순행하면서 사방의 장정들을 불러 모으도록 하였다. 공은 난이 일어났다는 소식을 듣고 서둘러 행장을 꾸린 뒤 눈물을 흘리면서 군사를 모집하였는데, 그 결과 병사들이 다투어 모여들었다. 그 무렵 세자가 전주(全州)에 머무르고 있었기에 그곳으로 말을 달려가 배알하고 이어 말하기를,

"인재를 기르고 명령과 형벌을 분명하게 시행하며, 성과 해자를 수선하고 무기를 수리하는 것이 바로 '대비를 갖추는 것〔有備〕'입니다. 애당초 대비를 갖추지 못한다면, 난을 마주한 상황에서 어찌 일을 해결할 가망이 있겠습니까."

하였다. 이에 무군사(撫軍司)[58]에서 공을 조도사(調度使)로 제수할 것을 청하였다. 공은 그 명을 받들고 무군사의 제공에게 말하기를,

"제 생각에 이 적들은 천조(天朝)가 자신들의 뒤를 밟을까 두려워하고 있을 것이므로, 형세상 틀림없이 스스로 퇴각할 것입니다. 단

(叔孫氏), 계손씨(季孫氏)가 신하로서 임금을 무시하고 권력을 마음대로 휘둘렀던 일을 말한다. 《論語集註 季氏》

58 무군사(撫軍司) : 일반적으로 전시 등의 위급한 상황에서 왕세자가 임시로 거느리는 조정을 말하는데, 여기에서는 1627년 후금(後金)의 침략으로 인조와 소현세자가 조정을 나누는 분조(分朝) 정책이 시행되었을 때, 소현세자를 중심으로 전주에 설립되었던 임시 조정을 가리킨다. 세자가 왕을 따라 출정하는 것을 무군(撫軍)이라 하고 세자가 왕을 대신해 수도를 지키며 국사를 관리하는 것을 감국(監國)이라 부르는 전근대 동아시아 전통에 따른 명칭이다. 《春秋左氏傳 閔公2年》

지금 이후로는 우환이 한창 커지게 될 터이니, 바라건대 자강(自强)과 자립(自立)을 기본으로 삼아서 적들의 퇴각을 다행으로 여기지 않는다면 다행일 것입니다."

하였다. 그러고는 마침내 행군을 나서는 한편 열읍(列邑)에 격문을 돌렸는데, 사람들 모두가 그에 감동해 메아리가 울리듯 호응해 주어 한 달 만에 쌓인 곡식이 1만여 곡(斛)이나 되었으며, 이후 적이 평정된 뒤에는 그 곡식을 관아에 귀속하였다. 4월에 서울로 조회를 가자 상이 가상히 여기고는 특명으로 자급을 올려 주어 첨지중추부사 지제교에 제수하였다. 이에 공이 또 소장을 올리기를,

"전하의 근심은 이제부터 더욱 깊어질 것입니다. 원컨대 전하께서는 마치 적이 눈앞에 와 있는 양 엄숙한 자세를 유지하면서, 산천이 험준한지 평탄한지, 사졸이 용맹한지 나약한지, 어떤 장수가 해당 험지를 장악하는 데 능한지, 어떤 병사가 해당 지점을 방어하는 데 적당한지 등등의 문제를 두고 스스로의 마음으로 일일이 따져 보지 않는 부분이 없도록 하심으로써, 잠시 동안의 안정을 다행이라 여긴 나머지 적을 관망만 한 채로 시간을 보내는 일이 없도록 하십시오."

하였다. 공조 참의에 제수되었다.

무진년(1628)에 동부승지에 제수되었다가 전직되어 좌부승지에 이르렀다. 당시 포로로 붙잡혀 갔다가 도망쳐 돌아온 우리 백성들에 대해서 청인들이 으름장을 놓으며 쇄환을 요구해 왔다. 이에 조정에서는 그들의 청을 들어주려고 하였는데, 공은 그럴 수 없다고 하면서 말하기를,

"쫓겨 가는 자들의 가슴속 통한이 골수에 사무치게 될 뿐만 아니라, 아직 돌아오지 못한 자들도 장차 남쪽으로 돌아올 희망을 접고서

적을 섬길 마음을 더욱 굳게 다질 것입니다. 하물며 내 품속에 있는 갓난아기를 떼어 내서 범의 아가리에 던져 버리는 일을 차마 할 수 있겠습니까."

하니, 상이 가납해 주었다. 또 고변(告變)이 계속 이어지면서 옥사(獄事)의 처리 방식이 지나치게 엄혹해지자 그로 인하여 상소하기를,

"아직 성동(成童)도 되지 않은 어린아이와 이미 방축되었던 사람까지도 모두 낱낱이 조사해 내어 북녘 땅으로 쫓아 버린 결과, 구족(九族)들은 비통한 심정이 되어 그 원한으로 울부짖는 소리가 하늘에 닿을 정도가 되었으니, 만약 법률상 연좌되는 경우가 아니라면 절대 잘못된 전례를 만들어서는 안 됩니다. 무고(誣告)의 경우는 한(漢)나라 법에서 엄중히 취급하였던 사안이니, 진정 반좌율(反坐律)을 적용하지 않는다면 선량한 사람이 화를 입는 일이 끊이지 않을 것입니다."

하고, 가뭄으로 인하여 또 상소하기를,

"역도(逆徒)의 시신에 추형(追刑)을 가한 일[59]로 말하자면, 반성하고 두려워해야 할 시기[60]를 마주한 상황에서 덜컥 시신을 참하라는

59 역도(逆徒)의……일 : 1628년 1월 세마(洗馬) 허유(許逌), 유학(幼學) 허정(許珽)·이우명(李友明), 급제 유효립(柳孝立)·민대(閔濧), 훈련도감 중군 이계선(李繼先) 등이 인성군 이공을 추대하려는 역모를 하다 발각되어 민대와 이계선 등 20명이 형을 받다가 죽었는데, 그로부터 6개월이 지난 뒤 민대와 이계선이 역모의 주동자라고 하여 그 시체에 추형을 가한 것을 말한다. 《承政院日記 仁祖 6年 1月 3日, 7月 2日·7日》

60 반성하고……시기 : 가뭄이 지속되는 상황을 가리킨다. 전근대 동아시아에서는 천재지변이 인간 사회의 잘못을 향한 하늘의 경고라고 여겨, 하늘과 연결된 존재인 임금이 두려운 마음과 반성의 자세를 통하여 그것을 극복해야 한다고 생각했다. 《주역》〈진괘(震卦) 상(象)〉에 나오는 "천둥과 우레가 거듭되면, 군자는 이를 보고 두려워하고 반성한다."라는 말에서 그러한 인식을 확인할 수 있다.

참혹한 명령을 내리셨으니, 이는 신이 이해하지 못하는 바입니다. 박승종(朴承宗)의 경우, 그는 반정(反正) 초기에 자기 아들이 병사를 모으려던 것을 제지하였고 아들의 딸이 폐인(廢人)을 위해 죽은 것[61] 역시 가상하다 할 만합니다. 하물며 박승종은 이미 이이첨(李爾瞻)을 비롯한 여러 간신과 서로 등졌고 모후를 보호한 공도 있으니,[62] 비록 탐람(貪濫)한 죄가 있다 한들 어찌 그 죄를 덮어 버리기에 부족하겠습니까. 폐서인(廢庶人 이공(李珙))이 비록 죄를 지어 죽었다 하더라도 그 후사를 세워 제사를 지내 주도록 한다면 어찌 성인(聖人)이 끊어진 대를 잇도록 해 주었던 의리[63]에 부합하지 않겠습니까. 이인거(李仁居)[64]는 비록 만 조각으로 참해야 마땅하지만 필부

61 아들의……것 : 박승종의 손녀이자 박자흥(朴自興)의 딸인 폐빈(廢嬪) 박씨(朴氏)가, 남편 이지가 강화도에서 탈출하다 붙잡힌 지 3일 만에 스스로 목숨을 끊은 일을 말한다. 《仁祖實錄 1年 5月 22日》

62 박승종은……있으니 : 박승종은 이이첨, 유희분과 함께 당대의 권신으로 꼽혔는데, 판의금부사로 있던 1612년 인목대비(仁穆大妃)를 살해 위협으로부터 보호하였고, 1617년 폐모론(廢母論)이 제기되자 끝까지 반대 입장을 표명하는 등, 이이첨과는 다른 정치적 행보를 보였다는 의견도 많았다. 1623년 인조반정이 일어나자 아들과 같이 목매어 죽었다. 《仁祖實錄 1年 3月 14日, 2年 7月 8日》 번암 역시 이준의 주장을 이어 박승종에 대해 관대하게 처분할 것을 주장한 바 있다. 《正祖實錄 21年 9月 25日》

63 성인(聖人)이……의리 : 주나라 무왕(武王)이 상(商)나라를 멸망시킨 뒤에 상나라의 끊어진 대를 이어 제사를 지내게 해 준 것을 가리킨다. 《논어》 〈요왈(堯曰)〉에 "멸망한 나라를 일으켜 주고, 끊어진 세대를 계승해 주고, 숨겨진 사람을 등용하시니, 천하의 민심이 귀의하였다."라고 한 데서 유래한 말이다.

64 이인거(李仁居) : ?~1627. 본관은 영천(永川)으로, 인조반정 이후 세자익위사 익찬에 제수되었으나 출사하지 않고 강원도 횡성(橫城)에 머물며 살다가 1627년에 정사 공신(靖社功臣)이 나라를 그르친다는 명분으로 반란을 일으켰는데, 끝내 반란을

한 사람이면 너끈히 결박할 수 있었습니다. 그러므로 홍보(洪寶)의 공은 한 자급만 받아도 족한데, 어찌하여 작위(爵位)를 나눠 주고 모토(茅土)를 나눠 주어[65] 세상의 웃음거리가 되게 하십니까."

하였다. 이에 시의(時議)가 크게 놀라 서인(庶人)과 관련한 일은 응당 말할 바가 아니라고 하면서 탄핵을 일으켰으나 상은 들어주지 않았다.

경오년(1630)에 삼척 부사(三陟府使)에 제수되었다. 동계옹(桐溪翁)이 찾아와 작별할 때 손을 잡으며 말하기를 "자네는 어이하여 조금 더 머물러 나와 함께하지 않는가. 내가 자네와 함께하지 않는다면 누구와 함께하겠는가. 바라건대 자네는 그 말을 빨리 몰고 가지 말게나."라고 하였다. 그로부터 1년을 있다가 벼슬을 버리고 귀향하였고, 그 뒤에 예조 참의와 대사간에 제수되었으나 부임하지 않았다. 인목왕후(仁穆王后)가 홍서하자 공은 병을 조리하라는 상의 명을 받들고 서울로 가는 길에 우복옹(愚伏翁)을 찾았다. 그런데 그때 옹은 이미 병세가 깊어진 상태라 공의 손을 잡고 눈물을 흘리면서 "내 더는 청광(淸光)[66]을 가까이하지 못할 것이거니와, 국사는 아직은 해 볼 만한 여지가 있으니 공은 힘써 주게나."라고 하였다. 이 당시 상의 몸이 편찮았는데, 한

성공시키지 못하고 원주 목사(原州牧使) 홍보에게 잡혀 서울에서 처형되었다. 《仁祖實錄 5年 10月 1日, 5日, 19日, 22日》

65 작위(爵位)를……주어 : 공신(功臣)의 작위와 봉지(封地)를 하사하였다는 말로, 이인거의 난을 진압한 공으로 홍보를 소무 공신(昭武功臣)에 녹훈하고 풍녕군(豐寧君)에 봉한 것을 말한다. 모토란 띠[茅]에 싼 흙을 이르는 것으로, 고대 중국의 천자가 제후를 봉할 때 오행설(五行說)에 의하여 봉지가 있는 방위에 해당하는 색깔의 흙을 백모(白茅)로 싸서 준 것에서 유래한 말이다. 《文選注 卷41 答蘇武書》

66 청광(淸光) : 임금의 얼굴을 가리키는 말로, 인조를 말한다.

요망한 의관[67]이 침소로 들어와 근시(近侍)들을 물리치고는 마음대로 침을 불에 지져 옥체에 놓는 등, 눈을 부라리며 고함치는 꼴이 극히 흉악하였으나 아무도 그에 대해 감히 말을 꺼내지 못하였다. 이에 공이 진언하기를,

"조정의 예는 엄격함을 주로 삼으므로 필부와 요망한 자가 멋대로 솜씨를 놀리는 곳이 아닙니다. 그런데도 대신이 감히 아무 말도 못하고 대각이 아무런 쟁론도 못 하는 것은 단지 군부께서 이미 그것을 싫어한다는 점을 크게 생각하기 때문입니다. 그러나 이미 그가 요망하고 허탄하다는 것을 안 이상, 어찌 한갓 부시(婦寺)의 사랑[68]만 실천하면서 사리에 해가 있음을 염려하지 않을 수 있겠습니까."

하고, 또 상소하기를,

"마음이란 것은 동요하는 바가 있으면 외부의 삿된 것이 혹 그것을 틈타 들어오는 법입니다. 《대학》에 이르기를 '마음에 두려워하는 바가 있으면 그 바름을 얻을 수 없으며, 걱정하는 바가 있으면 그 바름을 얻을 수 없다.'라고 하였으니, 신은 삼가 지나친 걱정을 이기

67 한 요망한 의관 : 이형익(李馨益)을 말한다. 그는 충청도 대흥(大興) 지역에서 '번침(燔鍼)'이란 의술로 여러 차례 괴질을 고쳐 명성을 얻었는데, 1632년 11월 인조의 병이 오래 낫지 않자 궁중에서는 저주 때문이라고 의심하여 마침내 그를 불러 시술하게 하였다. 《仁祖實錄 10年 11月 2日, 17日》

68 부시(婦寺)의 사랑 : 여자와 내시의 맹목적인 순종과 사랑을 말하는데, 임금의 잘못을 깨우칠 생각은 않고 그저 충성만 하는 신하를 비유한 것이다. 《논어》〈헌문(憲問)〉에 "사랑한다면 그를 노력하도록 하지 않을 수 있겠는가. 충성한다면 그를 깨우쳐 주지 않을 수 있겠는가."라는 공자의 말이 나오는데, 이에 대해서 소식(蘇軾)이 "사랑하기만 하고 노력하도록 만들지 않는다면 그것은 새나 짐승의 사랑이요, 충성하기만 하고 깨우쳐 주지 않는다면 그것은 여자나 내시의 충성이다."라고 설명한 것에서 비롯되었다.

지 못하겠습니다."

하였다. 이로 인해 식견이 있는 자들은 "조정에 진정한 유신(儒臣)이 있다."라고 감탄하였다.

갑술년(1634)에는, 상이 일전에 대원군(大院君)을 추숭하여 묘호(廟號)를 원종(元宗)으로 하였는데[69] 이때에 이르러 원종을 태묘(太廟)에 모시는 일에 관한 논의가 이루어지게 되었다. 그러자 공은 예전(禮典)에 근거해 소장을 올려서는 그 잘못에 대해 남김없이 다 아뢰기를,

"전하께서는 지극한 정에 의해 판단이 가려져 있으니, 비록 예에 맞지 않은 일을 거행하신다 한들 대원군께서 그 어찌 예에 맞지 않은 제향을 편하게 생각하시겠습니까. 위로는 공(功)을 이룬 성조(聖祖)에 부묘(祔廟)를 하고 아래로는 온 나라의 공론을 거스른다면, 신이 어찌 재야에 있다는 이유로 아무 말도 하지 않음으로써 결국 성명(聖明)하신 전하로 하여금 후대의 기롱을 받도록 하겠습니까."

하기까지 하였다.

을해년(1635)에 홍문관 부제학에 제수되었다. 이보다 한 달 앞서, 폐조(廢朝)의 여얼(餘孼)[70]이 체포되어 그의 공초에 연루된 관원들의

69 상이……하였는데 : 인조가 자신의 생부이자 반정 이후 대원군으로 추봉되었던 이부(李琈)를 1632년에 추숭하여 존호를 원종 경덕인헌정목장효 대왕(元宗敬德仁憲靖穆章孝大王)이라고 한 것을 말한다. 《光海君日記 11年 12月 29日》

70 폐조(廢朝)의 여얼(餘孼) : 광해군 집권기 권신의 후예란 말로 삼례(三禮) 지역의 생원 이기안(李基安)을 가리키는데, 그가 광해군 집권 당시 폐모론에 적극 가담하여 인조반정 때 처형당한 이원엽(李元燁)의 처남이기 때문에 이렇게 부른 것이다. 이기안은 1635년 3월 22일 사근 찰방(沙斤察訪) 김경(金坰) 등과 함께 인조를 헐뜯고 역모를 하였다는 죄명으로 국문을 당한 끝에 처형되었는데, 죄를 자백하던 중 이준을 비롯하여 김세연(金世淵), 김세렴(金世濂), 정온, 최현 등도 역모에 관련이 있다고 주장함으로

수가 몹시 많았는데, 상이 특명을 내려 이준, 정온(鄭蘊),[71] 최현(崔晛)[72]에 대해서는 죄를 묻지 말라고 하였다. 그러한 일이 있은 뒤 새로운 관직에 임명되어 서둘러 길을 나섰다가 충주(忠州)에 당도할 무렵 병이 들었다. 이에 소장을 올리기를,

"신은 어쩌면 살아서 성은에 사례하지 못할 듯합니다. 수레를 재촉해 길을 떠나 아침저녁으로 쉬지 않고 내달렸는데, 중간도 채 다다르지 못하고 병이 들어 꼼짝없이 누워만 있는 꼴이 되어 버렸으니 천지와도 같은 은혜에 보답할 길이 다시는 없게 되었습니다. 죽어 구렁에 뒹굴 날이 장차 머지않은 듯하니, 북편으로 궁궐을 바라보매 눈물만 마구 흐릅니다. 신은 학식이 몹시도 부족한 몸으로서 이미 가지고 있는 능력을 시험해 보았으나 드러난 효과는 전무했습니다. 더구나 듣자 하니 비상(非常)한 대례(大禮)[73]를 거행하려는 가운데 전하의 결단이 이미 분명하여 되돌릴 수 없는 형세라 하니, 신의 부족한 학식으로 어찌 털끝만큼이나 성덕(聖德)에 보탬을 줄 수 있겠습니까."

하고는, 마침내 고향으로 되돌아갔다.

써 조정의 유력 인사들에까지 사안을 확대한 바 있다. 《仁祖實錄 13年 2月 24日》

71 정온(鄭蘊) : 1569~1641. 본관은 초계(草溪), 자는 휘원(輝遠), 호는 동계(桐溪)이다.

72 최현(崔晛) : 1563~1640. 본관은 전주(全州), 자는 계승(季昇), 호는 인재(訒齋)이다.

73 비상(非常)한 대례(大禮) : 1635년 인조가 자신의 생부이자 1632년 이미 원종(元宗)으로 추존한 자신의 생부 이부(李琈)를 다시 태묘에 부묘(祔廟)하려 했던 일을 말한다. 비상이라고 한 것은 이부의 입묘(入廟)가 상례(常禮)에 벗어나는 비정상적인 조치라는 뜻을 드러낸 것이다. 《蒼石先生年譜 卷1》

6월 17일에 지팡이를 끌고 밖으로 나가 화단을 따라 걸으면서 섬돌을 가지런히 놓으라고 명하였다. 날이 저물자 "기운이 평안하지 못하구나."라고 하고는 시중드는 이에게 물 뿌리고 쓸어 당실(堂室)을 깨끗하게 해 놓으라고 명한 뒤 그곳에서 눈을 감고 단정한 자세로 앉았다. 그렇게 있다 얼마 뒤 자리를 바르게 하도록 하고는 누웠다가 신시(申時)에 정침(正寢)에서 생애를 마쳤으니, 향년 76세였다. 부음이 이르자 나라 사람들 가운데 탄식하고 애통해하지 않는 이가 없었다. 이듬해 1월에 거주하던 오리(五里) 대현(大峴)에 장사 지냈다가 그 뒤 도장산(道莊山) 묘향(卯向)의 언덕으로 이장하였는데, 두 부인이 그곳에 합장되었다. 공은 일찍이 원종공신(原從功臣)에 들었는데 조정에서 추은(推恩)하여 이조 참판으로 추증하였다.

아아, 공이 하였던 학문은 공자와 맹자 및 정자(程子)와 주자(朱子)의 도이고, 하였던 말들은 임금을 요순(堯舜)처럼 만들고 백성을 요순 시대의 백성같이 되게 하는 방책인즉, 후대인들이 공의 글을 읽는다면 비로소 공이 어떤 분인지 알게 될 것이고, 공이 어떤 분인지 알게 된다면 비로소 공을 배울 수 있게 될 것이다. 그렇다면 공을 배우는 일은 어떻게 해야 할 것인가? 공은 언제나 말하기를,

> "이치를 궁구하는 것은 그 앎을 지극하게 만들려는 것이고, 자신에게 돌이키는 것은 그 내용을 실천하려는 것이다. 그러나 앎을 지극하게 만들기를 경(敬)으로 하지 않으면 혼란하고 번잡해져 얻는 것이 없게 되고, 내용을 실천하기를 경으로 하지 않는다면 나태하고 방자해져 위태로운 상태가 되니, 그 두 가지 일에 반드시 경으로 옆에서 붙들어 주어야 학문이 진전될 수 있을 것이다."[74]

하였다. 공이 집에 있으면서 자신을 수양하고 임금을 모심에 충심을

다하였던 것들을 한마디로 총괄해 보자면 경일 따름이다. 그런즉 경이라는 한 글자는 공을 배우기 위한 진전(眞詮)이자 묘결(妙訣)이 될 것이다. 하늘의 법칙을 극진히 다하였던 부모에 대한 효성과 형제를 향한 우애, 그리고 친족과 마을 사람이 두루 다 기쁜 마음으로 따랐던 일들에서는, 자연 큰 것을 미루어 작은 것을 알 수 있을 터이니, 어찌 그에 대해 상세하고 남김없이 찬록할 필요가 있겠는가.

공의 선취(先娶)는 선산(善山) 문수민(文秀民)의 따님으로 2남 1녀를 낳았다. 첫째는 대규(大圭)로 현감을 지냈고, 그다음은 원규(元圭)로 문과에 급제해 정랑을 지냈으며, 사위는 이협(李馦)이다. 후취(後娶)는 능성(綾城) 구충윤(具忠胤)의 따님이자 참판 구봉령(具鳳齡)의 손녀로 2남 2녀를 낳았다. 첫째는 문규(文圭)로 지행(志行)이 있었으나 요절하였고, 그다음은 광규(光圭)로 국자 생원이며, 두 사위는 조흥원(趙興遠)과 유천지(柳千之)이다. 측실에게서 아들 산규(山圭)를 두었고 딸은 이제전(李悌傳)에게 출가하였다.

대규의 아들은 재관(在寬)이고 사위는 이동야(李東野)와 이렴(李濂)이다. 원규의 아들은 재발(在發)이다. 이협은 1남을 두었는데 이유후(李裕後)이다. 문규의 아들은 재청(在淸)과 재명(在明)이다. 광규의 아들은 재아(在雅)이다. 산규의 아들은 재시(在始)이다. 증손과 현손 이하는 다 기록하지 않는다.

74 이치를……것이다 : 이준의 이 말은 앎과 실천, 그 양자의 포괄과 완성이 경(敬)에 달려 있음을 강조한 것으로, 송(宋)나라 학자 황간(黃榦)이 자신의 스승인 주희(朱熹)의 학문을 설명한 내용과 표현 및 함의가 거의 같다. 이는 이준 학문의 기본 방침이 주희의 성리학에 근거하고 있음을 드러낸 것이다.

공의 5대손인 현감 화국(華國)이 일찍이 공의 행적이 담긴 글을 가지고 나에게 행장을 지어 달라는 부탁을 했는데, 그때 나는 그것이 주제넘은 일인 줄 생각하지 못하고 부탁을 받아들여 찬술했다.[75] 그로부터 16년이 지난 지금, 현감군(縣監君)은 천고(千古)의 사람이 되어 버려 군의 손자인 석배(錫培)와 재종손인 학배(學培)가 또 비명(碑銘)을 부탁해 왔는데, 그 요청이 1년이 흐르는 동안에도 여전히 간절하였다. 나는 공에 대하여 마부가 되어서라도 한번 모셨으면 하는 소망을 늘 가지고 있었으므로 감히 여든의 나이라 정신이 어둡고 쇠약하다고 사양할 수는 없는 까닭에, 삼가 이전에 지은 행장을 통해 그 대략을 간추리고 이어 명(銘)을 짓는다. 명은 다음과 같다.

삼대의 시절 아득히 멀기에	三代邈矣
세상엔 치세와 난세가 공존해 있네	世有治忽
혼군 명군 차이가 생겨나도[76]	昏明雖殊
우리의 도는 변함없이 하나이니	吾道則一
나아가면 천하를 두루 구제하려 하고	進欲兼濟
물러나면 방 한 칸에 거처하는 것이네	退則一室
훌륭하도다 창석이여	韙哉蒼石
나는 그분께 흠잡을 것 없노라[77]	吾無間然

75 그때……찬술했다 : 이때 번암이 지은 이준의 행장은 《번암집》 권39에 〈증가선대부……창석선생이공행장(贈嘉善大夫……蒼石先生李公行狀)〉으로 실려 있다. 1785년(정조8)에 지었다.

76 혼군……생겨나도 : 여기서는 각각 광해군과 인조를 가리킨다.

77 흠잡을 것 없노라 : 바로 앞에서 말한 "나아가면 천하를 구제하려 하고 물러나면

스승과 벗 들에게 나아가　　就之師友
천인[78]의 이치까지 강론했는데　　講及天人
입 밖에 나오는 말마다　　其言出口
요순 군민[79]의 계책이었네　　堯君舜民
우아한 봉황 땅 위로 내려앉자[80]　　儀鳳下之
덕의 광채가 나라에 충만했는데　　德輝滿國
훈귀가 크게 고함치기에　　勳貴殷咆
스스로 산림에 묻힐 결심 하여　　我有林壑
서책 안고 돌아가 은거하니　　抱書歸臥
삼대의 시절 요원해져 버렸네　　三代之邈
공이 없다고 말하지 마라　　莫曰公亡

방 한 칸에 거처하는" 도리에 대해 흠잡을 것이 없다는 말이다.

78 천인(天人) : 천리(天理)와 인사(人事), 즉 성리학에서 다루는 우주와 인간의 총체적 문제를 말한다.

79 요순 군민 : 자기 당대의 임금을 요순 같은 성군(聖君)으로 만들고 자기 당대의 백성을 요순 시대의 백성같이 만든다는 뜻이다. 은(殷)나라 탕왕(湯王)의 거듭된 출사 요청에 이윤(伊尹)이 "내가 초야에 묻혀 이대로 요순의 도를 즐기는 것보다 내 차라리 이 임금을 요순 같은 임금으로 만드는 편이 낫지 않겠으며, 내 차라리 이 백성을 요순의 백성으로 만드는 편이 낫지 않겠으며, 내 자신이 직접 그러한 치세(治世)를 보는 편이 낫지 않겠는가.〔與我處畎畝之中, 由是以樂堯舜之道, 吾豈若使是君爲堯舜之君哉? 吾豈若使是民爲堯舜之民哉? 吾豈若於吾身親見之哉?〕"라고 한 데서 비롯한 표현이다. 《孟子 萬章上》

80 우아한……내려앉자 : 이준이 조정에 출사한 것을 말한 것으로 우아한 봉황은 이준을, 땅 위는 정치 일선을 가리킨다. 《서경》 〈익직(益稷)〉에 "소소를 아홉 번 연주하자, 봉황이 와서 우아한 자태로 춤을 추었다.〔簫韶九成, 鳳凰來儀.〕"라고 한 데서 유래한 표현이다.

글은 천지간에 남아 있으니 書在天壤
명으로써 후학들에게 보이노니 銘視後學
백세토록 산처럼 우러르리 百世山仰

증 대광보국숭록대부 의정부영의정 겸 영경연홍문관예문관춘추관관상감사 행 숭정대부 행 이조판서 겸 판의금부사 지경연사 홍문관제학 동지춘추관사 귀암 이공 신도비명

贈大匡輔國崇祿大夫議政府領議政兼領經筵弘文館藝文館春秋館觀象監事行崇政大夫行吏曹判書兼判義禁府事知經筵事弘文館提學同知春秋館事歸巖李公神道碑銘

나는 고(故) 총재(冢宰) 귀암(歸巖) 이공(李公)의 행장을 읽고는 누차 한숨 쉬고 오래도록 탄식하면서, 편당(偏黨)은 국가에 재앙을 미치고야 만다는 사실을 더욱 알게 되었다. 숙종은 명철한 군주였으며 공은 충성스러운 신하였다. 충성스러운 신하로서 명철한 군주를 만났으므로 의당 백성에게는 이익과 은택이 베풀어지고 그 자신에게는 예우가 종신토록 이어졌어야 했는데, 어찌하여 척신(戚臣)이 몰래 권력을 훔치고는 재앙의 그물을 한가득 펼쳐 해를 가하여, 곤륜산의 맹렬한 화염이 우리 고운 옥마저 불태워 버리고 말았는가.[81] 이렇게 만든 것은 하늘인가, 귀신인가? 아아, 이는 당화(黨禍)인 것이다. 그러나 하늘이란 끝내 속일 수 없고 이치도 끝내 기만할 수는 없는 법인지라, 12년도 되지 않아 성상께서 크게 뉘우치고 각성하여 측은해하는 전교를 조정에서 거듭 내리면서 그 죄안(罪案)을 탕척하고 상상(上相 영의정)으로

81 곤륜산의……말았는가 : 거대한 환란으로 인해 선량하고 무고한 사람까지 피해를 입었다는 말로, 이원정(李元禎)이 선인임에도 악인들과 똑같이 취급받아 무차별적인 처벌을 당했음을 가리킨다. 《서경》 〈윤정(胤征)〉에 "곤륜산에 불이 나면 옥이나 돌이나 모두 타 버린다."라고 한 데서 유래한 표현이다.

추증해 주셨다. 이로써 하늘이 또한 사람을 이기게 되어[82] 군자는 힘써야 할 것이 무엇인지 알게 되고 소인은 두려워할 것이 무엇인지 알게 되었으니, 비록 당인(黨人)일지라도 하늘에 대해서야 어찌 도리가 있겠는가.

공의 휘는 원정(元禎), 자는 사징(士徵)이며 귀암은 그의 호이다. 그 선대는 광릉(廣陵) 사람으로, 고려 말기에 전교시 판사(典校寺判事)를 지내고 호가 둔촌(遁村)이며 문학과 기개와 절조로 저명한 분은 집(集)이고, 국조(國朝)에 들어와 형조 참의를 지내고 수상(首相)으로 추증된 분은 지직(之直)이다. 그로부터 3대를 내려와 영남 성산(星山)으로 장가들어 그곳에 거처를 정한 분은 지(摯)인데, 이로써 자손들이 마침내 영남 사람이 되었다. 또 그 후 2대를 내려와 희복(熙復)이란 분은 좌승지에 증직되었고, 윤우(潤雨)란 분은 호가 석담(石潭)으로 화현직(華顯職)을 두루 거치고서 참의로 벼슬을 마쳤으며 이조 참판에 증직되었는데, 이 두 분은 공의 증조부와 조부가 된다. 석담은 정한강(鄭寒岡) 선생[83]을 스승으로 모셨으며 졸한 뒤에는 한강을 모신 서원

82 하늘이……되어 : 우선은 사람이 하늘의 이치를 전도시켜 악인이 복을 받고 선인이 화를 당하게 만들 수 있으나 시간이 지나면 복선화음(福善禍淫)이란 천도(天道)가 회복되어서 결국 하늘의 이치가 사람을 이긴다는 말로, 이원정이 신원(伸冤)되어 끝내 복선화음의 천도가 관철되었음을 가리킨 것이다. 《사기(史記)》 〈오자서열전(伍子胥列傳)〉에 "사람이 많으면 하늘을 이기고, 하늘이 정해지면 역시 사람을 이기는 법이다.〔人衆者勝天, 天定亦能破人.〕"라고 하였는데, 이를 송(宋)나라 학자 소식(蘇軾)이 원용하여 "사람이 많으면 하늘을 이기고, 하늘이 정해지면 또한 사람을 이긴다.〔人衆者勝天, 天定亦勝人.〕"라고 하였다. 《東坡全集 卷25 用前韻再和孫志擧》

83 정한강(鄭寒岡) 선생 : 정구(鄭逑, 1543~1620)로, 본관은 청주(淸州), 자는 도가(道可), 호는 한강이다. 이황(李滉)과 조식의 문인으로 경학과 예학에 뛰어났으며 영남

(書院)에 배향되었다. 그의 아들은 도장(道長)으로, 호는 낙촌(洛村)이며 한원(翰苑)과 천조랑(天曹郎)을 역임하고 홍문관 응교로 벼슬을 마쳤으며 좌찬성(左贊成)에 증직되었는데, 군자감 주부를 지내고 이조판서에 추증된 당숙부 영우(榮雨)의 후사가 되었다. 이분의 배위(配位)는 정경부인(貞敬夫人)으로 추증된 안동 김씨(安東金氏)로 판중추부사 하담(荷潭) 김공 시양(金公時讓)의 따님이다. 이상 두 분은 공의 선고(先考)와 선비(先妣)가 된다.

공은 총명하고 영특하기가 보통 사람을 뛰어넘어 어릴 적에는 하루에 수만 글자를 외웠고 장성해서는 글을 볼 적에 여덟 줄을 한꺼번에 읽어 내려갔다. 이에 화려한 명성이 널리 퍼지게 되었다.

인조 무자년(1648, 인조26)에 성균관 생원시에 입격하였다.

효종 신묘년(1651, 효종2)에 한성시(漢城試)의 대책(對策)에서 장원을 차지하였다.

임진년(1652)에 증광시 문과(增廣試文科)에 급제하고 전시(殿試)에서 2등을 차지하여 규례에 따라 상의원 직장에 부직(付職)되었다.

정유년(1657)[84]에 세자시강원 설서에 제수되었다가 천거로 사국(史局)에 들어가 한림(翰林)이 되었는데, 석담과 낙촌으로부터 공에 이르기까지, 조자손(祖子孫) 3대를 이어 한원에서 사관(史官)을 맡은 것은 세상에 드문 일이었다.

남인의 영수로 활약하였다.

84 정유년 : 《귀암집(歸巖集)》 권12 〈가장(家狀)〉과 〈시장(諡狀)〉 및 《승정원일기》 효종 7년 2월 18일, 8월 4일, 9월 7일 등의 기록을 참고해 볼 때, 이는 병신년(1656)의 착오라 생각된다.

이듬해 봉교를 거쳐 전적에 오른 후 병조의 좌랑과 정랑, 사간원 정언, 사헌부 지평, 세자시강원 문학으로 전임되었다. 그러고 얼마 뒤 전주 판관(全州判官)에 제수되었다가 1년 만에 자리를 옮겨 장성 부사(長城府使)로 승진하였다. 이는 치적이 가장 뛰어나므로 마땅히 승진시켜야 한다고 한, 전장(銓長)을 맡은 자의 표면적 주장에 따른 조치였지만, 그 이면의 의도는 실상 천조(天曹)의 명선(名選)을 저지하려는 것이었다.[85]

기해년(1659, 현종 즉위년)에 사은사(謝恩使)의 서장관(書狀官)으로 임명되어 청나라에 갔다. 이때는 현종이 막 즉위한 시기로, 공은 주연(冑筵)의 강관(講官)[86]으로 있을 당시부터 현종으로부터 가장 깊은 지우를 입었는바, 이 사행을 맡은 것은 상의 간택에 따른 결과였던 것이다.

이듬해 여름 복명(復命)한 뒤 장령에 제수되었다가, 말미를 청하고 고향으로 돌아가 부모님을 뵈었다. 겨울에 강릉 부사(江陵府使)에 제수되었는데, 당시 강릉부의 관아는 귀신에 의한 괴변이 일어난다고 하여 수리도 하지 않고 방치한 지가 벌써 몇 년인 상태였다. 이에 공은 그곳에 도착하자마자 곧장 물 뿌리고 쓸게 한 뒤 안에 들어가 자리를

85 이는……것이었다 : 《귀암집》 권12 〈가장〉에 따르면 전장을 맡은 자는 송시열(宋時烈)을 가리키고 천조의 명선은 전랑(銓郎)을 말한다. 이 글에서는 1658년 겨울 당시 전병(銓柄)을 쥐고 있던 송시열이 이원정의 전랑 임명을 막기 위해 승진이란 명분을 내세워 이원정을 장성 부사로 이직시켰다는 좀 더 구체적인 기록이 실려 있다.

86 주연(冑筵)의 강관(講官) : 왕세자에게 학문을 강론하는 자리를 말한다. 이원정은 1656년 2월부터 세자시강원 설서로 임명되어 당시 왕세자였던 효종과 함께 경전(經典)과 사서(史書)를 강론하였다. 《承政院日記 孝宗 7年 2月 18日》

잡고 머물렀는데, 아전과 향임(鄕任)이 모두 만류하였지만 마치 아무 소리도 안 들리는 것처럼 태연한 모습을 보였다. 그러다 얼마 뒤 뜰에 서 있던 오래된 나무의 곁가지 모양이 심히 괴상하다는 것을 발견하고는 서둘러 명을 내려 그물로 둘러친 뒤에 나무뿌리에 숯을 피우게 하자, 푸른 여우 두 마리가 뛰쳐나와 불에 타 죽어 버리니 이로 인해 관아는 마침내 평온을 되찾았다.

신축년(1661)에 묘당의 천거로 동래 부사(東萊府使)가 되었다. 공은 앞서 장성(長城)에 있을 때 굶주린 백성을 지성을 다해 진휼하였고, 그 결과 백성들은 그에 힘입어 목숨을 부지했었다. 그러다 이때에 이르러 동래의 백성들 역시 여러 해 동안 굶주림에 시달리자 장성에서 했듯이 방편을 써서 널리 구제하면서 특히 지역의 경계에 따라 백성의 제한을 두지 않았는데, 이로 인해 인접한 지역의 백성들 중 다수가 그 혜택을 입었다. 어사(御史) 남공 구만(南公九萬)이 이 일을 조정에 아뢰자, 상이 몹시 가상히 여기며 감탄하고는 말을 내려 줌으로써 총애하였다. 겨울에 왜인(倭人)이 왜관 이전에 관한 문제를 제기하는 바람에 탈직(奪職)을 당하였으나 사실은 공이 간여하지 않은 일이었다.

계묘년(1663)에 의주 부윤(義州府尹)으로 서용(敍用)되었으나 부임하지 않았다.

갑진년(1664)에 판결사(判決事)에 제수되고 승지로 이배되었다. 얼마 안 있다가 외직으로 나가 전주 부윤에 보임되었는데, 관찰사와 체례(體例)를 가지고 다투면서 굽히지 않고 맞섰다.[87] 이에 관찰사가 그

87 관찰사와……맞섰다 : 1665년 봄에 이원정과 전라도 관찰사 민유중(閔維重)이 삼중석(三重席)을 사용하는 문제로 대립한 것을 말한다. 이원정은 전주 부윤에 임명

일을 조정에 아뢰어 파면에 이르게 하였으나 공은 개의치 않았다. 2년이 지난 뒤에 서용되어 승지에 제수되었는데, 당시 청나라의 사사(查使)가 도착하자[88] 조정의 신하들은 장차 화가 일어날까 두려워하였다. 그러다 상이 사신을 접대할 때 공이 은밀히 사령(辭令)을 도와 모든 것이 사리에 들어맞도록 함으로써 그들의 횡포를 가라앉게 만들었는데, 이로 인해 일이 순조롭게 처리되어 좌우의 사람들이 칭찬하고 감탄하였고 상도 한층 더 의지하고 신임하였다. 호서 관찰사에 제수되었으나 사양하고 부임하지 않았다.

정미년(1667)에 승지로서 왕세자의 책봉례(冊封禮) 때 예방(禮房)을 맡았던 공로를 인정받아 가선대부(嘉善大夫)로 자급이 올랐다. 광주 부윤(廣州府尹)에 제수되었는데 얼마 있다가 모종의 일[89]로 인하여

된 이듬해 당시 신임 관찰사이던 민유중을 만나면서 삼중석을 사용하였는데, 이에 대해 민유중은 규례에 어긋나는 일이라고 하면서 바꿀 것을 요구하였으나 이원정은 전례임을 이유로 들어 끝내 그 요구를 거부하였다. 이 일로 이원정은 추고를 당하게 되는데, 그때 그는 〈전주부윤시추고함사(全州府尹時推考緘辭)〉란 글을 써서 해당 사건에 대한 자신의 입장을 해명하기도 하였다. 《歸巖集 卷4 全州府尹時推考緘辭, 卷12 家狀》

88 청나라의 사사(查使)가 도착하자 : 1664년 8월, 병자호란 때 청나라에 포로로 잡혀갔던 안추원(安秋元)이란 자가 탈출을 감행하여 조정에서 그를 본토로 받아 준 일이 있었고, 1666년에는 최선일(崔善一)이란 자가 청나라에서 수출을 금지한 유황을 몰래 매입하다 발각된 일이 있었는데, 이 두 사건에 대한 진상 조사 차원에서 1666년 7월 이일선(李一善)을 대표로 하는 청나라 사신이 조선에 온 것을 말한다. 《顯宗實錄 5年 8月 12日, 7年 1月 15日·5月 28日》

89 모종의 일 : 1667년 10월 김선립(金先立)이라는 도적이 강상죄(綱常罪)를 범해 참수된 일을 말한다. 김선립이 태어난 고을이 광주(廣州)였기 때문에 당시 광주 부윤으로 있던 이원정이 그에 연좌되어 파직을 당한 것이다. 《顯宗改修實錄 8年 10月 8日》

파직되었다. 이 이후로 우윤, 총관(摠管), 공조 참판에 연이어 제수되었다.

경술년(1670)에 도위(都尉) 정재륜(鄭載崙)[90]이 상사(上使)의 신분으로 청나라에 가려 할 때, 상국(相國) 정태화(鄭太和)[91]가 조정에 있으면서 전부(銓部)에 "내 아들이 나이가 어려 아직 사리에 밝지 못하니, 부사(副使)를 뽑을 때 매우 엄격한 기준을 적용하지 않는다면 나랏일을 그르칠까 염려됩니다."라고 하였다. 그런데 전부에서 그에 맞는 인물을 대는 데 어려움을 겪자 상국이 "이모(李某)가 아니면 안 됩니다."라고 하므로 이로 말미암아 공이 부사가 되었다.

일을 마치고 돌아와서는 별시(別試) 전시(殿試)의 고관(考官)으로 차임되었다. 당시 공의 아들 부학공(副學公)[92]이 제생(諸生)의 신분으로 과거에 응시하여 대책문(對策文)을 지었는데, 공은 입을 꾹 다문 채 평가에 참여하지 않고 시험을 주관한 대신(大臣)이 이따금 질문하면 마지못해 응대해 주기만 하였다. 그런데 급제자의 명단을 호명할 때가 되자 부학공이 2등을 차지하였다. 공은 벼슬하지 않았을 때부터 영남 지역 사림들에게 신망을 받았던바, 유직(柳稷)이 소장을 통해

90 정재륜(鄭載崙) : 1648~1723. 당시 영의정이던 정태화의 아들로, 효종의 넷째 딸인 숙정공주(淑靜公主)의 남편이다. 동평위(東平尉)에 봉해졌다. 《孝宗實錄 7年 8月 29日》《顯宗實錄 11年 6月 7日》

91 정태화(鄭太和) : 1602~1673. 본관은 동래, 자는 유춘(囿春), 호는 양파(陽坡)이다. 이원정은 그의 만시와 제문을 짓기도 하였다. 《歸巖集 卷1 挽鄭領相, 卷7 祭鄭領相文》

92 부학공(副學公) : 이담명(李聃命, 1646~1701)으로, 이때 그가 홍문관 부제학을 지냈기 때문에 이렇게 칭한 것이다. 자는 이로(耳老), 호는 정재(靜齋)이다. 《定齋集 卷27 嘉義大夫吏曹參判李公墓碣銘》

두 신하의 배향(配享)을 논척할 당시[93] 공이 실상 그 일에 참여한 적이 있었다.[94] 그 일로 당시 논자들 가운데 공을 시기하고 질투한 자들이 많았으나 공에 대한 임금의 지우가 깊은 까닭에 공에 대해 어떻게 할 방법이 없었다. 그런 일이 있은 후 이때가 되자 대간(臺諫)들이 들고일어나 삭과(削科)를 청하였고 이어 공까지 언급하였다. 그러자 명관(命官)과 고관(考官) 들이 소장을 통해 실상을 드러내어 그것이 모함임을 밝혔고, 이에 상이 대관(臺官)을 엄히 꾸짖으면서 "입론에 근거가 없다."라고 유시하였는데, 그로부터 거의 반년이 지나서야 대관의 저지가 멈추었다. 이후 양주 목사(楊州牧使)에 제수되었다.

계축년(1673)에 우윤으로 소환되었다. 얼마 안 있어 특별히 도승지에 제수되었는데, 대관이 관력(官歷)이 일천하다는 이유로 체개(遞改)할 것을 청하자 상이 노하여 이르기를,

"현재는 당론(黨論)이 우선이 되고 공도(公道)가 그다음이 되고 있는 실정이다. 만약 당론을 따른다고 한다면 이원정은 뜻에 차지 않은 지 오래되었으나, 공도로 논해 본다면 이러한 말은 몹시 바르지 않다."

하였다. 이러는 가운데 공은 재차 상소를 올려 체직되었다. 이로부터 형조 참판, 도승지, 예조 참판에 누차 제수되었다.

갑인년(1674)에 현종이 승하하자 산릉도감 제조(山陵都監提調)에

93 유직(柳櫻)이……당시 : 1649년(인조27) 태학생 홍위(洪葳) 등이 상소하여 이이(李珥)와 성혼(成渾)을 문묘에 배향할 것을 청하자 이듬해 2월 경상도 유생 유직 등 900여 명이 두 사람의 문묘 배향을 반대하는 소장을 올린 때를 말한다. 《孝宗實錄 1年 2月 22日》

94 공이……있었다 : 이원정이 이때 올린 소장은 《귀암집》 권3에 〈영남유소(嶺南儒疏)〉로 실려 있다.

차임되었다. 이에 앞서 왕대비의 환후에 약 처방을 논의하였던 공로로 가의대부(嘉義大夫)로 자급이 올랐다.

을묘년(1675, 숙종1)에 대부인(大夫人)의 상을 당하여 관을 모시고 영남으로 돌아가자 상이 삼도(三道)에 유시하여 호송(護送)해 주도록 하였는데, 이는 특별한 은혜였다. 복제(服制)를 마치고 형조 참판에 제수되었다가 곧 대사간으로 이배되어 조정에 복귀하였다. 공은 고향집에 머물러 있을 당시, 조정에서 만과(萬科)를 설치한 뒤 그 시행 과정에서 인심에 맞지 않은 부분이 많다고 하는 말을 듣고는 범 문정(范文正)의 고사를 원용하여 재상에게 편지를 보냈는데,[95] 그 대략에,

"지난날 저들[96]이 권력을 행사하던 때, 아첨을 일삼는 무리들이 돌연 높은 자리로 발탁되어 조정의 명기(名器)[97]를 자기의 사유물로 간주하였습니다. 이왕 이것을 저들의 죄라고 하였다면[98] 이제 응당 한결

95 범……보냈는데 : 1675년 당시 영의정으로 있던 허적(許積)에게 북송(北宋)의 명신(名臣)인 범중엄(范仲淹)의 고사를 인용하면서 편지를 보낸 것이다. 문정(文正)은 범중엄의 시호이다. 이 편지는 《귀암집》 권5에 〈여허영상(與許領相)〉으로 실려 있다.

96 저들 : 남인인 이준과 반대 세력에 있던 서인의 두 영수인 송시열(宋時烈)과 송준길(宋浚吉)을 가리킨다. 《歸巖集 卷5 與許領相》

97 명기(名器) : 작위(爵位)와 거복(車服)으로, 곧 벼슬을 가리킨다. 《춘추좌씨전》 성공(成公) 2년에 "오직 기(器)와 명(名)은 사람에게 빌려주어서는 안 되니, 이는 군주가 관장하기 때문이다."라고 하였는데, 두예(杜預)의 주(注)에 "기는 거복이고, 명은 작호이다."라고 하였다.

98 이왕……하였다면 : 1674년 현종이 인선왕후(仁宣王后)의 상에 자의대비(慈懿大妃)가 입을 복을 서인의 주장대로 대공복(大功服)으로 정하였다가 남인들이 그 부당성을 지적하자 이를 전면 재검토할 것을 지시하였는데, 현종이 도중에 사망하자 숙종이 즉위하여 현종의 유지대로 서인들에게 복제를 그르친 죄를 물어 송시열은 유배형에 처하고 이미 사망한 송준길은 관직을 삭탈한 것을 말한다. 《歸巖集 卷5 與許領相》

같이 저들이 한 것과는 반대로 해야 하거늘 반대로 하지 않을 뿐 아니라 도리어 그것을 따라해 버리니, 이렇다면 고인이 어찌하여 '자기에게 허물이 없고서야 남의 허물을 비난한다.'[99]라고 하였겠습니까. 마치 전관(銓官)에게 청탁을 거는 사람처럼 제각기 어린 주상 앞에서 가까운 사람을 추천하는 일의 경우는 더욱 한심스럽습니다. 만과를 설치한 것은 광해 말기의 정사이니,[100] 혼조(昏朝) 말기의 정사를 끌어와 성세(聖世) 초기의 정사로 삼는 것은 무슨 이유입니까?"

하였다. 그러나 그 당시 상신은 이 말을 채택해 쓰지 못하였는데, 이때에 와서 공은 1000여 자에 이르는 응지소(應旨疏)[101]를 올려 먼저,

"의리를 밝히고 공사(公私)를 분별하고 어진 선비를 가까이하고 교묘한 말로 아첨하는 이를 멀리함으로써 임금의 마음을 바로잡고, 조급히 권세를 다투는 버릇을 억제하고 구습을 따라 시간만 보내는 풍조를 경계하고 요행히 벼슬하는 길을 막고 명기를 중히 여김으로써 조정을 바로잡으며, 생민(生民)들이 도탄에 빠져 원성이 날로 더하는 상황에서 구원과 구제를 행함으로써 나라의 근본을 굳건하게 해야 합니다."

하고, 이어 마땅히 혁파해야 할 것을 5조목으로 서술하였는데 체부청

99 자기에게……비난한다 : 《대학장구》 전 9장에 "군자는 자기에게 선한 점이 있고서야 다른 사람에게 그것을 요구하고, 자기에게 허물이 없고서야 다른 사람의 허물을 비난한다."라고 하였다.

100 만과를……정사이니 : 1620년(광해군12) 서북 지방의 방비를 강화할 목적으로 3000명이 넘는 무인을 선발한 것을 말한다. 《光海君日記 12年 7月 19日》

101 1000여……응지소(應旨疏) : 이 소장은 1677년(숙종3) 5월 19일에 제출되었으며, 《귀암집》 권3에 〈대사간응지소(大司諫應旨疏)〉로 실려 있다.

(體府廳)을 혁파하는 것이 그중 하나이고, 마땅히 설립해야 할 것을 5조목으로 서술하였는데 영남에 대동법(大同法)을 설립하는 것이 그중 하나였다. 소장이 상주(上奏)되자 상이 후한 비답을 내리고 가상히 여겨 장려해 주었다.

당시 숙종이 선왕의 유지를 받들고 방례(邦禮)를 개정하여 종통(宗統)이 바로잡히자[102] 미수(眉叟) 허 선생(許先生 허목(許穆))이 앞장서서 건의하여 태묘(太廟)에 고하기를 청하고, 태학과 팔도의 유생들도 그 뒤를 이었다. 그러던 중 공은 자신의 비난에 대해 변론하는 상소를 올렸는데,[103] 그 대략에,

"종통이 바로잡힌 사실을 고하지 않을 수 없으며 인심의 미혹된 점을 깨우치지 않을 수 없다고 하는 것은 갑(甲)의 주장이며, 논의가 비록 바르다 해도 대립이 격화되는 것을 염려하지 않을 수 없으며 절목이 비록 갖추어졌어도 어그러짐이 격심해지는 것을 걱정하지 않을 수 없다고 하는 것은 을(乙)의 주장으로, 이 두 주장은 똑같이 저마다 견지하는 부분이 있습니다. 단 생각건대 이 논의를 때가 지났다는 이유로 제기하지 않는다면 물론 좋기야 하겠지만, 이미 제기된 뒤에

102 숙종이……바로잡히자 : 153쪽 주98 참조.

103 그러던……올렸는데 : 1677년 5월 25일에 이원정이, 선조 집권기에 을사년(1545, 명종 즉위년)의 위훈을 삭제하고 그 일을 태묘에 고하였을 때 윤원형(尹元衡)에게는 죄를 더 주지 않았던 일을 근거로 들면서, 복제(服制)를 개정한 사실을 태묘에 고한 일을 가지고 송시열을 토죄(討罪)하는 것은 부당하다고 주장하였는데, 이에 대해 정지화(鄭知和), 이지익(李之翼) 등이 상소하여 태묘에 고하는 문제에 윤원형의 일을 예로 든 것은 잘못이라고 이원정을 비판하자, 마침내 이원정이 사직 상소를 올려 자신을 변호한 것을 말한다. 《肅宗實錄 3年 5月 25日, 6月 19日》 이 상소는 《귀암집》 권3에 〈도승지변방소(都承旨辨謗疏)〉로 실려 있다.

꺾고 배척하기를 마치 횡의(橫議)를 차단하는 것처럼 한다면 의리로 헤아려 볼 때 실로 부당한 점이 있습니다.

천지의 상도(常道)가 남김없이 깨지고 사라졌으니 온 나라의 생령들이 누군들 이를 비통해하지 않겠습니까마는, 혹 그것이 잘못이라고 말하는 자가 있으면 금고(禁錮)하고 찬축(竄逐)하고 심지어는 죽이기를 청하여 사람의 입을 틀어막기까지 하며, 그러고도 부족하여 재차 예로써 금지하여 이를 팔도에 두루 알리고 형구(刑具)를 벌여 놓고서 언관(言官)을 대하고 있습니다. 이는 선왕께서 속임을 당한 것을 통분하게 여기신 이유이자 전하께서 절치부심하는 전교를 내리신 까닭입니다만, 살리기 좋아하는 덕[104]을 우러러 본받고 죽이지 않는 인(仁)을 받들어 따르면서, 정통(正統)을 마땅히 고해야 한다고만 하고 죄를 더하지 말아야 한다고 청한다면 이는 실로 균형 있고 공정한 의론일 것입니다."

하였다. 공은 도량이 넓고 커서 비록 국인(國人)의 비방하는 말이 떼지어 일어나는 상황에도 그 입론이 이처럼 굳세면서 자애롭고 엄격하면서 관대하였으나 만과와 체부를 설치하는 일에는 날카롭게 정색하고 반대하면서 조금의 용납도 허용하지 않았다.

병조 참판과 주사 유사(籌司有司)에 제수되고 또 진청 당상(賑廳堂上)을 겸관하였다. 그로부터 얼마 후 대사간에 제수되었는데, 사간원

104 살리기 좋아하는 덕 : 사형에 처할 죄인을 특별히 살려 주는 제왕의 덕으로, 《서경》 〈대우모(大禹謨)〉에 "죄가 의심스러운 경우는 벌을 가볍게 하고 공이 의심스러운 경우는 상을 후하게 주셨으며, 죄 없는 자를 죽이느니 차라리 떳떳한 법대로 하지 않는 실수를 하시겠다고 하여 살리기를 좋아하는 덕이 민심에 흡족합니다."라는 말에서 유래하였다.

의 한 동료가 사헌부와 함께 고묘(告廟)를 청하는 계사를 올리려고 하자 공은 "일이란 소상히 따져 보는 것이 중요하니 일단 기다려 봅시다."라고 하였다. 그런데 사람들이 혹 이에 대해 망설이고 주저하는 것이라고 하므로 공이 인피(引避)하였는데 체차되지 못하여 마침내 발계(發啓)하였다. 그 뒤 윤헌경(尹憲卿)이란 자가 소장을 통해 공을 몹시도 끔찍하게 무함하자[105] 공이 상소하여 변론하기를,

"고묘를 논하는 자들의 말에 '때가 지났다고 하는 혐의는 작고 마땅히 고해야 한다는 의리는 크니, 작은 혐의를 가지고 큰 의리를 폐할 수는 없다.'라고 하는데, 신은 이에 대해 '이 논의가 일어나지 않았다면 그만이거니와, 일어난 이상 또한 막기 어려운 일이다.'라고 하였고, 예를 그르쳤던 자들에게 가죄(加罪)하지 않으려는 것은 실로 여러 사람과의 논의를 거쳐 얻은 합치된 의견에서 나온 것입니다. 그런데도 윤헌경은 의심하고 저해하는 것이 한층 더 심하여 속임과 과장으로 현혹하였으니, 원한이 쌓이고 분노가 깊어진 까닭에 이런 발언을 한 것입니다. 저자들이 손으로는 왕작(王爵)을 쥐고 입으로는 천헌(天憲)을 머금으며[106] 지낸 50여 년 동안, 신은 시류에 영합하는

105 윤헌경(尹憲卿)이란……무함하자 : 복제를 그르친 송시열의 죄를 고묘해야 하는가 하는 문제로 조정이 한창 시끄럽던 1677년 7월 26일 유학(幼學) 윤헌경 등 100여 명이 고묘의 부당성을 주장하는 상소를 올렸는데, 그 상소에서 이원정을 두고 주변 사람들을 동원하여 고묘의 실행을 막후에서 선동한다고 비난한 것을 말한다.《肅宗實錄 3年 7月 26日》

106 손으로는……머금으며 : 관직의 임명과 법에 의한 형벌의 적용을 좌지우지하는 실권을 지닌 것을 비유한 말이다. 왕작은 벼슬을 말하고 천헌은 법령을 말한다.《後漢書集解 卷24 朱穆列傳》

데 능하지 못한 까닭으로 모두 몇 번이나 실패하였는데, 머리를 숙이고 기세를 낮추면서 아첨하고 순종하는 일은 도저히 광견(狂狷)[107]한 성품을 가진 사람으로서 억지로 할 수 있는 것이 아닙니다."

하였다. 예조 참판을 거쳐 대사성으로 이배되었고, 이후 발탁되어 형조 판서에 오르고 대사성을 겸관하였는데, 정경(正卿)이 국자감(國子監)을 겸관한 것은 국조에 드문 일이었다.

무오년(1678)에 의주(義州)에서 북사(北使)를 접대하였고, 반송(伴送)하는 일도 그와 마찬가지로 하였다. 복명한 뒤에는 판윤에 제수되어 처음으로 영남에 대동법(大同法)을 시행하였다. 이보다 앞선 시기에 대동법이 양호(兩湖)에서 시행되었으나 유독 영남만큼은 이전에 해 왔던 대로 계속 토질에 맞추어 공물을 내었던 까닭에 백성들이 상사(上司)의 강제적 징수를 견디지 못하는 상황이 벌어졌는데, 이에 공은 일찍이 응지소(應旨疏)[108]에서 그 일에 관하여 힘주어 말한 바 있었다. 그러다 이때에 와서 조정에서 공으로 하여금 그 일을 주관하게 하자, 마침내 백성의 토지에서 산출되는 곡식을 헤아려 왕실에 바칠 것과 관에서 쓰일 것을 계산한 뒤에 거리를 헤아리고 그 품삯을 적절히 조절하였으니, 요컨대 나라에 마땅하고 백성에게 이롭도록 한 것이었다. 이러한 계획이 완성된 뒤 반포해 시행하자 백성들이 대단히 기뻐하면서 비석에 글을 새겨 그 은덕을 기렸다.

107 광견(狂狷) : 광(狂)은 뜻은 높으나 실천이 말을 따라가지 못하는 것을 말하고, 견(狷)은 지혜는 모자라나 스스로의 단속을 잘하는 것을 이른다. 《논어》 〈자로(子路)〉에 "중도의 선비를 얻어 함께할 수 없다면 반드시 광자(狂者)나 견자(狷者)와 함께할 것이다. 광자는 진취적이고 견자는 하지 않는 바가 있다."라고 하였다.

108 응지소(應旨疏) : 154쪽 주101 참조.

이 당시 진향사(進香使)가 급히 장계하여 중국이 큰 혼란에 빠졌다고 아뢰자[109] 조정에서는 금군(禁軍)을 증원하자는 논의가 이루어졌다. 척신(戚臣) 김석주(金錫胄)가 실제 그 논의를 주도하였는데 공이 안 된다고 버틸까 봐 걱정하다 마침 반궁(泮宮)에서 공을 만나고는 변방의 일에 대해 말하는 한편, 또 말하기를,

"서쪽 변방에 경계할 일이 많으니 체부(體府)를 반드시 다시 설치해야 하며, 체부를 설치하고자 한다면 금군은 형편상 마땅히 늘려야 하니, 이는 조금도 늦추어서는 안 됩니다."

하였다. 이에 공은 말하기를,

"체부는 무익한 것으로 그저 나라를 동요시키기만 할 뿐이니, 금군을 증원하는 일이 그와 무엇이 다르겠습니까. 그렇지만 병권을 주관하는 자가 직분상 마땅히 걱정하는 것일 뿐이니, 자기 견해가 있으면 제 스스로 곧장 아뢰는 것이 무에 불가하겠습니까."

하였다. 그러고 난 후 어전에 나아갈 무렵 공 역시 '방비가 허술한 데다, 권병을 쥔 신하가 그 일을 전담하는 것이므로 굳이 이전의 견해를 고집할 것은 없다.'라고 생각하여 신하들을 따라서 우러러 대답만 아뢸 뿐이었다. 얼마 뒤 체부를 다시 설치하라는 명이 내려졌다.

대사헌으로서 호조 판서에 이배되었다. 이때에 북사(北使)가 왔는데,[110] 상이 건강이 편치 않아 교외로 나가 영접할 수가 없어 중신(重臣)

109 중국이……아뢰자 : 청나라 장수 오삼계(吳三桂)가 1678년 5월 호남(湖南)의 형양(衡陽)에서 스스로를 황제라 칭하고 국호를 주(周)라고 하면서 난을 일으킨 것을 말한다.

110 이때에 북사(北使)가 왔는데 : 청나라 황후를 책봉한 데 대한 칙서를 반포하기 위해 청나라 사신이 온 것이다. 《肅宗實錄 4年 5月 20日》

이 달려가 그 사정을 설명하게 되었다. 그러나 사신이 굳은 태도로 그것을 허락하지 않기에, 공이 명을 받들고 길에서 그들을 맞이하면서 반복해서 설명하고 타일렀는데 그 말의 이치가 분명하고 확실하였다. 이에 사신은 존경하고 감복하여 오직 공의 말이라면 따라 주었다.

우참찬으로 이배되어 지의금부사를 겸관하였다. 이때 강도(江都)에서 투서(投書)의 변고[111]가 발생하여 흉역(凶逆) 이유정(李有湞)을 붙잡아 국문하였는데, 조정의 논의는 도적을 다스리는 형벌[112]을 통하여 그 죄상을 캐물으려 하였다. 이에 공이 "국옥(鞫獄)에는 본래부터 정해진 형벌이 있는데, 한 상당 명회(韓上黨明澮)가 낙형(烙刑)을 처음 시행하여 그 폐해가 지금까지 이어지고 있으니, 옛 법이 아닌데도 새로 만들어 내는 것이 가능한지 모르겠습니다."라고 하자 모두들 그 말을 옳게 여겼다. 이로 인하여 주동자는 복주(伏誅)되었으나 그 나머지는 평번(平反)[113]되어 내보내진 자들이 많았다.

111 투서(投書)의 변고 : 1679년 3월 양주(楊州)에 사는 이유정이란 인물이 소현세자(昭顯世子)의 손자인 임창군(臨昌君) 이혼(李焜)을 추대하여 반정(反正)을 일으켜야 한다는 내용의 격문(檄文)을 당시 강도 축성장(江都築城將)으로 있던 이우(李藕)에게 전한 사건이다. 그 격문에는 서자에 불과한 효종이 적자인 소현세자를 제치고 왕위에 즉위함으로써 종통(宗統)이 질서를 잃었다는 내용이 적혀 있었는데, 이 일로 이유정이 복주되자 곧 송시열이 그 내용의 빌미를 제공한 주동자로 지목되어 대간을 중심으로 송시열 및 그 주변인들을 향한 대대적인 탄핵이 이루어졌다.《肅宗實錄 5年 3月 12日·16日, 4月 16日·26日, 5月 12日, 6月 8日》

112 도적을 다스리는 형벌 : 주뢰(周牢)를 가리킨다.

113 평번(平反) : 잘못 판결된 안건을 다시 조사하여 억울하게 죄를 입은 이를 무죄로 처리하거나 감형해 주는 것을 말한다. 한(漢)나라 때 준불의(雋不疑)란 이가 경조윤(京兆尹)을 맡아 죄수들을 심리하고 돌아올 적마다 그 모친이 "오늘은 평번을 해서 몇

대사헌으로 이배되었다가 곧 이조 판서에 제수되고 홍문관 제학을 겸관하게 되었는데, 그 직에 대한 사양이 받아들여지지 않자 공도(公道)를 견지하고 편파적 입장을 끊어 내는 일에 한층 더 힘써, 비록 자기와 다른 처지에 있는 사람도 의연하게 섞어서 등용하였다. 이러한 이유로 대각의 탄핵이 일어나기도 하였으나 상은 공에게 딴마음이 없다는 것을 살피고 더욱더 신임하였다.

숭정대부(崇政大夫)로 뽑혀 판의금부사를 겸관하였다. 비국, 경연(經筵), 제학, 성균관, 춘추관, 내국(內局), 괴원(槐院), 종부시(宗簿寺), 역원(譯院), 찬획사(贊畫使), 진청(賑廳), 선공감(繕工監) 등의 직임은 전형(銓衡)을 맡았을 때 겸관한 것인데 공은 이에 더욱 걱정하고 두려워하는 마음을 가지게 되었다. 그런데 이 당시 김석주가 호시탐탐 한쪽 사람들을 노리고 있다가 궁중과 통하여 유언비어[114]를 만들어 내어 상의 마음을 두렵고 요동치도록 하는 데 갖은 수단을 다하였는데, 이에 상은 직위를 교체하고 공을 삭출하였다.[115] 그러고 얼마 있다가

사람이나 살렸느냐?"라고 물었다는 고사에서 유래한 말이다. 《漢書 雋不疑傳》

114 유언비어 : 허적과 윤휴 등이 허적의 조부 허잠(許潛)의 연시연(延諡宴)을 베푸는 자리에서 병조 판서 김석주와 광성부원군(光城府院君) 김만기(金萬基) 등을 독살하려는 한편, 허적의 서자인 허견(許堅)은 그 자리에서 몰래 무사를 숨겨 놓고 기회를 엿보려 한다는 말이다. 《燃藜室記述 卷34 庚申大黜陟許堅之獄》

115 상은……삭출하였다 : 허적 등이 김석주, 김만기 등을 죽이려 한다는 소문이 퍼지자, 숙종이 1680년 3월 28일 궁궐의 호위를 지친(至親)에게 맡기지 않을 수 없다는 명목을 내세워 20년 가까이 병권을 맡고 있던 남인의 대표적인 무신 유혁연(柳赫然)을 훈련대장에서 해임한 뒤 그 자리에 숙종의 장인인 광성부원군 김만기를 임명하고 신여철(申汝哲)을 총융사에 임명하는 한편, 관직 등용을 치우치게 하였다는 죄로 그다음 날 이원정의 이조 판서 직임을 삭탈하고 문외출송(門外黜送)을 지시한 것을 말한다.

정원로(鄭元老), 강만철(姜萬鐵) 등이 급변(急變)을 고해 올렸는데, 그 내용은 대개 수상 허적(許積)의 서자(庶子) 허견(許堅)이 간악무도하여 역종(逆宗)인 이정(李楨), 이남(李柟)과 결탁하여 반역을 도모한다는 것이었다. 김석주가 이 일을 매개로 일망타진할 계획을 수립하여 옥사가 대대적으로 일어났는데, 이것이 곧 이른바 경신옥사(庚申獄事)[116]이다.

이 일을 고한 자가 "허견이 이태서(李台瑞)[117]로 하여금 재상들을 충동질하여 체부청(體府廳)을 재설치하도록 하였다."라고 하고 그 안에 공까지 언급하면서 끊임없이 거짓으로 아뢰었는데, 이에 공은 끝내 역적에게 속았다는 이유로 관서(關西)의 이주(理州)로 방축되었다. 그러고 얼마 뒤 명에 의해 조옥(詔獄)으로 잡혀오자 공은 김석주와 반궁(泮宮)에서 나누었던 말을 낱낱이 열거해 내면서 그 잘못이 이태서로부터 비롯되었음을 밝혔다. 이에 국청에서 서면으로 김석주에게 그 사실에 대해 물었는데, 김석주는 공이 한 말 그대로 답서를 보내는 한편, 국청 승지(鞫廳承旨) 윤계(尹堦)에게 편지를 보내 그 억울한 사정을 안타까워하면서 상께 청대(請對)하여 그 실상을 밝히고 싶다고까

숙종의 이러한 조치는 남인이 정권에서 축출되고 서인이 재등장하는 경신환국(庚申換局)의 서막을 알리는 사건이었다. 《肅宗實錄 6年 3月 28日, 29日》《燃藜室記述 卷34 庚申大黜陟許堅之獄》

116 경신옥사(庚申獄事) : 1680년 남인이 정권에서 축출되고 서인이 정권을 잡은 사건으로, 경신대출척(庚申大黜陟)이라고도 한다.

117 이태서(李台瑞) : 1614~1680. 자는 공현(公鉉)이다. 1680년 허견의 역모에 연루되어 장폐(杖斃)되었다. 《肅宗實錄 6年 4月 10日, 17日》《燃藜室記述 卷34 庚申大黜陟許堅之獄》

지 하였다. 마침 상이 형을 면제하고 유배를 보냄으로써 결국 이 일이 마무리되었는데, 가을에 옥사가 다시 일어났을 때 사형수의 난언(亂言)[118]으로 인해 또다시 체포되었다. 그런데 끝내 실체가 없자 옥사를 맡은 자들은 분해하면서도 어쩔 방법이 없어 재차 체부에 관련한 일을 끄집어내면서 심히 모진 고문을 가하였다. 그러나 이런 상황에서도 공은 정신과 기운이 조금도 꺾이지 않아 정상 지화(鄭相知和)[119]를 올려다보며 말하기를 "공은 문익공(文翼公)[120]의 후손이 아닌가."라고 하였다. 이에 그 자리에서 어떤 자[121]가 눈을 부릅뜨고 소리를 지르면서 별안간 "감히 오늘 일을 기묘사화(己卯士禍)에 견주는가."라고 하였는데, 주변에 있던 사람들은 그 어떤 말도 감히 다시 하지 못하였다.

118 사형수의 난언(亂言) : 오정창(吳挺昌)이 허견의 역모에 가담한 혐의로 추국을 받던 도중 이원정이 애초에 복선군 이남과 깊은 친분을 유지하였고 이남의 복심 노릇을 한 조성(趙硜)에 대해서도 "쓸 만한 사람〔可人〕"이라고 말하였다고 진술한 것을 말한다. 《歸巖集 卷12 家狀》《肅宗實錄 6年 閏8月 3日》

119 정상 지화(鄭相知和) : 정지화(1613～1688)로, 본관은 동래(東萊), 자는 예경(禮卿), 호는 남곡(南谷)이다. 당시 경신환국으로 좌의정에 임명되어 허견의 옥사를 처리하는 일을 맡았다.

120 문익공(文翼公) : 정광필(鄭光弼, 1462～1538)로, 자는 사훈(士勛), 호는 수부(守夫), 시호는 문익이다. 이원정이 허견의 역모 사건에 연루되었을 당시 좌의정으로 있던 정지화의 5대조이다. 정광필은 1519년에 일어난 기묘사화 당시 영의정의 신분으로 조광조(趙光祖)의 사사(賜死)를 극력 반대하다가 영중추부사로 좌천되기도 하였는데, 이원정은 이 일을 염두에 두고 정지화에게 정광필을 거론한 것이다. 《鄭文翼公遺稿 有明朝鮮國……贈謚文翼鄭公神道碑銘》

121 어떤 자 : 정지화와 함께 경신환국으로 정계에 복귀하여 우의정으로 임명된 민정중(閔鼎重, 1628～1692)을 말한다. 《歸巖集 卷12 家狀》 본관은 여흥(驪興), 자는 대수(大受), 호는 노봉(老峯)이다.

마침내 옥에서 생애를 마쳤는데, 바로 윤8월 21일의 일이었다. 이날엔 흙비가 내려 어둑하고 해는 컴컴하여 빛을 잃었는데, 도성 안의 선비들과 백성들 가운데 이를 슬퍼하지 않는 이가 없어 눈물을 흘리는 사람이 있기까지 하였다. 아아, 간사한 자가 선한 사람에게 해를 가하는 일이 예로부터 어찌 한량이 있었는가마는, 그래도 그들은 속일 수 있을 만한 그럴싸한 방법을 가지고 위로는 군주의 귀를 가리고 아래로는 초야의 사람들의 입을 막을 수가 있었다. 그런데 공의 경우는 체부를 혁파해야 한다고 힘써 주장하던 분이었음에도 도리어 체부가 사안(死案)이 되어 화를 면치 못하였으니, 저 당인들은 그 누구를 속인 것인가? 하늘을 속인 것일 터이다.

기사년(1689)에 상이 지난날의 일[122]을 후회하여 가장 먼저 공의 관작(官爵)을 회복하고 예부랑(禮部郎)을 영남으로 보내 특별히 제사를 지내 주었으며, 곧이어 김상 덕원(金相德遠)[123]이 아뢴 일을 계기로 명을 내려 영의정으로 추증하는 한편, 또 관원을 보내 제사 지내 주었다. 또 부학공(副學公 이담명(李聃命))이 연석(筵席)에 나갔을 적에 상이 "너의 아버지가 억울하게 죽었으니, 나는 늘 그것을 안타깝게 생각한다."라고 하면서 슬픔으로 말문이 막힌 것이 두세 차례나 되었고, 장지(葬地)를 다시 정할 때에는 방백(方伯)에게 하유(下諭)하여 그 일을 함께 돌보게 해 주었다. 이로써 애도와 영예가 완전하게 갖추어지게 된 것이다.[124] 그로부터 6년이 지난 뒤 당인들이 기회를 틈타는 바람

122 지난날의 일 : 기사환국(己巳換局)을 말한다.

123 김상 덕원(金相德遠) : 기사환국으로 우의정에 임명된 김덕원(1634~1704)으로, 본관은 원주(原州), 자는 자장(子長), 호는 휴곡(休谷)이다.

에[125] 다시 관작이 삭탈되었고, 그 뒤 또 19년이 지나서 공의 손자 세원(世瑗)이 북을 울리며 그 원통함을 아뢰자 상께서 그 일을 대신에게 내려 의논하도록 하였다. 이에 영중추부사 윤지완(尹趾完)[126]이 "김석주가 일찍이 그의 원통하고 억울한 사정을 말하면서 그가 귀양을 갈 때에 예물을 보내 주었다고 하였고 그가 신문(訊問)을 받고 있을 적에는 청대(請對)하여 사실을 밝히고 싶었으나 미처 그러지 못하였다고도 하였으니, 그 말이 믿을 만합니다."라는 의견을 내놓자, 상은 "영부사의 의견이 옳다."라고 이르고는 공의 벼슬을 회복해 주고 관직의 추증도 이전대로 해 주었다. 그러자 이러한 조치에 불만을 품은 자들이 혹 그것을 저지하였는데 상이 "당초의 처분은 나의 잘못이다. 잘못을 저지르고도 그것을 끝까지 밀고 나가는 일을 나는 하지 않는다."라고 이르자 언관(言官)들도 기세가 꺾이게 되었다.

공은 집에서 머물 적에 내행(內行)이 순수하고 독실하여 태부인을 엄한 아버지처럼 섬겼고 그런 마음을 미루어 넓혀서 아우들을 보살펴

124 애도와……것이다 : 살았을 때엔 주위로부터 영예를 누리고 죽었을 때엔 사람들의 애도를 받았다는 말로, 이원정에 대한 숙종의 신원(伸冤) 조치로 인하여 이원정이 생전과 사후 모두 온전한 대우를 받게 된 것을 말한다. 《논어》 〈자장(子張)〉에 자공(子貢)이 공자를 두고 "그분이 살아 계시면 사람들이 영광으로 여기고, 그분이 돌아가시면 사람들이 슬퍼할 것이다."라고 한 데서 유래한 표현이다.

125 당인들이……바람에 : 1694년(숙종20) 폐비 민씨(閔氏)의 복위 운동과 관련된 갑술옥사(甲戌獄事)를 계기로 남인이 실각하고 노론이 재집권하자, 그해 8월 지평 최중태(崔重泰) 등이 이원정의 복구된 관직을 재차 삭탈해 줄 것을 논계(論啓)한 일을 말한다. 《肅宗實錄 20年 8月 19日》

126 윤지완(尹趾完) : 1635~1718. 이원정의 복관이 재차 논의되던 1712년 7월 당시 영중추부사로 있었다. 《肅宗實錄 38年 7月 8日》 자는 숙린(叔麟), 호는 동산(東山)이다.

주고 일족들과도 도탑게 지냈는데, 이는 모두 그의 어짊을 확인할 수 있는 점들이다. 이에 출사하여 임금을 섬길 적에 띠를 드리우고 홀을 바르게 잡고서 시비의 분별 없이 무턱대고 남을 따르지 않아, 풍모와 절조와 재주와 계책으로 찬란하게 한 시대의 명신이 되었던 것은 기실 가정에 실천하였던 것을 근본으로 삼아 그것을 나라에까지 확대 적용한 결과였던 것이다. 그런데 결국 당화(黨禍)가 자신에게 닥쳐오자 순순히 천명을 받아들일 따름이었으니, 그 시운(時運)에 대해 어찌할 수 있었겠는가. 다행히 성명(聖明)한 숙종이 비록 조정의 형국이 변화하고 뒤바뀌는 상황에서도 공의 충정을 살피고 공의 억울함을 딱하게 여겨 준 덕분에 모함으로 더럽혀진 명예가 말끔히 탕척되고 은혜로운 말씀이 분명히 선포되었다. 그리하여 간사한 무리들이 나라에 재앙을 끼치는 것은 한때의 악독함을 펼쳐 내보이는 것에 불과하며 공론(公論)이 100년도 가지 않아 정해지는 것은 비록 사람의 화복을 좌지우지하는 흉악한 기세로도 막을 수 없다는 사실을 후세 사람들이 알게 되었으니, 이를 통해 당시의 군신 관계를 볼 수 있는 것이다.

공의 문장은 말이 순하고 이치가 통창하여 큰비가 쏟아지듯 분방(奔放)하였다. 일찍이 공이 빈사(儐使)로서 의주를 왕래할 때 북사(北使)가 공의 시문을 아끼고 소중히 여겨 그것을 《조선채풍록(朝鮮採風錄)》에 수록하였고[127] 《화인문초(華人文抄)》에도 뽑혀 들어갔다고 한다.

127 일찍이……수록하였고 : 이원정이 1678년 4월 원접사(遠接使)로서 의주에 갔을 때 청나라의 사신으로 온 손치미(孫致彌)가 이원정의 화섬(華贍)한 문장에 몹시 깊은 인상을 받아 본국으로 돌아간 뒤 《조선채풍록》에 이원정의 서문과 시를 수록한 일을 말한다. 《조선채풍록》은 당시 큰 반향을 일으켜 17세기 청대 문인들의 조선 시선집의 편찬에 가장 긴요한 참고 자료가 되었는데, 현재 원본은 발견되지 않았다. 한편, 이원정

저서로는 《성산지(星山志)》, 《증수향약(增修鄕約)》, 《귀암만록(歸巖漫錄)》 등이 있는데 집에 보관되어 있다. 공의 춘추는 59세이다. 장지(葬地)는 모두 세 번 옮겨졌는데, 기축년(1709)에 영천(永川) 개쌍동(蓋雙洞) 모향(某向)의 언덕에 부인과 합장되었다.

정경부인 이씨(李氏)는 관향이 벽진(碧珍)으로, 승지 완정공(浣亭公) 이언영(李彦英)의 따님이다. 남편을 섬김에 화순(和順)하고 예법이 있었으며, 명부(命婦)란 귀한 신분이 되었음에도 입는 옷이, 청빈하고 검소했던 지난날과 다름없었고, 두 아들이 이미 현달한 뒤에도 겸손을 권면하지 않은 적이 없었다. 공보다 22년 늦은 신해년(1731, 영조 7)[128]에 졸하니 향년 79세이다.

4남 4녀를 두었다. 아들 가운데 첫째는 바로 부제학을 지낸 담명(聃命)으로 마지막 벼슬이 이조 참판이고, 둘째는 한명(漢命)으로 홍문관 교리를 지냈는데, 둘 다 문학으로 세상에 이름이 났다. 셋째는 준명(俊命)으로 일찍 죽었고, 넷째는 귀명(龜命)으로 찰방을 지냈다. 딸 가운데 첫째는 유명하(柳命河)에게 출가하였고, 둘째는 보덕을 지낸 최항제(崔恒齊), 셋째는 좌랑을 지낸 강상주(姜相周), 넷째는 김승국(金升國)에게 출가하였다.

은 〈송북사서(送北使序)〉란 글을 통해 당시 청나라 사신을 만나 시를 주고받던 전후 사정을 서술한 바 있다. 《歸巖集 卷6 送北使序, 卷12 家狀》《이종묵, 17~18세기 中國에 전해진 朝鮮의 漢詩, 韓國文化 45집, 규장각한국학연구원, 2009, 20~22쪽》《류정·김영진, 청인(淸人) 손치미(孫致彌)가 편집한 《조선채풍록(朝鮮採風錄)》에 대한 고찰, 溫知論叢 42집, 溫知學會, 2015, 364~366쪽》

128 신해년 : 대본에는 '辛巳'로 되어 있다. 문맥에 근거하여 '巳'를 '亥'로 바로잡아 번역하였다.

참판은 2남 2녀를 두었는데, 아들 가운데 첫째는 생원 세침(世琛)이고 둘째는 세경(世璟)으로 일찍 죽었다. 두 사위는 참봉을 지낸 강해(姜楷)와 목성겸(睦聖謙)이다. 교리는 3남 1녀를 두었는데, 아들 가운데 첫째는 생원 세원(世瑗)으로 바로 북을 울려 공의 억울함을 아뢴 자이고, 둘째는 세보(世寶)이고, 셋째는 세황(世璜)이다. 사위는 심수간(沈壽幹)이다. 찰방은 아들이 없어 세보를 후사로 삼았다. 유명하의 아들은 유후겸(柳後謙)이고, 세 사위는 참봉을 지낸 이필(李泌)과 김석범(金錫範)과 정중항(鄭重恒)이다. 최항제는 3남을 두었는데 좌랑을 지낸 최수경(崔守慶), 최수온(崔守溫), 최수인(崔守仁)이며, 사위는 권세현(權世鉉)이다. 강상주의 아들은 강유(姜濡)이다. 김승국은 2남을 두었는데 좌랑을 지낸 김동준(金東俊), 김동걸(金東傑)이고, 사위는 김중려(金重呂)와 이인겸(李仁兼)이다. 증손과 현손 이하는 많은 관계로 다 기재하지 않는다.

5대손 만운(萬運)이 문과에 급제하여 문장과 덕행으로 이름나자, 금상(今上) 20년(1796, 정조20)에 교지를 내려 그를 불러서는 특별히 대각에 제수하니, 이는 그가 옛 신하의 자손이라는 점을 어여삐 여겨 게려(揭厲)의 은택[129]을 베푼 것이다. 천 리 먼 곳에서 명(銘)을 부탁하기 위해 찾아와 한 해가 지나도록 가지 않고 있는 자는 6대손 이풍(以豊)이니, 그 정성이 또한 사람을 감동시키기에 충분하다. 명(銘)은 다음과 같다.

129 게려(揭厲)의 은택 : 두루 미치는 임금의 은택이란 말로, 임금이 신하의 공로를 표창하고 장려하는 것을 말한다. 게려는 《시경》〈패풍(邶風) 포유고엽(匏有苦葉)〉에 "강물이 깊으면 옷을 벗고 건너고, 얕으면 옷을 걷고 건넌다.〔深則厲, 淺則揭.〕"라는 구절에서 유래한 말로 물의 깊고 얕음을 가리키는데, 얕고 깊은 데 할 것 없이 은혜가 골고루 미쳤다는 말이다.

대령의 장대한 기운이 大嶺磅礴
큰 신하를 탄생시켰으니[130] 曰生元臣
어려서 공부하고 커서 실천한 것에는 幼學壯行
집안의 깊은 연원이 있었네 家有淵源
왕이 이르기를, 훌륭하도다 王曰嫰哉
나에겐 어진 신하가 있다 하였네 予有臣良
깊디깊은 목천[131]을 木天深深
삼대를 이어 드나들고 三世翶翔
지방관과 은대를 역임하며 銅竹銀臺
아름다운 명성을 드날리니 令聞載颺
저 붕당을 일삼는 자들이 彼朋家者
주변에서 눈을 흘겼네 睊睊在傍
숙종이 선왕의 뜻을 잘 계승하여 肅考善繼
태묘에 예를 고하니 于廟告禮
일월같이 환해진 종통에 日月宗統
누가 감히 또 요사를 부리랴 疇敢更蝃
공이 영남에서 돌아왔을 땐 公來自嶺

130 대령(大嶺)의……탄생시켰으니 : 대령은 조령(鳥嶺)을 가리킨다. 조령의 장대한 기운을 받고 큰 신하가 태어났다는 말이다. 이원정이 조령의 남쪽인 영남에서 출생하여 훌륭한 신하가 된 것을 표현한 구절이다.

131 목천(木天) : 예문관의 별칭이다. 본래 당(唐)나라 비서각(秘書閣)의 드높고 장대한 모습을 형용한 말인데, 조선에서는 춘추관, 예문관, 홍문관 등 문한(文翰)을 담당하는 관청을 지칭하는 말로 사용되었다. 여기에서는 이원정이 예문관 검열을 지냈던 것을 가리킨다.

거칠고 해진 베옷 차림이었네[132]	布袍麤弊
어찌 준엄하지 않았으랴마는	曷不峻嚴
마음속엔 인자함이 있었네[133]	所包者惠
나아가 성균관을 겸직하고	晉兼成均
여러 관서를 두루 총괄하였네	遍都諸省
천관의 총재가 되어서는	天官冢宰
문 앞에 청탁이 끊어졌네	門絶造請
누가 외척에 의지하여	誰據戚掖
피 묻은 이빨로 으르렁대었나[134]	血牙狺如
화의 그물이 하늘 가득 펼쳐지니	罻羅彌天
공이 어찌 벗어날 수 있었으랴	公豈免諸
유배 처분 받자마자 이내 바로 붙잡히니	旣竄旋逮
귀신마저 탄식을 내뱉었네	鬼神其吁
작은 저 봉황새가	宛彼祥鳳
흉악한 올빼미에게 쪼이니	鷙鴞攸啄

132 공이……차림이었네 : 영남의 고향 땅에서 3년간의 모친상을 마치고 1677년(숙종3) 조정에 복귀한 이원정의 행색을 말한 것이다.

133 어찌……있었네 : 묵과할 수 없는 부당한 조치에 대해서는 준엄한 비판을 가하지만, 다른 한편으로는 상대를 포용하고 용서하려는 인자한 마음을 지니고 있다는 말이다. 이원정이 1675년 만과(萬科)와 체부청 설치를 치열하게 반대한 일 및 1677년 복제(服制) 개정의 문제로 고묘(告廟)의 논의가 제기될 때 송시열 등 반대편 세력에 대한 관대한 처분을 주장하며 고묘를 반대한 일을 말한다.

134 누가……으르렁대었나 : 숙종의 오촌 외숙인 김석주가 남인 세력을 몰아내기 위해 경신옥사를 일으킨 것을 가리킨다.

흙이 비처럼 떨어지어 土以爲雨
하늘이 암흑으로 뒤덮였네 乾象黯黑
십 년 세월 거듭 흐르자 十年重回
왕의 마음 이에 슬퍼져 王心斯惻
오라 너 아비 잃은 이여 하고 來汝遺孤
앞자리로 가까이 나아오자 密邇前席
네 아비의 억울함에 汝父之冤
내 실로 후회되고 부끄럽다 하였네 予實悔怍
왕이 신하에게 명을 내려 王命王臣
천 리 너머에서 제사를 지내 주었네 千里酹酌
운수엔 길흉이 반복되는 법이라 運有平陂
잔혹한 계략이 다시 기승을 부리니 憯謀復逞
왕이 어찌 네놈들을 따르랴 王豈汝徇
따라 준 것도 잠시였을 뿐 所徇俄頃
손자가 북을 치며 호소하매 孫籲以鼓
조정에 널리 물어보니 廷詢之博
나라에 큰 신하 있어[135] 國有大臣
명백한 의론을 올렸네 獻議明的
왕은 그러하도다 王曰有是
나는 잘못을 밀고 나가지 않겠다 하여 予不遂非

135 나라에……있어 : 윤지완(尹趾完)을 가리킨다. 그는 경신대출척으로 죽음을 당한 이원정에 대해 복관이 재차 논의되던 1712년 7월 당시 숙종에게 이원정의 억울함을 주장하였다.《肅宗實錄 38年 7月 8日》

빛나는 은혜의 명이　　　　煌煌恩誥
조정에 거듭 내려지니　　　　申降天扉
캄캄했던 엎어진 동이 속에　　　　幽哉覆盆
태양 빛이 내려와 비쳤네[136]　　　　太陽臨下
원수들은 기가 죽고　　　　仇者氣沮
떠들어 댄 자들은 비로소 입을 닫았네　　　　衆喙始啞
어느 임금인들 신하가 없겠으며　　　　君誰無臣
어느 신하인들 임금이 없겠는가마는　　　　臣孰無君
오직 이 애도와 영예[137]에서　　　　惟茲哀榮
가히 군신의 관계를 보리로다　　　　可觀君臣
개쌍이란 골짜기에　　　　蓋雙之洞
날씨가 환히 밝으니　　　　天氣昭朗
이 빗돌은 마멸되지 않고　　　　龜頭不泐
천지와 함께 영원하리라　　　　可弊天壤
나의 이 삼엄한 붓으로　　　　我筆森嚴
네 그 편당을 벌하노라　　　　誅爾偏黨

136 캄캄했던……비쳤네 : 원통한 일을 당하고서도 그 처지를 변명할 수 없어 답답하였다가 결국 임금의 은혜와 통촉을 입어 억울함이 해소되었다는 말이다. 엎어진 동이는 풀 길 없는 억울한 사정을 비유한 것으로, 《포박자(抱朴子)》 〈변문(辨問)〉에 "해와 달도 비추지 못하는 곳이 있고, 성인도 알지 못하는 것이 있으니, 어찌 이 때문에 성인이 하지 않는 것이라고 해서 천하에 신선이 없다고 하겠는가. 이것은 바로 삼광(三光)이 엎어진 동이 안을 비추지 못하는 것을 책망하는 격이다."라고 한 데서 유래한 표현이다.
137 애도와 영예 : 165쪽 주124 참조.

증 대광보국숭록대부 의정부영의정 겸 영경연홍문관예문관춘추관관상감사 행 숭정대부 행 호조판서 겸 판의금부사 오위도총부도총관 박공 신도비명

贈大匡輔國崇祿大夫議政府領議政兼領經筵弘文館藝文館春秋館觀象監事行崇政大夫行戶曹判書兼判義禁府事五衛都摠府都摠管朴公神道碑銘

숙종 13년 정묘년(1687) 4월 6일 숭정대부(崇政大夫) 행 호조판서 겸 판의금부사 박공(朴公)이 병으로 침소에서 졸하니, 향년 57세였다. 상이 이에 놀라고 슬퍼하면서 철시(輟市)와 철조(輟朝)를 이틀간 시행하고, 서둘러 어의(御衣)를 벗어 염을 하도록 하는 한편, 장생전(長生殿)[138]에 명을 내려 황장목(黃腸木)[139]을 보내 주었다. 그러고는 하교하기를,

> "이 사람에게 내 장차 중대한 임무를 내려 주려고 하였으나 나이가 아직 연로하지 않은 관계로 여러 번 재능을 시험해 보려 하였는데, 하늘은 어째서 이리도 서둘러 앗아 가는가. 평생 동안 한 칸의 집조차 없던 것을 내 알고 있노라."

하면서, 혜국(惠局)으로 하여금 쌀 100포(包)를 내서 집을 매입하여 그곳에 빈소를 안치하도록 하고 또 명을 내려 봉록을 3년 동안 지급하

138 장생전(長生殿) : 조선 시대 왕실에서 사용되는 관곽(棺槨)을 미리 마련하여 보관해 두던 관서이다.

139 황장목(黃腸木) : 연륜이 오래된 소나무 중에서 속이 노랗고 재질이 단단하여 고급 관재(棺材)로 쓰이는 목재를 말한다. 보통 왕실의 관곽을 만드는 데 사용되었다.

고 자손은 삼년상을 마친 후에 채용하게 하였다. 이상의 조치들은 대신(大臣)에게 적용되는 예우를 베풀어 준 것이다. 그로부터 4년이 지난 뒤에 상국(相國) 김덕원(金德遠)[140]의 진달을 통해 상이 공을 추념해 마지않으면서 상상(上相)으로 추증할 것을 명하였다. 아아, 공은 지위가 훈척(勳戚)도 아니었고 처한 위치도 당로자와는 달랐다. 그러나 재지(才智)와 국량(局量)을 갖추고 청렴결백하고 엄중한 몸가짐을 겸비하여 사람들의 여망을 한 몸에 받는 가운데 임금의 지우가 나날이 깊어짐으로써, 살아 있을 때엔 총애하여 발탁해 준 것이 융숭하였으며 죽은 뒤엔 은혜로운 예우가 극히 남달랐다. 공의 지위는 구경(九卿)에 그쳤을 뿐이다. 그런데 구경의 지위로 상례(喪禮)에서 삼공(三公)에 적용되는 법규를 썼다는 자체도 실로 나라에 드문 일이거니와, 어의를 벗어 염해 준 것은 삼공의 경우에도 듣지 못했던 일이다. 아아, 이것들은 공의 명망과 실상이 스스로 이룩한 것이지만, 인재를 알아보는 숙종의 밝은 안목이 아니라면 그 누가 이렇게 할 수 있겠는가. 아아, 거룩하도다.

공의 휘는 신규(信圭), 자는 봉경(奉卿)이다. 효종 임진년(1652, 효종3) 사마시(司馬試)에 입격하였다.

현종 경자년(1660, 현종1) 문과에 급제하여 괴원(槐院)에 뽑혀 들어갔다.

140 김덕원(金德遠) : 1634~1704. 본관은 원주(原州), 자는 자장(子長), 호는 휴곡(休谷)이다. 1689년(숙종15) 기사환국으로 남인이 집정하자 우의정이 되어 정국을 주도하였고, 1694년 갑술환국 때 유배되었다가 4년 뒤 해배되었다. 1690년 우의정으로서 숙종에게 박신규(朴信圭)의 추증을 건의하였다. 《星湖全集 卷65 右議政金公墓誌銘》《肅宗實錄 16年 9月 3日》

임인년(1662)에 전적에 오르고 감찰(監察)과 문신겸선전관(文臣兼宣傳官)을 역임하였다.

이듬해에 외직으로 나가 함평 현감(咸平縣監)이 되었다. 함평의 백성들은 그의 은덕과 은혜에 감격하여 그가 떠날 때에 비석을 새겨 사모하는 마음을 부쳤다.

을사년(1665)에 호조와 병조의 좌랑이 되었다.

정미년(1667)에 태부인(太夫人)의 상을 당하였다. 복제(服制)를 마친 뒤 전주 판관(全州判官)에 제수되었는데, 정사를 행한 지 수개월만에 부민(府民)들이 기뻐하며 말하기를 "어질구나, 우리 수령이여. 회재(晦齋) 선생이 은덕을 베풀어 주신 이후로 가장 훌륭한 분이다.[141]" 라고 하였다. 그런데 마침 중죄를 지은 죄수가 탈출한 일로 법에 연좌되어 파면을 당하자, 백성들이 공을 잃을까 염려하여 남녀 수만 명이 성을 둘러 진을 치고는 죽기를 각오하며 앞길을 막아섰다. 이에 공은 예상하지 못하는 사이 삽시간에 그곳을 빠져나왔는데, 이번에는 수백 명의 유생들이 공을 따라 서울로 들어와서는 소장을 올려 3000섬의 곡식으로 어진 수령을 사서 돌려 달라고 청하였다. 이 소장은 비록 상에게 전달되지 못하였으나 도백(道伯)[142]이 민심에 대해 아뢰자 묘당에서 그것을 따라 청원해 주었고, 이에 상이 가상하게 여겨 특명으로

141 회재(晦齋)……분이다 : 이언적(李彦迪)이 전주에서 선정(善政)을 베푼 뒤로 그에 견줄 만한 가장 훌륭한 수령이라는 말이다. 회재는 이언적의 호로, 1548년(명종3) 전주 부윤을 맡아 1년 만에 큰 성과를 내어 송덕비(頌德碑)가 세워졌다.《晦齋集 附錄 晦齋先生行狀》

142 도백(道伯) : 관찰사의 이칭으로, 여기서는 1670년(현종11) 당시 전라도 관찰사로 있던 오시수(吳始壽)를 말한다.

그 직임을 되돌려 주도록 하였다. 이해에 마침 큰 기근이 들자, 공이 뜻을 다해 진휼을 행함으로써 온 경내에 굶어 죽은 시체가 한 구도 없었다. 진휼이 끝나고 난 뒤 조정에서 준직(準職)을 통해 그 노고를 포상하도록 하자,[143] 공이 전부(銓部)에 말하기를 "기근을 구휼하는 정사는 옛날에도 어려운 일로 여겼습니다만, 제가 어찌 감히 이 이름을 감당하겠습니까. 만약 이로 인하여 작록과 포상을 탐한다면 저는 세상과 작별하고 더 이상 벼슬길에 나서지 않을 것입니다."라고 하였는데, 전관(銓官)은 공이 한마디 말도 무겁게 여긴다는 것을 알고 마침내 그만두었다.

그로부터 3년이 지난 뒤 비로소 세자시강원 사서가 되었다. 얼마 뒤에 경성 판관(鏡城判官)에 제수되었는데, 공은 변방의 읍이라 해서 그 직임을 하찮게 여기지 않고 무예를 단련시키고 학문을 권장하면서 그중 어느 한쪽도 혹 버려두지 않았다. 그렇게 3년을 지내는 동안 관기(官妓)를 감히 얼씬거리지 못하게 하고 털끝만큼도 자신을 더럽히지 못하게 하자, 북쪽 사람들은 일찍이 듣도 보도 못한 사람이라고 하였다. 사헌부 지평에 제수되었다가 곧 병조 정랑으로서 수어청 종사관(守禦廳從事官)을 겸관하였다. 이후 사간원 정언으로 이배(移拜)되었다.

을묘년(1675, 숙종1)에 홍문관의 선발에 들었는데 도당(都堂)에서

143 준직(準職)을……하자 : 준직은 품계(品階)에 준하는 직위라는 뜻이다. 조선 시대에 행수법(行守法)으로 인해 품계와 직위의 불일치 현상이 심화되어 품계에 해당하는 관직을 받지 못하는 관료들이 많아지자, 행직(行職)을 지닌 이에게 품계에 걸맞은 직위를 내림으로써 포상을 대신하는 일이 자주 나타났고, 특히 정3품 당하관에게 포상으로 준직을 주는 경우가 빈번하게 나타나 애초에 그 자체로 당하의 정3품 벼슬을 가리키는 말로도 사용되었다.

권점을 찍기 전에 묘당의 천거로 광주 부윤(廣州府尹)이 되었다. 통정대부(通政大夫)로 자급이 올랐다.

이듬해 호남 관찰사에 제수되었다.

무오년(1678)에 체차되어 첨지중추부사로 부직되었다가 호조 참의로 천직되었다. 은대(銀臺)에 들어가 동부승지를 거쳐 좌부승지에 올랐다. 얼마 안 있어 특별히 한성부 좌윤에 제수되었다. 가선대부(嘉善大夫)로 자급이 올라 부총관을 겸관하였고, 또 특별히 영남 관찰사에 제수되었다. 그해 겨울 관북 관찰사로 이배되었는데, 얼마 뒤 영남 관찰사에 잉임하라는 명이 내려졌다. 공이 그동안 관찰사로 있은 기간은 도합 5년으로, 호남에 있을 때엔 판결이 엄정하고 분명하여 온 부내(府內)가 춥지도 않은데 몸을 떨었다. 이에 그러한 정사를 영남에서도 시행함으로써 잘못된 점들이 개선되고 덕에 의한 교화가 베풀어졌으며, 고을을 순행하면서는 관리의 업무에 익숙지 못한 수령에게는《경국대전(經國大典)》을 고강(考講)하고 군사적 업무에 익숙하지 못한 진장(鎭將)에게는《병학지남(兵學指南)》을 고강하되, 강론한 뒤 제대로 이해하지 못하면 일단 가르침을 내리고, 가르쳐 준 뒤에도 따르지 못하면 그제야 비로소 내쳤다. 또 방문하는 문묘(文廟)마다 오로지 공손한 태도로 배알하는 한편, 제생을 불러 경전의 뜻을 강론하고 글을 제술(製述)한 자에게는 과차(科次)를 통해 상벌을 시행하였다. 영남은 예의(禮義)의 고장인지라, 이에 선비들이 모두들 기뻐하며 서로 "공이 우리 도를 안찰(按察)하는 것은 실로 사문(斯文)의 다행이다."라고 하였다.

경신년(1680)에 체차되어 공조 참판에 제수되었다. 특지(特旨)로 발탁되어 형조 판서에 제수되었고 곧 익릉도감 당상(翼陵都監堂上)으로 차임되었다.

신유년(1681)에 좌참찬에 제수되었다. 산릉(山陵)[144]을 조성하느라 수고한 공로로 정헌대부(正憲大夫)에 올랐다. 명을 받들고 청나라 사신의 반송사(伴送使)가 되어 의주(義州)에 갔다가 돌아왔다. 이로부터 형조 판서, 지의금부사, 오위도총부 도총관(五衛都摠府都摠管), 한성부 판윤으로 누차 제수되었다. 이 당시 조정에서 진휼청(賑恤廳)을 신설하여 경재(卿宰) 가운데 재주와 국량이 있는 자를 선발하여 그 업무를 전담하게 하였는데, 이에 공을 당상으로 차임하였다. 또 숭릉도감 제조(崇陵都監提調)에 차임되고 공조 판서에 제수되었다.

갑자년(1684)에 숭정대부(崇政大夫)로 자급이 올랐다. 형부(刑部)와 경조(京兆)에서 그동안 제수받은 것이 한두 번이 아니었고, 겸임한 것은 판의금부사, 비국 당상(備局堂上), 와서(瓦署)·전설사(典設司)·장생전(長生殿)의 제조(提調)였다.

을축년(1685)에 호조 판서에 제수되었는데, 국가의 재정적 권한은 오로지 호조에서 맡고 있는 터라 당로자가 흘겨보기를 마지않았다. 이에 공이 소장을 올려 직임을 감당할 수 없는 형편에 대해 아뢰자, 상은 비답하기를 "청렴하고 신중하며 강직하고 명석한 경이 어찌 이 직임을 감당하지 못하겠는가."라고 하였다. 공은 사람됨이 어떤 사안에 대해 소신을 꺾거나 외물(外物) 앞에서 굴복하는 법이 없었다. 그리하여 관직을 맡아 법을 받들어 행할 때 쇠를 자르고 바위에 금을 긋듯 똑 부러지게 일을 판결함으로써 내리는 명령이 신임을 얻고 처벌받아

144 산릉(山陵) : 인경왕후(仁敬王后)의 능묘를 말한다. 인경왕후는 숙종의 원비(元妃)로, 20세에 경덕궁(慶德宮)에서 승하하였다. 《肅宗實錄 6年 10月 26日》

야 할 사람은 기필코 처벌되는 것이 우레처럼 엄하고 돌풍처럼 신속하게 이루어졌다. 이런 까닭에 그 어느 누구도 감히 뇌물로 청탁하지 못하였고 경조의 큰 호족과 형부의 노회한 자들도 공이 업무를 보는 날이면 기운이 꺾여 숨어들지 않는 이가 없었다. 한편 성 밖의 네 산[145]에서 땔나무를 하던 여항의 나무꾼들이 솔가지를 꺾어 담아 어깨에 메고 저물녘에 돌아오다가, 성 밖에 이를 즈음 사람들이 "오늘 오후에 박 상서(朴尙書)가 경조윤(京兆尹)이 되었다."라고 하자 나무꾼들은 모두 몸을 벌벌 떨면서 메고 있던 것을 내려놓고 담아 놓은 것을 꺼내고 난 뒤에야 감히 들어갈 수 있었다. 이는 대개 공이 경조에서 소나무 채벌을 금지하는 업무를 맡고 있었기 때문이다. 또 초라한 여염집에서 어린아이의 울음을 그치게 하는 사람도 공의 이름을 대면서 속이면 아이가 별안간 깜짝 놀라고 무서워하여 감히 아무 소리도 내지 못하였다. 비록 그 옛날 포 효숙(包孝肅)[146]이라 할지라도 과연 이렇게 할 수 있었겠는가.

145 성……산 : 서울을 에워싸고 있는 동서남북의 네 산, 즉 북쪽의 백악산(白岳山), 남쪽의 목멱산(木覓山), 서쪽의 인왕산(仁王山), 동쪽의 타락산(駝駱山)이다.

146 포 효숙(包孝肅) : 송(宋)나라의 명신 포증(包拯, 999~1062)으로, 자는 희인(希仁), 시호는 효숙이다. 철저하고 엄정한 법 집행 및 뇌물과 청탁을 일절 받지 않는 청렴함으로 명성이 높아, 특히 송나라의 수도인 개봉(開封)을 맡아 다스릴 당시엔 "뇌물이 통하지 않는 이로는 염라 포로가 있네.〔關節不到, 有閻羅包老.〕"라는 말이 돌 정도였으며, 그 결과 여염집의 부녀자나 아이들조차도 그의 이름을 모르는 이가 없었다.《宋史 包拯列傳》이러한 면모가, 박신규가 한성부 판윤을 맡아 다스리면서 이룩한 업적과 유사하기 때문에 포증을 언급한 것이다. 한편, 허목(許穆)의 문인으로 박신규와 같은 정치적 노선을 견지하였던 이서우(李瑞雨) 역시 박신규의 제문을 지으면서 박신규를 포증에 견준 바 있다.《松坡集 卷12 祭朴判書文》

그 뒤 호조를 맡게 되어서는 오랫동안 해악을 끼쳐 온 관리들을 모조리 제거하여 아전들이 그 신명함에 탄복하였다. 이에 당인(黨人)들이 그들의 졸개[147]를 시켜 소장을 통해 '포학'이라 칭하며 비난하자, 공이 대장(對章)을 올려 말하기를 "저들은 신에게 '포학'이라는 칭호를 붙이지만, 신은 한 번도 거짓을 꾸며 사람을 죽이는 일을 한 적이 없습니다." 라고 하였다. 당시는 경신옥사(庚申獄事)를 거친 지 고작 수년밖에 안 된 시기인지라, 당인들은 "거짓을 꾸며 사람을 죽인다.〔構殺〕"라고 한 말에 깊은 뜻이 담겨 있다는 것을 알고 몹시 격분하여 온갖 방법을 통해 공을 모함하였다. 이에 앞서 공의 아들 성의(性義)가 사론(士論)을 주장하다 시의(時議)에 거슬린 나머지 공에게까지 처벌이 미치게 되어, 팔좌(八座)[148]로서 안변 부사(安邊府使)에 폄출되어 민사(民社 지방관)의 책무를 다하고 돌아온 일이 있었다.[149] 이때가 되자 전부(銓部)에서

147 그들의 졸개 : 김만길(金萬吉, 1645~1697)을 가리킨다. 본관은 광산(光山), 자는 자적(子迪)으로 서인의 영수 김장생(金長生)의 증손자이다. 1685년(숙종11) 8월 11일 당시 홍문관 수찬으로 있던 김만길은 상소를 통해 호조 판서 박신규가 천조관(薦俎官)이 되어 제물(祭物)을 진설할 때 조두(俎豆)를 넣는 갑(匣)을 떨어뜨렸다가 주워 올리는 불경을 저질렀으며, 중외에서 재직할 때는 오로지 포학만을 일삼아 많은 사람을 죽음에 이르게 하였다고 탄핵하였다. 이 상소로 인해 박신규는 10월 27일 형조 판서로서 인혐(引嫌)을 청하였다. 《肅宗實錄 11年 8月 11日, 10月 27日》

148 팔좌(八座) : 재신(宰臣)에 해당하는 8명의 고위 관료로, 조선에서는 육조의 판서와 의정부의 좌참찬, 우참찬, 그리고 한성부 판윤을 가리켰다. 박성의가 이이(李珥)와 성혼(成渾)의 문묘 종사를 반대하는 상소를 올렸던 1681년 9월 당시에 박신규가 한성부 판윤을 지냈으므로 이렇게 지칭한 것이다.

149 이에……있었다 : 1681년 9월 박성의를 비롯한 60여 명이 상소를 올려 이이(李珥)와 성혼(成渾)의 문묘(文廟) 종사(從祀)를 반대하자 대각을 중심으로 그에 대한 엄중한 처벌을 요구한 일을 말한다. 이에 박성의는 정거(停擧) 처분을 받았으며, 박신

는 사안을 진정할 계책을 마련하였고, 마침내 공을 좌천시켜 경기 관찰사로 삼았다. 그러자 공은 숙배하고 난 뒤 곧 사직하여 체차되었다.

이 시기로부터 공은 문을 닫아걸고 병을 핑계 대면서 사람들을 만나지 않았다. 그러다 병이 악화되자, 스스로 병이 낫지 않으리란 사실을 알고 있음에도 매일같이 세수를 하며 누군가 찾아와 안부를 묻는 사람이 있으면 평소처럼 담소를 나누곤 하였고, 곁에서 슬픔으로 오열하는 세 아들들을 보면서도 애처로운 심정조차 없는 듯한 모습을 보이다가 홀연 세상을 떠났다. 낮밤이 갈마드는 이치[150]에 대해 큰 깨달음을 얻은 자가 아니라면 어찌 이렇게 할 수 있었겠는가.

박씨(朴氏)는 옛 신라의 국성(國姓)으로 동방의 대족(大族)이다. 시조의 휘는 성진(成進)으로 고려를 섬겨 정용장군(精勇將軍)이 되었다. 이로부터 대대로 공경(公卿)이 배출되었는바, 아조(我朝)에 들어와서 휘 갱(賡)은 공정대왕(恭靖大王 정종)의 군주(郡主 함양옹주(咸陽翁主)) 에게 장가들었고 동지돈녕부사가 되었다. 증조의 휘는 문충(文冲)으로 이조 참판에 추증되었고, 조부의 휘는 진원(震元)으로 예조 참판을 지내고 이조 판서에 추증되었다. 황고(皇考)의 휘는 계영(啓榮)으로 첨지중추부사를 지내고 이조 판서에 추증되었다. 선비(先妣)는 정부

규는 박성의를 소두(疏頭)가 되도록 부추겼다는 이유로 조정의 미움을 사 외직인 안변부사로 나갔다. 《肅宗實錄 7年 9月 27日, 10月 16日》

150 낮밤이 갈마드는 이치 : 음양이 순환되는 이치를 말한다. 낮과 밤의 반복, 즉 음과 양이 쉼 없이 순환하는 것은 생멸(生滅)의 그것과 다름없기 때문에 이 이치를 통달하면 죽음을 당연하고 의연하게 받아들일 수 있다는 논리에 따라, 박신규가 자신의 죽음을 예감하면서도 조바심과 슬픔의 감정을 품지 않았던 것 역시 그 이치에 통달했기 때문이라고 한 것이다.

인(貞夫人) 문화 유씨(文化柳氏)로, 종친부 전부(宗親府典簿) 유명남(柳命男)의 따님이다. 이상 추증이 이루어진 것은 모두 공이 귀한 신분이 되었기 때문이다.

공은 인조 신미년(1631, 인조9)에 태어났으며, 성품이 효성스럽고 우애로웠다. 전후로 부모의 상을 지키면서 예를 행할 때 어그러짐이 없었고 죽 먹고 거친 밥 먹기를 3년 내내 변함없이 이어 갔다. 형제를 우애 있게 대하고 내외의 친족들한테까지 그렇게 대해 주어 은덕(恩德)과 정의(情誼)가 두루 펼쳐진 가운데 믿고 의지하지 않는 사람이 없었다. 젊어서부터 장기와 바둑에 손을 대지 않고 집과 재산에 관해 말하지 않으면서 오로지 경술(經術)과 문학(文學)에만 힘을 쏟았다. 그러다 출사하여 조정에 서게 되자 꼿꼿한 태도를 유지하면서, 임금을 섬김에 직분을 다하고 명백하고 막힘없이 사안을 처리하는 것을 자신의 임무로 삼았다. 공이 특진관(特進官)으로서 경연(經筵)에 참석하였을 때 대신(臺臣)이 묘정(廟庭)에 배향된 조 문간 경(趙文簡絅)의 출향(黜享)[151]을 청하면서 더없이 패악하게 굴자, 공이 나아와 아뢰기를,

"조경(趙絅)은 깨끗한 명성과 곧은 절개로 선조(先朝)의 예우를 입었는데, 대신이 억지로 윤허를 받아 내고자 한 나머지 가당치도 않은 말을 가지고 임금의 귀를 현혹하니, 신은 그것이 될 법한 일인지

151 묘정(廟庭)에……출향(黜享) : 조경은 1672년(현종13) 정태화(鄭太和), 김좌명(金佐明)과 함께 현종의 묘정에 배향되었으나, 1680년(숙종6) 경신환국을 통해 권력을 회복한 서인들의 지속적인 출향 요구로 결국 이듬해 6월에 출향되었다. 박신규는 조경의 출향 요구가 한창 이루어지던 1680년에 특진관으로서 주강에 입시한 적이 있다. 《燃藜室記述 卷33 顯宗廟庭配享陞黜議》《肅宗實錄 2年 7月 17日, 6年 7月 17日, 7年 6月 15日》《承政院日記 肅宗 6年 9月 1日, 10月 10日》

모르겠습니다."

하였다. 판의금부사로 있을 때 마침 천재(天災)를 만나 소방(疏放)이 행해지자,[152] 나아가 아뢰기를,

"홍우원(洪宇遠)[153]은 본디 직절(直節)한 선비인데, 현재 여든의 나이로 멀리 변방의 황무지에서 귀양살이를 하고 있습니다. 이러다 만약 하루아침에 갑자기 죽기라도 한다면, 그것은 성세(聖世)의 아름다운 일이 아닐 듯합니다."

하였다. 이에 당시의 많은 논자들이 공을 분노의 눈길로 노려보았으나 정작 공은 그에 대해 아랑곳하지 않았다.

공은 지위가 팔좌에까지 이르렀음에도 거친 두루마기를 입고 조악한 음식을 먹는 것은 궁한 선비와 별다른 차이가 없었다. 어떤 사람이 공더러 말하기를,

"집이란 일신을 보호해 주는 것일 뿐만이 아니다. 어이하여 자손들의

152 마침……행해지자 : 1685년 7월 4일 나라의 심각한 가뭄을 해결하기 위해 경외(京外)의 죄수에 대한 사면령을 반포한 것을 말한다. 소방이란 소결방면(疏決放免)의 준말로 죄인을 관대히 처결하여 석방해 주는 제도를 말한다. 보통 나라에 경사나 천재지변이 있을 경우에 시행되었다. 《肅宗實錄 11年 7月 3日, 4日》

153 홍우원(洪宇遠) : 1605～1687. 본관은 남양(南陽), 호는 남파(南坡), 자는 군징(君徵)으로, 직절한 태도로 명성을 떨친 남인 학자이다. 1680년 허적(許積)의 역모 사건 때 명성왕후(明聖王后)의 정치 관여를 비난한 죄로 명천(明川)에 유배되었다. 1685년 7월 4일 오랜 가뭄을 타개하려는 목적으로 경외의 죄수에 대한 소방 조치가 이루어지자, 박신규는 그것을 계기로 숙종에게 홍우원의 석방을 요청하였으나, 반대파였던 김수홍(金壽興) 등의 제지로 윤허를 받지 못하였다. 결국 홍우원은 해배되지 못하였고 이후 문천(文川)으로 이배되었다가 1687년 그곳에서 죽었다. 《肅宗實錄 1年 4月 1日, 6年 4月 25日, 11年 7月 4日, 13年 7月 27日》

터전은 생각하지 않는가?"

하자, 공이 말하기를,

"사람은 태어날 때부터 본디 타고난 복을 가지고 있다. 가난하다가 잘살게 되기도 하고 잘살다가 가난해지기도 하며, 집이 없는 자가 집이 생기기도 하고 집이 있는 자가 집이 없어지기도 하니, 사람이 일을 도모하고 실행하는 것은 모두 헛된 일일 뿐이다. 나는 보잘것없는 몸으로 성조의 은혜로운 지우를 입어 죽지도 않고 흘러 이제까지 왔으니, 이미 자리를 훔치고도 모자라 재차 사사로움을 도모하여 그것을 일신을 이롭게 할 바탕으로 삼아서야 되겠는가."

하였다. 어떤 사람이 또 공에게 말하기를,

"공은 악을 원수처럼 미워하고 강포한 자에 대해선 얕잡아 보며 어떤 사안에서도 심기를 건드리는 일을 회피하지 않는데, 만년의 처신을 이렇게 해서는 안 될 듯하다."

하자, 공이 말하기를,

"실현되는 것도 명(命)이고 폐해지는 것도 명이다.[154] 시세(時勢)를 따라 이랬다저랬다 하는 것을 나는 배우지 않았다."

하였다.

154 실현되는……명이다 : 자신이 추구하는 도(道)가 세상에 실현되는 일도 정해진 운명이고, 반대로 그 도가 실현되지 못하는 것 역시 정해진 운명이라는 말이다. 노(魯)나라의 공백료(公伯寮)가 계손(季孫)에게 공자의 제자인 자로(子路)를 참소하자, 공자가 "도가 장차 실현되는 것도 명이며, 도가 장차 폐해지는 것도 명이니, 공백료가 그 명에 어떻게 하겠는가."라고 한 말을 인용한 것으로, 소인이 아무리 위해를 가하고자 한들 모든 것은 하늘의 명에 의해 정해진 것이므로 자신은 자기가 나아갈 정도(正道)만 고수하면 된다는 의미이다. 《論語 憲問》

경신년(1680, 숙종6)에 공의 벗들이 모두 주륙을 당하거나 금고(禁錮)에 처해졌는데도[155] 상이 특별히 공을 형조 판서에 제수하자 당국자가 속으로 그것을 의아하게 생각하였다. 한 대신(大臣)[156]이 그 이유에 대해 묻자 상이 이르기를,

"박모(朴某)가 후원(喉院)에 있을 때 의관이 극히 검소하여 내가 그것을 실로 가상하게 여긴 일이 있거니와, 앞서 수령을 인견할 무렵 내가 상관에게 뇌물을 주는 일이 없도록 하라고 경계하였더니 박모가 '수령이 상관에게 뇌물을 바치는 일이 무죄는 물론 아니나, 재상의 지위에 있는 자가 만약 능히 저마다 스스로를 단속하여 청렴에 손상을 끼치는 일을 경계한다면, 비록 뇌물을 바치고자 한들 되겠습니까. 그 뇌물을 받아 주는 관리들 역시 죄가 없지 않습니다.'라고 하였다. 그 당시 조정에 있던 자들은 모두 그의 친척이거나 벗이었는데도 그의 말이 이처럼 청렴결백하고 공정하였으니, 내 이러한 이유로 그를 버려둘 수 없는 것이다."

하였다. 미수(眉叟) 허 선생(許先生)은 일찍이 사람들에게 "독실하고 중후하며 치밀하고 신중한 것은 박모만 한 이가 없다. 이 사람은 진실로 재상의 그릇이다."라고 하였다. 아아, 위로는 성군(聖君)의 칭찬과

155 경신년에……처해졌는데도 : 1680년 경신대출척(庚申大黜陟)이 일어나 많은 수의 남인이 희생되거나 쫓겨난 일을 말한다.

156 한 대신(大臣) : 김수항(金壽恒, 1629~1689)을 말한다. 본관은 안동(安東), 자는 구지(久之), 호는 문곡(文谷)으로, 경신환국으로 이 당시 조정에 복귀해 영의정을 맡고 있었는데, 서인 중심의 더욱 철저한 인사 조치를 강조한 신익상(申翼相)의 상소가 나오자 그것을 지지하면서 박신규의 형조 판서 임명에 이의를 제기하였다. 《肅宗實錄 6年 7月 28日, 8月 3日》

아래로는 유현(儒賢)의 논평을 통해 공의 일생을 분명히 알 수 있을 것이니, 여타의 일은 굳이 공을 위해 기록할 필요가 없는 것이다. 숙종 을해년(1695) 명에 따라 청백리(淸白吏)를 선발하였는데, 그때 공이 그 가운데에 들었다.

배위(配位)는 창원 황씨(昌原黃氏)로, 목사를 지내고 참판으로 추증된 황수(黃灉)의 따님이다. 겸손하고 공순하며 정숙한 덕과 훌륭한 풍범(風範)으로 온 집안으로부터 칭송을 받았다. 기사년(1629, 인조7)에 태어나 정미년(1667, 현종8)에 생애를 마치니 향년 39세이다. 처음엔 양주(楊州)의 누원(樓院)에 묻혔다가 공을 장사 지낼 때 천장되었는데, 이때 동혈(同穴)[157] 제도가 적용되었다. 그곳은 바로 도봉(道峯)의 좌측 기슭 냉천현(冷泉峴) 오좌(午坐)의 언덕이다.

공은 3남 3녀를 두었고 측실에게서 1녀를 두었다. 아들 가운데 첫째는 성의(性義)로 생원이고, 둘째는 명의(明義)로 참봉을 지냈고 대종(大宗)의 후사가 되었으며, 셋째는 행의(行義)로 문과에 급제하여 홍문관 교리를 지냈다. 사위는 김진고(金振高), 김남택(金南擇), 이홍관(李弘觀)이다.

성의는 2녀를 낳았고, 명의는 1남 2녀를 낳았고, 행의는 2남을 낳았다. 내외의 손자와 증손은 다 기록하지 않는다.

공의 4대손 전 정언 명섭(命燮)이 100년이란 시간이 흐른 지금, 공의 묘도에 비문이 없음을 안타까워하여 나에게 명(銘)을 지어 달라고 부

157 동혈(同穴) : 부부가 죽어서 한 구덩이에 묻히는 것을 이른다. 《시경》 〈왕풍(王風) 대거(大車)〉에 "살아서는 집을 달리하였으나, 죽어서는 무덤을 함께하리라.〔穀則異室, 死則同穴.〕"라고 한 데서 유래한 표현으로, 부부간의 깊은 애정을 상징한다.

탁하였다. 나는 일찍부터 공의 풍도에 대해 듣고 개인적인 경모를 품어 왔던 자이다. 어찌 이미 늙었다는 이유를 대며 감히 사양할 수 있겠는가. 이에 명(銘)을 짓는다. 명은 다음과 같다.

선비는 늘 명철한 군주를 만나지 못할까 걱정하니	士每患不遇明主
오로지 세상이 자신을 알아주지 못하기 때문이고	職由於世不我知
재주 있는 이 또한 스스로 높이 드러나기란 어려우니	才亦難自致崇顯
품은 뜻을 펼쳐 낼 수가 없으매 어쩌겠는가	無奈乎齎志莫施
공과 같은 경우는	若公者
군신간에 마음이 하나로 녹아들었고	灑落君臣之契
경월[158]의 지위에서 환하게 빛이 났으며	燀爀卿月之班
한 발만 더 디디면 황각에 들어가기에	跬步黃閣
창생의 여망이 동산에 모여들었네[159]	蒼生屬望東山

158 경월(卿月) : 《서경》 〈홍범(洪範)〉에 "왕이 살필 것은 해이고 경사(卿士)는 달이고 사윤(師尹)은 날이다.〔王省惟歲, 卿士惟月, 師尹惟日.〕"라고 한 데서 연유한 말로, 판서에 해당하는 고위 관원을 말한다. 박신규는 1680년과 1685년에 각각 형조 판서와 호조 판서에 제수되었다.

159 한……모여들었네 : 곧 상신이 되어 국정을 총괄하게 될 것이기에, 물러나 은거해 있는 박신규를 향해 백성들의 여망이 모였다는 말이다. 황각(黃閣)은 한(漢)나라 때 승상(丞相)이 집무하는 관청의 문을 노랗게 칠한 데서 유래하여 의정부를 가리킨다. 동산(東山)은 진(晉)나라의 사안(謝安)이 조정에서 누차 불렀는데도 응하지 않고 묻혀 살던 회계(會稽)의 지명으로, 벼슬을 버리고 은거하는 장소를 말한다. 사안이 회계의 동산에 은거하면서 조정의 부름에 전혀 응하지 않자, 당시 사람들이 "안석(安石)이 나오려 하지 않으니, 앞으로 백성들은 어이한단 말인가."라고 했다는 고사를 활용한 것이다. 《晉書 謝安列傳》

그 뜻은 우리 임금을 요순으로 만들려는 것이고 其志使吾君爲堯爲舜

그 재주는 우리 백성을 다 풍족하게 만들 만하였네

其才使吾民家給人足

그런데 어이하여 시작은 하였으나 끝을 맺지 못하여 奈之何旣始罔終

도리어 중도에 하늘은 서둘러 앗아 갔는가 羌中道而奪速

임금은 옷을 보내 부의하여 장사 지내게 하였고 重宸脫衣而斂歸

저자는 장을 멈추고 곡을 하였네 都市撤廛而相哭

이는 국운의 불행인가 斯其邦運之不淑歟

생민의 불행인가 生民之無福歟

아니면 우리 무리들의 곤액 때문인가 抑由於吾黨之窮阨歟

나는 누구에게 귀의해야 할지 모르겠으니 吾不知所歸

왜 이렇게 했는지 하늘을 탓할 뿐이네 咎天曷故焉

내 공의 묘에 명을 지어 我銘公墓

잠시 하늘에 호소하노라 薄愬于天

증 대광보국숭록대부 의정부 우의정 행 보국숭록대부 평안도병마수군절도사 겸 영변대도호부사 부원수 김공 신도비명

贈大匡輔國崇祿大夫議政府右議政行輔國崇祿大夫平安道兵馬水軍節度使兼寧邊大都護府使副元帥金公神道碑銘

내가 일전에 관서(關西)의 관찰사로 있을 때[160] 도내(道內)를 순행하다가 황룡성(黃龍城) 아래를 지난 적이 있었는데, 그때 누군가 어렴풋이 보이는 교목이 있는 오래된 집을 가리키며 "저것은 고(故) 충신 부원수(副元帥) 김공(金公)의 유택으로, 그 자손이 대대로 지켜 오고 있습니다."라고 말하였다. 나는 이 일이 있기 전, 공의 아들이 공이 오랑캐의 조정에서 해를 당하였단 소식을 듣고 압록강(鴨綠江) 기슭에서 공을 향해 초혼(招魂)을 할 때, 비바람이 몰아닥치고 운무가 뒤따라 창공을 가득 메워 마치 징소리와 북소리가 은은히 오가는 것 같더라는 이야기를 들은 바 있었기에 '천지간을 의지하면서 맺힌 채 흩어지지 않은 충혼(忠魂)과 의백(毅魄)이 지금까지 혁혁하게 남아 있지 않다고 어찌 장담할 수 있겠는가.'라는 생각이 들어, 두려운 마음으로 예를 표하고 그곳을 지나갔다. 그런데 못내 아쉬웠던 것은 충정에 보답하고 절의를 장려하는 조치가 여전히 미진한 부분이 있다는 사실이었다. 금상(今上) 15년(1791, 정조15)에 관서 지방의 선비들이 글을 올려 그 사정을 아뢴 일을 계기로 '양의공(襄毅公)'이라는 시호와 '충신문(忠臣門)'이

160 내가……때 : 번암이 평안도 관찰사로 재직하던 1774년(영조50) 4월부터 이듬해 5월까지의 어느 무렵을 말한다. 《海左集 卷24 領議政謚文肅蔡公神道碑銘》

라는 정려(旌閭)가 내려지자 마침내 기뻐하고 찬탄하기를 "이로써 가히 백세토록 풍성(風聲)이 세워지게 되었다."[161]라고 하였다.

공의 휘는 경서(景瑞), 자는 성보(聖甫), 초휘(初諱)는 응서(應瑞)이다. 그 선대는 김해(金海) 사람으로 신라의 명장(名將) 유신(庾信)의 후예인데, 그 뒤 관서의 용강(龍岡)으로 이주하였다. 증조는 몽하(夢河)로, 국자감 생원이며 사복시 정으로 추증되었다. 조부는 계식(繼植)으로 현감을 지내고 호조 참판에 추증되었다. 선고(先考)는 인룡(仁龍)으로, 사헌부 감찰을 지내고 병조 참판에 추증되었다. 선비(先妣)는 나주 정씨(羅州鄭氏)로 부장(部將) 정렬(鄭烈)의 따님이며 정경부인(貞敬夫人)에 증직되었다. 이상의 봉증(封贈)은 모두 공이 귀한 신분이 되었기 때문이다.

공은 태어날 때부터 양쪽 겨드랑이에 새 날개 모양의 특이한 뼈가 있어 지붕을 뛰어넘을 수 있을 정도의 용맹을 지녔다. 어려서는 아이들과 어울려 놀이를 하면서 모래를 모아 성을 만들고 나무를 꺾어 병기를 만들면서 전쟁에서 진을 짜는 모습을 흉내 냈다. 장성한 뒤에는 손자(孫子)와 오기(吳起)의 책[162]을 즐겨 읽었고 말 타기와 활쏘기를 잘하였다.

선조 계미년(1583, 선조16) 무과에 급제하여 처음 이진 권관(梨津權

161 이로써……되었다 : 김경서(金景瑞)에 대한 국가의 공식적 추존을 통해 그의 명예가 제대로 확립되어 먼 후세에까지 전해지게 되었다는 말이다. 주(周)나라 강왕(康王)이 필공(畢公)에게 "선을 표창하고 악을 구별하여 거주하는 마을을 정표(旌表)하고, 선을 드러내고 악을 병들게 하여 풍성을 세우라."라고 한 말을 원용한 것으로, 풍성이란 풍격과 명예라는 뜻이다. 《尙書正義 畢命》

162 손자(孫子)와 오기(吳起)의 책 : 중국 춘추 시대 병법의 대가인 손무(孫武)의 《손자병법(孫子兵法)》과 오기(吳起)의 《오자병법(吳子兵法)》을 말한다.

管)에 제수되고, 이후 상의원 주부와 사헌부 감찰을 역임하였다. 외직으로 나가 아이진 진장(阿耳鎮鎮將)이 되어서는 중화의 제도를 본떠 기와를 굽고 성을 쌓았으며 그 덕에 성은 튼튼하고 완전한 모습을 갖추게 되었다. 그 노고를 인정받아 고산리 진장(高山里鎮將)으로 이배되고 절충장군(折衝將軍)으로 자급이 올랐다.

임진년(1592)에 왜구들이 대대적으로 거병하여 침략해 들어왔다. 이때 팔도에서는 태평한 나날에 길들여 있던 탓으로 멀리 적의 형세가 보이기만 하여도 흩어져 달아나지 않는 곳이 없었다. 그리하여 상은 용만(龍灣)으로 몽진(蒙塵)을 떠나는 한편, 적은 계속 승승장구하면서 평양을 점거하게 되었다. 이 당시 공은 부친상을 당하였는데, 상은 장수들 가운데 공을 뛰어넘는 이가 없다는 사실을 알고 공에게 기복(起復)할 것을 명하여 별장(別將)으로 삼은 다음, 용강(龍岡), 강서(江西), 삼화(三和), 증산(甑山) 등 4개 읍의 병사들을 모두 공에게 소속시켰다. 이로써 마침내 패수(浿水)의 서쪽에 병사를 주둔시켜 적과 대치하게 되었다. 그때 적의 우두머리 소서비(小西飛)[163]는 용맹이 탁월하여 잠이 깊이 든 중에도 두 눈을 번쩍 뜨고 손은 그대로 보검을

163 소서비(小西飛) : 일본 전국(戰國) 시대부터 강호(江戶) 시대 전기까지 활약한 장수인 내등여안(內藤如安)을 가리킨다. 1585년 소서행장(小西行長)에게 중용되어 '소서'라는 성을 얻고, 또 관위(官位)가 비탄수(飛彈守)였기에 소서비탄수(小西飛彈守)로 불렸는데, 명나라와 조선에서는 소서비로 약칭되었다. 소서행장의 부하로서 임진왜란 때 출병하였고 1594년에는 강화 교섭 사절로 명나라로 가 봉공(封貢)의 세 조건을 확약한 후 귀국했다. 이후 본국으로 돌아가 1613년 덕천가강(德川家康)의 가톨릭 추방령으로 인해 필리핀 마닐라로 추방되었다가 병사했다. 《亂中雜錄 2 癸巳》《朝日日本歷史人物事典 http://kotobank.jp/dictionary/rekishijinbutsu 검색일: 2021. 4. 2.》《楠戶義昭, 聖書武將の生生流轉 : 豐臣秀吉の朝鮮出兵と內藤如安, 講談社, 2000, 300~311쪽》

쥔 채로 있곤 하였는지라 아무도 그 앞에 감히 접근하지 못하였다. 이에 공은 소서비가 총애하던 관아의 기생[164]을 통해 그가 진짜 잠들었다는 사실을 알아내고는, 밤중에 장막을 걷고 곧장 안으로 들어가 검으로 그의 목을 벤 뒤 그의 머리를 들고 그곳을 빠져나오려 하였다. 그런데 그때 서남쪽 구석에서는 병사들이 모두 잠들어 있는데 기생이 공의 옷을 잡아끌면서 함께 가고자 하기에, 공은 병사들이 잠에서 깰까 염려하여 다른 한 검으로 다시 기생을 베고 성을 뛰쳐나왔다. 이후 날이 밝아 적들이 비로소 알아채자 온 군진이 야단법석이 되어 떠들썩함을 가라앉히지 못하였다.

얼마 지나지 않아 천자의 군대가 대대적으로 집결하자, 공은 휘하에 죽을 각오가 되어 있는 병사들을 이끌고 천장(天將) 낙상지(駱尙志)[165]

164 관아의 기생 : 실제 누구를 가리키는지는 알 수 없으나, 《평양지(平壤志)》와 《이계집(耳溪集)》 권18 〈부원수김장군경서전(副元帥金將軍景瑞傳)〉에 따르면 임진왜란 때의 의기(義妓) 계월향(桂月香)인 듯하다. 계월향의 출신지는 평안도 평양으로, 두 기록에선 임진왜란 당시 왜장 소서행장이 평양을 점령하였을 때 김경서와 밀통(密通)하여 소서행장의 부장을 죽이고 함께 달아나다가, 적진을 탈출할 수 없음을 깨달은 김경서의 칼에 찔려 죽었다고 하였다. 그런데 번암의 이 글을 비롯하여, 조면호(趙冕鎬)의 〈제의열사(題義烈祠)〉, 고전 소설인 《임진록(壬辰錄)》 등에서는 계월향이 김경서를 도와 죽인 왜장을 소서비라고 명기하였다. 소서비는 바로 내등여안으로, 그가 죽은 해가 1626년이기에 계월향과 소서비를 연결한 기록은 역사적 사실의 관점에서 보자면 오류라 할 수 있다. 《玉垂集 卷4 題義烈祠》《朝日日本歷史人物事典 http://kotobank.jp/dictionary/rekishijinbutsu 검색일: 2021. 4. 2.》《楠戶義昭, 聖書武將の生生流轉 : 豊臣秀吉の朝鮮出兵と內藤如安, 講談社, 2000, 300～311쪽》

165 낙상지(駱尙志) : 명나라 절강성(浙江省) 소흥부(紹興府) 여요현(餘姚縣) 출신 장수로, 호는 운곡(雲谷)이다. 1000근의 무게를 들 수 있는 힘을 가졌다 하여 낙천근(駱千斤)이라고 불렸다. 1592년 12월 명나라 장수 이여송(李如松)의 통솔 아래 보병 3000명

와 함께 맨 먼저 성을 올라 무수히 많은 적들을 참살하였다. 이에 적은 전의를 상실하여 근거지를 버리고 달아나 평양이 수복되었는데, 조정에서는 그 공을 장려하여 공을 첨지중추부사에 제수하였다.

얼마 뒤 발탁되어 경상우도 병마절도사(慶尙右道兵馬節度使)가 되고 가선대부(嘉善大夫)로 자급이 올랐다. 그 당시 적은 남쪽 지방에 주둔해 있으면서 늘 대지를 생각만 하고 있었는데, 이에 공은 밤낮으로 비분강개하며 흉적을 토벌해 나라에 보답할 것을 자신이 맡은 소임으로 여겼다. 그러던 중 모친상을 당하자 사정을 아뢰어 분곡(奔哭)[166]하게 해 줄 것을 청하였으나 상은 허락하지 않고 관에서 장례와 제사에 필요한 물품을 지급하도록 함으로써 위로해 주었다. 이에 공은 통곡하며 이전대로 계속 일을 보았는데, 그 위엄에 찬 명성은 먼 데 가까운 데 할 것 없이 두려움으로 떨게 만들었다. 이때 적의 우두머리인 평행장(平行長)[167]이 두려운 마음에 함안(咸安)의 곡현(谷峴)에서 화의를 맺는 회동을 하자고 약속하기에, 공은 그 사실을 조정에 아뢴 뒤 기병 몇 기를 따르게 하여 적의 성루로 가 문을 두드렸다. 이때 적은 군용(軍

을 이끌고 조선에 들어와 이듬해 김경서 등과 함께 평양 전투에서 큰 전공을 올리고, 1594년 1월에 귀국했다. 1792년 평양의 무열사(武烈祠)에 배향되었다. 《宣祖實錄 26年 1月 14日》《象村稿 卷57 天朝詔使將臣先後去來姓名記自壬辰至庚子》《正祖實錄 16年 9月 18日》

166 분곡(奔哭) : 부모상에 타지에서 달려와서 곡하는 예를 말한다.

167 평행장(平行長) : 소서행장(小西行長, 1558~1600)으로, 풍신수길(豐臣秀吉)의 가신(家臣)이자 임진왜란 당시 조선에 가장 먼저 상륙하여 한성을 점령하고 평양성까지 진출하였던 일본군 지휘관이다. 1597년 정유재란 때 다시 내침하여 여러 곳에서 전쟁을 벌이다 이듬해 풍신수길의 사망으로 철군 명령이 내려지자 귀국하였다.

容)을 성대하게 갖추어 검과 창으로 숲을 이룬 채 공을 맞이해 들였는데, 공이 예의를 차리지 않고 상에 걸터앉자 행장(行長)은 우리나라에서 천조(天朝)에 주청하여 일본이 다른 번국(藩國)의 사례와 똑같이 봉작(封爵)을 받을 수 있게 해 달라고 부탁하였다. 그러자 공은 의리에 근거해 그 부탁을 물리쳤고, 이에 추장들이 모두 부끄러워하며 사과하는 한편 보검과 준마를 선물로 주었는데 공은 그것마저도 모두 물리쳤다. 왜장 사야가(沙也可)[168]가 공의 위명(威名)에 탄복하여 3000명을 데리고 투서(投書)하여 귀의할 것을 청하자 공이 허락해 주었고, 이에 상이 그에게 김충선(金忠善)이란 성명을 하사하고 적(籍)은 김해(金海)로 두어 공의 관향을 따르도록 하였다.

한편, 요시라(要時羅)[169]라는 자가 적에 대한 정보를 일러 주면서 "청정(淸正)은 기필코 다시 움직일 것이니, 미리 수군을 정비한 다음 맞받아친다면 그의 머리를 휘하로 가지고 올 수 있을 것입니다."라고 하므로 공이 그 말을 조정에 아뢰었다. 이에 조정에서는 통제사(統制

168 사야가(沙也可) : 임진왜란 때 일본 장수로서 조선에 귀화한 김충선(1571~1642)의 본명이다. 자는 선지(善之), 호는 모하당(慕夏堂)이다. 1592년 임진왜란 때 가등청정(加藤淸正)을 따라 우선봉장(右先鋒將)으로 참전했다가 곧 조선에 귀순하여, 왜적과의 전투에서 많은 공을 세웠다.

169 요시라(要時羅) : ?~1599. 대마도(對馬島) 출신으로 임진왜란과 정유재란 당시 소서행장과 종의지(宗義智)의 휘하에 있으면서 조선과의 교섭을 담당한 인물이다. 조선어에 능통하였고, 특히 임진왜란 당시 경상우도 병마절도사로 있던 김경서와 자주 접촉하여 일본 측 정보를 여러 번 제공하였다. 한편 그의 이런 행적은 일부 진영으로부터, 조선 진영을 이간하려는 술책이라 여겨지기도 하였다. 정유재란 이후에는 교섭을 촉진하기 위해 스스로 명군 진영에 들어갔다가 북경까지 끌려간 후 처형되었다. 《宣祖實錄 28年 7月 8日, 33年 1月 29日》《白湖集 卷23 統制使李忠武公遺事》

使) 이순신(李舜臣)에게 명하여 그가 일러 준 계책대로 나가 싸우도록 하였는데, 이순신은 그 말에 속임수가 있을까 의심하여 나서지 않았다. 그러자 조정은 이공(李公)에게 죄를 묻고 원균(元均)으로 하여금 그 임무를 대신 맡도록 하였다. 원균은 용렬한 자로서 적이 기습해 오자 배를 버리고 달아난 적이 있었는데도, 조정의 의론은 도리어 공이 속임을 당한 것이라고 하면서 그 직위를 삭탈하여 백의종군함으로써 스스로의 힘을 다 바치도록 하였다. 이에 마침내 공은 혈혈단신이 되어 스스로 버틸 수 없게 되자 체찰사 유공 성룡(柳公成龍)한테 가서 귀의하였는데, 유공(柳公)은 조정에 아뢰어 공을 머물러 두어 대구(大丘)에 주둔하게 해 달라고 청하였다. 그러자 공은 동래(東萊)의 온정(溫井)에 있던 적을 기습 격파하여 수백 명에 달하는 적을 참수하는 한편, 휘하의 투항한 왜인들을 이끌고 도산성(島山城)을 틀어쥐면서 적 가운데 밤에 물을 길으러 나오는 자가 있으면 그때마다 남김없이 붙잡아 목을 베었다. 이에 천장 마 제독(麻提督)[170]과 양 경리(楊經理)[171]가 기특하게 여겨 백금(白金)과 홍단(紅緞)을 상으로 내려 주었고, 조정

170 마 제독(麻提督) : 명나라 장군 마귀(麻貴)이다. 호는 소천(小川)이며 대동위(大同衛) 출신으로 선조는 회흘(回紇) 사람이다. 1597년 정유재란이 일어나자 비왜 총병(備倭總兵)으로 임명되어 조선에 왔다가 1599년 본국으로 돌아갔다.《象村稿 卷57 天朝詔使將臣先後去來姓名記自壬辰至庚子》

171 양 경리(楊經理) : 명나라 장군 양호(楊鎬, ?~1629)이다. 자는 경보(京甫), 호는 창서(蒼嶼)이며 하남성(河南省) 상구(商丘) 출신이다. 1597년 정유재란 때 경략조선 군무사(經略朝鮮軍務使)로 임명되어 조선에 왔다. 울산 도산성 전투에 참여하였으나 패배하여 파면되었다. 후금이 발호하자 다시 기용되었으나 부차령(富車嶺) 전투에서 대패하여 그 책임을 지고 하옥되었다가 1629년에 처형되었다.《象村稿 卷57 天朝詔使將臣先後去來姓名記自壬辰至庚子》

에서는 의지하고 중히 여겨서 경상좌도 병마절도사에 제수하여 적의 기세를 막도록 하였다. 그러고 얼마 뒤 왜인의 강화 요청으로 전쟁이 끝나자 부총관으로 조정에 소환되었다. 밀양 부사(密陽府使)에 제수되었으나 나아가지 않았다. 그 뒤 외직으로 나가 전라도 병마절도사가 되고 장흥 부사(長興府使)를 겸관하였다. 1년 뒤에 충청도 병마절도사로 이배되었고, 내직으로 들어와 포도대장이 되었다. 그사이 전라도 방어사를 겸관하였다.

계묘년(1603)에 왜적이 다시 쳐들어오겠다고 선언해 오자, 조정에서는 승장(僧將) 유정(惟政)[172]을 파견하여 국서를 받들게 하였는데, 이때 공이 부사(副使)가 되어 적의 허실을 염탐하였다. 왜적은 공의 명성에 대해 평소부터 익히 알고 있던 터라, 공이 당도하자 유달리 깊은 존중과 예우를 보이면서 금과 비단을 선물로 보내 주었다. 그러나 정작 공은 그것을 모두 물리치고는 포로로 붙잡혀 간 우리나라 사람들을 돌려 달라고 독책하여 그들을 데리고 함께 귀환하였다. 상이 이를 가상하게 여겨 경상좌도 병마절도사로 거듭 제수하고 가의대부로 품계를 올려 주고 선무 원종공신(宣武原從功臣)으로 녹훈하였다. 그 뒤 구성 부사(龜城府使)에 제수되었다가 다시 정주(定州)로 이배되었다. 남쪽 지방에 머무른 지 14년 만에 비로소 귀향하여 집안사람들을 보게 되었다.

172 유정(惟政) : 1544～1610. 본관은 풍천(豐川), 호는 사명당(泗溟堂)·송운(松雲)·종봉(鍾峯)으로, 조선 중기의 승려이자 승병장이다. 묘향산 보현사에서 휴정(休靜), 즉 서산대사의 법을 이어받았고, 임진왜란과 정유재란 때 승병을 모집하여 전공을 세웠다. 1604년 국왕의 친서를 들고 일본에 건너가 덕천가강을 만나 강화를 맺고, 이듬해 전란 때 잡혀간 조선인 3000여 명을 인솔하여 귀국했다.

광해군 3년(1611)에 충청도 수군절도사에 제수되고 함경남도 절도사로 옮겨졌다. 그로부터 몇 년 뒤 길주목사 겸 방어사(吉州牧使兼防禦使)가 되었다. 그 공로로 자헌대부(資憲大夫)로 자급이 올랐다. 또 함경북도 병마절도사가 되고 정헌대부(正憲大夫)에 올랐다가 임기를 다 채우고 난 뒤 귀향하였다.

이듬해 영흥 부사(永興府使)를 거쳐 또 숭정대부(崇政大夫)로 자급이 올라 평안도 병마수군절도사에 제수되고 영변 대도호부사(寧邊大都護府使)를 겸관하였다. 이때 당시 건로(建虜)[173]가 요양(遼陽)을 함락하자 천자가 이를 근심하여 양호(楊鎬)와 유정(劉綎)[174] 등으로 하여금 토벌할 것을 명하는 한편 우리나라에게 병력을 징발하여 협공을 펼치도록 하였다. 그러자 광해는 강홍립(姜弘立)[175]을 도원수(都元帥)로 삼고 공을 부원수(副元帥)로 임명하였는데, 교서(教書)와 절월(節鉞)이

173 건로(建虜) : 건주위(建州衛)의 오랑캐라는 말로, 남만주 지역에 살던 여진족을 가리킨다.

174 유정(劉綎) : 1558~1619. 자는 자신(子紳), 호는 성오(省吾)로 강서성(江西省) 남창(南昌) 출신인 명나라 장수이다. 임진왜란과 정유재란 때 조선에 파견되었고, 1619년 심하(深河) 전투에서 동로군(東路軍)의 사령관으로서 조선과 연합 작전을 펼치다 부차령에서 전사했다. 《象村稿 卷57 天朝詔使將臣先後去來姓名記自壬辰至庚子》

175 강홍립(姜弘立) : 1560~1627. 본관은 진주(晋州), 자는 군신(君信), 호는 내촌(耐村)이다. 명나라가 후금을 치기 위해 조선에 원병을 청하자, 오도 도원수(五道都元帥)가 되어 군사를 이끌고 출병하였다가 항복하였다. 이에 대해 광해군이 명나라가 패배할 것을 짐작하고 강홍립에게 형세를 보아 항배를 정하라는 밀명이 있었다는 말이 있다. 정묘호란 때에 후금군의 선도로서 입국하여 강화(江華)에서의 화의를 주선한 뒤 국내에 머물게 되었다. 난후 역신으로 몰려 관직을 삭탈당하였다가 죽은 뒤에 복관되었다.

내려지지 않아 공이 누차 요청하였으나 모두 응답을 얻지 못하였다. 이는 대개 강홍립이 독단적으로 일을 통제하려는 목적으로 중간에서 그것을 막았기 때문이었다.

기미년(1619, 광해군11) 3월에 천자의 군대와 약속하여 군대를 끌고 압록강을 건넜다.[176] 이때 천자의 조정에서 특별히 공에게 깃발과 검과 차패(箚牌)를 하사하는 한편 차패에는 '김 원수(金元帥)'라는 칭호를 썼는데, 이는 대개 임진년에 전쟁이 일어났을 때 공이 동국(東國)의 간성(干城)이란 말을 들은 바가 있기 때문이다. 이후 강홍립이 군중에 영(令)을 내리기를 "한 군영에 두 명의 원수가 있어서는 안 된다. 부원수는 마땅히 좌영(左營)으로 옮겨야 할 것이다.[177]"라고 하자 공이 수긍하지 않고 "어찌 원수로서 좌영에 귀속되는 경우가 있겠는가."라고 하였다. 이에 강홍립이 "우영(右營)으로 옮겨 들어가라."라고 다시 영을 내리고는, 이후 마침내 밀지(密旨)가 있다는 핑계로 군중의 일을 하나같이 모두 독단으로 처리하여 부원수가 관여하지 못하도록 하였다. 이러한 상황에서 공은 속수무책일 뿐이었다. 군대의 행렬이 심하(深河)에 이르기 전 강홍립은 오랑캐의 군영에 역관을 보내 은밀히 양국

176 3월에……건넜다 : 《광해군일기》 12년 5월 20일 기사에 따르면 강홍립이 이끄는 조선 군대가 압록강을 건넌 시기는 3월이 아니라 2월이며, 《김장군유사(金將軍遺事)》 권1에 실려 있는 〈연보(年譜)〉에서도 마찬가지로 김경서와 강홍립의 군대가 압록강을 건넌 시기를 2월이라고 명기하고 있다. 따라서 3월이라고 한 것은 전사 과정에서의 오류이거나 번암의 착각이 아닐까 한다.

177 부원수는……것이다 : 심하 전투 당시 조선 군대는 유정이 이끄는 동로군의 후미를 좌영, 중영(中營), 우영 순서로 따라갔는데, 이에 강홍립은 김경서를 사지로 몰아넣기 위하여 그를 군대의 선봉인 좌영으로 보내고자 한 것이다. 《金將軍傳》《金將軍遺事 年譜》

간에 화친을 맺으려고 하였는데, 이는 공이 실로 알지 못한 일이었다.

부차령(富車嶺)에 이르렀을 때 천자의 군대는 선두에 위치하고 우리 군대는 후방에 위치하고 있었는데, 그때 오랑캐들의 함성 소리가 홀연 산골짜기에서 터져 나오며 철갑을 두른 기병들이 마구 유린해 왔다. 이에 유 도독(劉都督)은 힘껏 전투를 벌이다 전사하였고, 유격(游擊) 교일기(喬一琦)[178]는 우리 군대 안으로 달려들어 왔다. 오랑캐가 승세를 타고 좌영을 습격하자 좌영장(左營將) 김응하(金應河)가 힘써 싸우다가 죽고 말았는데도, 강홍립은 그를 구원해 주지 않았다. 공은 격분하면서 "살아 무엇 하겠는가."라고 하고는 말에 채찍을 가하여 뛰쳐나가려고 하였는데, 그 순간 강홍립이 편비(偏裨)를 시켜 공을 말에서 끌어내리게 하고 아울러 공이 거느리던 전마(戰馬)까지 빼앗아 버렸다. 공은 큰 소리로 고함을 치면서,

"상황이 급박하다. 적이 100보 안에 당도했는데 허무하게 죽어 버릴 수는 없다. 원수는 왜 나를 만류하는가."

하였다. 그러나 강홍립은 그에 대해 아무런 대답도 내놓지 않았고, 결국에는 화친을 청하는 편지를 쓰면서 공과 상의도 하지 않고 곧장 공의 이름을 써넣었다. 그러고는 말하기를,

"저들이 우리 쪽의 지위 높은 장수와 만나 일을 논의하고자 하니, 장군이 아니면 갈 사람이 없다."

하니, 공은 말하기를,

178 교일기(喬一琦) : 1571~1619. 상해(上海) 사람으로, 자는 백규(伯圭), 호는 원위(原魏)이다. 유격장군으로서 도독 유정(劉綎)을 따라 후금과 전투를 벌이다 1619년 벼랑에 투신하여 스스로 목숨을 끊었다. 《明史 喬一琦列傳》

"원수가 기꺼이 항노(降奴) 되기를 원하면서, 이젠 또 나를 속이고 협박까지 하는가."

하였다. 그러자 강홍립은 버럭 화를 내며,

"군령을 어긴 자에겐 군율(軍律)이 따르는 법이다."

하고는, 마침내 강박을 가하면서 공을 오랑캐의 군영으로 들여보냈고, 이튿날에는 끝내 군대를 이끌고 가서 항복하였다.

공이 붙잡히고 난 뒤, 오랑캐 장수 귀영개(貴永介)[179]가 의자 위에 앉은 채로 항복하라고 협박하였다. 이에 공이 매서운 목소리로,

"장부(丈夫)가 죽으면 죽었지 어떻게 너한테 항복하겠는가."

하자, 귀영개가 의자에서 내려와 손을 잡고서,

"그대는 참으로 충신이다."

하였다. 오랑캐의 우두머리[180]가 일찍이 각 부의 수장들을 한자리에 크게 불러 모았을 때 강홍립과 공을 데리고 서쪽 줄로 가 앉았는데, 그때 한 총애를 받던 미녀가 동쪽 줄에서 잔을 들고 술을 권하며 말하기를,

"사람이 세상을 살아가는 데는 마음으로 서로를 허락하는 것을 소중히 여겨야 할 것입니다. 그대들과 저는 머나먼 땅에서 태어났으니, 군마(軍馬)가 아니었다면 어떻게 이렇게 만날 수 있겠습니까. 저는 남조(南朝)[181]의 군대를 격파한 사실은 기쁘지 않고 이렇게 그대들을

179 귀영개(貴永介) : 청나라 태조(太祖) 노아합적(奴兒哈赤)의 차남인 대선(代善)을 말한다.

180 오랑캐의 우두머리 : 노아합적을 말한다.

181 남조(南朝) : 청나라가 명나라를 지칭하는 용어이다.

만난 것이 기쁠 뿐입니다."
하였다. 그러자 강홍립은 절하며 사례하고 시를 지어 바쳤으나, 공은 대성통곡하면서,

"남아로서 죽어 응당 황조(皇朝)의 충신이 될지언정, 어찌 차마 항노(降奴)가 될 수 있겠는가."

하였다. 이에 오랑캐가 공을 미워하여 신성(新城)의 목책(木柵)에 가두었다. 형주(荊州) 사람 강세작(康世爵)[182]이 양 경리를 따라 전투에 참여하였다가 군대가 패배하자 우리나라에 몸을 의탁하였는데, 그때 목격했던 일을 전한 것이 이와 같았다. 이해[183]에 보국숭록대부(輔國崇祿大夫)에 올랐다. 조정에서 공이 오랑캐의 수중에 떨어졌다는 사실을 미처 전해 듣지 못하였기 때문에 이러한 명이 내려진 것이다.

공은 6년에 걸쳐 유폐된 생활을 하는 동안 자신의 이 마음을 천하와 후세에 드러내 보일 방법이 없다는 생각이 들어, 슬픔과 분함 속에 더 이상 살고 싶어 하지 않았다. 게다가 보아 하니 오랑캐의 형세가 날로 강성해져 결국에는 틀림없이 국가의 우환이 되겠기에, 마침내 적중에 빠지게 된 전말과 적 내부의 사정을 몰래 기록해 두었다가 손수 소장(疏狀)을 초하고 날마다 기록해 둔 것을 병기한 다음, 가까이 여기고 신뢰하는 번호(蕃胡)에게 주어 본조(本朝)에 주달하도록 하였다.

182 강세작(康世爵) : 1602～? 명나라 회남(淮南) 출신으로, 1619년 유정(劉綎)의 휘하에서 청나라 군대와 싸우던 아버지가 우모령(牛毛嶺) 전투에서 전사하자 압록강을 건너 조선으로 귀의한 인물이다. 그는 김경서가 끝까지 청나라에 항거하다 죽은 사실을 알리기도 한 인물이기도 하다. 《藥泉集 卷28 康世爵傳》《耳溪集 卷18 副元帥金將軍景瑞傳》《正祖實錄 15年 1月 25日》

183 이해 : 1619년(광해군11)이다. 《金將軍遺事 年譜》

그 글의 말미에는,

"적은 필시 도적질로 이익을 탐내는 데 그치지 않을 것입니다. 조만간 침략할 우려가 있을 터인데, 그렇게 된다면 평지에 세워져 있는 성과 들판에서 벌이는 전투로는 결코 막아 낼 수 없을 것이니, 마땅히 몹시 험준한 곳에 위치한 산성을 차지하여 방어할 방도를 다해야 할 것입니다."

하였는데, 소장이 이르렀을 때 광해는 그것을 보지도 않았다. 그 뒤 오랑캐가 있는 지역으로 들어가는 우리나라 차사(差使) 편으로 집안사람이 토산물을 부쳐 보내면서, 그것을 선물로 이용해 돌아올 수 있기를 바랐다. 그러자 공이 답장을 보내어 "뇌물로 구차히 벗어나려는 일을 나는 하지 않는다."라고 하였다. 이 당시 그동안 보냈던 집안 편지에는 임금이 그립고 나라가 걱정되어 그 생각을 죽을 때까지 잊지 못하겠다는 내용으로 채워졌다. 충심을 지닌 선비가 그것을 본다면 슬픔으로 눈물 흘리지 않을 자 어디에 있겠는가.

오랑캐는 우리나라와 수호를 맺은 이후로 공이 끝내 자기들의 쓰임이 되지 않아 오래도록 머물면서 아무 일도 하지 않으리라는 것을 깨닫고 본국으로 돌려보내려는 생각을 하게 되었다. 그러자 강홍립은 공이 돌아갔을 시에 자신의 죄가 더욱 드러나게 될까 두려워 몰래 일러바쳤고, 이에 오랑캐의 우두머리는 재빨리 사람을 보내 주머니를 수색하도록 하여 밀소(密疏)와 일기의 초본을 찾아내고는 크게 분노하여 공을 포박하여 동문 밖으로 내쫓아 죽였다. 이때는 천계(天啓) 4년 갑자년(1624, 인조2) 4월 18일로, 노복(奴僕)인 동이(同伊) 역시 같은 날에 죽었다.

병인년(1626)에 포로로 잡혀갔던 우리나라 사람들이 오랑캐 땅에서 돌아와 공의 죽음을 전하자, 집안사람들은 옛 옷가지와 깃발로 초혼(招魂)을 하고 용강관(龍岡館)의 남산(南山)에 돌아와 장사 지냈는데, 이는 선영(先塋)을 따른 것이다. 공의 아들 득진(得振)은 아버지의 원수를 갚으려는 생각을 품고 있다가, 정묘년(1627) 강홍립이 길잡이 노릇을 하면서 동쪽으로 왔을 때[184] 기복(起復)하여 조방장(助防將)이 되었는데, 얼마 지나지 않아 전쟁이 끝났다. 그 뒤에 외직으로 나가 자산군수(慈山郡守)가 되었을 무렵, 오랑캐의 사신을 보고는 분한 마음에 피를 토하고 죽었다. 두 딸은 안종복(安宗福)과 이광전(李光傳)에게 출가하였다. 공의 후사는 누차 끊어졌다 이어지기를 반복하였으니, 7대가 지났는데 자손은 모두 몇 사람이다.

이에 앞서 심하(深河)의 전투 당시, 논자들은 공이 강홍립과 함께 투항을 하였다고 의심하여 그러한 내용이 김응하(金應河)의 전(傳)[185] 안에 기재되기까지 하였다. 이에 공의 아들이 원통한 마음에 눈물을 흘리며 부친의 억울함을 호소함과 동시에 소장의 초본과 집안 편지를 바쳐 올렸으며, 관서의 유생들은 또 소장을 올려 공이 시종일관 위용을

184 정묘년……때 : 1627년 정묘호란 때 강홍립이 선두에서 후금의 길잡이가 되어 조선에 입국한 사실을 말한다.

185 김응하(金應河)의 전(傳) : 박희현(朴希賢)이 김응하의 일대기를 서술한 글인 《김장군전(金將軍傳)》을 말한다. 김응하는 1618년(광해군10) 명나라에서 건주위(建州衛)를 치기 위해 조선에 원병을 요청하였을 때 조방장으로 부원수 김경서의 휘하에 들어가서 도원수 강홍립을 따라 심하의 전투에 참여하였다가 전사한 인물이다. 이 글에서 박희현은 김응하를 용맹과 충절, 문(文)과 무(武)를 겸비한 영웅적 인물로 그린 반면, 김경서에 대해서는 강홍립과 마찬가지로 사대의 의리를 저버린 배신자로 묘사하였다. 《김유진, 죽음의 미화, 숭고의 미학 -김응하 서사를 중심으로, 국문학연구 25집, 국문학회, 2012, 80~86쪽》

세워 순절한 일에 대해 아뢰는 한편, 김응하의 전 가운데에 있는 글자를 삭제해 달라고 청하였다.[186] 그러자 인조는 몹시 안타까워하고 슬퍼하면서 대광보국숭록대부(大匡輔國崇祿大夫) 의정부 우의정으로 추증하여 주었다. 이렇게 된 결과 공의 억울함은 깨끗이 씻기게 되었고 사건의 본말 역시 세상에 분명하게 드러날 수 있게 되었다. 영조 재위 시절 양서(兩西)의 유생들이 시호와 정려를 내려 줄 것을 청하였으나 마침 이를 제지하는 자가 있어 중지되어 시행되지 않았다. 그러다 금상(今上)이 전에 없던 은전(恩典)을 시행하여 더 이상 유감이 없도록 해 주었으니, 죽은 뒤에 자신을 알아주는 세상을 만나는 것 또한 때가 있어 그러한 것일진저.

7대손 사척(思惕)이 삼가 비석을 마련하고 나에게 비문을 부탁하였다. 나는 일찍이 공의 집 앞에서 예를 표했던 사람이니 어찌 감히 고령이라는 이유로 사양할 수 있겠는가. 이에 마침내 행장을 참고하여 명(銘)을 짓는 바이다. 명은 다음과 같다.

각간[187]은 범 같은 모습으로	角干如虎
드높게 신라에서 뛰어났었는데	雄跨羅代

186 관서의……청하였다 : 1630년 2월 13일 평안도의 유생 강문익(康文翼) 등이 상소를 올려 심하 전투에서 김경서가 이룬 공을 아뢰고, 김경서를 부정적으로 다룬 박희현의 《김장군전》에서 김경서의 이름을 삭제해 줄 것을 청한 사실을 말한다. 《金將軍遺事 本道儒生康文翼等伸冤疏》 한편 《승정원일기》 인조 8년 2월 13일 기사와 《인조실록》 8년 2월 16일 기사에는 이 상소를 올린 인물이 강원립(康元立)으로 되어 있다.

187 각간(角干) : 신라의 17관등(官等) 중 제1등위(等位)인 이벌찬(伊伐贊)의 다른 명칭으로, 여기서는 김경서의 선조인 김유신(金庾信)을 가리킨다.

천여 년의 세월이 지난 뒤에	歷千年餘
후손이 능히 그 상대가 되었네	有孫克對
선조가 신하를 알아주어	宣廟知臣
공을 상중에서 일으키니	起公于苫
높디높은 패수의 성루에서	浿壘深深
밤중에 칼을 갈아	夜裏磨劍
장막을 헤치고 한번에 뛰어오르매	披帷一躍
용추[188]는 목이 끊어져 버렸고	勇酋臙斷
가장 먼저 성에 올라 문을 부수매	先登奪門
반역의 무리들은 야밤에 달아났네	蜂蟻宵遁
난리로 병들어 버린 남쪽 땅에서	瘼矣南維
천 리에 걸쳐 이리저리 싸웠네	千里轉戰
웃으며 대해를 건너가자	笑履溟渤
추악한 오랑캐들 바짝 엎드리니	醜蠻崩角
수많았던 우리의 포로들은	纍纍我俘
기쁨의 웃음소리로 배를 가득 메웠네	歡笑滿船
공훈을 논하고 성과를 헤아리매	課功數績
그 누가 공과 어깨를 나란히 하랴	孰與公敵
심하가 저기에 있으니	深河在彼
내 마음은 저와 함께 깨끗하도다	我心與白
누구였나 나의 말을 빼앗아	誰奪我馬

188 용추(勇酋) : 용맹한 우두머리란 말로, 일본의 장수 내등여안을 가리킨다. 191쪽 주163 참조.

나를 싸우지 못하게 했던 그자는	不我戈甲
오랑캐의 술이 바다 같고	虜酒如海
아름다운 여인들이 옥 같던 그곳에서	美姬如玉
투항한 포로가 시를 바치니	降虜獻詩
나의 통곡 소리 더욱 그칠 줄 몰랐네	我哭逾長
피눈물을 흘리며 소장을 지어서	淚血爲疏
몰래 저 하늘에 호소하였으나	密訴彼蒼
동문의 밖에서	東門之外
죽을 자리를 얻었네[189]	爰得死所
운무 가운데 징소리 북소리가	雲霧鐃鼓
다가오는 듯 멀어지는 듯	似來如去
말 또한 군을 따라	馬亦隨君
울부짖으며 공중으로 들어갔네	嘶入空中
남의 훌륭함 세워 주기를 좋아하지 않으니	不樂成美
비루하도다 우리 동국이여	小哉吾東
인조는 안타깝다 하면서	仁廟曰咨
높디높게 추증을 해 주었네	有贈崇崇
신손[190]이 선군의 일을 계승하여	神孫述事
정려와 시호가 환히 빛나니	旌謚有煌
억울한 무함이 모두 벗어지매	冤誣盡釋

189 동문(東門)의……얻었네 : 김경서가 강홍립의 고발로 동문 밖에서 처형을 당한 것은 의리상 죽어야 할 상황에서 제대로 된 죽음을 맞이한 것이라는 말이다.

190 신손(神孫) : 왕위를 계승한 임금의 미칭으로, 여기서는 영조를 가리킨다.

아름다운 명예를 청사가 전하네	靑史流芳
자식은 마음이 찢어져	有子心腐
피를 토하며 갖은 고생 다 겪었네	嘔血酸辛
물이 땅 위에 붙어 흐르듯	如水在地
혼령이 고향 땅에 머물러 맴도네	魂兮故園
명을 바위에 새기노니	銘以刻石
바위는 마멸돼도 이름은 남으리	石泐名存

번암집

제48권

신도비
神道碑

수충익모광국 추충분의협책평난 공신 대광보국숭록대부 의정부영의정 겸 영경연홍문관예문관춘추관관상감사 세자사 아성부원군 이공 신도비명

輸忠翼謨光國推忠奮義協策平難功臣大匡輔國崇祿大夫議政府領議政兼領經筵弘文館藝文館春秋館觀象監事世子師鵝城府院君李公神道碑銘

내가 우리 영조 임금을 섬길 때 가까이 모신 적이 여러 번이었는데, 영조께서 신하들과 선조 시대의 인물을 논할 때면 매번 이르기를,

"아계(鵝溪)는 실로 국조(國朝)의 명인(名人)이다."

하였다. 아계는 고(故) 상국(相國) 이공(李公)의 호이다. 공이 선조 임금과 의기투합하여 비록 상상(上相 영의정)의 지위를 지냈으나, 시운은 붕당이 처음 나뉘는 때를 만나고 시기하고 미워하는 자들이 근거 없는 말을 날조하여 있었던 일이라고 공공연하게 비방하여 천하 후세를 현혹시킬 만하였다. 그러나 영조께서는 밝은 지혜로 옛 신하를 논평할 때 섬세한 저울이 어긋나지 않았으며 문득 공에 대해 이름을 부르지 않고 호를 일컬으며 이르기를,

"명인이로다, 명인이로다."

하였다. 아, 공이 살아서는 성조(聖祖)를 만나고 죽어서는 신손(神孫)을 만난 것은 하늘이 시킨 것이지 사람이 어쩔 수 있는 것이 아니었으니, 또한 성대하지 않은가.

공의 휘는 산해(山海)이고, 자는 여수(汝受)이며, 한산(韓山) 사람이다. 고려 말기에 문효공(文孝公) 가정(稼亭) 곡(穀)[1]과 문정공(文靖公) 목은(牧隱) 색(穡)[2] 부자는 문장으로 이름이 천하에 알려졌다. 목

은의 막내아들 종선(種善)[3]은 우리 조정을 섬겼고 시호는 양경(良景)이며, 그의 아들 계전(季甸)[4]은 한성부원군(韓城府院君)이며 시호는 문열(文烈)인데, 이분들이 공의 6대조와 5대조가 된다.

고조 휘 우(堣)[5]는 성균관 대사성이고, 증조 휘 장윤(長潤)은 현감이다. 조부 휘 치(穉)는 연산군 때 갑자사화(甲子士禍)에 걸려 섬에 유배되었다가 중종반정(中宗反正) 때 비로소 풀려났으며 별세할 때의 관직은 판관이었다. 아버지 휘 지번(之蕃)[6]은 호가 성암(省菴)이고 관직은 내자시 정(內資寺正)이다. 어머니 의령 남씨(宜寧南氏)는 현령 남수(南脩)의 따님으로 바로 공을 낳은 분이다.

공은 인신(人臣)으로서 귀함이 극에 달하여, 아버지를 의정부 영의정 한천부원군(韓川府院君)에, 조부를 의정부 좌찬성에, 증조를 이조판서에, 어머니를 정경부인에 추증받게 하였다. 성암공과 그 아우 토정공(土亭公)은 모두 당대의 현자(賢者)로서 덕을 쌓아서 드러나게 되었

1 곡(穀) : 이곡(李穀, 1298~1351)으로, 본관은 한산(韓山), 초명은 운백(芸白), 자는 중보(仲父), 호는 가정, 시호는 문효(文孝)이다. 백이정(白頤正), 우탁(禹倬), 정몽주(鄭夢周) 등과 함께 경학(經學)의 대가로 꼽힌다.

2 색(穡) : 이색(李穡, 1328~1396)으로, 자는 영숙(穎叔), 호는 목은, 시호는 문정(文靖)이다. 이제현(李齊賢)의 문하생이며 삼은(三隱)의 한 사람이다.

3 종선(種善) : 이종선(李種善, 1368~1438)으로, 자는 경부(慶夫)이다. 이색의 셋째 아들이다. 시호는 양경(良景)이다.

4 계전(季甸) : 이계전(李季甸, 1404~1459)으로, 자는 병보(屛甫), 호는 존양재(存養齋)이다. 시호는 문열(文烈)이다.

5 우(堣) : 이우(李堣, 1432~1467)로, 자는 명중(明仲)이다.

6 지번(之蕃) : 이지번(李之蕃, ?~1575)으로, 자는 형백(馨佰), 호는 성암·사정(思亭)·구옹(龜翁)이다. 《토정비결(土亭秘訣)》을 지은 이지함(李之菡)의 형이다.

는데 실제로 드러난 것은 공의 대(代)에서였다.

공이 태어날 때 토정공은 울음소리를 듣고 아기가 세속의 아이들과 같지 않을 것을 이미 점쳤다. 공은 겨우 돌을 넘기자 스스로 글자를 이해할 수 있었다. 공은 어떤 사람이 이빨이 세 개인 쇠스랑을 지고 당(堂) 아래를 지나가는 것을 보자 갑자기 말하기를 "산(山) 자다."라고 하였다.

성암공이 황고산(黃孤山)[7]의 초서(草書)를 얻어서 벽에 붙여 놓고 아끼며 완상했는데, 어느 날 외출하고 돌아와 보니, 종이가 몹시 얼룩지고 더럽혀져 있어서 괴이하게 여기고 힐문하였다. 유모가 아뢰기를,

"아이가 이끌기에 제가 안아서 보게 해 주니 흔연히 손가락으로 위아래로 죽죽 그어서 그렇게 되었습니다."

하였다. 공이 이에 종이와 붓으로 바로 글자를 쓰게 하자, 한 획도 틀리지 않게 써서 신기하게 여기지 않는 사람이 없었다.

공이 5세 때 토정공이 공의 총명함과 지혜로움을 기특하게 여겨 〈태극도(太極圖)〉를 가르쳤는데, 한마디 말에 바로 천지와 음양의 이치를 알고는 그림을 가리키며 다른 주장을 내며 다투었다.

일찍이 글을 읽느라 밥 먹는 것을 잊어서 토정공이 혹 몸을 상할까 염려하여 독서를 그치게 하고 밥상이 들어오기를 기다리며 운자를 불렀는데, 부르는 대로 응하여 대답하기를,

밥상 더뎌도 민망한데 배움을 더디 하랴	食遲猶悶況學遲
배 주려도 민망한데 마음을 주리게 하랴	腹飢猶悶況心飢

7 황고산(黃孤山) : 황기로(黃耆老, 1525~1575)로, 본관은 덕산(德山), 자는 태수(鮐叟), 호는 고산, 별호는 매학정(梅鶴亭)이다. 초서에 뛰어나 초성(草聖)으로 불렸다.

살림 가난해도 마음 치료할 약 있으니　　家貧尙有療心藥
모름지기 영대에 달 뜰 때[8]를 기다려야 하리라　須待靈臺月出時

하니, 토정공이 더욱 기특하게 여겼다.

공이 6세 때 큰 글씨를 썼는데, 붓을 잡고 비틀거리는 것이 마치 신묘한 조화 속에서 붓을 휘둘러 먹물을 뿌리는 것 같았고 글자의 모양이 절로 기이하고 힘차서 당시의 명공(名公)과 위인(偉人) 들이 날마다 찾아와 글을 요구하느라 수레와 말이 나란히 모여들었다. 명종이 그 명성을 듣고 병풍에 글을 써서 올리라고 명하자, 공이 병풍 위를 걷고 달리면서 썼는데, 특명으로 공의 발자국을 그려서 보이라고 하였다.

그 뒤에 성암공은 공의 명성이 너무 일찍 나는 것을 염려하여 공을 이끌고 동작나루 근처 강가 정자로 이사했는데, 퇴도(退陶) 이 선생(李先生 이황(李滉)), 임금호 형수(林錦湖亨秀),[9] 박소고 승임(朴嘯皐承任)[10]이 호당(湖堂 독서당(讀書堂))에서 배를 타고 와서 "동호의 독서당은 도가의 봉래산이라네.〔東湖讀書堂道家蓬萊山〕"라는 열 글자를 큰 글씨로 써 줄 것을 청하고 큰 병풍을 만들어 소중히 간직하였다.

공은 11세 때에 비로소 과장(科場)에 나가 노닐었는데, 고시관이 공이 지은 글을 보고 놀라 말하기를,

8 영대(靈臺)에……때 : 영대는 마음을 뜻하고 달은 지혜를 뜻하는 것으로, 깨달음을 얻는 때를 말한다.

9 임금호 형수(林錦湖亨秀) : 임형수(1504~1547)로, 본관은 평택(平澤), 자는 사수(士遂), 호는 금호이다.

10 박소고 승임(朴嘯皐承任) : 박승임(1517~1586)으로, 본관은 반남(潘南), 자는 중보(重甫), 호는 소고이다.

"어찌 왕자안(王子安)의 '가을 물과 긴 하늘'이라고 한 구절[11] 아래에 있겠는가."

하고, 장원에 뽑아 놓고 시험지를 잘라 나누어 갔다.

무오년(1558, 명종13)에 성균관에 올라갔다.

경신년(1560)에 명종이 알성시(謁聖試)에서 선비들에게 과거를 보였는데, 공이 장원을 차지하고 신유년(1561)의 전시(殿試)에 곧바로 응시할 자격을 받아 승문원에 분속되었다. 다음 해에 홍문록(弘文錄)의 선발에 들어 정자가 되고, 그다음 날 명종이 불러 어전으로 나오게 하여 '경복궁(景福宮)'이라는 세 글자를 큰 글씨로 쓰게 하였다.

계해년(1563)에 저작에 오르고, 호당(湖堂)에서 사가독서하였다. 이때 본관(本館)에서 원악(元惡)인 윤원형(尹元衡)[12]의 죄를 성토했는데, 차자의 말은 모두 공의 손에서 나왔고 같은 반열에 있던 사람들이 목을 움츠렸다.

갑자년(1564)에 박사, 수찬, 정언을 지냈다. 이로부터 홍문관에 잇따라 제수되었다. 이 당시 중국 사신이 잇따라 오자, 조정은 문장과 학문을 두루 갖춘 자를 선발하여 원접사의 종사관으로 삼았는데 공보다 앞서는 자가 없었다. 한림 검토(翰林檢討) 허국(許國),[13] 급사중(給

11 왕자안(王子安)의……구절 : 자안은 당(唐)나라 왕발(王勃)의 자이다. 그의 〈등왕각서(滕王閣序)〉에 "지는 놀은 외로운 따오기와 나란히 날고, 가을 강물은 긴 하늘과 함께 한 빛일세.〔落霞與孤鶩齊飛, 秋水共長天一色.〕" 하였다. 《古文眞寶 後集 卷2》

12 윤원형(尹元衡) : ?~1565. 중종의 계비인 문정왕후(文定王后)의 동생으로, 소윤(小尹)이라는 외척 세력을 만들어 국정을 농단하고 뇌물 등을 수수하였으며, 거의 20년 동안 조정의 실권을 장악하였다. 문정황후가 죽자 실각하였다.

13 허국(許國) : 1527~1596. 명나라 휘주부(徽州府) 흡현(翕縣) 사람이다. 자는 유

事中) 위시량(魏時亮)[14]은 공이 주선하고 응대하는 것을 보고 설관(舌官 역관)에게 말하기를,

"우리의 이번 행차가 헛되지 않았구나. 동국(東國)에 참으로 사람이 있구나."

하였다.

이조 좌랑·정랑, 의정부의 검상·사인, 홍문관 응교·전한, 직제학, 상의원 정에 제수되었다. 얼마 안 되어 특명으로 예문관 응교를 겸직하였는데, 이것은 극선(極選)으로서 늘 있는 일이 아니었다.

경오년(1570, 선조3)에 동부승지에 올랐다가 이조 참의, 대사간, 부제학으로 옮겼다.

을해년(1575)에 부친상을 당하였다. 이전에 성암공은 병든 부모를 위하여 넓적다리 살을 베어 드렸다가 노쇠와 병이 빌미가 되어 5년 동안 앓았다. 공은 그동안에 사간원, 홍문관, 승정원, 이조·예조·공조·형조의 참의에 제수된 것이 헤아릴 수 없을 정도였으나 모두 간호하기 위하여 사직하였고, 지물(志物)의 봉양[15]을 반드시 극진히 하고 탕약은 반드시 손수 달이며 허리띠를 풀지 않고 전혀 음식을 먹지 않자 보는 이들이 감탄하였다. 이때에 이르러 슬픔으로 건강을 잃어 거의

정(維楨), 시호는 문목(文穆)이다. 한림 검토로 있다가 1567년(명종22)에 명 목종(明穆宗)이 즉위하였다는 내용의 조서를 반포하기 위하여 정사(正使)로서 조선에 왔다.

14 위시량(魏時亮) : 1529~1591. 명나라 남창(南昌) 사람이다. 자는 공보(工甫), 호는 경오(敬吾), 시호는 장정(庄靖)이다. 1567년에 정사인 허국과 함께 부사(副使)로서 조선에 왔다.

15 지물(志物)의 봉양 : 어버이의 뜻을 받들어 마음을 즐겁게 해 드리고, 맛난 음식과 좋은 의복으로 봉양하는 것을 이른다.

목숨을 보전하지 못할 정도였으나 묘소 옆에 여막을 짓고 삼 년을 마쳤다. 상복을 벗은 뒤에 잇따라 홍문관과 승정원의 장(長)이 되었다가 잠깐 대사성이 되었다.

기묘년(1579)에 가선대부에 오르고 특명으로 대사헌에 제수되었다. 그리고 병조 참판으로 옮겨 1년 있다가 정경(正卿)에 오르고 형조 판서에 제수되었다.

신사년(1581)에 대사헌을 거쳐 이조 판서에 이배(移拜)되자 공이 병을 이유로 사양하였다. 이 문성공 이(李文成公珥)가 방문하여 말하기를,

"공은 나라의 두터운 은혜를 받았으니, 이렇게 나라의 형세가 위급한 때를 당하여 마땅히 직분을 다하여 임금에게 보답해야 하는데, 어찌하여 병을 이유로 선비들의 바람을 저버립니까."

하자, 공이 이 말에 감동하였다. 공이 인재를 감별하는 일을 직접 하고 진퇴를 한결같이 공정하게 하자, 비록 신분이 높거나 요직에 있는 사람일지라도 감히 사사로이 벼슬을 구하지 못하였다. 선조가 공에게 내린 비답에서 이르기를,

"듣건대, 경이 이조 판서가 되었는데 문밖은 새그물을 칠 만하다고 하니, 내가 장차 경에게 보답하고자 한다."

하고, 이 문성공은 탄식하며 말하기를,

"내 벗의 행정이 사람들의 마음을 흡족하게 하니, 세도(世道)를 구할 만하다."

하였다. 어느 날 공이 김효원(金孝元)[16]을 사간에 의망하자, 상이 이르

16 김효원(金孝元) : 1542~1580. 본관은 선산(善山), 자는 인백(仁伯), 호는 성암

기를,

“조정을 불화하게 만든 자가 김효원 이 사람이다. 서관(庶官)이나 낭료(郎僚)에 두면 족한데 어찌 곧장 사간에 의망할 수 있겠는가.”

하였다. 이에 공이 상소하여 김효원의 등용할 만한 실상을 힘써 진달하고, 유 문충공 성룡(柳文忠公成龍)이 홍문관으로서[17] 또한 그것을 말하였다.

이해에 모친상을 당하여 상례(喪禮)를 부친상 때처럼 행하였다. 그리고 묘소 옆에 여막을 짓고 살면서 삼 년을 마쳤다. 선조께서 공의 청빈함을 걱정하여 관아에 명해서 제수를 제공하게 하고, 또한 관찰사에게 명하여 쌀과 콩을 내려 주게 한 것이 여러 번이었다.

상제를 마치자 특명으로 의정부 우찬성에 올랐고, 이조·예조·병조의 판서를 역임하였으며, 겸대한 것은 지경연사, 판의금부사, 홍문관 제학, 지성균사였다.

갑신년(1584)에 다시 총재(冢宰 이조 판서)에 제수되어 양관 대제학을 겸하였다. 이때 동인과 서인으로 당을 나누는 것이 비로소 극성해져 입주출노(入主出奴)[18]하니, 국론이 일정하지 않았다. 상이 한창 공에

(省菴)이다. 오건이 이조 정랑을 물러나면서 김효원을 후임자로 추천하자, 심의겸이 반대하였다. 이 일로 동서 분당(東西分黨)이 생겼다.

17 유……홍문관으로서 : 유성룡이 1581년 봄에 부제학이 되었으므로 홍문관이라 한 것이다.

18 입주출노(入主出奴) : 한유(韓愈)의 〈원도(原道)〉에 나오는 말로 공자(孔子)가 죽은 뒤로 유학(儒學)이 쇠퇴하여 양자(楊子)로 들어가지 않으면 묵자(墨子)로, 묵자로 들어가지 않으면 노자(老子)로, 노자로 들어가지 않으면 불교로 들어가게 되니, 이쪽에서 나와 다른 쪽으로 들어가면 반드시 들어간 쪽을 주인으로 삼고 나간 쪽을

게 뜻을 두어서 공은 누차 사양했으나 윤허를 받지 못했는데, 상이 이에 이르기를,

"공은 사심이 없다. 그래서 내가 평소에 도움을 받은 것이다."

하였다. 이에 공이 뜻을 다하여 가려내니 들에는 버려진 현자가 없고, 정색하여 악을 물리치고 선을 권장하니 조정에는 요행으로 벼슬을 얻은 사람이 없었다. 김동강 우옹(金東岡宇顒), 김학봉 성일(金鶴峯誠一), 이동암 발(李東巖潑),[19] 정곤재 개청(鄭困齋介淸),[20] 조월천 목(趙月川穆), 이송와 기(李松窩墍)[21]와 같은 이들은 모두 공이 천거하였다. 비록 의견이 달라 공과 화목하지 못한 자들이라도 인재 선발의 공평함을 이야기할 때면 모두 공보다 앞선 이가 없다고 하였다.

이에 앞서 정 상국 지연(鄭相國芝衍)[22]이 병이 심해지자, 상이 승지를 보내어 그로 하여금 알고 있는 사람을 천거하여 자신을 대신하게 하였는데, 대답하여 아뢰기를,

종으로 삼는다는 것이다. 여기서는 당쟁에서 어느 한 당파를 버리면 곧 다른 당파를 따르게 되어 버린 쪽을 종으로, 따르는 쪽을 주인으로 삼는다는 뜻이다.

19 이동암 발(李東巖潑) : 이발(1544~1589)로, 본관은 광산(光山), 자는 경함(景涵), 호는 동암(東巖)・북산(北山)이다.

20 정곤재 개청(鄭困齋介淸) : 정개청은 고성 정씨(固城鄭氏)의 시조이다. 자는 의백(義伯), 곤재는 호이다. 박순(朴淳)의 문인이다. 천민 출신으로서 어려서 승려가 되어 풍수설(風水說)을 배우고 역학(易學)과 율려(律呂)에도 밝았다. 이산해의 추천으로 곡성 현감(谷城縣監)이 되었다.

21 이송와 기(李松窩墍) : 이기(1522~1600)로, 본관은 한산(韓山), 자는 가의(可依), 호는 송와・간옹(艮翁), 시호는 장정(莊貞)이다.

22 정 상국 지연(鄭相國芝衍) : 정지연(鄭芝衍, 1525~1583)으로, 본관은 동래, 자는 연지(衍之), 호는 남봉(南峯)이다.

"이산해의 문장과 학문과 식견과 도량은 일찍부터 공보(公輔 재상)가 될 기대를 받았고, 호오(好惡)에 조금도 치우침이 없어 나라를 화평하게 하는 복이 있을 것이니, 크게 쓸 만합니다."

하였다. 이 문성(李文成 이이(李珥))이 상언(上言)하여 아뢰기를,

"신은 이산해와 어릴 적부터 벗으로 친하게 지내서 그의 장점을 다 압니다. 신으로 하여금 이산해와 함께 관직을 맡아 사무를 처리하게 한다면 신이 그를 따라잡지 못할 것이 없습니다. 그러나 전형을 잡고 인재를 가리는 것에 이르러서는, 신도 따라잡지 못할 것을 압니다."

하여, 상이 이르기를,

"이산해는 뛰어난 문재(文才)를 지녔으나 능력을 과시하지 않는다. 나는 일찍이 그는 덕을 지닌 사람으로서 문장과 학문과 도덕과 기량이 유속(流俗)을 진정할 만하다고 생각했는데 경의 뜻은 어떠한가?"

하니, 대답하여 아뢰기를,

"신 또한 평소 마음을 허여하였고, 그는 전형을 잡고 공평함을 다하였으니 아마도 벼슬길을 맑게 할 수 있을 것입니다."

하였다.

공은 인재를 선발하고 조화를 부리는 자리에 오래 있고 싶지 않아 잇따라 상소를 올려 매우 간절하게 사직하였으나 상이 번번이 별도의 유지를 내렸는데 "비록 10년이 될지라도 체직시키지 않겠다."라고 하는 데까지 이르렀으며, 승정원에 명하여 사직서를 받아들이지 못하게 하였다.

김응생(金應生)이란 자가 윤대관(輪對官)으로서 나아와 아뢰기를,

"한 사람이 오래 인사 행정의 권한을 잡으니 그의 권세가 무거워질까

두렵습니다.”

하니, 상이 심히 진노하고 친히 글을 지어 내렸는데, 그 대략에,

“지금 저 이조 판서의 사람됨에서 두터운 덕과 큰 재주, 큰 기국과 아량, 순결한 충정과 굳은 지조는 우선 놔두고 논하지 말고, 단지 그의 용모와 기상에 나아가서 논하더라도 괜찮을 것이다. 말은 입을 나오지 못할 듯하고 몸은 옷을 이기지 못할 듯하여,[23] 한 덩이 진실한 기운이 혼연히 마음에 가득 차서 과장하거나 궤변을 늘어놓는 태도가 한 점도 없기 때문에 난폭하고 교만한 자도 족히 공경하는 마음을 다하고 교활하고 거짓된 자도 족히 정성을 바친다.[24] 이 사람은 상고시대의 인물이지 동방의 보통 사람이 아니다. 비록 진 혜제(晉惠帝)[25]로 하여금 그를 만나게 하더라도, 눈을 들어 한번 본다면 그가 군자다운 사람인 줄을 잘 알 것이다. 자기 생각대로 조정의 정사를 제멋대로 하는 짓은 아무리 권하더라도 그는 하지 않을 것이다. 나는 그를 바라볼 때마다 공경하는 마음을 일으키지 않은 적이 없고, 말하

23 말은……듯하여 : 공손하고 겸양하는 모습이다. 《예기》〈단궁 하(檀弓下)〉에 “문자(文子)는 그 마음이 겸손하여 옷을 이기지 못할 듯하고 그 말이 어눌하여 입에서 나오지 못할 듯하다.” 하였다.

24 난폭하고……바친다 : 이산해가 다른 사람을 감화시키는 힘을 표현한 것이다. 본래 이 말은 정이(程頤)가 지은 명도(明道) 선생의 전기(傳記)에 “선생은 현우(賢愚)와 선악을 막론하고 모두 그들을 감복시키기 때문에, 교활하고 거짓된 사람도 그에게는 정성을 바치고, 난폭하고 교만한 사람도 그에게는 공경하는 마음을 다한다.”라고 한 데서 온 말이다. 《近思錄 卷14 觀聖賢類》

25 진 혜제(晉惠帝) : 진 무제(晉武帝)의 둘째 아들로 자는 정도(正度), 시호는 혜(惠)이다. 배고픈 백성들이 왜 고기죽을 안 먹느냐고 할 정도로 우매하였던 암군(暗君)이다.

지 않고 움직이지 않는 가운데 임금의 사악한 마음이 자연히 저도 모르게 감화되었으니, 참으로 군자 가운데서도 군자다운 사람이라고 할 만하다. 저 김응생이란 자는 나의 뜻이 어디에 있는지를 알지 못하고 머리를 들어 혀를 휘둘러 현혹시키고 이간질하는데, 그의 소행을 살펴보면 해를 보고 짖는 것[26]과 다름이 없다. 정당(鼎鐺)에도 귀가 있는데, 어찌 이조 판서가 나의 사직신(社稷臣)이라는 것을 듣지 못하였는가.[27] 지난해에 경안(慶安)이 유성룡을 참소하고,[28] 올해는 김응생이 이산해를 참소했다. 이 두 신하는 나라의 버팀목이다. 기둥과 주춧돌 같은 신하를 청승(靑蠅)이 번갈아 어지럽히는 것[29]이 이런 극심한 지경에 이르렀으니, 또한 무슨 까닭인가."

26 해를……것 : 중국 촉(蜀) 땅은 산이 높고 안개가 짙어서 해를 보는 일이 드물어 개가 해를 보고 괴상히 여겨 짖는다는 뜻으로, 식견이 좁은 사람이 남의 훌륭한 말이나 좋은 행동을 보고 오히려 놀라 괴상히 여겨 도리어 비방함을 비유한 말이다.

27 정당(鼎鐺)에도……못하였는가 : 김응생은 이조 판서인 이산해가 사직신이라는 말을 듣지 못했느냐는 말이다. 《송사(宋史)》〈태조기(太祖紀)〉에 어사중승(御史中丞) 뇌덕양(雷德驤)이, 조보(趙譜)가 사람들의 집을 강제로 점거하고 재물을 거두었다고 탄핵하니, 상이 성을 내어 꾸짖기를 "정(鼎)과 당(鐺)에도 오히려 귀가 있는데, 너는 조보가 우리의 사직신이란 것을 듣지 못하였는가." 하였다. 《聞見前錄 卷1》 이후로 정당에도 귀가 있다는 말은, 귀가 있는데도 못 듣는 사람처럼 엉뚱한 소리를 하는 자를 책망하는 말로 사용하였다.

28 경안(慶安)이 유성룡을 참소하고 : 경안은 종실(宗室)인 경안령(慶安令) 이요(李瑤)이다. 그가 임금을 면대하기를 청하여 유성룡, 김응남(金應南), 이발, 김효원이 서로 붕당을 만들었다고 논하자, 유성룡은 부제학의 벼슬을 버리고 영남으로 돌아갔다. 《大東野乘 雲巖雜錄》

29 청승(靑蠅)이……것 : 청승은 푸른빛이 도는 파리로, 남을 헐뜯어 참소하는 소인들을 뜻하는 말로 쓰인다. 《시경》〈소아(小雅) 청승〉에 "앵앵대는 푸른 파리, 울타리에

하였다. 공이 차자를 올려 김응생을 구제하고 훗날 정사를 볼 때 누차 그 사람을 의망하니, 상이 공에게 이르기를,

"저 사람은 경을 해치려 했는데 경은 도리어 저 사람을 쓰니, 도덕과 아량이 미칠 수 없다."

하였다. 김공 우옹(金公宇顒)이 경연에서 아뢰기를,

"성상께서 이산해를 의지하고 신임하시니, 소인배들이 백방으로 그를 배척합니다. 지난날 김응생의 말로 살펴보면 또한 알 수 있습니다. 김응생이 어찌 혼자 했겠습니까."

하니, 상이 이르기를,

"듣건대 정철(鄭澈)이 그를 사주했다고 하는데, 그런가?"

하여, 대답하여 아뢰기를,

"지금 정철의 마음 씀씀이를 살펴보면 사람들의 말이 아마도 그럴 것입니다."

하였다.

무자년(1588)에 좌의정과 우의정 자리가 모두 비었다. 영의정 소재(穌齋) 노공(盧公)[30]이 일찍이 공과 서애(西厓) 유공(柳公)을 천거했는데, 이때에 이르러 먼저 공을 선택하여 의정부 우의정에 제수하니, 조정의 동료들이 모두 기뻐하며 말하기를,

"재상이 된 것이 늦었다."

앉았도다.〔營營靑蠅, 止于樊.〕" 하고, 또 "앵앵대는 푸른 파리, 가시나무에 앉았도다.〔營營靑蠅, 止于棘.〕" 하였다.

30 소재(穌齋) 노공(盧公) : 노수신(盧守愼, 1515~1590)으로, 본관은 광주(光州), 자는 과회(寡悔), 호는 소재이다. 1585년 영의정에 이르렀다가 1588년에 사임하였다.

하였다. 이해에 광국 공신(光國功臣)에 녹훈되고 아성부원군(鵝城府院君)의 봉호를 받았다.[31] 대개 종계(宗系)를 고치기 위해 전후로 명나라에 보낸 상주문을 모두 공이 문형(文衡)을 관장할 때 살펴서 결정했기 때문이다.[32]

기축년(1589)에 좌의정에 올랐다. 얼마 지나지 않아 영의정에 제수되었다. 이때 정여립(鄭汝立)의 역옥(逆獄)이 일어나서 국청 대신(鞫廳大臣)인 정철이 해를 넘기면서 죄를 덮어씌워 한 무리의 명류인 최영경(崔永慶),[33] 정개청 등이 또한 옥에서 죽었다. 이에 편벽된 의론을 고집하는 자들이 자기들과 견해를 달리하는 자들을 한꺼번에 모조리 밀어내고자 하여, 이에 김면(金沔),[34] 정개청 등은 곧 공이 전형하는 자리에 있을 때 학행을 포상하도록 계문(啓聞)하고 거두어 등용한 자들로 지금 모두 체포되었으니 공이 홀로 면할 수 없을 것이라고 말하고, 또한 공이 상국 정언신(鄭彦信)[35]과 반옥(反獄)을 모의한다고 말하

31 이해에……받았다 : 1588년 이산해는 종계변무(宗系辨誣)의 내용이 실린《대명회전(大明會典)》이 하사된 일로 수충익모광국 공신(輸忠翼謨光國功臣)에 녹훈되고 아성부원군의 봉호를 받았다.

32 종계(宗系)를……때문이다 : 명나라《태조실록(太祖實錄)》과《대명회전》에 이성계(李成桂)가 고려의 권신 이인임(李仁任)의 후손이라고 잘못 기록되어 이를 바로잡아 달라고 요청했던 일이다. 조선은 명나라 측에 수없이 정정을 요청하였고 1584년에 가서야 뜻을 이루게 되었다.

33 최영경(崔永慶) : 1529～1590. 본관은 화순(和順), 자는 효원(孝元), 호는 수우(守愚)이다. 1589년 정여립 모반 사건이 일어나자 그는 가공의 인물인 길삼봉(吉三峯)으로 무고되어 위관(委官)인 정철에게 국문을 받다가 죽었다.

34 김면(金沔) : 1541～1593. 본관은 고령, 자는 지해(志海), 호는 송암(松菴)이다.

35 정언신(鄭彦信) : 1527～1591. 본관은 동래, 자는 입부(立夫), 호는 나암(懶庵)이

며 정언신을 국문할 것을 더욱 급하게 청했는데, 그들의 의도는 사실 공에게 있었다. 또한 광주(光州)에 사는 흉인(凶人) 정암수(丁巖壽)[36]를 사주하여 패악스러운 상소문을 올리게 하자, 공이 교외로 나가 명을 기다렸는데, 상이 다음과 같이 말하였다.

"어제 경이 교외로 나갔다는 말을 듣고 마음속으로 은근히 놀라고 당황하였다. 그 후에 소장(疏章)을 보고 광주의 간사한 도적 몇 명이 몰래 조정을 해코지하는 것을 알았다. 경은 충성스럽고 신중하며 너그럽고 후덕하여 도량은 만석을 실은 배와 같아 옛날 대신의 기풍이 있고, 유성룡은 학문이 순정하고 국사에 마음을 다한다. 나는 이 두 사람이 나라의 기둥과 주춧돌로서 사림의 영수임을 분명히 알고 있기에 평소에 의지하고 중시하였다. 그런데 지금 간사한 사람들이 나라의 우환을 틈타서 두 사람을 쳐서 제거하려고, 나를 어린애로 보고 손바닥과 다리 사이에 올려놓고 희롱하려 하니, 분통함을 이기지 못하겠다. 저들을 사주한 간사한 사람을 잡아야만 속이 후련하겠기에 차라리 중도를 지나친 거조가 있을지언정 다른 것을 돌아볼 겨를이 없으니, 경은 대죄하지 말고 마음 놓고 안심하라."

이에 공은 감히 명을 받들지 않을 수 없었으나 이때 마침 병이 심하

다. 1589년 우의정으로 있을 때 정여립의 모반을 계기로 일어난 기축옥사에 위관으로 임명되었으나 정여립과 친척이라는 이유로 탄핵을 받아 사퇴하고 정철이 위관을 대신하였다. 이후 역적들의 집안에서 나온 문서에 그의 이름이 들어 있다는 구실로 정철 등으로부터 정여립의 일파로 모함을 받아 남해(南海)에 유배되었다가 다시 평안도 갑산(甲山)에 유배되어 그곳에서 죽었다.

36 정암수(丁巖壽) : 전라도 광주 유생으로, 1589년 10월 정여립의 모반 사건이 일어나자, 12월 상소로 정개청이 정여립과 결탁했다고 무고하였다.

였다. 공은 침상에 있을 때도 매번 말하기를,

"선비들이 죄 없이 많이 죽어 원기(元氣)가 손상되었으니 나라를 어찌할 것인가."

하였으며, 누차 병 때문에 사직하였으나 상은 더욱 공을 존중하고 총애하였다.

경인년(1590)에 공이 평난 공신(平難功臣)에 녹훈되었는데, 공의 뜻이 아니었다. 이로부터 선비의 기개가 꺾이고 패악스러운 상소가 잇따라 이르렀다. 상이 윤음(綸音)을 내려 다음과 같이 말하였다.

"인심이 무너져 정암수의 무리 몇 명이 상소로 조정의 신하를 해코지하고, 우의정 정철 이하 몇 사람만을 도우며 스스로 곧은 체하나 도리어 그 정상을 드러내었으니, 가소롭다."

당인(黨人)들이 백 가지로 공을 흔들어도 안 되자, 또한 말하기를,

"공이 김공량(金公諒)[37]과 손잡고서 궁궐을 부여잡고 오르려 한다."

하니, 공이 웃으면서 말하기를,

"《논어》에서 '내가 도리에 어긋난 짓을 한다면 하늘이 버릴 것이다.'[38] 라고 한 것이 이것이리라."

하였다.

신묘년(1591) 봄에 공이 상공 두암(斗巖) 김응남(金應南)[39]과 함께

37 김공량(金公諒) : 선조의 후궁으로 총애를 받았던 인빈(仁嬪) 김씨(金氏)의 오빠로서 인조의 부친인 정원대원군(定遠大院君)의 외숙인데, 권세를 휘두르며 못된 짓을 많이 하였다.

38 내가……것이다 : 공자가 위 영공(衛靈公)의 부인 남자(南子)를 만난 것을 두고 제자인 자로(子路)가 못마땅해하자 공자가 한 말이다. 《論語 雍也》

39 김응남(金應南) : 1546~1598. 본관은 원주(原州), 자는 중숙(重叔), 호는 두암이

억울함을 신원하고 간사함을 억제하는 논의를 창도하였다. 이에 부제학 김공 성일(金公誠一)이 맨 먼저, 처사 최영경이 무고를 받은 실상을 말하고, 대사헌 이공 원익(李公元翼)이, 죄 없는 사람들을 억울하게 죽인 정철의 죄를 논하자, 상이 정철을 강계부(江界府)로 귀양 보낼 것을 명하였다. 당인들이 반안(反案)[40]을 내어서 이 일은 공이 시킨 것이라고 하며, 공에 대해 더욱 깊이 원한을 품었다.

이때 섬오랑캐 평수길(平秀吉)[41]이 의지(義智)[42]를 보내어 우리나라에 통신사를 보내 달라고 했는데, 조정의 논의는 편한 점과 불편한 점을 말하는 것이 각기 달랐다. 공과 윤공 두수(尹公斗壽)가 명나라 조정에 주문(奏聞)해야 한다고 힘껏 주장하였다. 드디어 성절사(聖節使) 김응남이 명나라 조정에 가서 그 일을 퍽 자상하게 아뢰었다. 성절사가 도착해서 보니 명나라 조정은 유구국(琉球國)의 보고를 받고 우리나라가 사사로이 일본과 우호를 맺은 것으로 의심하고 있었는데, 주본(奏本)[43]을 보고서야 비로소 그 실상을 통촉하게 되었다. 그 후에 명나라 조정이 크게 군대를 보냈으니, 우리나라가 보전된 것은 사실

며, 벼슬이 좌의정에 이르렀다. 1591년 성절사로 가면서 일본이 명나라를 침범하려는 뜻을 가지고 있음을 전하였다.

40 반안(反案) : 죄안을 번복하는 안을 말한다.

41 평수길(平秀吉) : 풍신수길(豊臣秀吉)이다. 중국과 조선을 정복하기 위해 임진왜란과 정유재란을 일으켰다.

42 의지(義智) : 대마도 도주 종의지(宗義智)를 말한다. 임진왜란이 발발하기 전에 조선을 두 차례 방문하여 풍신수길의 외교 사절을 수행하였다.

43 주본(奏本) : 조선 시대에 중국 황제에게 올리던 글의 일종이다. 중국의 문책이나 오해에 대한 일을 해명하거나, 국내의 중대 사건을 보고하는 데 사용했다.

이것 덕분이다.

임진년(1592)에 왜구가 크게 침입했다. 태평을 누린 세월이 오래되어 백성들은 전쟁을 알지 못하고 여러 군읍은 산산이 무너졌는데 흉악한 칼끝이 장차 서울에 도달하게 되자 조정의 의론이 혹은 "도성을 지키는 것이 좋다."라고 하고, 혹은 "북관(北關)으로 옮겨 피하는 것이 좋다."라고 하였다. 공이 결연히 의론하여 아뢰기를,

"왜적의 형세는 감당할 수 없습니다. 하물며 명나라는 부모 같은 나라입니다. 반드시 서쪽으로 가서 다급함을 고해야 비로소 길이 있습니다."

하자, 상이 옳게 여겼다. 그리고 상이 하교하기를,

"사태가 급박하니, 국본(國本)을 책봉하는 것이 좋겠다. 일의 감독을 맡기기에 누가 괜찮은가?"

하였다. 이때 곤전(坤殿)에게 아직 왕자가 없어서 공이 대답하여 아뢰기를,

"이것은 신하가 참여할 수 있는 일이 아닙니다. 다만 성상의 생각에 달렸습니다. 바라건대 속히 결단을 내리소서."

하자, 상이 곧 유사(有司)에게 명하여 광해군을 책봉하여 세자로 삼았다.

백관이 절하고 하례하자마자, 왜적이 이미 조령을 넘었다는 보고가 올라왔다. 이튿날 새벽에 상이 서쪽으로 길을 나서자, 공은 종묘와 사직의 신주를 받들고 따라갔다. 이때가 되어 뱀이나 돼지 같은 왜적이 치달려 오는데 그 칼날에 맞설 수 있는 사람은 없고, 민심이 공을 믿어 주었으므로 창졸간에 큰 계획을 정하였다. 그리고 장차 명나라 조정으로 달려가 하소연하고자 하여 개성에 이르렀을 때, 당인들이 틈을 타

독기를 드러내려 하고 양사(兩司)가 공이 맨 먼저 빈(邠) 땅을 떠날 것[44]을 외친 일로 탄핵하며 유 문충(柳文忠 유성룡)과 함께 파직시키자, 공은 백의(白衣)로 어가를 호종하였다.

평양에 도착하여 또 무거운 형률을 청하자, 상이 어쩔 수 없이 평해군(平海郡)에 부처(付處)할 것을 명하고 공을 불러 보며 유시하기를,

"중론(衆論)이 매우 어지럽고 이견을 조절할 겨를이 없다. 아, 경은 조금 쉬는 것이 좋겠다."

하였다.

을미년(1595)에 정약포 탁(鄭藥圃琢)[45]이 상신으로서 상에게 아뢰기를,

"임진년 난리에 행조(行朝)[46]가 명나라에 매우 가까이 다가가서 잇따라 구원병을 요청하고 황제의 위엄에 의지하여 서울을 회복했는데, 이것은 실로 이산해가 여러 사람의 시끄러운 비난을 돌아보지 않고 다급한 상황에서도 큰 계획을 정한 덕분입니다. 지금에 와서 나라를 그르쳤다고 논하는 것이 어찌 옳겠습니까."

하니, 상이 이르기를,

"이산해가 아니었으면 나는 회제(懷帝), 민제(愍帝), 휘종(徽宗),

44 빈(邠)……것 : 옛날의 흉노(匈奴)인 훈육(薰育)이 빈 땅을 쳐들어오자, 고공단보(古公亶父)가 이를 피해 기산(岐山) 아래로 도읍을 옮긴 것을 말하는데, 여기서는 선조가 왜적을 피해 서울을 떠나 파천한 것을 말한다. 《史記 周本紀》

45 정약포 탁(鄭藥圃琢) : 정탁(鄭琢, 1526~1605)으로, 본관은 청주(淸州), 자는 자정(子精), 호는 약포·백곡(栢谷), 시호는 정간(貞簡)이다.

46 행조(行朝) : 행재소(行在所)의 조정을 말한다. 행재소는 임금이 멀리 거둥하여 임시로 머물러 있는 곳인데, 당시 선조는 의주(義州)에 피난해 있었다.

흠종(欽宗)[47]처럼 된 지 오래일 것이다."

하고, 공이 석방되어 돌아오자 드디어 영돈녕부사에 제수하였으며, 얼마 지나지 않아 대제학을 겸대하게 한 것은 상의 특지(特旨) 때문이었다.

공이 조정에 들어가서 "나라를 회복하는 계책은 인심을 수습하는 데 달렸고 인심을 수습하는 것은 억울한 옥사를 급히 신원하는 것만 한 것이 없다."라고 맨 먼저 말하고, 영의정 서애(西厓) 유공(柳公 유성룡)과 좌의정 두암(斗巖) 김공(金公 김응남)이 이어서 진달한 것도 공이 말한 것과 같았다. 세상 사람들은 공이 조정에 돌아와서 힘쓴 것이 많다고 하였다.

정유년(1597)에 왜적이 다시 움직였다. 이 당시 사람들은 모두 강화(講和)와 기미(羈縻)[48]를 주장했는데, 공은 '오늘날의 형세는 임진년과는 다르다. 만약 도성을 한 걸음이라도 나가면 일을 어찌할 수 없으니, 전쟁에 전념하는 것만 못하다.'라고 여겼다.

이윽고 명나라 군대가 왜적을 격퇴하여, 공이 명을 받들고 수안(遂安)[49]의 행궁으로 가서 종묘와 사직의 신주를 받들고 돌아왔다. 명나라 주사(主事) 정응태(丁應泰)가 우리나라를 참소하고 모함하여 황제에게 보고하여, 상이 장차 사신을 보내어 무고를 변론하려고 했는데,

47 회제(懷帝), 민제(愍帝), 휘종(徽宗), 흠종(欽宗) : 모두 적에게 잡혀가 죽은 황제이다. 서진(西晉)의 회제와 민제는 흉노의 포로가 되었다가 살해되었고, 송(宋)의 휘종과 흠종은 금(金)나라에 포로로 잡혀가 죽었다.

48 강화(講和)와 기미(羈縻) : 왜적과 화의(和議)를 맺어 그들을 본국으로 돌아가게 한 뒤에 적당히 친선 관계를 유지함으로써 외환을 막는 것을 말한다.

49 수안(遂安) : 황해도 동북부에 위치한 고을의 이름이다.

대사간 남이공(南以恭)[50]이 서애옹이 사신으로 갈 것을 자청하지 않는다고 탄핵하여 마침내 서애옹이 파면되어 남쪽으로 돌아가게 하였다.[51] 공은 세도(世道)가 더욱 험악해지고 인심이 쉽게 미혹되는 것을 탄식했는데, 당시 선비들의 공론은 도리어 공이 그 일에 참여한 것으로 의심하여 공을 매우 책망했으나 공은 묵묵히 뜻을 지키며 어떠한 기미도 밖으로 드러내지 않았다.

기해년(1599) 겨울에 영의정에 거듭 제수되었다. 이때 홍여순(洪汝諄)[52]이 심하게 권세를 부리고 아첨을 떨며 공에게 같은 반열에 올려줄 것을 바랐으나 공이 그의 간사함을 미워하여 끝내 정승으로 선발하지 않자 홍여순이 크게 원한을 품고 변고를 고발하며 공을 모함하려 하였다. 상이 공에게 다른 마음이 없다는 것을 통촉하고 단지 공을 파직하여 고향으로 돌려보냈다.

신축년(1601)에 순서에 따라 추부(樞府 중추부)에 제수되고 예전처럼 부원군을 겸대하였다. 공이 강촌에서 문을 닫고 지내며 늙은 농부나

50 남이공(南以恭) : 1565~1640. 본관은 의령(宜寧), 자는 자안(子安), 호는 설사(雪蓑)이다.

51 명나라 주사(主事)……하였다 : 명나라 병부 주사(兵部主事) 정응태가, 조선이 왜병을 끌어들여 중국을 침범하려 한다고 무고한 사건이 일어났는데, 남이공이 이때 사건의 진상을 해명하러 가지 않는다는 이유로 유성룡을 탄핵하여, 유성룡은 관작을 삭탈당했으며 1600년에 복관되었으나 다시 벼슬을 하지 않고 은거하였다.

52 홍여순(洪汝諄) : 1547~1609. 본관은 남양(南陽), 자는 사신(士信)이다. 임진왜란 중에 유성룡 등을 몰아내고 북인 세력이 정권을 잡는 데 기여하였다. 난후에는 병조판서로서 무반 인사권과 병권을 장악하고, 독자 세력을 구축하여 대북을 영도하면서 남이공 등의 소북과 대립하다가 탄핵을 받아 관직이 삭탈되었다. 1608년 광해군 즉위 후 또 대간의 탄핵을 받아 진도(珍島)에 유배되어 그곳에서 죽었다.

시골 노인과 서로 안부를 물으며 사니, 사람들은 공이 귀인(貴人)이라는 것을 알지 못하였다.

무신년(1608)에 공은 70세가 되어, 누차 소를 올려 퇴직을 윤허해 줄 것을 청했으나 상이 윤허하지 않았다. 이때 정인홍(鄭仁弘)이 소를 올려, 영의정 유영경(柳永慶)[53]이 모략으로 동궁(東宮)을 위험에 빠뜨린 죄를 논하여 조정의 의론이 서로 옥신각신하였다. 공이 아들을 영남으로 보내어 정인홍과 서로 내통했다는 말이 나도는 데에 이르러서는 화의 조짐이 머지않아 급박해지려 했는데, 공이 태연히 동요하지 않고 대문을 닫고서 마당도 쓸지 않으니, 문생과 옛 부하 들도 공의 얼굴을 볼 수 없었다. 오직 백사(白沙) 이공(李公 이항복(李恒福))이 분명하게 말하기를,

> "공이 유성룡을 구원하지 않은 적은 있으나 유성룡을 죽이지 않은 것은 분명하다."

하였는데, 이것은 천고의 공안(公案)이라고 이를 만하다.

이해에 선조가 세상을 떠났다. 공은 세상에 없는 지우(知遇)를 입었기에 달을 넘기며 통곡하여 정신과 기력이 점점 위태롭게 이어졌는데, 둘째 손자 한림(翰林) 구(久)[54]가 다음 해인 기유년(1609, 광해군1)

53 유영경(柳永慶) : 1550~1608. 본관은 전주(全州), 자는 선여(善餘), 호는 춘호(春湖)이다. 소북파의 영수로 선조 말 영창대군(永昌大君)을 세자로 옹립하려 하였으나, 일을 이루기 전인 1608년 선조가 죽고 광해군이 즉위하자 정인홍, 이이첨(李爾瞻) 등 대북 일파의 탄핵을 받아 경흥(慶興)에 유배되었다가 사사(賜死)되었다. 1623년(인조1) 인조반정으로 관작이 복구되었다.

54 둘째……구(久) : 이구(1586~1609)로, 본관은 한산, 자는 정견(庭堅), 호는 후곡(後谷)이다. 이산해의 아들인 이경전(李慶全)의 둘째 아들이다.

봄에 불행히 일찍 죽어 공이 날로 상심하여 병이 더욱 위독해졌다. 내의원과 승지가 안부를 전하느라 길을 왔다 갔다 하였으나, 결국 이해 8월 23일에 서울의 세 들어 살던 집에서 세상을 떠났다. 큰 별이 낮에 떨어져 광선이 땅을 비췄다. 서울 사람들이 분주히 서로 전하며 놀라 허둥거렸다. 11월에 예산현(禮山縣) 동쪽 대지동(大枝洞) 간향(艮向)을 등진 언덕에 예장(禮葬)하고 부인을 이장하여 합장하였다.

공은 조정에 선 40여 년 동안 재능과 지혜로 남을 앞지른 적이 없었고, 말은 더듬는 듯하나 운치가 온화하고, 행동은 굼뜬 듯하나 온화한 기운이 차서 넘쳤다. 공은 조정에 나아갈 때마다 높은 관을 쓰고 큰 띠를 둘렀는데, 바라보면 마치 신인(神人) 같고, 신발을 신고 걸어갈 때는 땅에서 몇 치 떠서 허공을 걷는 듯하여 사람들이 기이하게 여겼다.

공이 어릴 적에 토정공이 공의 자질이 아름다운 것을 칭찬하며 말하기를,

"만약 이 아이로 하여금 배워서 확충하게 한다면 곧 상지(上智)[55]에 버금가는 사람이 될 것이다."

하였다. 성암공이 일찍이 생각을 깊이 간직하고 자신을 지킬 것을 권면하고 타일렀는데, 공은 가정의 가르침을 잘 받아들여 평소 온순하고 공손하며 신중하고 중후하였다. 그러나 하루아침에 큰일에 임하여 큰 문제를 결정할 때면 은연중에 '천만 명이라도 나는 대적할 것이다.'[56]라

55 상지(上智) : 자질이 가장 우수한 최고 수준의 사람을 말한다. 《논어》〈양화(陽貨)〉에 "오직 지극히 지혜로운 자와 지극히 어리석은 자는 변화시킬 수가 없다.〔唯上知與下愚, 不移.〕"라는 공자의 말이 실려 있다.

56 천만……것이다 : 증자가 용기에 대해 공자에게 듣고서 자양(子襄)에게 해 준 말에 나온다. 공자는 "스스로 반성하여 바르지 않으면 비록 가난하고 천한 사람이라도

는 뜻이 있었다. 두암이 공을 칭찬하기를,

"지극히 부드러운 가운데 지극히 강한 기운을 쌓았으니, 다른 사람이 따라 할 수 있는 것이 아니다."

하였다. 저 조정의 논의가 어그러지고부터 공이 늘 말하기를,

"나라가 멸망하는 것은 반드시 이것에 기인할 것이다. 기축년(1589, 선조22) 이전에는 동인이 반드시 다 옳지는 않았고, 기축년 이후에는 서인이 그 책임을 면할 수 없는 것이 있다."

하며, 이것을 사람들에게 고하고 조정에서 주장하니, 한 줄기 맑은 의론이 이에 힘입어서 유지되었다. 그러나 공이 살아서는 시기를 당하고 죽어서는 모함을 당한 것도 애당초 이 말에서 연유하지 않은 것이 없다.

공은 평소 집안 살림을 알지 못하였으며, 일찍이 기와 한 장 덮을 집이나 한 두둑 밭도 마련하려 한 적이 없었다. 셋집에서 살 때는 자리에 온전한 방석이 없어서 손님이 오면 언치를 깔아 주기도 하고 비가 내리는 날에는 방석으로 새는 곳을 덮기도 하였다. 아들 석루공(石樓公 이경전(李慶全))이 공이 노년에 기거를 쾌적하게 하지 못하는 것을 민망하게 여겨 간소하게 집 한 채를 지으려고 했으나, 공이 말하기를,

"하지 마라. 이렇게 살며 나의 본성을 온전히 하겠다."

하였다.

공은 나랏일을 내려놓고 한가로이 거처할 때는 필마를 타고 종 하나를 데리고 산수 간을 오가며 세상 밖에서 담박하게 지냈으며, 흥을 풀 때는 번번이 회포가 시에 드러날 뿐이었다. 글을 읽을 때에는 열

내가 어찌 두려워하지 않겠으며, 스스로 반성하여 바르면 비록 천만 명이라도 나는 대적할 것이다."라고 하였다. 《孟子 公孫丑上》

줄을 한꺼번에 읽어 내리면서도 잊어버린 것이 없었으며, 또한 소리를 내어 읽는 모습을 보지 못했다.

명나라의 경리(經理)가 왜적을 정벌하기 위해 조선에 와서 수레가 나라 안에 가득했을 때 장관이나 병졸조차도 말하기를,

"외국의 삼(蔘)과 초피(貂皮)가 보배가 아니라 이 상공의 시문을 얻으면 그 보배로움이 백패(百貝)[57]와 같을 뿐만이 아니다."

하였다. 하서(河西) 김 선생(金先生)[58]이 또한 말하기를,

"공의 시문은 비유하자면 공중에 지어 놓은 누각(樓閣)[59]과 같고 천성에서 나온 것이니 만약 착실하게 글을 읽었다면 그저 그런 하찮은 말이 되고 말았을 것이다."

하였다. 평소 저술한 것이 매우 많았으나 병화(兵火)에 다 잃어버려 몇 권만이 세상에 전한다.

공은 일찍이 제갈량(諸葛亮)이 "신이 죽은 후에 곡식 창고에 남는 곡식이 있고 재물 창고에 남는 비단이 있게 하여 폐하를 저버리지 않을 것입니다."[60]라고 한 말을 외우며 말하기를,

"신하가 임금을 섬기는 것은 이렇게만 해도 족하다."

57 백패(百貝) : 많은 재물을 말한다. 옛날에는 조개껍질〔貝〕을 돈으로 사용하였다.

58 하서(河西) 김 선생(金先生) : 김인후(金麟厚, 1510~1560)로, 본관은 울산(蔚山), 자는 후지(厚之), 호는 하서이다.

59 공중에……누각(樓閣) : 명철하고 통달함을 비유한 말로, 《주자어류(朱子語類)》 권100에 "정자(程子)가 소 강절(邵康節)을 일러 공중에 지어 놓은 누각 같다고 하였다." 하였다.

60 신이……것입니다 : 촉한(蜀漢)의 제갈량이 후주(後主)에게 올린 표문에 있는 말이다. 《三國志 蜀書 諸葛亮傳》

하였는데, 세상을 떠난 날에 집에 곡식이 한두 섬도 없어서 나라와 이웃이 준 부의(賻儀)를 기다린 후에야 비로소 염습하고 관을 만들었다.

아, 붕당이 생긴 이래로 비방과 칭찬은 모두 증오와 애정에서 나와서 하나도 믿을 만한 것이 없으나, 이른바 야승(野乘)과 패설(稗說)[61]이 그대로 따라 서술하거나 입방아를 찧으며 진실을 미혹시켜 온 세상에 퍼뜨리니, 믿을 만한 역사 같았다. 공이 김공량과 손잡았다는 것으로 말하면, 기축옥사를 주도한 자는 당여가 몹시 많고 공을 매우 원수로 여겼으나 공에 대한 선조의 예우가 처음부터 끝까지 변함없어 공을 어찌할 수 없게 되자, 이에 음흉한 사람과 내통했다는 밝히기 어려운 말로 공을 모독했음을 누가 모르겠는가. 공이 "하늘이 버릴 것이다. 하늘이 버릴 것이다."라는 말로 평상시 거처할 때에 스스로 맹세한 것은 자기의 마음을 드러낸 것이 아니겠는가. 남이공이 유 문충을 탄핵한 일로 말하면, 이 일이 어찌 공과 관계되겠는가. 설령 공이 이러한 마음을 가지고 있었다고 하더라도 남이공도 어찌 남의 지시를 받아서 탄핵을 한단 말인가.

선조께서 승하하신 것은 무신년(1608)이고 공이 사망한 것은 기유년(1609)이나 공이 6개월을 병석에 있는 동안 입으로 말하지 못한 것은 한음공이 지은 공의 묘지명에 분명하게 실려 있다. 그런데도 《선조실록(宣祖實錄)》을 "공이 무함한 기록이다."라고 말하며[62] 이 말을 《국조

61 야승(野乘)과 패설(稗說) : 야승은 야사(野史)를 말하고, 패설은 민간의 항담(巷談)을 말한다.

62 선조실록(宣祖實錄)을……말하며 : 《선조실록》은 광해군 시대에 북인에 속했던 기자헌(奇自獻), 이이첨 등이 중심이 되어 편찬하여, 당파의 이해관계로 인하여 공정한 태도를 견지하지 못한 것이 많았다. 그중에도 특히 서인과 남인에 대해서는 없는 사실을

보감(國朝寶鑑)》에 올리기까지 하였다. 《국조보감》이 얼마나 막중한 책인데 이러한 거짓말로 위로는 임금을 속이고 아래로는 한 세상을 그릇된 길로 이끌었으니, 개탄스럽다. 그러나 영조께서 이미 공이 국조의 명인임을 알았으니, 밖에서 시끄럽게 떠들며 오로지 사사로이 미워한 것으로 치부하는 것이 공에게 무슨 손상이 되겠는가. 한스러운 것은, 공으로 하여금 의주(義州)에서 임금을 모시게 하고 서애, 백사(白沙) 등 여러 공이 그 외교력을 발휘하여 적을 막은 것을 명나라로부터 중시받게 했다면 반드시 크게 볼만한 점이 있었을 텐데 도리어 공은 동해의 바닷가에서 죄수로서 갇혀 있느라 계책을 하나도 내지 못했으니, 당론이 나라를 해친 것이 이 지경에 이르렀단 말인가.

부인 조씨(趙氏)는 좌참찬 조언수(趙彦秀)의 따님이다. 공이 정권을 잡았을 때에 한 번도 사사로운 일로 공에게 누를 끼치지 않았다. 몸종이 어떤 사람이 준 선물을 받아 몰래 전달한 일이 있었는데, 부인이 발끈 성을 내며 말하기를,

"내가 늙었구나. 이런 말이 어찌 귀에 들어온단 말이냐."

하고, 편지를 불사르고 몸종의 볼기를 쳤다. 부인은 살림이 빈한했으나 베풀기를 좋아하여, 녹봉이 대문에 들어오면 자루를 쥔 사람들이 서로 이어 들어왔다. 제사 때는 반드시 음식을 손수 하며 추위와 더위를 따지지 않았고, 자제들이 딸이나 며느리를 시켜 노고를 대신하게 할

꾸며서 비방하는가 하면, 이산해·이이첨 등 북인 일파에 대해서는 지나치게 칭찬해 선악과 시비가 많이 전도되었다. 그 뒤에 인조반정으로 인해 서인이 정권을 잡자, 곧바로 수정하자는 의견이 나오게 되어 이식(李植)이 수정을 시작하였다. 그러나 1646년(인조24) 이식이 어떤 일로 인해 파면되고 곧 사망하여 수정 사업은 중단되었으며, 이후 1657년(효종8) 김육(金堉) 등에 의해 완성되었다.

것을 청하면, 말하기를,

"내가 음식을 하지 않으면 제사를 지내지 않는 것과 같다. 내가 스스로 정성을 다하는 것이니 해될 것이 없다."

하였다. 향년 63세로 세상을 떠났다.

공은 4남 4녀를 두었다. 장남 경백(慶伯)은 19세에 생원시와 진사시에 합격하고 20세에 알성시 문과에 뽑혀 남상(南床)의 극선(極選)에 들었으나 불행히 요절하였다. 둘째 아들 경전(慶全)은 좌참찬을 지내고 한평군(韓平君)을 습봉(襲封)하였으며 호는 석루(石樓)이다. 셋째 아들 경신(慶伸)은 성균 진사이다. 넷째 아들 경유(慶愈)는 어린 나이에 죽었다. 큰딸은 홍문관 교리 이상홍(李尙弘)에게 시집가고, 둘째 딸은 영의정 문익공(文翼公) 이덕형(李德馨)에게 시집갔는데, 임진년 난리에 절개를 지키다가 죽어 정려(旌閭)를 하사받았다. 셋째 딸은 헌납 유성(柳惺)에게 시집가고, 넷째 딸은 참판 안응형(安應亨)에게 시집갔다.

경전은 5남 1녀를 두었다. 장남 후(厚)는 문과에 급제하여 이조 좌랑을 지냈다. 둘째 아들 구(久)는 18세에 생원시와 진사시의 초시와 회시에 장원하고 20세에 문과에 장원하여 천거로 한림이 되었으나 형 후와 모두 일찍 요절하였다. 셋째 아들 부(阜)는 성균 진사이다. 넷째 아들 유(卣)는 문사(文詞)를 잘했으나 어린 나이에 죽었다. 다섯째 아들 무(袤)는 예조 판서를 지냈고 호는 과암(果菴)이다. 딸은 이조 참판 조수익(趙壽益)에게 시집갔다. 경신은 1녀를 두었는데, 그 딸은 이탁(李琢)에게 시집갔고, 우(佑)라는 서자를 두었는데 그는 이괄(李适)의 난리를 만나 인성군(寅城君)에 봉해졌다. 이상홍은 2남 3녀를 두었다. 장남 이지화(李志和)는 익위 사어(翊衛司禦)이고, 차남 이지천(李志賤)은 한성부 좌윤이며, 큰딸은 지평 임숙영(任叔英)에게 시집가고,

둘째 딸은 현령 최행(崔行)에게 시집가고, 셋째 딸은 진사 정시망(鄭時望)에게 시집갔다. 이덕형은 3남 1녀를 두었다. 장남 이여규(李如圭)는 판결사(判決事)이고, 둘째 아들 이여벽(李如璧)은 현감이고, 셋째 아들 이여황(李如璜)은 승지이며, 딸은 부사 정기숭(鄭基崇)에게 시집갔다. 유성의 아들은 유정헌(柳廷憲)이고, 딸은 배시중(裵時中)에게 시집갔다. 안응형은 2남을 두었는데, 장남 안헌규(安獻規)는 좌랑이고, 둘째 아들 안헌징(安獻徵)은 감사이다.

증손과 현손 이하는 많아서 다 기록하지 못한다.

입신하여 벼슬길에 오른 후손들은 다음과 같다. 증손 인빈(寅賓)은 문과에 급제하여 홍문관을 거쳐 첨지중추부사에서 그쳤다. 현손 중에 동근(東根)은 문과에 급제하여 시강원 사서를 지냈고, 운근(雲根)은 현감을 지냈고, 석근(石根)은 감역(監役)을 지냈고, 효근(孝根)은 문과에 급제하여 시강원 설서를 지내고 정언에서 그쳤으며, 도근(道根)은 교관을 지냈다. 5대손 중에 덕운(德運)은 문과에 급제하여 승정원 주서를 지내고 정랑에서 그쳤으며, 서손인 재운(載運)은 참봉이다. 6대손 건(謇)은 참봉이다. 7대손 중에 수일(秀逸)은 문과에 급제하여 승정원 승지를 지냈고, 수하(秀夏)는 문과에 급제한 전(前) 한성부 좌윤이고, 봉서(鳳舒)는 문과에 급제하여 도사(都事)를 지냈다. 8대손 중에 경명(景溟)은 문과 중시(文科重試)에 급제하여 홍문관을 거친 전 승지이고, 주명(柱溟)은 전 도사이다. 지금 명(銘)을 부탁하는 사람은 정명(鼎溟)이다. 나는 감히 늙었다는 이유로 사양하지 못하고 삼가 명을 짓는다. 명은 다음과 같다.

비 내리고 구름 피어오르니	雨降雲出

하늘이 동방을 돌아보셨네 天眷于東
가정과 목은 신비롭게도 稼牧有鬼
신동을 안아 보냈네 抱送神童
일찌감치 조정에 이름 알려져 蚤揚于廷
광채가 임금을 감동시켰네 彩動人主
홍문관과 독서당을 玉署湖堂
편안히 가볍게 올랐네 晏晏平步
승진하여 전형을 잡고 晉秉銓衡
뜻을 펼치기 시작했네 方始展布
맑은 감식안 거울 걸어 놓은 듯하여[63] 淸鑑懸鏡
많은 인재들 물고기 뛰듯 하였네 群才躍鱗
화곤[64]이 하늘에서 내려오길 華袞天降
대문에 참새 그물 칠 만하다 하니 羅雀之門
경은 오직 나를 도우라 卿惟相予
시내 건너는 배의 노로 삼으리라[65] 했네 俾楫于川

63 맑은……듯하여 : 인재를 알아보는 감식안이 맑고 밝다는 말이다. 거울을 걸어 놓는다는 것은 두보(杜甫)의 시 〈세병행(洗兵行)〉에 "사도의 맑은 감식안은 밝은 거울을 걸어 놓은 듯하다.〔司徒淸鑒懸明鏡〕" 한 데서 온 말이다. 《杜少陵詩集 卷6》

64 화곤(華袞) : 임금이 내린 지극히 영광스러운 칭찬이다. 고대 왕공(王公)과 귀족의 복장으로, 지극한 영예를 뜻하는 말인데, 진(晉)나라 범녕(范甯)의 〈춘추곡량전서(春秋穀梁傳序)〉에 "《춘추》의 한 글자 칭찬이 화곤을 받는 것보다도 영광스럽고, 한마디 비판이 시장에서 맞는 회초리보다도 욕되다.〔一字之褒, 寵逾華袞之贈, 一言之貶, 辱過市朝之撻.〕"라는 말이 나온다.

65 시내……삼으리라 : 재상으로 삼아서 어려움을 헤쳐 나가게 하겠다는 뜻이다. 은(殷)나라 고종(高宗)이 일찍이 현상(賢相) 부열(傅說)에게 이르기를 "내가 만일 큰

나라에 재난이 닥쳤을 때는 國有危難
공의 계책에 힘입었네 所賴公策
우리 종묘와 사직의 신주 받들고 奉我廟社
대동강을 건넜네 浿江之涉
공의 과단성이 아니었다면 微公果斷
나라가 어떻게 나라 꼴 되었으랴 國奚以國
당인들이 망극하게도 黨人罔極
기미를 타고 독을 쏘았네 乘機虺毒
회제, 민제, 휘종, 흠종처럼 되었으리라 懷愍徽欽
성상의 유지 명확하였네 聖諭明晰
공은 바닷가에서 돌아오고부터는 公歸自海
황각[66]에서 흰 수염 드리웠네 皓鬚黃閣
옥사의 남발을 통렬히 말하니 痛說獄濫
저들이 원수처럼 보았네 彼哉仇視
간사한 주둥이로 없는 일을 날조하며 奸喙捏無
무슨 일이든 하지 않는 것이 없었네 何所不至
백 년 후에 百年之後
영조께서 밝은 지혜로 보시니 英考聖明
무함이 만대에 사라지고 誣消萬代

냇물을 건너려거든 그대를 배와 노로 삼을 것이다."라고 한 데서 온 말이다. 《書經 說命上》

66 황각(黃閣) : 한대(漢代) 이후 승상 또는 삼공(三公)의 청사(廳舍) 문에 대궐의 주문(朱門)에 칠한 붉은색을 피하여 황색을 칠했던 데서 온 말로, 조선에서는 의정부의 별칭으로 쓰였다.

영광이 구경[67]에 미쳤네　　榮及九京
사람들이여, 못 믿겠거든　　人如不信
내가 새긴 비명을 보라　　視我刻銘

67 구경(九京) : 구원(九原), 구천(九泉)과 같은 말로 무덤이나 저승을 뜻한다.

숭록대부 행 의정부좌참찬 겸 판의금부사 지경연사 홍문관 제학 한평군 이공 신도비명

崇祿大夫行議政府左參贊兼判義禁府事知經筵事弘文館提學韓平君李公神道碑銘

공의 휘는 경전(慶全)이고, 자는 중집(仲集)이며, 석루(石樓)는 호이다. 이씨(李氏)는 본래 한산(韓山)의 저명한 성씨이다. 고려 말 호가 가정(稼亭)인 문효공(文孝公) 곡(穀)과 호가 목은(牧隱)인 문정공(文靖公) 색(穡)이 실로 공의 9대조와 8대조이다.

우리 조정에 들어와서 문정공의 아들 종선(種善)은 시호가 양경공(良景公)이다. 양경공의 아들 계전(季甸)은 한성부원군(韓城府院君)이고 시호는 문열공(文烈公)이다. 3대를 내려와 휘 치(穉)는 연산군 갑자년(1504, 연산군10)에 유배되었다가 중종 임금에 의해 풀려났으며[68] 관직은 판관에 이르고 좌찬성 한원군(韓原君)에 추증되었는데, 공의 증조이다. 조부의 휘는 지번(之蕃)이고, 호는 성암(省菴)이며, 퇴도(退陶) 이자(李子 이황(李滉))와 도의(道義)로 사귀었으며 관직은 내자시 정을 지내고 영의정 한천부원군(韓川府院君)에 증직되었다. 부친의 휘는 산해(山海)이고, 호는 아계(鵝溪)이며, 선조 임금을 섬겨 지위가 영의정에 이르고 공훈으로 아성부원군(鵝城府院君)에 봉해졌다. 어머니 정경부인(貞敬夫人) 양주 조씨(楊州趙氏)는 좌참찬 정간공

68 휘……풀려났으며 : 이치(李穉)는 1504년 찬성을 지낸 작은아버지 이파(李坡)와 함께 사화에 연좌되어 진도로 유배되었다가 중종반정 이후에 풀려났다.

(貞簡公) 조언수(趙彦秀)의 따님으로, 융경(隆慶) 정묘년(1567, 명종 22)에 공을 낳았다.

토정공(土亭公) 지함(之菡)은 성암공의 아우로서 공을 매우 기특하게 여겼는데, 공의 이름에 '전(全)'이라는 글자를 내려 주었다. 이는 대개 세상이 장차 어지러워질 것을 먼저 알고 공이 그 문호를 보전할 수 있으리라 점친 것이다.

공은 5, 6세 때 토정공에게 배웠는데, 영기와 지혜를 타고나서 수고하지 않아도 정신이 절로 통하였으며, 〈눈을 읊다〔詠雪〕〉, 〈귤을 읊다〔詠橘〕〉, 〈개 짖는 소리를 읊다〔詠犬吠〕〉[69] 등의 시를 지으니, 의정공이 감탄하며 말하기를,

"내가 미칠 수 있는 것이 아니다."

하였다.

만력(萬曆) 을유년(1585, 선조18)에 사마시에 합격하였다. 한때에 이름이 알려진 선비들이 모두 공의 얼굴을 한번 보기를 바랐다. 공은 김공 두남(金公斗南), 이공 귀(李公貴), 정공 광성(鄭公廣成) 등 수십 인과 함께 길에 나가 놀이로 〈등동축저요(登東築杵謠)〉[70]를 불렀는데,

69 개……읊다 : 이경전이 13세에 지은 시로, 다음과 같다. "개 한 마리가 짖고 개 두 마리가 짖으니 개 세 마리가 또한 따라 짖네. 사람 때문일까, 호랑이 때문일까, 바람 소리 때문일까. 동자가, 산 위에 뜬 달이 정히 촛불 같고 마당에는 오직 찬 바람에 우는 오동나무만 있다고 말하네. 이상한 것을 보면 의당 놀라는 것이 이치이니, 개가 무엇 때문에 짖지 않으랴. 짖는 데는 본래 뜻이 있으나 사람은 알지 못하고, 동자에게 대문을 속히 닫으라고 말하네.〔一犬吠二犬吠三犬亦隨吠, 人乎虎乎風聲乎? 童言山月正如燭, 半庭唯有鳴寒梧. 見非常有理宜驚, 犬乎何事無爲吠. 吠固有意人不識, 說與兒童門速閉.〕"《石樓遺稿 卷1 犬吠》

70 등동축저요(登東築杵謠) : 몽둥이로 땅을 둥둥 두드리며 부르는 노래로 보인다.

온 세상이 전하고 일컬으며 그것을 동한(東漢)의 풍류에 견주었다.

기축년(1589)에 옥사를 주관하는 자가 죄를 덮어씌우는 것을 좋아하였다. 이동암 발(李東巖潑)이 또한 체포되어 오자, 공은 의연히 한강가로 나가 만나 보려 하였고, 이공이 고문을 받고 유배되자 또한 동문 밖으로 나가 작별하였는데 이때부터 과거에 응시하는 것을 달가워하지 않았다.

경인년(1590)에 부친의 명으로 증광시에 응시하고 급제하여 승문원에 분속되었다.

신묘년(1591)에 장악원 직장을 거쳐 호당(湖堂)에서 사가독서를 했는데, 이것은 극선(極選)이었다. 공이 소를 올려 사양하자, 선조 임금께서 비답을 내려 이르기를,

"그대 집안사람들이 하는 말은 모두 주옥(珠玉)이로구나. 사양하지 말라."

하였다.

다음 해에 왜적의 침략이 급박하여 상이 서쪽으로 피난하자, 의정공이 종묘와 사직의 신주를 받들고 어가를 호종하니, 공이 도보로 따랐다. 평양의 행재소에 도착했을 때에 당인들이 기회를 타고 뛰어들어, 의정공이 서울을 버릴 계책을 맨 먼저 아뢴 것을 죄로 삼아 관동의 평해군(平海郡)으로 폄적시키니, 의정공은 평해군에서 4년을 있다가

등동은 두드리는 소리인 '둥둥'을 표현한 등등(登登)의 다른 글자로 보인다. 이 당시에 정치에 실망한 부유층 자제 30여 인이 주동이 되어 도성 안의 선비들을 천 명 백 명씩 끌고 다니면서, 미치광이나 괴물처럼 노래하고 춤추며 웃다가 울고 하는 등 도깨비나 무당의 흉내를 내며 〈등등곡(登登曲)〉이라고 일컬었다는 이야기가 《연려실기술(燃藜室記述)》 권15 〈임진왜란대가서수(壬辰倭亂大駕西狩)〉에 나온다.

풀려났다. 공은 비로소 한성 참군(漢城參軍)에 조용(調用)되었다가 이어서 예조·병조·형조의 좌랑으로 옮겼다.

이때 남북(南北)이란 말이 유행하기 시작하자, 공은 힘껏 외직을 구하여 옹진 현령(瓮津縣令)이 되었다. 다음 해에 병조 정랑으로 관직이 바뀌자, 백성들이 비석을 세워 잊지 않으려는 뜻을 부쳤다. 이로부터 지평에 세 번 제수되어 시강원 사서를 겸하였으며, 홍문록(弘文錄)의 선발에 들고 부수찬에 제수되어 시강원 문학을 겸하였다. 그사이에 암행 어사로서 충청도와 전라도, 경상도를 살펴보았는데, 권장과 징계가 모두 알맞았다.

공은 문장으로 주상의 지우를 입었는데, 문장을 구상하지 않아도 글이 군마(軍馬)나 돛단배처럼 나왔다. 이때가 되어 명나라 사신이 잇따라 왔는데, 무릇 사례하는 게첩(揭帖)이나 가요(歌謠) 등의 작품이 공의 손에서 많이 나왔다.

명나라 장수가 군대를 정돈하여 돌아갈 때 선조 임금이 홍제교(弘濟橋)에 나가 전송했는데, 공이 사신(詞臣)[71]으로서 따라갔다. 명나라 장수가 출발할 무렵에 선조 임금이 그의 손을 잡고 눈물을 흘리며 공에게 명하여 작별시를 지어 전송하게 했는데, 공은 거침없이 명하는 대로 응대하였다. 임금이 또한 그 자리에서 〈비파행(琵琶行)〉[72]에 차운하라고 명하자, 명나라 장수가 그 운에 따라 운자를 불러 주었는데, 운자를 부르는 대로 응대하자 혹시 공이 미리 구상했을 것이라 의심하고 '상인부(商人婦)'[73]의 부(婦) 자를 부(夫) 자로 바꿔 부르기까지 했으나, 공

71 사신(詞臣) : 문사(文詞)를 담당하는 신하를 가리킨다.

72 비파행(琵琶行) : 당나라 백거이(白居易)의 시이다. 《白氏長慶集 卷12》

이 응대하여 말하기를,

시대 아파한 지사는 예로부터 있었으나 傷時自古有志士
이별의 슬픔 앞에선 종래로 대장부 없었네 恨別從來無丈夫

하니, 명나라 장수가 말하기를,

"신묘한 작품이다."

하고, 시를 잘 읽는 가정(家丁)으로 하여금 개선가에 맞춰 외며 고삐를 잡고 천천히 가게 하였다.

도독(都督) 형개(邢玠)[74]가, 본국(本國)이 제일 큰 공적을 자신에게 돌아가게 하지 않은 것에 성내며 한음공(漢陰公)을 더욱 다급하게 재촉하여, 화가 예측할 수 없었다. 의정공이 공에게 명하여 즉시 〈군민요(軍民謠)〉[75]를 짓게 하고 한호(韓濩)[76]에게 맡겨 글씨를 쓰게 하며 한음공으로 하여금 손수 올리게 하였다. 도독이 그것을 읽다가 "단상에 올라 깃발에 제사 지내자 천지가 감동하고, 군사를 내어 대중에게 맹세하자 귀신이 그 지휘를 들었네."라는 구절에 이르러서는 무릎을 치며 감탄하여, 일이 해결될 수 있었다. 공이 교리로서 이조 좌랑에 제수되었다.

73 상인부(商人婦) : 〈비파행〉의 구절인 "늙어서 상인의 아내가 되었네.〔老大嫁作商人婦〕"의 일부이다. 《白氏長慶集 卷12》

74 형개(邢玠) : 1540~1612. 자는 식여(式如), 호는 곤전(昆田), 산동(山東) 익도(益都) 사람이다. 1597년 10월 총독(總督)이 되어 조선으로 출병하였다가 울산(蔚山)에서 대패하고, 이듬해 3월에 귀국했다가 7월에 다시 출병하여 직산(稷山)과 울산에서 왜적을 대파했다.

75 군민요(軍民謠) : 《석루유고(石樓遺稿)》 문집 권1 〈형군문서귀기로군민등가요(邢軍門西歸耆老軍民等歌謠)〉이다.

76 한호(韓濩) : 1543~1605. 본관은 삼화(三和), 자는 경홍(景洪), 호는 석봉(石峯)·청사(淸沙)이다.

경자년(1600)에 재차 직강이 되어 교서 교리(校書校理)를 겸하고, 이조 정랑을 거쳐 의정부 사인으로 옮겼다. 이때 홍여순(洪汝諄)[77]이 간사하고 아첨하는 소행을 하므로 전혀 만족스럽지 못하여, 공이 인사 행정을 할 때 그를 대사헌에 의망하는 것을 막았는데, 공은 근거 없는 비방을 받아 삭직되고 8년 동안 서용되지 못하는 지경에 이르렀다.

갑진년(1604)에 모친상을 당하였다. 건강이 몹시 훼손되어 거의 죽을 뻔하였다. 복제를 마치고 나서는 세상일을 마음에 담아 두지 않고, 오직 시를 읊고 술을 대하면서 자유롭게 살았다.

무신년(1608)에 정인홍(鄭仁弘)이 합천(陜川)에 있으면서 소를 올려, 유영경(柳永慶)이 국본(國本)을 모위(謀危)한 죄[78]를 청했는데, 공은 이때 마침 어머니의 산소에 성묘하였다. 유영경은 공이 합천으로 간 것으로 착각하고 공을 탄핵하여 강계(江界)로 유배 보냈다. 공은 얼마 지나지 않아 소환되어 사간, 집의, 전한, 사도시 정(司䆃寺正)에 제수되었다.

공은 사간원에 있을 때 기축년(1589)에 억울하게 죽은 여러 명류(名流)를 속히 신원해야 함을 극진하게 말했으나 조정은 돌아보지 않았다. 이어서 승정원 동부승지, 홍문관 부제학, 성균관 대사성, 이조 참의에 발탁되었다. 공은 늘 붕당을 타파하고 피차를 하나로 보는 것이 지금의 급선무라고 여겼으며, 인사 행정을 하게 되자 문득 한 시대의 인망을

77 홍여순(洪汝諄) : 1547~1609. 본관은 남양(南陽), 자는 사신(士信)이다. 231쪽 주52 참조.

78 유영경(柳永慶)이……죄 : 선조가 만년에는 광해군을 싫어하고 늦게 낳은 아들 영창대군을 지극히 사랑하였는데, 그것을 안 유영경이 영합하여 광해군의 왕세자 지위를 바꾸려고 음모한 것을 말한다.

얻었다. 이이첨(李爾瞻)이 그것을 미워하여 대관(臺官)을 사주하여 공이 제멋대로 했다고 탄핵하게 하자, 공은 즉시 사직하여 체차되었고, 이로부터 다시는 전형의 직임을 담당하지 않았다. 이어서 형조 참의에 제수되었다.

기유년(1609, 광해군1)에 의정공의 상을 당하였다. 이때는 광해군 1년이었다. 한창 부친의 병을 간호할 때는 여러 달 동안 허리띠를 풀지 않았고, 상이 나자 모친상 때처럼 상례를 지켰으며, 제사에는 반드시 몸소 제수를 올리고, 매일 반드시 묘 앞에서 곡을 했는데 아무리 비바람이 크게 쳐도 중지하지 않았다.

신해년(1611)에 복제를 마치고 나자, 다시 승지, 병조 참의에 제수되었다.

임자년(1612)에 지방으로 나가서 충청도 관찰사가 되어 한결같이 법대로 안렴(按廉)하였는데, 아무리 오랜 친구일지라도 불법을 저질렀다고 보고를 받으면 조금도 용서하지 않으니, 한 도가 엄숙해졌다. 이어서 맏아들의 상으로 사직하여 체직되고, 가선대부의 품계에 올라 한평군(韓平君)을 습봉하였다.

이때 이이첨이 더욱 권세를 부리며 공을 무신년(1608)의 익사 공신(翼社功臣)에 책록하였다. 이이첨은 유영경을 몰아낸 공로를 자랑하려고 한 시대의 저명하고 박학한 선비인 백사(白沙), 오리(梧里), 한음(漢陰) 등 여러 공 및 의정공까지 아울러 억지로 훈적(勳籍)에 올려놓았는데, 공도 그 속에 들어갔다. 이것은 간사한 신하가 무거운 명망을 빌리려 한 계책이다. 공은 항의하는 상소를 올려 아뢰기를,

"신의 아버지가 알지 못했는데, 신이 또한 어찌 알았겠습니까."

하며, 굳게 사양하여 벗어나자, 이이첨이 화복(禍福)으로 꾀었으나 공

의 뜻을 빼앗지 못하였다.

아, 만약 공이 단지 작록을 탐하는 마음을 가졌다면, 무신년 익사 공신의 일은 당시의 임금이 듣고 기뻐한 것이고 간사한 신하가 총애를 단단히 굳히게 된 것인데, 공이 어찌 훗날을 미리 헤아려서 눈앞의 부귀를 참으로 자신을 더럽힐 것처럼 여겨 손을 내저었겠는가. 더구나 공의 상소문은 공의 마음을 드러냈을 뿐만 아니라 아울러 의정공의 마음도 드러냈으니, 천하 후세에 할 말이 있다. 훗날 상론(尙論)하는 자가 어찌 이것으로 공을 살펴보지 않겠는가.

공의 행적이 조정의 반열에서 편치 못했는데, 계축년(1613)에 전라도 관찰사로 좌천되었다. 공이 정사를 볼 때는 문인과 무인이 모두 존경하고 백성과 아전이 모두 좋아하였다. 백성들의 청원에 따라 3년을 더 유임하니, 백성들이 비석을 세워 덕을 칭송하였다.

갑인년(1614)에 자헌대부의 품계로 올랐다.

다음 해에 내직으로 들어와 의정부 좌참찬, 형조 판서에 제수되고, 또한 오도 도순찰사(五道都巡察使)를 겸하였다.

병진년(1616)에 육도 체찰사(六道體察使)가 되어 전주부(全州府)에 가서 머물고, 무오년(1618)에 다시 돌아와서 좌참찬에 제수되었다. 공의 서숙(庶叔)인 산광(山光)은 뜻이 크고 기개가 있는 사람으로서 시와 술을 잘했는데, 여러 사람이 많이 모인 자리에서 취해 인사불성인 체하면서 이이첨의 얼굴에 침을 뱉으니, 이이첨이 더욱 시기하고 의심하였다. 공은 이해에 다시 관찰사 겸 체찰사로서 전주부에 가서 머물렀다.

대개 임자년(1612)부터 광해군 11년(1619)에 이르는 기간에 조정에 있던 기간은 몇 달이 안 되고, 공이 청빈한 생활 속에 지조를 가다듬어 쓸쓸하기가 벼슬이 없는 선비 같았다. 공이 서울로 돌아와서 보니,

지붕은 뚫렸고 울타리는 무너져 있었다. 거처가 너무 눅눅하고 좁아서 집안사람들이 잠자는 방을 조금 고치려 하였으나, 공이 "나의 뜻이 아니다." 하였다. 훗날 조정에서 공을 청백리에 선발하려 했으나 공이 일찍이 전라도 관찰사 시절에 보리 10섬을 가져다 굶주린 집안 식구들에게 준 적이 있기에 그 선발을 사양하였다.

경신년(1620)에 다시 좌참찬에 제수되어 지경연사, 춘추관과 홍문관 제학을 겸하였다. 셋째 아들 진사 부(阜)가 성균관의 장의(掌議)로서 홀로 소를 올려 이이첨의 머리를 베어 조정을 맑게 하고 종묘사직을 편안하게 할 것을 청했는데, 소는 끝내 처리하지 않은 채 놓아두고 전리(田里)로 쫓아냈다. 공은 이때부터 더욱 세상에 뜻이 없어져 이소릉(李少陵 이상의(李尙毅)), 이죽천(李竹泉 이덕형(李德泂)) 등 여러 공과 함께 산수 사이를 한가롭게 거닐며 청풍계(靑楓溪)에서 계회(契會)를 열고 첩(帖)을 만들어 간직하니,[79] 사람들이 멋진 일로 여겼다.

공은 관반사(館伴使)로서 유(劉)와 양(楊)[80] 두 명나라 사신을 접대했는데, 유와 양은 공이 수창한 시를 보고 찬탄하고 나중에는 역관(譯官)을 통해서 여러 번 편지를 부쳐 안부를 물었다.

계해년(1623, 인조1)에 나라에 큰일이 일어났다는 말을 들었는데,

79 청풍계(靑楓溪)에서……간직하니 : 이경전이 1620년(광해군12) 김신국(金藎國), 이상의, 민형남(閔馨男), 이덕형, 최희남(崔喜男), 이필영(李必榮)과 서울 인왕산의 청풍계에서 계회를 열고, 모임을 기리기 위해 〈청풍계첩〉을 만들어 간직한 것을 말한다.

80 유(劉)와 양(楊) : 1621년 명나라 광종(光宗)이 즉위한 데 따른 조칙을 반포하기 위하여 조선에 온, 한림원 편수(翰林院編修) 유홍훈(劉鴻訓)과 예과 급사중(禮科給事中) 양도인(楊道寅)을 말한다.

때는 아주 깜깜한 밤이고 끝내 황급하여 반정(反正)을 일으킨 것을 알지 못하고, 마음속으로 생각하기를,

'신하는 의리상 종묘를 위하여 죽어야 마땅하다.'

하고, 흰옷을 입고 곧장 종묘 문 밖에 가서 엎드려 기다렸다. 인조 임금이 이날 밤 왕위에 올라 속히 공을 별운검(別雲劍)으로 불러들이고 이전처럼 좌참찬과 홍문관 제학을 맡게 하였다.

조정이 주청사(奏請使)를 보내려 하는데 적임자를 찾기 어려웠다. 신상촌 흠(申象村欽), 김 승평 류(金昇平瑬)가 모두, 당대에 문장가로서 전대(專對)할 수 있는 사람은 이경전만 한 이가 없고 평소 중국 일에 익숙한 사람도 이경전만 한 이가 없다고 여기고, 첫 번째로 공을 추천하였다. 이에 공은 사명을 받들고 만 리 요동 길을 달려 중국에 들어갔다.

이전에 모문룡(毛文龍)[81]과 맹추관(孟推官)[82]이 서로 이어서 본국의 일을 보고하면서 비방하지 않는 것이 없어서, 과도관(科道官)[83]들의 논의가 자못 옥신각신하였다. 공이 중국에 도착해서 각로(閣老) 섭향고(葉向高)[84]를 알현했는데, 섭향고는 공과 이야기를 나누어 보고 공을

81 모문룡(毛文龍) : 1576~1629. 명나라 말기의 무장(武將)으로, 호는 진남(振南)이다.

82 맹추관(孟推官) : 이름은 양지(養志)이다. 광해군 말년에 칙명을 받들고 가도(椵島)에서 우리나라로 건너왔는데, 한 해가 넘도록 광해군이 병을 핑계 대고 인견(引見)하지 않자 개성부(開城府)에 머물러 있다가, 1623년 서울에 들어오게 되었다.

83 과도관(科道官) : 명나라 시대에 급사중(給事中)과 각 도의 감찰 어사(監察御史)를 통칭하던 말이다.

84 섭향고(葉向高) : 명나라의 관리로, 자는 진경(進卿), 호는 대산(臺山)이다.

매우 대단하게 여기며, 주청하는 것에 대해 대번에 승낙하였다. 이어서 옥하관(玉河館)[85]에 머물면서 조사관이 본국에서 돌아오기를 기다리게 하며, 국왕의 봉전(封典)[86]을 허락하고 망룡의(蟒龍衣)[87] 1습을 하사하며 사신으로 하여금 옷상자를 감히 열어 보지 못하게 하였다. 공이 말하기를,

"이것은 천자가 국왕을 총애하여 내린 것이니, 그 귀중함이 어떠하겠습니까. 배신(陪臣)인 저는 명색이 사신인데 살펴보지 못하고 떠나는 것은 의리상 감히 할 수 없기에 굳이 열어 볼 것을 청합니다."

하였다. 열어 보니 칠장복(七章服)[88]이었다. 이에 공이 이치에 의거하여 쟁변하니, 드디어 구장복(九章服)으로 다시 봉하였다.

갑자년(1624)에 비로소 복명(復命)하였다. 인조 임금이 크게 가상히 여기고 기뻐하며 상으로 노비와 전부(田賦)를 하사하자, 공이 아뢰기를,

"신이 무슨 공이 있겠습니까."

하고, 단지 종 1구만 받고 나머지는 모두 사양하고 받지 않았다. 숭정대부에 가자하라고 명하였다.

85 옥하관(玉河館) : 조선 사신이 머물던 연경(燕京)의 관소(館所) 이름이다.

86 국왕의 봉전(封典) : 인조를 조선의 국왕으로 인정해 주는 것을 말한다. 봉전은 천자가 제후에게 작위를 내리는 은전을 말한다.

87 망룡의(蟒龍衣) : 큰 구렁이 무늬를 놓은 예복이다. 명나라 제도에 외국 임금에게 내려 주던 의복이다.

88 칠장복(七章服) : 화충(華蟲)·화(火)·종이(宗彝)·조(藻)·분미(粉米)·보(黼)·불(黻) 등 7종의 무늬로 장식한 왕세자의 면복(冕服)이다. 황제는 십이장복(十二章服), 왕은 구장복, 왕세자는 칠장복을 입었다.

정묘년(1627)에 어가를 호종하여 강화도에서 도적을 피하였다.

병자년(1636)에 어가를 모시고 남한산성에 들어갔다.

정축년(1637)에 청나라 군대가 포위를 풀고 가면서 우리나라로 하여금 삼전도(三田渡)에 비석을 세워서 그들의 공덕을 송축하게 하자, 상이 관각(館閣)에서 문장으로 명성이 있는 자들로 하여금 글을 지어서 올리게 하였다. 장공 유(張公維), 이공 경석(李公景奭), 조공 희일(趙公希逸)[89] 및 공이 선발되었다.[90] 공이 이에 세 번 차자를 올려 오랫동안 붓과 벼루를 버려두었다는 이유로 사양하였다. 대개 일찍이 〈척화소(斥和疏)〉[91]에 함께 참여하였으므로 전후로 그 지조를 달리하고 싶지 않았던 것이다. 상이 공의 뜻을 알고 또한 강요하지 않으니, 마침내 벗어났다.

공은 호종한 공로로 숭록대부에 가자되고, 형조 판서에 제수되었다가 판돈녕부사로 옮겼다. 그 뒤로 누차 형조판서 겸 판의금부사에 제수

89 조공 희일(趙公希逸) : 조희일(1575~1638)은 본관은 임천(林川), 자는 이숙(怡叔), 호는 죽음(竹陰)·팔봉(八峰)이다.

90 장공……선발되었다 : 《승정원일기》 인조 15년 11월 25일 기사에 "장유, 이경전, 조희일, 이경석에게 명하여 삼전도비의 비문을 짓게 하였는데, 장유 등이 다 상소하여 사양하였으나, 상이 따르지 않았다. 세 신하가 마지못하여 다 지어 바쳤는데 조희일은 고의로 글을 거칠게 만들어 채용되지 않기를 바랐고 이경전은 병 때문에 짓지 못하였으므로, 마침내 이경석의 글을 썼다."라고 하였다.

91 척화소(斥和疏) : 1627년 정묘호란 때 형제 관계를 맺고 강화한 후금과 조선 간의 외교는, 1636년에 이르러 청나라가 일방적으로 군신 관계를 강요하는 등 무리한 요구를 하여 악화되고, 조정에서는 척화의 기운이 팽배하였다. 이에 척화를 주장하는 사람들이 주화파의 수장인 최명길(崔鳴吉)의 죄를 논한 상소를 올렸는데, 여기서 청나라와의 화의를 비난하고 숭명반청(崇明反淸)을 주장하였는바, 이를 〈척화소〉라고 한다.

되었으나 모두 늙고 병들었다는 이유로 사직하였는데, 대평(臺評)[92]이, 청나라에 자식을 볼모로 보내는 일을 벗어나려고 하는 것이라고 하며 공을 파직할 것을 청하였다.

공은 혹은 충청도에 가고 혹은 경기에 우거하면서 한가롭고 편안하게 노년을 즐기면서 살다가 갑신년(1644) 5월 2일에 사저에서 세상을 떠나니, 향년 78세였다. 상이 매우 슬퍼하며 별유(別諭)를 내리고 예관을 보내어 치제하였으며, 유사(有司)를 신칙하여 관곽(棺槨)의 상구(喪具)를 하사하게 하고 조묘군(造墓軍)[93]도 보낼 것을 명하였다. 이것은 난리 뒤에 내린 특별한 은총이었다. 7월에 보령(保寧) 고만(高巒) 자좌(子坐)의 언덕에 장사 지냈다. 공이 세상을 떠난 날에 집에는 베한 자도 없어서 나라와 개인이 주는 부의를 기다려서야 비로소 빈렴(殯斂)을 할 수 있었으니, 공이 이에 진실로 맑은 덕을 마친 것이다.

공은 평생 집안 살림을 다스리지 않았다. 음식과 의복은 처한 대로 맡겨 두고, 오직 서적을 가장 즐겨 보았다. 만년에는 《중용》과 《대학》을 좋아하여 하루에 반드시 한 번씩 외웠다. 자제들을 권면할 때는 육경(六經)을 근본으로 삼고, 혹 일언일구(一言一句)라도 글을 지을 수 있는 자가 있으면 기뻐서 잠을 이루지 못하며 말하기를,

"삼생(三牲)의 봉양을 나는 바라지 않는다."

하였다.

공이 일찍이 하대부(下大夫)로서 집에서 사사로이 선비들에게 시험을 보였는데 북소리로 명령을 하였다. 비록 반시(泮試) 날을 만나더라도

92 대평(臺評) : 어사대(御史臺)의 탄핵, 또는 대간(臺諫)의 평론을 말한다.

93 조묘군(造墓軍) : 분묘(墳墓)를 조성하는 인부이다.

그 북소리를 들으면 성균관으로 가지 않고 공의 집으로 가는 자가 많았다. 후생들이 공이 지성으로 면려하는 것을 알고서 그렇게 한 것이다.

공은 조정에 선 50년 동안 몸소 많은 고난을 겪었는데, 자제들을 가르칠 때마다 말하기를,

"나는 세상 속에서 득실을 걱정하는 자들을 보면 걸어가는 시체나 달려가는 고기처럼 볼 뿐만이 아니었다. 이들은 불가에서 이르는 중생(衆生)이란 것이니, 또한 불쌍하지 않느냐."

하였다.

병자년(1636) 이래로 사직을 청했으나 되지 않자, 시골을 돌아갈 곳으로 여기고 패랭이를 쓰고 율무 구슬로 갓끈을 만들고 거친 옷을 입고 말을 타고 나가 노닐며 호수와 산에서 시를 읊조리다가 흥이 다하면 버렸다.

공은 선악(善惡)에 대하여는 그 분별을 더욱 엄하게 하였다. 공이 일찍이 말하기를,

"망국의 화는 기축년(1589, 선조22)에 시작되어 병자년(1636, 인조14)에 끝났다. 의복을 왼쪽으로 여미게 된 것[94]은 반드시 그 책임을 지는 자가 있어야 한다."

하였다.

저술한 것이 매우 많았으나 집에서 개인 문집을 만드는 것을 달갑게

94 의복을……것 : 조선이 청나라의 지배를 받게 된 것을 말한다. 《논어》 〈헌문(憲問)〉의 "관중이 아니었다면 머리를 풀어 헤치고 왼쪽으로 옷을 여몄을 것이다."라는 구절에서 나온 말로, 이민족의 지배를 받아 중화의 문화를 버리고 이민족의 습속을 따르는 것을 말한다.

여기지 않아 잊고 거두지 않으니, 결국 난리 중에 불타 버려 남은 것이 겨우 약간 권이다.

부인 안동 김씨(安東金氏)는 홍문관 교리 김첨(金瞻)의 따님으로, 남편을 섬기고 빈조(蘋藻)[95]를 받드는 데에 정성과 예절이 모두 지극하여 공이 부인을 공경하였다.

5남 1녀를 두었다. 장남 후(厚)는 19세에 문과에 급제하여 이조 좌랑을 지내고, 둘째 구(久)는 18세에 사마시의 초시와 회시에서 장원급제하고 20세에 문과에 장원급제하여 한림(翰林)을 지냈으나, 모두 젊은 나이에 죽었다. 셋째 부(阜)는 19세에 진사가 되자 즉시 이이첨을 벨 것을 청하고 과거 공부를 접고 세상에 나오지 않았다. 넷째 유(卣)는 문사(文詞)에 능했으나 젊은 나이에 죽었다. 다섯째 무(袤)는 문과에 급제하여 대종백(大宗伯 예조 판서)을 지냈고 호는 과암(果菴)이다. 딸은 이조 참판 조수익(趙壽益)에게 시집갔다. 측실 소생 중 장남 취(就)는 진사이고, 차남 수(滫)는 사과(司果)를 지냈다.

구(久)의 외아들 상빈(尙賓)은 진사로서 문사에 능했으나 젊은 나이에 죽었다. 부(阜)의 외아들은 수빈(壽賓)이고 딸은 진사 황후석(黃後石)에게 시집갔다. 유(卣)의 두 아들은 양빈(陽賓)과 오빈(梧賓)이고 두 사위는 노형복(盧亨福)과 안두극(安斗極)이다. 대종백의 두 아들 중 장남 인빈(寅賓)은 문과에 급제하여 홍문관의 관직을 역임하고 첨

95 빈조(蘋藻) : 선조의 제사를 경건히 지냄을 말한다. 《시경》 〈소남(召南) 채빈(采蘋)〉에 "이에 마름을 뜯기를 남쪽 물가에서 하고, 이에 마름을 뜯기를 저 흘러가는 도랑에서 하도다.〔于以采蘋, 南澗之濱. 于以采藻, 于彼行潦.〕"라고 하였다. 《시경집전》에 "대부의 아내가 제사를 잘 받드니, 집안사람들이 그 일을 서술하여 찬미한 것이다."라고 하였다.

지중추부사에 그쳤으며, 차남은 용빈(龍賓)이고, 딸은 현령 이행경(李行敬)에게 시집갔다. 조수익의 두 아들 중 변(汴)은 경력(經歷)이고, 면(沔)은 현감이다. 후(厚)는 자식이 없어 오빈을 후사로 삼았다.

상빈의 두 아들 중 창근(昌根)은 어린 나이에 죽었고, 운근(雲根)은 현감이며, 두 사위는 사인(士人) 성담(成燂), 현령을 지내고 좌찬성에 증직된 조경창(趙景昌)이다. 좌찬성의 장녀는 실은 경은부부인(慶恩府夫人)으로서 인원왕후(仁元王后)[96]를 낳았다.

수빈의 장남 석근(石根)은 감역(監役)이고, 차남은 원근(元根)이며, 사위는 판서 유명천(柳命天)이다.

양빈의 아들은 천근(天根)이다.

인빈의 장남 동근(東根)은 문과에 급제하여 시강원 사서이고, 둘째 도근(道根)은 교관이고, 셋째는 회근(晦根)이고, 넷째 효근(孝根)은 문과에 급제하여 관직이 정언이며, 사위는 이만주(李萬柱)이다.

오빈은 자식이 없어 동근을 후사로 삼았다.

현손 이하는 많아서 다 기록하지 않으나 덕운(德運)은 문과에 급제하여 승정원 주서를 지내고 정랑에 그쳤다. 서손(庶孫) 재운(載運)은 참봉이다. 5대손 건(騫)은 참봉이다. 6대손 수일(秀逸)은 문과에 급제하여 승지를 지냈고, 수하(秀夏)는 문과에 급제한 전(前) 한성부 좌윤이며, 봉서(鳳舒)는 문과에 급제하여 도사(都事)를 지냈다. 7대손 경명(景溟)은 문과 중시(文科重試)에 급제하고 홍문관의 관직을 역임한 전 승지이며, 주명(柱溟)은 전 도사이다. 지금 비문을 부탁한 사람은 정명(鼎溟)으로, 대개 선조의 뜻을 받든 것이다. 명(銘)은 다음과 같다.

96 인원왕후(仁元王后) : 1689~1757. 숙종의 둘째 계비이다.

가정과 목은이 태평성대 이끌고	稼牧瑞世
봉황의 깃털[97]을 후손에게 남겨 주었네	鳳毛貽孫
공이 실로 선대의 유업을 계승하니	公實肯構
아계 노인의 가문이었네	鵝老之門
나오는 말이 모두 주옥이라며	咳唾皆珠
선조 임금이 가상하다 하였네	宣廟曰嘉
시를 개선가에 맞춰 부르니	詩和凱歌
명성이 중화에 가득하였네	聲滿中華
나그네처럼 살다가	有迹如寄
혼란한 세상을 만났네	世値昏亂
기린각이 눈앞에 있은들	麟閣在前
어찌 족히 손에 들고 가지고 놀랴	曷足把玩
짧은 상소문 서릿발 늠름하니	尺紙霜凜
두 사람의 뜻을 말로 나타냈네[98]	言出貳身
조야는 안색이 변하고	朝野色動
큰 간신은 뼛속이 시렸네	巨奸骨寒

97 봉황의 깃털 : 자식이 훌륭한 아버지를 잘 닮은 것을 비유한 말로, 여기서는 자손이 선조를 닮은 것을 뜻한다. 진(晉)나라 때의 명신 왕도(王導)의 아들 왕소(王劭)가 일찍이 시중(侍中)이 되어 대궐 문을 출입할 적에 환온(桓溫)이 그를 바라보고 말하기를 "대노에게는 본디 스스로 봉황의 터럭이 있었다."라고 했던 데서 온 말인데, 대노(大奴)는 왕소를 지칭한다. 《世說新語 容止》

98 짧은……나타냈네 : 이이첨이 유영경을 몰아낸 공로를 자랑하려고 저명한 인사들과 함께 이경전과 이산해를 무신년(1608, 광해군 즉위년)의 익사 공신에 책록하자, 이경전이 항의하는 소를 올려 두 사람의 뜻을 밝혔다.

외직에서 십 년 동안　　於外十稔
술잔 세고 시 지었네　　酒籌詩令
하늘의 해가 다시 밝아져　　天日重朗
사명을 전대하라는 명이 내렸네　　專對有命
충성의 돛대 달고 의리의 노를 저으니　　忠檣義楫
바다 악어가 납작 엎드렸네　　溟鰐帖伏
황제가 구름 위에 앉아　　帝坐雲端
동국을 밝게 보았네　　明見東國
용무늬 빛나고 빛나니　　蟒龍煌煌
구장복이었네　　九章其服
공이 돌아와 왕께 바치니　　公歸獻王
왕이 이에 싫어하지 않았네　　王庸無斁
무엇으로 상을 주었는가　　何以賞之
토지와 노비였네　　土田臧獲
사양하고 받지 않으며　　辭之不受
신이 무슨 힘쓴 것이 있겠습니까 하였네　　臣有何力
신하 되어 직분 다하고　　爲臣盡分
그런 후에 옷자락 떨치고 떠났네　　然後拂衣
나물국에 초라한 옷　　藜羹布褐
본분에 마땅한 것으로 여겼네　　本分攸宜
시종 때를 잘 만난 것과　　始終遭遇
관곽과 염빈 모두 성은이었네　　棺斂皆恩
당파에 따라 평가를 달리하는　　黨界雌黃
저들의 교만과 완악을 아파하노라　　痛彼驕頑

공의 생애를 살피려는 자가 있다면	人如有考
이 글에 증거가 있으리라	其在斯文

증 대광보국숭록대부 의정부 영의정 청원부원군 행 가선대부 경기 관찰사 심 충장공 신도비명

贈大匡輔國崇祿大夫議政府領議政靑原府院君行嘉善大夫京畿觀察使沈忠壯公神道碑銘

숙종 35년(1709)에, 임진왜란 때 절의를 위하여 죽은 충신 심공(沈公)에게 정려(旌閭)할 것을 명하고 시호를 내려서 그때 여문(閭門)에는 정려했으나 시호는 미처 내릴 겨를이 없었다. 영조 46년(1770)에 이르러 속히 시호 내릴 것을 명하니, 태상시(太常寺)가 의논하여 아뢰기를,

> "환난에 임하여 나라를 잊지 않은 것을 '충(忠)'이라 하고 들판에서 죽은 것을 '장(壯)'이라 하니, 시법(諡法)에 따라 '충장'이라 하는 것이 마땅합니다."

하니, 상이 옳다 하고, 또한 호조에 명하여 연시연(延諡宴)[99]에 쓸 물품을 주고 사손(祀孫)에게 관직을 제수하게 하였다.

당저(當宁) 15년(1791, 정조15)에 사당에 '표절(表節)'이라는 편액(扁額)을 하사하고 해마다 반드시 사수(死綏)한 날[100]에 한 번씩 제사를 지내게 하였다. 대개 삭녕(朔寧)[101] 사람들이 공의 충렬을 슬퍼하고

99 연시연(延諡宴) : 조상에게 내리는 시호를 받들어 모시라는 나라의 통고에 따라 그 본가(本家)에서 죽은 이의 신주를 받들고 나아가 선시(宣諡)하러 나온 선시관(宣諡官)을 맞이하여 의식을 행한 후에 베푸는 잔치이다.

100 사수(死綏)한 날 : 심대가 전사한 날을 말한다. 사수는 원래 군사가 패하면 장수는 마땅히 죽어야 함을 뜻하는 말이다.

101 삭녕(朔寧) : 현재 경기도 연천군 왕징면과 중면 일대에 두었던 군(郡) 이름이다.

사모하여 공이 전몰한 곳에 가옥 한 칸을 세우고, 같은 시기에 위용을 세운 자들을 제사 지내니, 윤공 경원(尹公慶元),[102] 강공 수남(姜公壽男),[103] 양공 지(梁公誌)[104]가 엄숙하게 그 좌우에 자리하고, 군교(軍校), 심약(審藥), 검률(檢律), 장 비장(張裨將) 역시 그 자리에 참여하였다. 이때에 이르러 사당을 수리할 것을 명하고 관원을 보내 치제하며 사손도 녹용할 것을 명하여 충성에 보답하고 절의를 숭상하니, 이에 아무런 유감이 없게 되었다.

공은 선조조 임진년(1592, 선조25)에 관직이 시강원 보덕이었는데, 4월에 왜구가 침입하였다. 상이 서쪽으로 피난하자, 공은 필마를 타고 어가를 호종하였다. 벽제(碧蹄)에 이르자 시종하는 많은 관원들이 뒤를 돌아보며 앞으로 나아가려 하지 않자, 공이 노하여 꾸짖기를,

“너희는 임금님 덕에 먹고 입지 않았느냐. 지금 위급한 상황인데

102 윤공 경원(尹公慶元) : 윤경원(1560~1592)으로, 본관은 칠원(漆原), 자는 선여(善餘)이다. 1592년 임진왜란이 일어나자 백의종군하여 경기 관찰사 심대의 명령에 따라 삭녕에서 서울 수복 작전을 수행하던 중 왜군의 야습을 받아 심대 등과 같이 전사하였다. 1593년에 증직되었다.

103 강공 수남(姜公壽男) : 강수남(1552~1592)으로, 본관은 진주(晉州), 자는 인수(仁叟)이다. 임진왜란 때 경기 관찰사 심대의 종사관으로 출전하여, 서울 수복 작전을 수행하던 중 왜군의 야습을 받아 심대 등과 같이 전사하였다. 이조 판서에 추증되고 충렬(忠烈)이란 시호가 내렸다.

104 양공 지(梁公誌) : 양지(?~1592)로, 본관은 남원(南原), 자는 언신(彦信)이다. 양성지(梁誠之)의 후손으로, 음보(蔭補)로 관직에 나아가 적성 현감을 거쳐 1592년 삭녕 군수가 되었다. 임진왜란이 일어나자 삭녕에 와 있던 경기 관찰사 심대의 종사관으로 서울 수복 작전을 수행하던 중 왜군의 야습을 받아 심대 등과 같이 전사하였다. 1796년(정조20) 이조 판서에 추증되었다. 시호는 충민(忠愍)이다.

차마 도망갈 계책을 꾀하니, 난이 끝나면 삼족을 멸할 것이다."
하였다.

이때 충청도와 전라도는 상의 행방을 알지 못하여 인심이 흉흉하고 안정하지 못하였다. 행차가 개성에 이르자 공이 아뢰기를,

"왜적이 영남에서 올라와 곧장 서울을 침범했으니, 전라도와 충청도는 아직 전쟁의 피해를 입지 않았습니다. 급히 정성스럽고 한결같은 신하를 한 명 파견하여 병사를 징집하고 병사들이 행재소에 들어와 호위하게 하여, 왜적으로 하여금 우리의 구원병이 저들의 뒤에 있는 것을 알게 한다면 저들의 예봉을 꺾을 수 있을 것입니다."

하니, 상이 이르기를,

"계책은 그렇게 하더라도 누가 가면 좋겠는가?"

하자, 공이 아뢰기를,

"임금이 모욕을 당하면 신하는 죽는 법입니다. 신이 스스로 갈 것을 청합니다."

하니, 상이 의롭게 여기고, 즉시 공을 독운 어사(督運御史)에 제수하여 보냈다. 공은 배를 타고 가며 풀숲에서 자고 왜적의 소굴을 뚫고 지나가서 충청도와 전라도에 도달하여, 관찰사와 수령을 마주하면 울면서 말하고, 군인과 백성을 마주하면 울면서 성상의 뜻을 깨우쳐 주니, 충청도와 전라도가 장차 크게 병사를 징발하여 근왕(勤王)하려 하였다. 공이 돌아올 때는 아산(牙山)에 도착하여 배를 타고 바닷길로 개성에 이르고 평양에서 복명(復命)하니, 갔다 오는 데 겨우 24일이 걸렸다. 상이 놀라 이르기를,

"어찌 그리 빨리 다녀왔는가?"

하고, 충청도와 전라도의 사정을 묻고 "난리 속에서 충성스러운 신하를

안다."[105]라는 말로 포상과 효유(曉諭)를 모두 지극하게 하였으며, 특명으로 승정원 동부승지에 제수하였다. 잠시 오위장, 판결사가 되었다.

대가(大駕)가 의주(義州)에 이르러서, 왜적이 서울을 차지하고 경기 관찰사 권징(權徵)[106]은 도망가서 소재를 알지 못한다는 말을 듣고, 상이 급히 후임자를 뽑아 채울 것을 명하니, 조정 신하들이 의논하고 모두 아뢰기를,

"자신을 잊고 나라를 위해 죽을 수 있는 자로는 심대보다 나은 자가 없습니다."

하였다. 7월에 공을 경기 관찰사에 제수하고 품계를 가선대부로 올렸다.

공이 강개하여 눈물을 흘리며 명을 받고 즉시 출발해서 안주(安州)에 있던 유 문충공 성룡(柳文忠公成龍)을 찾아뵙고 울면서 말하기를,

"나랏일이 비록 이에 이르렀으나 오히려 가망이 있습니다. 지난날 정영(程嬰)과 저구(杵臼) 두 사람도 오히려 조씨(趙氏)를 보전하였습니다.[107] 지금 나와 공이 유독 정영과 저구가 되지 못하겠습니까."

105 난리……안다 : 당 태종(唐太宗)이 소우(蕭瑀)를 칭찬하면서 하사한 시에 "질풍 속에서 굳게 버티는 초목을 알고, 난리 속에서 충성스러운 신하를 안다.〔疾風知勁草, 板蕩識誠臣.〕"라고 하였다. 《舊唐書 蕭瑀列傳》

106 권징(權徵) : 1538~1598. 본관은 안동, 자는 이원(而遠), 호는 송암(松菴), 시호는 충정(忠正)이다. 임진왜란이 일어나자 경기 관찰사에 임명되어 임진강에서 왜군을 막으려고 최선을 다했으나 패하였다. 1593년에는 서울 탈환 작전에 참가했다. 사후 영의정에 추증되었다.

107 정영(程嬰)과……보전하였습니다 : 춘추 시대 진 경공(晉景公) 3년에 도안가(屠岸賈)가 조삭(趙朔)을 죽이고 멸족하였을 때, 조삭의 친구인 정영과 객인(客人)인 공손저구(公孫杵臼)가 조삭의 유복자를 살릴 모의를 하였다. 그리하여 다른 아이를 조삭의 아이로 속여 공손저구가 함께 죽는 길을 택하고, 정영은 유복자와 산중에 숨어 살았다.

하니, 문충공이 공의 뜻에 감동하여 자기 휘하의 용사 두 사람을 나누어 주며 따라가게 했는데, 그중에 한 사람은 의주에 사는 장씨(張氏)였다.

공은 경기에 도착하자마자 가시덤불을 헤치며 의병을 모집하고 전진하여 연천(漣川) 경계에 이르렀는데, 징파도(澄波渡)[108]에서 왜적을 만나 대거 참획하였다. 의병장 우성전(禹性傳)[109]이 강화도에 있으면서 누차 편지를 보내 함께 강화도를 지키자고 하였으나 공이 말하기를,

"이 길을 버리면 행재소와 연락이 끊어집니다. 내가 이곳에 주둔하며 강화도의 대군(大軍)과 성세를 서로 의지한다면 서울을 수복할 수 있습니다. 이 일을 이루지 못하면 오직 죽음이 있을 뿐입니다."

하며, 끝내 듣지 않았다.

공은 순행할 때마다 반드시 먼저 평소처럼 노문(路文)을 발송하고 깃발을 세우고 피리를 불며 가니, 백성들이 서로 모여서 말하기를,

"오늘날 관찰사의 위의를 다시 볼 줄은 생각지도 못했다."

하며, 대중의 마음이 비로소 의지하였다. 공이 열읍(列邑)에 도착하여 충의로 병사와 백성을 격려하며 말하기도 하고 곡하기도 하니, 분개하지 않는 사람이 없었다. 서울 백성이 와서 왜적의 사정을 보고하는

경공 15년 한궐(韓厥)의 주선으로 그 아이를 조씨의 후계자로 삼고 도안가의 종족을 주멸하였다. 《史記 趙世家》

108 징파도(澄波渡) : 경기도 연천군 왕징면 북삼리와 삼거리를 이어 주는 임진강의 나루 이름이다.

109 우성전(禹性傳) : 1542~1593. 본관은 단양(丹陽), 자는 경선(景善), 호는 추연(秋淵)이다. 임진왜란이 일어나자 경기에서 의병을 모집하여 활약하며 퇴각하는 왜군을 경상우도 의령까지 쫓아갔으나 과로로 병을 얻어 경기 부평에서 사망하였다. 이조판서에 추증되었다.

일이 날로 이어지자, 공은 그들을 어루만지고 타이르며 그들로 하여금 내응하게 하고 장차 때를 정해서 왜적을 무찔러 죽이려 하였다.

성여해(成汝諧)라는 자가 누이를 왜장(倭將)에게 시집보내고 공에게 와서 군관(軍官)으로 삼아 달라고 청했는데, 공은 그의 속임수를 알지 못했다. 이때 철원에 있던 왜적이 얕은 여울을 따라 몰래 건너와 불의에 습격하였다. 공이 패배하여 삭녕으로 후퇴하여 주둔하자, 성여해가 공이 피로가 누적되어 병든 틈을 타 왜적을 이끌고 와서 척후장(斥堠將)을 죽이고 한밤중에 사방을 포위하였다.

군관(軍官)인 장씨(張氏)가 곧장 장막 안으로 들어와 고하기를,

"사태가 위급합니다. 포위를 빠져나갔다가 훗날을 도모하십시오."

하였다. 공이 일어나서 살펴보니, 군진이 이미 함락되었다. 공은 천천히 걸어서 객사(客舍) 뒤 큰 나무 아래로 나가서 나무에 기대앉아 말하기를,

"이곳이 내가 죽을 곳이다."

하고, 활을 당겨 적을 쏘자, 장씨도 자리를 지키며 떠나지 않았다. 왜적이 크게 외쳐 말하기를,

"감사가 어디 있느냐?"

하자, 장씨가 나가서 말하기를,

"내가 감사다. 나를 불러 무엇 하려느냐."

하니, 왜적이 그의 머리를 베어서 가지고 갔다. 우리나라 사람으로서 왜적의 심복이 된 자가 그 머리를 보고 말하기를,

"이것은 감사의 머리가 아니다."

하자, 왜적이 드디어 공에게 들이닥쳤다. 공은 세 명의 종사관인 윤경원(尹慶元), 강수남(姜壽男), 양지(梁誌)와 함께 동시에 해를 입으니,

실로 임진년(1592) 10월 18일이다.

윤경원은 사슴 가죽으로 정강이를 묶고, 강수남은 붉은 실로 상투를 매고, 양지는 흰 장식을 한 망건을 썼다. 대개 이들은 공과 죽음을 약속하고 미리 전쟁터에서 시신을 분별할 수 있는 표식을 만든 것이다. 공은 이때 47세였다. 형님의 아들 대관(大觀)[110]이 공의 시신을 수습하여 군(郡)의 뒷산 기슭에 파묻고 땅을 평평하게 하여 왜적의 해코지에 대비하였다. 왜적이 계략으로 묘 지키는 종을 속여서 묻힌 곳을 알아내고 파헤쳐 공의 머리를 가져가 서울 종루(鍾樓) 거리 위에 매달았는데, 공의 얼굴이 5, 6십 일 동안 살아 있는 것 같았다. 양주 목사(楊州牧使) 고언백(高彦伯)[111]이 현상금을 걸어 공의 머리를 구하고 상자에 넣어 강화도로 보내니, 시신과 함께 남양(南陽)에 안장하였다.

패배했다는 보고가 의주에 이르자, 상이 크게 놀라고 슬퍼하며 멀리서 공을 이조 판서에 추증하고, 관찰사로 하여금 공의 장례와 치제(致祭)를 감독하게 하였다. 애도하는 윤음을 내렸는데 다음과 같이 말하였다.

"심대가 나라를 위하여 죽었다. 나는 애도하며 잊을 수 없다."

그리고 호부에 명하여 달마다 쌀과 베를 주어서 삼 년을 마칠 때까지 제사를 지내게 했다. 삼 년이 지나자, 또한 전교하기를,

"심대의 자식이 이미 상제를 마쳤으니, 그를 한 현(縣)에 제수하여 고아와 과부로 하여금 굶주리고 추위에 떨게 하지 말라."

110 대관(大觀) : 심대관(沈大觀)은 심대의 형인 심암(沈巖)의 아들이다.

111 고언백(高彦伯) : ?~1609. 본관은 제주(濟州)이다. 1593년 양주에서 왜병 42명을 참살한 공으로 인해 특별히 양주 목사가 되어 능침(陵寢)을 보호하였다.

하여, 공의 아들 대복(大復)이 특명으로 횡성 현감(橫城縣監)에 제수되었다. 성여해는 마침내 죽음을 당하였다. 장씨는 그의 이름이 전하지 않으니, 애석하도다.

갑진년(1604)에 호성 공신(扈聖功臣)에 녹훈되고 좌찬성 청원군(靑原君)에 추증되었다.

경술년(1610, 광해군2)에 또한 의정부 영의정 청원부원군(靑原府院君)에 추증되었다. 이에 남양에 있던 무덤을 열어 용인(龍仁) 의봉산(儀鳳山) 구성동(九成洞) 해좌(亥坐)의 언덕에 이장하고, 정경부인(貞敬夫人) 최씨(崔氏)를 합장하였다.

공의 자는 공망(公望)이고, 호는 서돈(西墩)이다. 공은 겨우 약관(弱冠)에 〈설죽가(雪竹歌)〉를 지었는데, 학식이 있는 자들은 이미 공의 천품이 고매함을 알았다. 문장을 지을 때는 근본을 경술(經術)에 두었다. 전서와 예서는 반드시 단아하게 쓰고, 해서는 바르고 곧게 썼으니, 아무리 경황이 없는 때라도 점 하나를 멋대로 쓰지 않았다. 더욱 정주(程朱)의 글에 힘을 다하였으며, 당대의 유현(儒賢)과 강설하고 논변한 것이 많았다. 부모를 섬기고 아내에게 모범을 보이는 것은 한결같이 《소학(小學)》을 준칙으로 삼았다. 기른 것이 이처럼 두텁고 마지막에 성취한 것이 이처럼 빛나고 뛰어나니, 어찌 힘을 얻은 것 없이 그럴 수 있겠는가.

심씨(沈氏)는 본래 청송(靑松)의 망족(望族)으로, 비조(鼻祖)는 고려조의 위위시 승(衛尉寺丞) 홍부(弘孚)이다. 3대를 전하여 휘 덕부(德符)는 우리 조선조에 들어와 청성백(靑城伯)에 봉해졌고, 청성백의 아들 휘 온(溫)은 영의정을 지내고 청천부원군(靑川府院君)에 봉해졌으며 시호는 안효(安孝)인데 우리 소헌왕후(昭憲王后)를 낳았다. 이분들이 공의 6대조, 5대조이다. 고조 휘 준(濬)은 영중추부사이고, 증조 휘 미(湄)는 이조 참의이다. 조부 휘 기(淇)는 현령을 지내고 승지에 추증되었으며, 아버지 휘 의검(義儉)은 의빈부 경력(儀賓府經歷)을 지내고 영의정에 추증되고 청송부원군(靑松府院君)에 봉해졌는데, 추증한 것은 공의 공훈 때문이다. 어머니인 증(贈) 정경부인 고령 신씨(高靈申氏)는 문간공(文簡公) 휘 신광한(申光漢)의 따님이다.

공은 명종 1년인 병오년(1546)에 태어났다.

선조 5년인 임신년(1572)에 문과에 뽑혔다. 역임한 관직의 순서는 병화로 잃어버렸고, 가전(家傳)에 다행히 보존된 것으로 살펴보면 다음과 같다.

을유년(1585)에 예조 정랑, 지제교를 지냈다. 이로부터 누차 사헌부 지평에 제수되었다.

무자년(1588)에 영선(瀛選)[112]에 올랐다. 수찬, 교리, 의정부 검상·사인, 사복시 정에 제수되었다. 공이 홍문관에 있을 때 명을 받들어 유자(儒者)들과 경서를 교수(校讎)하고 언해(諺解)했는데, 그 서적들이 세상에 유행한다.

부인 최씨(崔氏)는 참판 최홍한(崔弘僩)의 따님으로, 시부모를 섬

112 영선(瀛選) : 홍문록(弘文錄)에 선발하는 것이다. 홍문록이란 홍문관에 결원이 생길 때를 대비하여 만들어진 제도로, 홍문관의 부제학 등이 함께 의논하여 본관록(本館錄)을 작성하여 이조에 이송하면, 이조에서는 이를 심사하여 이조록(吏曹錄)을 작성하였으며, 이조록과 본관록을 의정부에 이송하면, 의정부는 본관록을 중심으로 누락과 오류 여부를 심사하여 정부록(政府錄)을 작성하였는데, 이를 홍문록이라 하였다. 홍문관에 결원이 생기면 이조는 홍문록 중에서 3인을 추천하고, 왕이 이 중 한 명을 낙점하여 임용하였다.

기고 군자를 섬기는 데에 부인의 도리가 모두 마땅하였으며, 향년 78세로 을축년(1625, 인조3) 5월 13일에 졸하였다.

5남 2녀를 두었다. 장남 대복(大復)은 공 때문에 조정에서 누차 주군(州郡)을 주어서 노모를 봉양하게 하였으나 나중에 귀양 가서 죽었다. 둘째 대림(大臨)은 갑자년(1624) 이괄(李适)의 변을 만나 금오 가랑(金吾假郎)[113]에 차출되어 역적의 우두머리인 한명련(韓明璉)[114]을 구성(龜城)의 임소에서 붙잡았는데, 한명련이 명령을 거절하고 받지 않는 것에 분개하여 곧장 차고 있던 칼을 뽑아 베려다 마침내 해를 입어, 조정에서 포상으로 좌승지에 추증하였다. 셋째 대이(大頤)와 넷째 대제(大濟)는 어린 나이에 죽었다. 다섯째 대부(大孚)[115]는 효도에 돈독하고 학문에 힘써 선비들에게 존중을 받았다. 형 대복이 처자가 생기자 효도가 쇠했다는 이유로 대계(臺啓)가 발의되어, 성국(省鞫)[116]을 받고

113 금오 가랑(金吾假郎) : 의금부 소속 임시 낭관이다. 가랑은 임시로 임명된 낭관을 말한다.

114 한명련(韓明璉) : ?~1624. 임진왜란과 정유재란 때 공을 세워 오위장이 되었다. 이어 방어사를 거쳐 1623년(인조1) 구성 순변사(龜城巡邊使)에 보임되었는데, 이듬해 이괄과 함께 반란을 기도하였다는 혐의로 체포되어 압송하는 중 이괄의 도움으로 구출되어 반란군에 가담하였다. 각지의 관군을 패주시키고 서울을 점령하였으나, 길마재[鞍峴] 싸움에서 선봉장으로 싸우다가 패배하여 이괄과 함께 도주하던 중 이천(利川)에서 부하 장수의 배반으로 살해당하였다.

115 대부(大孚) : 심대부(沈大孚, 1586~1657)로, 본관은 청송, 자는 신숙(信叔), 호는 범재(泛齋)이다.

116 성국(省鞫) : 삼성추국(三省推鞫)의 준말이다. 삼성(三省), 즉 의정부·사헌부·의금부가 합좌(合坐)하여 추국하는 것으로, 주로 강상(綱常)과 관련된 범죄를 저지른 죄인을 추국하였다.

수천 리 밖 귀양지에 실려 보내졌는데, 뼈가 문드러지고 벌레가 생겨 사람이 가까이 가지 못하자, 매번 고름을 입으로 빨아내면서도 어려워하는 기색이 없었다. 가마꾼을 갖추지 못하면 몸소 형을 메고 걸어가서 어깨 살이 터졌으나 돌보지 않았다. 그 후 문과에 올라 관직이 응교에 그쳤고 곧은 절의로 온 세상에 알려졌다. 딸은 군수 최행(崔行)에게 시집갔고, 다른 딸 하나는 어린 나이에 죽었다.

대복의 아들은 창원(昌源)이다. 대부의 아들 창징(昌徵)은 본성이 효성스러워 거상(居喪) 중에 건강을 해치더니 끝내 일어나지 못하였다. 증손과 현손 이하 및 외손은 다 기록하지 않는다.

6대손 진한(縉漢)은 조정에서 충신의 자손이라는 이유로 벼슬을 주어 지금 장흥고 주부가 되었는데, 공의 행장을 가지고 와서 나에게 명문을 청하였다. 내가 무릎을 꿇고 받아서 반복하여 읽고는 감동하여 삼가 명(銘)을 지으니, 명은 다음과 같다.

기개 있고 조용하였으니	慷慨從容
죽음에 어려움과 쉬움 있었네[117]	死有難易
우뚝하도다, 심공이여	卓哉沈公
생사를 의로써 하였네	生死以義
용만에서 울면서 말하고	泣辭龍灣

117 기개……있었네 : 심대가 비분강개하여 사지(死地)로 달려간 일도 있고 조용히 의(義)를 성취한 일도 있다는 말이다. 이 말은 "강개하여 사지로 달려가는 것은 쉽고, 조용히 의를 성취하는 것은 어렵다.〔慷慨赴死易, 從容就義難.〕"라는 옛말에서 온 표현이다.

호랑이 굴을 평지처럼 여겼네　虎穴如砥
상아 표신[118]과 피리 소리 씩씩하니　牙標角壯
옛 백성들 슬픔 속에서도 기뻐했네　舊民悲喜
오랑캐 추장을 벨 것을 맹세하니　誓馘蠻酋
화악이 저쪽에 있었네　華岳在彼
간사한 창귀가 변신하여　奸倀幻身
적을 이끌고 틈을 탔네　引賊投間
장 비장이 발 동동 구를 때　張裨頓足
깃발 위에 달 어두웠네　月黑旌竿
장엄한 큰 나무가 있어　有儼大樹
공이 그 뿌리에 앉았네　公坐其根
늘어선 병장기 독 뿜으니　攢鋒逞毒
하늘 써늘하고 귀신 곡했네　天凄鬼哭
혼이 상제에게 호소하여　魂訴上淸
우리 종사를 도왔네　保我宗祏
왕이 이에 애도하며　王庸悼藎
특별한 은전으로 보답하였네　報以殊典
백 년 된 옛 사당은　百年遺廟
부로들이 세운 것이네　父老攸建
세 분 성왕께서 옛일을 생각하니　三聖念舊
정려문과 시호 찬란하네　旌謚有煌
표충이라 쓴 새로운 편액　表忠新額

118 상아 표신 : 상아로 만들어 관찰사에게 내렸던 표신으로, 관찰사의 부절을 뜻한다.

왕이 하사한 영광이네	王錫之光
사람이라면 누가 죽지 않으며	人孰不死
죽음을 누가 슬퍼하지 않으랴만	死孰不傷
공은 죽어야 할 때 죽었으니	公死得死
천고의 슬픔이네	千古之悲
늠연히 머리카락이 관으로 치솟아[119]	凜髮衝冠
내가 명문을 엮네	我綴銘辭
무릇 저 떳떳한 본성 지닌 사람들	凡厥秉彝
이 글 읽고 눈물 흘리리라	讀此涕洟

119 머리카락이 관으로 치솟아 : 감동하여 비분강개한 심정을 비유한 말이다. 진 시황(秦始皇)을 암살하기 위해 진나라로 떠나는 형가(荊軻)가 역수(易水)를 떠나면서 비장한 노래를 부르자, 사람들이 모두 눈을 부릅뜨고 머리카락이 관으로 치솟았다는 고사에서 온 말이다. 《史記 荊軻列傳》

자헌대부 공조판서 겸 지의금부사 정공 신도비명

資憲大夫工曹判書兼知義禁府事鄭公神道碑銘

공의 휘는 운유(運維)이고, 자는 지국(持國)이며, 성은 정씨(鄭氏)이고 해주(海州) 사람이다. 고려조에 전법 정랑(典法正郎)을 지낸 분의 휘는 숙(肅)인데, 실로 공의 시조가 된다. 조선조에 들어와서 11대조로서 의정부 좌찬성을 지낸 분의 휘는 역(易)이다. 2대를 전하여 휘 종(悰)은 문종의 따님인 경혜공주(敬惠公主)에게 장가들어 영양위(寧陽尉)에 봉해졌으나 광묘(光廟 세조) 5년(1459)에 후명(後命)을 받았으며,[120] 영양위의 아들 휘 미수(眉壽)는 중종조에서 정국 공신(靖國功臣)에 책훈되고 해평부원군(海平府院君)에 봉해졌는데, 이분들은 공의 9대조, 8대조이다.

고조 휘 효준(孝俊)은 지돈녕부사이고, 증조 사헌부 장령 휘 적(樍)은 서장관(書狀官)에 임명되어 황경(皇京)에 갔는데 도중에 작고하여 승정원 도승지에 추증되었다. 조부 휘 중귀(重龜)는 사헌부 대사헌에 증직되었다. 아버지 휘 필녕(必寧)은 문과 중시(文科重試)에 급제하고 작고할 때의 관직은 호조 참판이었다. 어머니 정부인(貞夫人) 윤씨(尹氏)는 본적이 파평(坡平)이고 부친은 윤천휴(尹天休)이다.

120 후명(後命)을 받았으며 : 정종(鄭悰)은 문종의 부마(駙馬)이며 경혜공주의 남편인데, 1455년 금성대군(錦城大君)과 거사를 도모하다가 발각되어 광주(光州)로 귀양 갔고, 1457년에는 단종의 복위를 도모하다 일이 발각되어 귀양지에서 사사(賜死)되었다. 후명은 죄인에게 사약을 내려 사사하는 명령을 이른다.

숙종 갑신년(1704, 숙종30)에 공이 태어났다.

영조 을묘년(1735, 영조11)에 성균관 생원시에 합격하였다.

계해년(1743)에 능 침랑(陵寢郎)에 제수되었다.

무진년(1748)에 의금부 도사를 거쳐 회덕 현감(懷德縣監)에 제수되었다. 정사를 행할 때는 횡포한 사람들을 매우 준엄하게 단속하니, 읍민이 비로소 공법(公法)이 있음을 알게 되었다.

경오년(1750)에 파직되어 돌아왔다.

얼마 지나지 않아 모친상과 부친상을 거듭 당하였다. 상제를 마친 다음 해인 병자년(1756)에 문과에 급제하여 예조 좌랑에 제수되고, 이어서 사헌부 지평에 제수되었다. 이때 장헌세자(莊獻世子)가 정무를 처리했는데, 공이 글을 올려 기근에 시달리는 백성을 진휼하고 세자의 학문을 닦는 방도를 아뢰자, 대조(大朝)[121]께서 공이 올린 글을 들여보낼 것을 명하더니, 전교하기를,

"말이 매우 절실하다. 홍문관과 세자시강원에서는 하지 못하는 말이다."

하고, 말을 하사하여 가상히 여겼다.

공은 이조 좌랑으로서 서천 군수(舒川郡守)에 제수되었다. 서천군은 물길이 짧아 전야(田野)가 쉬이 마르는 것을 근심했는데, 공이 도랑을 내어 물 대는 것을 가르치니, 서천 사람들이 지금까지 덕을 보고 있다. 3년 동안 근무하다가 파직되어 돌아왔다.

121 대조(大朝) : 왕세자가 섭정하고 있을 때의 임금을 이르는 말이다. 당시 영조가 일선에서 물러나고 장헌세자가 1749년부터 대리청정을 하고 있었으므로, 영조를 대조, 장헌세자를 소조(小朝)로 구분하였다.

임오년(1762) 윤5월에 공이 장령으로서 13일을 만나 급박한 소식을 듣고 창황히 대궐에 달려갔는데,[122] 호위 병사들이 이미 똘똘 뭉쳐서 막았으므로 궁문을 들어갈 수 없었다.

공이 삼사(三司)의 여러 사람과 함께 대궐 문을 밀친 것이 세 번이었으나 세 번 다 저지당하였다. 공이 드디어 의론을 맨 먼저 내어 말하기를,

"오늘 은혜를 온전히 하여야 한다는 내용의 상소를 올리지 않는다면 어떻게 신하의 직분이 있다고 말할 수 있겠는가."

하고, 그 자리에서 소를 짓기 시작하였는데 미처 완성하기 전에 상이 내린 전교를 보고 울면서 중지하였다.

공은 갑자기 상국(相國) 조재호(趙載浩)[123]를 탄핵하지 않은 일로 파직되었다. 나중에 통례, 장령에 제수되었으나 모두 나아가지 않았다. 공은 홀로 있을 때마다 감정을 억누르며 말하기를,

"이미 안금장(安金藏)이 심장을 가른 것[124]처럼 하지 못했고, 또한

122 임오년……달려갔는데 : 1762년 윤5월 13일 사도세자(思悼世子)가 폐세자(廢世子)가 되어 뒤주에 갇혔다는 소식을 듣고 대궐로 달려간 것을 말한다. 사도세자는 그달 21일에 세상을 떠났다.

123 조재호(趙載浩) : 1702~1762. 본관은 풍양(豐壤), 자는 경대(景大), 호는 손재(損齋)이다. 1762년 장헌세자가 화를 입게 되자 그를 구하려고 서울로 올라왔으나, 오히려 역모로 몰려 종성으로 유배되고 사사되었다.

124 안금장(安金藏)이……것 : 안금장은 당(唐)나라 측천무후(則天武后) 때의 충신으로, 황사(皇嗣)로 있던 예종(睿宗)이 반역을 꾀한다는 무고가 일어나 황사의 측근들이 국문을 받던 중 다들 견디다 못해 시인하려 하였다. 이에 안금장이 칼로 자신의 심장을 갈라 황사의 결백을 주장하였다. 측천무후가 그 소문을 듣고 국문을 중지시켜 황사가 화를 면하였다. 《新唐書 安金藏列傳》

전천추(田千秋)가 군주를 깨우친 것[125]처럼 하지 못했으니, 이와 같은 신하는 없느니만 못하다."

하였다. 이어서 겨울에 천둥 때문에 장령으로서 소를 올려, 덕을 닦을 것과 인재를 등용할 것과 백성을 편안하게 할 것을 청하고, 이어서 자신을 닦아 바르게 하고 허물을 살펴서 고치며[126] 백성을 가르쳐 타이르는 방도를 언급하였다. 상이 칭찬하고 가상히 여겼는데, 이에 말하기를,

"가르쳐 타이른다는 두 마디 말은 내 마음에 부끄러운 점이 있다."

하였다.

계미년(1763) 봄에 승정원 동부승지에 발탁되었다. 이로부터 임금의 은총이 매우 두터워 공의 관직이 은대(銀臺 승정원)에 있지 않은 적이 없었다. 홍술해(洪述海)[127]가 홍문관의 관원으로서 어떤 사람을 탄핵하자, 상이 그를 죄주었다. 승정원의 동료들이 그를 신구(伸救)하

125 전천추(田千秋)가……것 : 한 무제(漢武帝) 때 여태자(戾太子)가 강충(江充)의 모함으로 무고옥(巫蠱獄)에 연루되자 군사를 동원하여 강충을 잡아 치죄하였다. 그러나 무제는 태자가 반란한 것으로 알고 반란자를 잡아 죽이게 하였고, 여태자는 벗어날 길이 없어 스스로 목매어 죽었다. 뒤에 고조의 능 참봉 전천추가 급변을 올려 태자의 억울함을 송변(訟辨)하니, 무제가 크게 깨닫고 전천추를 대홍려(大鴻臚)로 삼았다. 《漢書 田千秋傳》

126 자신을……고치며 : 《주역》 〈진괘(震卦) 상(象)〉에 "천뢰(洊雷)가 진(震)이니 군자(君子)가 본받아서 공구수성(恐懼修省)한다."라고 하였는데, 정자(程子)가 풀이하여 "천(洊)은 거듭함이다. 천둥이 거듭하여 이어지면 위엄이 더욱 성대하니 군자는 하늘의 위엄을 두려워하여 자신을 닦아 바르게 하고 허물을 살펴서 고치려고 생각한다."라고 한 데서 온 말이다.

127 홍술해(洪述海) : 1722~1777. 본관은 남양(南陽), 자는 중선(仲善)이다. 아들 홍상범(洪相範)이 1777년(정조1)에 역모를 꾸미다가 발각되어, 홍술해도 함께 주살당하였다. 《正祖實錄 行狀》

려 할 때 공이 이견을 가지고 참여하지 않자, 김치양(金致讓)[128]이 홍술해를 위하여 도리어 공에게 독을 쏘았다. 상이 그의 아버지에게 아들을 매로 다스릴 것을 명하였는데, 이것은 김치양이 당시 정승의 아들이기 때문이었다. 얼마 지나지 않아, 지난해 윤달 이후 패초(牌招)를 어긴 삼사의 관원들이 삭직되었다.[129]

갑신년(1764) 공이 서용되어 승지에 제수되었다. 이때 상이 동가(動駕)할 무렵, 어가의 앞과 뒤에서 북을 치고 피리를 불어 사기를 진작할 것을 명하고, 이어서 세손(世孫)에게 공경하여 맞이할 것을 명하자, 공이 아뢰기를,

"세손은 지금 심제(心制)[130] 중에 있습니다."

하니, 상이 얼굴빛을 바꾸면서 이르기를,

"그렇다. 그렇다."

하고, 공경하여 맞이하라는 명을 속히 중지시켰다. 그 뒤에 황단(皇壇)[131]에서 의식을 미리 익히기 위해서 음악 연주를 시작할 무렵에 상이 공을 보고서 세손에게 들어가 있으라고 명한 것은 대개 공이 전날에

128 김치양(金致讓) : 1725~1793. 본관은 청풍, 자는 여득(汝得)이다. 아버지는 영의정을 지낸 김상로(金尙魯)이다. 1776년 정조의 등극으로 인하여 17년간 제주 정의현(旌義縣)에 유배되었다.

129 지난해……삭직되었다 : 지난해 윤달은 1762년 윤5월을 가리킨다. 사도세자가 윤5월 13일에 폐세자가 되어 뒤주에 갇혀 죽었는데, 이 사건 이후에 삼사의 관원들이 임금이 불러도 관직에 나가지 않았으므로 영조가 그들을 파직한 것이다.

130 심제(心制) : 출계(出系)한 아들이 본생부모(本生父母)에 대해 대상(大祥) 때부터 담제(禫祭) 때까지 입는 복을 말하는데, 여기서는 영조의 세손(世孫)이 친아버지인 사도세자의 상에 심상(心喪)을 하고 있는 것을 가리킨다.

131 황단(皇壇) : 대보단(大報壇)을 가리킨다.

아뢴 말을 생각했기 때문이다. 공은 잇따라 예조 참의, 대사간에 제수되었다. 공의 상소와 계사(啓辭)는 임금이 마음을 열고 받아들인 것이 많았다.

을유년(1765)에 여주 목사(驪州牧使)가 되었다. 여주는 귀족이 많아 다스리기 어렵기로는 전국에서 제일가는 곳이었는데, 공이 한결같이 법에 따라 처단하니, 관찰사가 강포한 자들을 제거했다고 칭찬하였다. 다음 해에 어떤 일 때문에 체직되었다.

정해년(1767)에 상이 옛 경복궁에 행차하여 중시(重試)를 시행하였다. 공이 이때 승지로 재직하며 예방(禮房)을 관장하고 있었는데, 가선대부의 품계에 올라 드디어 도승지에 제수되었다. 누차 한성부 좌윤, 부총관, 호조 참판으로 이배되었다.

공이 여주를 다스릴 적에 고을에는 전지(田地)의 총수를 숨기거나 누락한 자들이 있고 관원과 아전이 그 이익을 나눠 가진 지 오래되었는데, 공이 그것을 찾아내어 백성에게 주어서 흉년의 조세 징수에 대비하게 하였다. 그런데 이때에 이르러 상신(相臣)이 공을 법률에 따라 처벌할 것을 청하며 매우 힘써 주장하였는데, 상이 이르기를,

"어질구나, 정운유(鄭運維)여. 자기를 위하지 않고 백성을 위하였도다. 그 죄를 묻지 말라."

하였다.

기축년(1769) 11월에 대사간으로서 빈대(賓對)에 참석하여 앞으로 나아가 아뢰기를,

"모레는 16일입니다. 왕세손이 효장묘(孝章廟)[132]에 가서 배알하고,

132 효장묘(孝章廟) : 효장세자(孝章世子, 1719~1728)를 봉사(奉祀)하는 곳으로

이어서 수은묘(垂恩廟)[133]에 가서 전배(展拜)하는 것은 예로 볼 때 그만둘 수 없는 듯합니다."

하였다. 대개 16일은 진종(眞宗 효장세자)의 기일(忌日)이고 왕세손은 아직 한 번도 수은묘에 참배하지 못하였다. 공은 늘 정리와 예의에 흠결이 된다고 여겼으므로 먼저 16일을 말하고서 이것을 언급한 것이다. 상이 한참 있다가 이르기를,

"이것이 어찌 대신(臺臣)이 마땅히 청해야 할 것이겠는가."

하고, 상신을 돌아보고 이르기를,

"수은묘에 관한 요청은 또한 제 분수에 넘치는 것이 아니겠는가."

하였다. 공이 이에 인피(引避)하여 체차되었다. 수십 일 뒤에 상신이 정운유가 품은 생각은 엄히 처치하지 않을 수 없다고 아뢰자, 상이 이르기를,

"내가 본래 세손을 데리고 수은묘에 한번 가고 싶었으나 차마 창덕궁(昌德宮)을 지나가지 못하였다."

하였다. 이후에 누차 대사헌, 대사간, 예조 참판, 부총관, 도승지에 제수되었다.

얼마 뒤에 최익남(崔益男)[134]의 옥사가 일어나자, 대사헌 조영진(趙

영조의 잠저였던 창의궁(彰義宮)에 있다. 효장세자는 영조의 장남으로 사도세자의 형이다. 1724년 경의군(敬義君)에 봉해지고 이듬해 왕세자에 책봉되었으나 1728년 10세의 어린나이에 서거하였다. 사도세자의 아들인 정조가 후사로 입적되어 등극하였고, 효장세자는 진종(眞宗)으로 추존되었다. 효장(孝章)은 시호이며, 능호는 영릉(永陵)으로 경기도 파주에 있다.

133 수은묘(垂恩廟) : 사도세자의 사당이다.

134 최익남(崔益男) : 1724~1770. 본관은 전주(全州), 자는 사겸(士謙)이다. 1770년

榮進)[135]이 소를 올려 아뢰기를,

"최익남의 공초에서, 작년 정운유가 품은 생각이 그의 생각과 대략 서로 비슷하므로 이 소를 만든 것이라고 말했으니, 정운유는 사실 최익남의 효시이고, 죄는 유배에 해당합니다."

하였는데, 비지(批旨)에서 이르기를,

"'효시'라는 두 글자는 지나치다. 그러나 법을 집행할 것을 요청한 것은 의당 특별히 윤허해야 한다."

하고, 이에 전라도 흥양현(興陽縣)[136]에 귀양을 보냈다. 다음 해 봄에 상이 이르기를,

"이미 그의 마음에 다른 것이 없음을 알았으니, 그를 석방하여 돌아오게 하라."

하니, 공이 울면서 아뢰기를,

"벗은 마음을 알기만 하는 사람인데도 죽음을 허락합니다. 하물며 임금에게 있어서이겠습니까."

하였다.

가을에 상이 정업원(淨業院)[137]의 옛터에 비석을 세울 것을 명했는

이조 낭관으로서 당시 영의정 김치인(金致仁)이 사도세자의 죽음에 죄가 크다고 논하고, 세손이던 정조로 하여금 사도세자의 묘사(墓祠)에 참배하게 할 것을 청하였다가 대신들의 맹렬한 탄핵을 받게 되었다. 더욱이 영조의 노여움까지 사서 영구히 서인(庶人)으로 대정현(大靜縣)에 유배되었고, 계속되는 고문으로 장하(杖下)에서 죽었다.

135 조영진(趙榮進) : 1703~1775. 1761년 도승지로서 사도세자의 처형을 강력히 반대하다가 영조의 노여움을 사서 한때 파직되었으나 다시 대사헌으로 기용되었다.

136 흥양현(興陽縣) : 전라남도 고흥(高興) 일원의 옛 이름이다.

137 정업원(淨業院) : 동대문 밖에 있던 절인데, 태조의 셋째 딸인 경순공주(慶順公

데, 정업원은 바로 단종의 비(妃)가 머물던 곳이다. 상이 가서 보고 공에게 들어올 것을 명하고 고사(故事)를 물어보았다. 대개 단종의 비가 늘 공의 8대조인 해평부원군(海平府院君)[138]을 믿고 의지한 것은 그가 단종의 누님의 아들이기 때문이었다. 상이 옛일을 생각하고 특명으로 공을 가의대부의 품계에 승진시키고, 이어서 도승지에 제수하였다.

공은 병조 참판에 두 번 제수되었다. 그리고 대사헌에 옮겨 제수되었다. 영의정 김치인(金致仁)[139]이 일찍이 최익남을 배척하는 소에서 아뢰기를,

"난여(鑾輿)가 출발하지 않았는데, 학가(鶴駕)가 홀로 간 전례가 없습니다."[140]

하여, 공이 분개하여 말하기를,

"경종께서 춘궁(春宮)에 있을 때와 당저(當宁 영조)께서 세제(世弟)가 되었을 때에 난여를 모시지 않고도 가서 배알하셨다. 이것은 내가 눈으로 보았는데, 그는 누구를 속이는 것인가. 하늘을 속이는 것인가."

하였는데, 이때에 이르러 그의 죄는 용서할 수 없다고 강하게 주장하였다. 상이 공을 병조 참판에 옮겨 제수하고, 다음 날 지의금부사에 제수

主)가 이 절에서 중이 되었고, 단종의 비(妃) 송씨(宋氏)도 이 절에서 중이 되었다 한다.

138 해평부원군(海平府院君) : 정미수(鄭眉壽, 1456~1512)로, 자는 기수(耆叟), 호는 우재(愚齋), 봉호는 해평부원군, 시호는 소평(昭平)이다. 그의 어머니가 문종의 딸 경혜공주(敬惠公主)이므로 그는 단종의 생질이자 문종의 외손이 된다.

139 김치인(金致仁) : 1716~1790. 본관은 청풍(淸風), 자는 공서(公恕), 호는 고당(古堂), 시호는 헌숙(憲肅)이다.

140 난여(鑾輿)가……없습니다 : 임금이 사당에 가지 않는데 세자가 혼자 사당에 간 일은 없다는 뜻이다.

하고 자헌대부의 품계로 승진시키면서 전교하기를,

"정운유가 비록 늙고 쇠약하나 성품이 강렬하고 목소리가 쇳소리와 같다."

하였다.

다음 해에 기사(耆社)에 들어가야 하는데, 갑자기 공조 판서에 제수되었다. 사은숙배를 하기 위해 대궐에 나아갔다가 병이 나서 들것에 실려 돌아왔는데 마침내 침소에서 작고하니, 곧 임진년(1772) 5월 10일이고, 향년은 69세다.

부음이 들려오자 상이 매우 슬퍼하며 친히 글을 지어 제사 지내고 그 아들이 상제를 마치기를 기다려 조용(調用)할 것을 명하며, 추도하는 하교를 조정에 누차 발하였다. 여주의 추읍산(趨揖山) 묘좌(卯坐)의 언덕에 장사 지냈다.

부인 증(贈) 정부인(貞夫人) 원주 원씨(原州元氏)는 절도사(節度使) 원휘(元徽)의 따님이고, 둘째 부인 전주 이씨(全州李氏)는 이동준(李東俊)의 따님이다. 원 부인은 2남 2녀를 낳았는데, 장남 철조(喆祚)는 문과에 급제하여 정언이고, 차남 후조(厚祚)는 현감이고 백부(伯父)의 후사가 되었으며, 장녀는 박호원(朴祜源)에게 시집가고, 차녀는 문과에 급제한 전 판서 이가환(李家煥)[141]에게 시집갔다. 이 부인은 아들 순조(順祚)를 낳았다.

철조는 아들이 없어 순조의 아들 시행(時行)을 데려와 후사로 삼았고, 딸 한 명은 노광진(盧光晉)에게 시집갔다. 후조는 세 번 장가들었

141 이가환(李家煥) : 대본에는 '□□□'로 되어 있다. 《만가보(萬家譜)》에 근거하여 보충하여 번역하였다. 이하의 '이가환'도 동일하다.

으나 모두 아들을 보지 못하였다. 순조는 3남 1녀를 두었는데, 장남이 바로 시행이고 나머지는 어리며, 딸은 임백풍(任百豐)에게 시집갔다. 박호원의 양아들은 박종륜(朴宗倫)이고, 이가환의 양아들은 이재적(李載績)이다.

공은 부모를 섬기는 효성을 확장하여 임금을 섬기며 오직 의리(義理)만을 잡고 다른 사람이 말하지 못하는 것을 말하였으며, 남쪽 변방의 장기(瘴氣)와 흙비를 낙토(樂土)처럼 보았다. 영조 임금께서 신하를 알아보지 못했다면 공이 어떻게 많은 사람이 노여워하는 가운데서 몸을 보전했겠는가. 공은 독서를 좋아했는데 《사전(思傳)》[142] 공부를 더욱 독실히 하였으며, 세상에 나가 명군(明君)을 만나서 끝내 시종 도움을 줄 수 있었던 것은 의리뿐이었다. 이것이 독서의 효과이니, 참으로 사람은 배우지 않을 수 없는 것이다.

공의 아들 현감군이 공의 사적을 편집하여 일찍이 나에게 명문을 부탁했는데, 나는 글재주가 없다고 사양했으나 양해를 얻지 못하였다. 그래서 뜻을 품고 잊지 않고 있었는데 현감군이 뜻밖에 저세상 사람이 되었다. 이에 노쇠함을 헤아리지 않고 공의 가장(家狀)을 살펴 글을 쓰며 유명(幽明)을 저버리지 않을 수 있기를 바란다. 명(銘)은 다음과 같다.

영조 임금은 성인으로서	英廟乃聖
인륜을 극진히 하였네[143]	人倫之至

142 사전(思傳) : 공자의 손자인 자사(子思)가 지은 책이라는 뜻으로 《중용》을 말한다.

143 영조……하였네 : 《맹자》 〈이루 상(離婁上)〉에 "규구는 방원의 지극함이요 성인

예와 의를　　曰禮曰義
어찌 창졸간이나마 소홀히 하랴　　豈忽造次
공은 독특한 견해를 가지고　　公有獨見
충언을 간절하게 하였네　　忠言懇款
새 사당[144]이 저기에 있는데　　新廟在彼
어찌 뵙고 돌보기를 윤허하지 않으랴　　盍許省覲
사람들 입 다물어도 나는 외쳤으니　　人噤我叫
바다 장기[145]는 두려울 것이 아니네　　海瘴非畏
영조께서 가상히 여기고　　英廟嘉乃
강철 심장에 강렬한 기개라 하였네　　鐵腸剛氣
천 세대가 뒤에 있고　　千世在後
백 세대가 앞에 있네　　百世在前
영조 임금의 조정에　　英廟之廷
사람이 없다고 말하지 말라　　莫曰無人
경월[146]은 높은 반열이나　　卿月崇班
공에게는 전혀 아니었네　　在公全未

은 인륜의 지극함이다.〔規矩, 方員之至也; 聖人, 人倫之至也.〕"라고 하였고, 《순자(荀子)》〈해폐(解蔽)〉에 "성인이란 인륜을 극진히 한 사람이다.〔聖也者, 盡倫者也.〕"라고 하였다.

144 새 사당 : 사도세자의 사당을 말한다.

145 바다 장기 : 정운유가 유배 갔던 전라남도 고흥을 뜻한다.

146 경월(卿月) : 조정의 경(卿)·대부(大夫)를 가리키는 말로, 《서경》〈홍범(洪範)〉에 "왕이 살필 것은 해이고 경사는 달이고 사윤은 날이다.〔王省惟歲, 卿士惟月, 師尹惟日.〕"라고 한 데서 연유하였다.

내가 공의 묘에 명을 새기니	我銘公墓
후인들이 한숨을 쉬리라	後人之喟

번암집

제49권

묘갈명
墓碣銘

신당 정 선생 묘갈명

新堂鄭先生墓碣銘

신당(新堂) 정 선생(鄭先生)이 세상을 떠난 지 이미 270여 년이 되었다. 차자와 상소와 시문(詩文)이 난리에 불타 버려 선생의 목소리와 모습을 뵐 길이 없다. 오직 〈안상도(案上圖)〉가 남아 있고, 사림(士林)이 전하는 《도통연원도(道統淵源圖)》 및 잠곡(潛谷) 김공(金公)이 지은 《기묘록(己卯錄)》[1]이 유행한다.

그 〈안상도〉는 선생이 스스로 지은 것으로, 성현(聖賢)이 마음을 다스린 격언을 취하여 마주 세워 배치하고, 장경(莊敬)을 근본으로 삼고[2] 조장(助長)[3]을 경계하며, 왼쪽에는 구사(九思)[4]를 놓고 오른쪽에

1 잠곡(潛谷)……기묘록(己卯錄) : 잠곡은 김육(金堉)의 호이다. 그의 자는 백후(伯厚), 본관은 청풍(淸風)이다. 《기묘록》은 한 책의 필사본으로 《기묘제현전(己卯諸賢傳)》이라고도 한다. 김정국(金正國)의 《기묘당적(己卯黨籍)》과 안로(安璐)의 《기묘록보유(己卯錄補遺)》를 바탕으로 보충한 것으로 총 218명의 행적이 수록되어 있다.

2 장경(莊敬)을 근본으로 삼고 : 장엄하고 공손한 태도를 근본으로 삼는다는 말이다. 《예기》 〈표기(表記)〉에 "공자가 말하기를 '군자가 장엄하고 공손하면 덕업이 날로 강해지고, 안일하고 방자하면 날로 덕업이 경박해진다.' 하였다.〔子曰: "君子, 莊敬日强, 安肆日偸."〕"라고 하였고, 《주자전서(朱子全書)》에 "반드시 평소에 장엄하고 공손하며 참되고 진실하게 하여 함양에 바탕이 있으면 바야흐로 이렇게 될 수 있다.〔蓋必平日, 莊敬誠實, 涵養有素, 方能如此.〕"라고 하였다.

3 조장(助長) : 자라는 것을 도와준다는 뜻인데 《맹자》 〈공손추 상(公孫丑上)〉 호연장(浩然章)에 나오는 말이다.

4 구사(九思) : 군자가 생각해야 할 아홉 가지 일을 말한다. 밝게 보기를 생각하고〔視思明〕, 밝게 듣기를 생각하고〔聽思聰〕, 기색은 온화하게 할 것을 생각하고〔色思溫〕,

는 구용(九容)[5]을 놓으며, 《단서(丹書)》에서 말한 태만과 욕심에 대한 경계[6]로 거듭 설명하였다. 퇴도(退陶 이황(李滉)) 선생이 일찍이 말하기를,

"정 선생의 학문과 조예가 정밀한 것은 이것을 보면 알 수 있다." 하였다.

《도통연원도》에서는 도학(道學)이 정포은(鄭圃隱 정몽주(鄭夢周)), 길야은(吉冶隱 길재(吉再)), 김 사예(金司藝 김숙자(金叔滋)), 김점필(金佔畢 김종직(金宗直)), 김한훤(金寒暄 김굉필(金宏弼))으로부터 신당에게 전해진 것으로 여겼다. 선생이 기묘 제현(己卯諸賢)[7]보다 8년 앞서

얼굴은 공손하게 할 것을 생각하고〔貌思恭〕, 말은 진심을 담을 것을 생각하고〔言思忠〕, 일은 공경히 할 것을 생각하고〔事思敬〕, 의심난 것은 물을 것을 생각하고〔疑思問〕, 분이 나면 어려운 일이 생길 것을 생각하고〔忿思難〕, 얻을 것을 보면 의리를 생각하는 것〔見得思義〕을 말한다. 《論語 季氏》

5 구용(九容) : 신체의 아홉 가지 부분의 태도를 말한다. 발의 태도는 묵중하게〔足容重〕, 손의 태도는 공순하게〔手容恭〕, 눈의 태도는 단정하게〔目容端〕, 입의 태도는 얌전하게〔口容止〕, 말소리는 조용하게〔聲容靜〕, 머리의 태도는 곧게〔頭容直〕, 기색은 엄숙하게〔氣容肅〕, 서 있는 태도는 덕이 드러나게〔立容德〕, 낯빛은 씩씩하게〔色容莊〕 하는 것을 말한다.

6 단서(丹書)에서……경계 : 《단서》는 강 태공(姜太公), 즉 여상(呂尙)이 지은 책이다. 그 책에 "공경이 태만을 이기는 자는 길하고 태만이 공경을 이기는 자는 멸망하며, 의리가 욕심을 이기는 자는 사람들이 순종하고 욕심이 의리를 이기는 자는 흉하다."라는 말이 나온다고 하는데, 이 기록이 현재 《대대례기(大戴禮記)》 권6 〈무왕천조(武王踐阼)〉 제59와 《순자(荀子)》 〈의병(議兵)〉에 전한다.

7 기묘 제현(己卯諸賢) : 기묘사화 때 희생을 당한 조광조 등 신진 사류를 가리킨다. 1519년(중종14)에 유교의 왕도 정치를 실현하려다 남곤(南袞), 심정(沈貞)을 위시한 훈구 대신 일파에 의해 뜻이 좌절되어 참화를 입은 조광조, 김정(金淨), 김식(金湜) 등 신진 학자이자 정치가를 통틀어 기묘명현(己卯名賢)이라고 한다.

세상을 떠났는데도 《기묘록》에 같이 들어간 것은, 선생이 정암(靜菴 조광조(趙光祖))과 함께 한훤당 노인의 문하에서 같이 노닐었고 동시대의 여러 현인과 뜻이 같고 도가 맞지 않음이 없었으므로 생사(生死)의 선후를 비교할 필요가 없었기 때문이다.

아, 한(漢)나라의 황헌(黃憲)[8]은 문장도 남아 있는 것이 없고 사적도 확인할 수 있는 것이 없는데, 곧장 한 시대의 현사대부(賢士大夫)가 성대하게 공경하고 탄복하며 추앙하고 칭송한 것 때문에 지금까지 그가 영원한 선비임을 안다. 하물며 선생의 경우이겠는가. 〈안상도〉는 퇴도 노인의 찬탄을 받았고, 《기묘록》에는 정암과 이름이 가지런히 기재되었다. 《도통연원도》에 이르러서도, 그것이 비록 해져 온전하지 못하다고 하지만 애초에 유림(儒林)이 서로 전한 말 아님이 없으니, 문헌이 미더우면서 확인할 수 있는 것이 황헌에 견주면 많지 않은가.

선생의 휘는 붕(鵬)이고, 자는 운정(雲程)이다. 숙부인 참판공 석견(錫堅)[9]은 한훤당 및 조매계(曺梅溪)[10]와 도의로 사귄 분이며, 바야흐로 선생이 어릴 적에 선생을 매우 특별히 사랑하여 한훤당 노인의 문하에

8 황헌(黃憲) : 동한(東漢)의 고사(高士)로 자는 숙도(叔度)이다. 자품이 청수하고 총명하며 도량이 매우 넓었다. 그를 두고 곽태(郭泰)가 "숙도의 넓디넓은 기국은 마치 천 이랑 물결과 같아서, 맑게 한다고 해서 맑아지지 않고 흐리게 한다고 해서 흐려지지 않으니, 헤아릴 수 없다."라고 하였다. 《後漢書 黃憲列傳》 후에 황헌은 도량이 넓은 사람에 곧잘 비유되곤 하였다.

9 석견(錫堅) : 정석견(鄭錫堅, ?~1500)으로, 본관은 해주(海州), 자는 자건(子健), 호는 한벽재(寒碧齋)이다.

10 조매계(曺梅溪) : 조위(曺偉, 1454~1503)로, 본관은 창녕(昌寧), 자는 태허(太虛), 호는 매계, 시호는 문장(文莊)이다.

서 배우도록 권하고, 선생이 성장하자 선생을 데리고 서울로 들어왔다.

그때 남추강 효온(南秋江孝溫)[11]이 성대한 명성을 얻었는데, 선생은 그와 사이가 좋았다. 참판공이 말하기를,

"남군은 호방하여 구속받지 않는 것을 좋아하니, 그와 교유할 필요 없다."

하여, 선생은 높고 큰 자질을 숨기고 강학(講學)에만 전념하였다. 선생의 뜻이 문달(聞達)에 있지 않았으나 참판공이 또한 선생이 주의를 표방하는 일이 있을까 염려하여 과거에 응시할 것을 독촉하니, 선생이 병오년(1486, 성종17)에 진사가 되고, 임자년(1492)에 문과에 급제하여 승문원에 분속되고 천거로 한림(翰林)이 되었으며 관례에 따라 전적(典籍)으로 옮겼다. 삼사(三司)를 두루 역임하고 검상(檢詳)을 거쳐서 사인(舍人), 응교(應教)에 올랐다.

연산군의 무도한 시절을 만나자, 선생은 교리(校理)로서 나랏일을 논하다가 장형(杖刑)을 받고 영덕(盈德)에 유배되었다. 중종 임금이 변란을 평정하고 관직(館職)으로 불렀으나, 선생은 서울로 올라오는 도중에 병을 이유로 향리로 돌아갔다. 선생이 다시는 조정에서 벼슬을 하려 하지 않자, 상국(相國) 성희안(成希顔)[12]이 상께 아뢰기를,

"정붕은 순수하고 바른 선비입니다. 성조(聖朝)에서 현인을 급히 구하고 있으니, 그를 향리에 오래 두는 것은 마땅하지 않습니다."

하니, 상이 이르기를,

11 남추강 효온(南秋江孝溫) : 남효온(1454~1492)으로, 본관은 의령, 자는 백공(伯恭), 호는 추강, 시호는 문정(文貞)이다. 생육신 중 한 사람이다.

12 성희안(成希顔) : 1461~1513. 본관은 창녕, 자는 우옹(愚翁), 호는 인재(仁齋)다.

"신야(莘野)에서 농사짓는 노인[13]과 동해(東海)에서 낚시하는 노인[14]은 천거하지 않으면 내가 어찌 알겠는가."

하고, 유지를 내려 부르기를 매우 부지런히 하였다. 선생이 비로소 마지못해 부임하여 교리를 거쳐 사예(司藝), 참교(參校)로 옮겼다.

선생이 어느 날 대궐에 나아갔을 적에 서대(犀帶)를 한 재상이 등지고 서서 두 손을 맞잡은 모습을 보고 나중에 그가 돌아볼 때 그의 모습을 보니, 찬성(贊成) 홍경주(洪景舟)[15]였다. 선생은 마음속으로 놀라고 그에게 박상(剝床)[16]의 조짐이 있는 것을 알고 드디어 술로 인한 병이 났다는 핑계를 대고서 외직을 구하여 청송 부사(青松府使)의 직

13 신야(莘野)에서 농사짓는 노인 : 농촌에 은거한 현인을 뜻한다. 신야는 유신국(有莘國)의 들이라는 뜻인데, 탕(湯) 임금의 현상(賢相)인 이윤(伊尹)이 일찍이 여기에서 농사를 지으며 은거했다. 탕 임금이 그가 어질다는 명성을 듣고 사자(使者)를 보내서 그를 초빙하였으나, 처음에는 전혀 거들떠보지도 않다가 세 번째 사자가 왔을 때는 문득 마음을 바꾸어, 요순(堯舜)의 도를 직접 세상에 한번 행해 보겠다고 다짐을 하고 나가서 마침내 탕 임금을 도와서 그로 하여금 왕천하를 이루게 했다. 《孟子 萬章上》

14 동해(東海)에서 낚시하는 노인 : 바닷가에 은거한 현인을 뜻한다. 태공망(太公望) 여상(呂尙)은 동해에서 늙도록 곤궁하게 살다가 주(周)나라로 가서 낚시하며 지냈는데, 주나라 문왕(文王)의 초빙으로 그의 왕사(王師)가 되고 후에 무왕(武王)을 도와 은(殷)나라를 멸하고 주나라를 세우는 데 공을 세웠다. 《史記 齊太公世家》

15 홍경주(洪景舟) : ?~1521. 본관은 남양(南陽), 자는 제옹(濟翁)이다. 중종의 후궁 희빈(熙嬪) 홍씨(洪氏)의 아버지이다. 연산군의 폭정에 맞서 중종반정(中宗反正)에 참여하였다. 남곤, 심정 등과 함께 기묘사화를 일으켜 사림을 숙청하였다. 시호는 도열(度烈)이다.

16 박상(剝床) : 《주역》 〈박괘(剝卦)〉에서 각 효(爻)의 형상을 상(床)에 비긴 말이다. 이 괘는 아래의 다섯 음효 위에 하나의 양효가 있는 형상인데, 음기가 왕성하여 사도(邪道)가 정도를 침해함이 점차 심각해지는 것을 비유한다.

을 얻었다. 선생이 합문(閤門) 안에 누워 다스려서[17] 백성과 벼슬아치가 서로를 잊었는데, 결국 임신년(1512, 중종7) 5월 18일에 관아에서 세상을 떠났다. 선생이 성화(成化) 3년 정해년(1467, 세조13)에 태어났으니, 향년은 46세다.

바야흐로 선생[18]이 관직에 부임했을 적에 성 상국이 서신을 보내 잣과 꿀을 청했는데, 선생이 답장에서 말하기를,

"잣은 높은 산봉우리 꼭대기에 있고 꿀은 민간의 벌통 속에 있는데, 태수(太守)가 어떻게 얻을 수 있겠습니까."

하였다. 선생이 세상을 떠나고 나서 관찰사가 어린 고아가 가난하여 장사 지낼 길이 없는 것을 알고 상사(喪事)를 도와주었다. 계유년(1513) 3월 모일(某日)에 선산부(善山府) 서쪽 복우산(伏牛山) 묘좌(卯坐)의 언덕에 장사 지냈다.

선생은 학문을 했는데 《노론(魯論)》[19] 읽기를 더욱 좋아하여, 일찍이 말하기를,

"만약 나로 하여금 이적(夷狄)에게 《논어》를 가르치게 한다면 또한 그들로 하여금 대의(大義)를 알게 할 수 있다."

17 합문(閤門)……다스려서 : 아픈 몸을 이끌고 지방을 다스리는 것을 말한다. 한(漢)나라 급암(汲黯)이 동해 태수(東海太守)로 나가서 병이 많아 합문 안에 누워 있을 뿐 밖에 나가지 않았는데도 1년여 만에 동해가 잘 다스려졌다는 고사에서 나온 말이다. 《漢書 汲黯列傳》

18 선생 : 대본에는 '公'으로 되어 있다. 문맥에 근거하여 '先生'으로 바로잡아 번역하였다.

19 노론(魯論) : 《논어》를 말한다. 《노논어(魯論語)》, 《제논어(齊論語)》, 《고문논어(古文論語)》 등 3가(家)의 《논어》 중 현재 전하는 《논어》는 《노논어》에 기초한 것이다.

하였다.

박송당 영(朴松堂英)[20]은 선생보다 4세 적고 선생을 따라 《대학》을 배웠다. 어느 날 선생이 냉산(冷山)[21]을 가리키며 말하기를,

"저 산 너머는 어떤 모습일 것 같은가?"

하였는데, 송당이 대답을 하지 못하였다. 몇 년 뒤에 선생이 또 묻자, 송당이 답하기를,

"저 산 너머의 모습은 저 산의 앞면과 같을 것입니다."

하니, 선생이 웃으면서 말하기를,

"이제야 군이 독서하여 얻은 것이 있음을 알겠다."

하였다.

처음 연산군이 임금의 자리에 오를 적에, 강공 혼(姜公渾)[22]과 심공 순문(沈公順門)[23]이 의정부 사인이 되었는데, 모두 정을 준 기생이 있었다. 선생이 말하기를,

"속히 그들을 멀리하십시오. 훗날 반드시 후회할 것입니다."

하였는데, 강공은 선생의 말대로 하고, 심공은 선생의 말을 따르지

20 박송당 영(朴松堂英) : 박영(1471~1540)으로, 본관은 밀양, 자는 자실(子實), 호는 송당이다.

21 냉산(冷山) : 태조산(太祖山)으로도 불리는데, 경북 구미시 해령면 속곡리에 있다.

22 강공 혼(姜公渾) : 강혼(1464~1519)으로, 본관은 진주(晉州), 자는 사호(士浩), 호는 목계(木溪), 시호는 문간(文簡)이다. 김종직(金宗直)의 문인으로서 문장에 능하여 연산군의 총애를 받았다.

23 심공 순문(沈公順門) : 심순문(沈順門, 1465~1504)으로, 본관은 청송(靑松), 자는 경지(敬之)이다. 1504년(연산군10) 갑자사화(甲子士禍)에 연루되어 개령현(開寧縣)에 유배되었다가 사형을 당하였다.

않았다. 얼마 지나지 않아 두 기생이 궁궐에 뽑혀 들어가 연산군의 총애를 받았고, 심순문은 끝내 죄 아닌 죄로 죽었다.

송당이 일찍이 박경(朴耕)[24]과 조광보(趙光輔)[25]가 장차 죽음을 당할 것이라는 소식을 달려와 알려 주자, 선생이 지팡이에 기대어 깊이 읊조리며 한참 있다가 말하기를,

"이것은 필시 문세고(文世皐)[26]가 한 짓일 것이다. 《논어》에서 '어질더라도 배우지 않으면 그 폐해는 어리석게 되는 것이다.'[27] 하였다. 백우(伯牛 박경)는 어리석은데도 배우지 않았으니, 화를 당하는 것이 본래 마땅하다. 조광보는 반드시 면할 것이다."

하였는데, 나중에 과연 그러하였다. 선생이 사람들에게 말하기를,

"어젯밤 꿈속에 문묘(文廟)의 신판(神版)이 절간으로 옮겨지더군. 이것이 무슨 조짐일꼬?"

24 박경(朴耕) : ?~1507. 본관은 반남(潘南), 자는 백우(伯牛)이다. 1507년에 박원종(朴元宗), 유자광(柳子光) 등을 죽이려고 역모를 꾀한다는 무고를 받아 국문(鞫問)을 받고 참형을 당하였다.

25 조광보(趙光輔) : 일명은 광보(廣輔), 호는 방은(方隱)이다. 1507년 남곤 등에 의하여 박원종, 노공필(盧公弼) 등을 해치려 하였다는 죄목으로 잡혀 국문을 당하였으나 도리어 유자광 등 고관들을 꾸짖으며, 형장을 받는 중에 통곡을 그치지 않아 광인(狂人)으로 여겨져 석방되었다.

26 문세고(文世皐) : 《연려실기술(燃藜室記述)》 권7 〈김공저조광보지옥(金公著趙光輔之獄)〉에 인용된 《당적보(黨籍補)》에 나오는 문서귀(文瑞龜)와 동일 인물로 보인다. 문서귀는 남곤에게, 김공저와 박경이 유자광을 죽이려고 계획했다는 말을 전하였다고 한다.

27 어질더라도……것이다 : 《논어》 〈양화(陽貨)〉에는 "어짊을 좋아하더라도 배우기를 좋아하지 않으면 그 폐단은 어리석게 되는 것이다." 하였다.

하였는데, 나중에 태학(太學)은 놀고 잔치하는 마당이 되고 위판은 산속 암자로 옮겨졌다. 선생이 마음으로 헤아려 알았으나 일부러 꿈에 의탁하여 말한 것이다.

조정에서 퇴근하여 돌아왔을 때 집안사람이 밥을 올리자, 선생이 묻기를,

"밥을 어떻게 마련하였소?"

하니, 부인이 말하기를,

"소첩이 아침에 유 판서(柳判書) 집에 갔는데, 유 판서가 '정붕이 고집스럽게 나를 보지 않는구려.'라고 말하고서 쌀 한 말을 보내 주었습니다."

하자, 선생이 말하기를,

"이것은 내가 일찌감치 집안사람을 깨우치지 않은 잘못 때문이다."

하고는, 밥을 물리치고 먹지 않았는데, 유 판서는 바로 유자광(柳子光)[28]이다.

선생이 귀양 갈 적에 유자광이 독약을 주머니에 넣어 주고서 전송하며[29] 말하기를,

"공의 이번 걸음은 아마도 끝내 죽음을 면하지 못할 것이다."

하여, 선생이 그 약을 받았다가 나중에 유자광이 법에 따라 사형을

28 유자광(柳子光) : ?~1512. 본관은 영광(靈光), 자는 우복(于復)이다. 1498년 무오사화(戊午士禍)를 일으켜 선비들을 죽이고 귀양 보냈다. 1506년(중종1) 중종반정 때 정국 공신(靖國功臣) 1등, 무령부원군(武靈府院君)에 봉해졌고, 겸 영경연사(兼領經筵事)에 제수되었다. 그러나 탄핵을 받아 훈작을 삭탈당하고 유배지에서 죽었다.

29 독약을……전송하며 : 유배지에 가면 살아 돌아올 희망이 없으므로 자살할 때 쓰라고 독약을 주는 것이다.

받을 때 돌려주었다. 아, 선생은 액운과 혼란의 운수를 당하여 미리 헤아리고 추측했는데 시초와 같고 거북점과 같았으며, 나아가고 물러나고 사양하고 받는 것을 예(禮)로 하고 의(義)로 하여 끝내 사류(士類)가 모두 죽음을 당하는 사이에서도 자신을 보전할 수 있었다. 《시경》에서 "이치에 밝고 일을 잘 살펴서 그 몸을 보전했네."[30]라고 했는데 선생이 실로 그렇게 하였으며, 가령 저 변란을 평정한 이후[31]의 출처는 더욱 봉황이 천 길 높이 나는 뜻이 있었던 것이다.

성스러운 군주가 용처럼 일어나 만물이 모두 우러러보고,[32] 유배지에서 다시 임용되어 벼슬길이 열리려 하였으며, 더구나 정암(靜菴)과 충암(冲庵)[33]이 좌우에서 잡아 주고 끌어 주면서 바야흐로 장차 임금을 요순(堯舜)과 같은 임금으로 만들고 백성을 요순 시대의 백성처럼 만드는 것[34]을 자신의 임무로 삼았고 보면, 선생이 그 사이에 처하여 누가

30 이치에……보전했네 : 《시경》 〈대아(大雅) 증민(烝民)〉에 나온다.

31 변란을 평정한 이후 : 중종반정 이후를 뜻한다.

32 성스러운……우러러보고 : 《주역》 〈건괘 문언(文言)〉에 "구름이 용을 따르고 바람이 범을 따르는지라, 성인이 일어나매 만물이 우러러보도다." 한 데서 온 말이다.

33 충암(冲庵) : 김정(金淨, 1486~1521)으로, 본관은 경주, 자는 원충(元冲), 호는 충암이다. 조광조와 함께 사림파의 대표 인물이다.

34 임금을……것 : 탕(湯)이 사람을 시켜 폐백을 가지고 초빙하자 이윤(伊尹)이 아무런 욕심이 없이 자득(自得)한 모습으로 말하기를 "내 어찌 탕의 폐백을 받으리오. 내 어찌 초야에 묻혀 이대로 요순의 도를 즐기느니만 하리오." 하였다. 탕이 세 번이나 사람을 보내 초빙하자 이윽고 이윤이 생각을 바꾸어 말하기를 "내가 초야에 묻혀 이대로 요순의 도를 즐기는 것보다 내 차라리 이 임금을 요순과 같은 임금으로 만드는 편이 낫지 않겠으며, 내 차라리 이 백성을 요순의 백성으로 만드는 편이 낫지 않겠으며, 내 자신이 직접 그러한 치세(治世)를 보는 편이 낫지 않겠는가."라고 한 데서 온 말이다. 《孟子 萬章上》

직(稷)[35]이 되고 누가 설(卨)[36]이 될지는 알지 못하였으나 한번 홍경주의 등을 보고 깜짝 놀라서 멀리 떠나가 다시는 조정의 반열을 밟지 않았다. 아무리 선생[37]으로 하여금 살아서 기묘년에 덤불 속에 숨겨둔 군사[38]를 만나게 했더라도 어찌 자신을 해치게 했겠는가. 《역(易)》에서 "기미를 알아차림이 신묘하도다."라고 한 것[39]에 선생이 거의 가까울 것이다. 퇴도(退陶) 선생이 말하기를,

"선산(善山) 한 고을은 앞에는 길야은(吉冶隱)의 풍절(風節)이 있었고 뒤에는 정신당(鄭新堂)의 도의(道義)가 있었다."

하였다. 선생이 한 번 숨고 한 번 드러난 것이 도의에서 흘러나온 것이 아니라면 어찌 이처럼 중도에 맞겠는가.

선생이 세상을 떠나자 권충재 벌(權冲齋橃)[40]이 한원(翰苑)에 있으면서 특별히 글을 써서 말하기를,

"정붕은 청송 부사이다. 정붕은 기량이 웅장하고 훌륭하며 명예를 구하지 않고 벼슬살이하는 것을 즐거워하지 않았으며, 이 세상이 더불어 큰일을 할 수 없다는 것을 알고 외직에 보임되기를 구했는데,

35 직(稷) : 순(舜) 임금 때 농관(農官) 기(棄)로, 현명한 신하를 뜻한다.

36 설(卨) : 순 임금 때 사도(司徒)로, 현명한 신하를 뜻한다.

37 선생 : 대본에는 '公'으로 되어 있다. 문맥에 근거하여 '先生'으로 바로잡아 번역하였다.

38 덤불……군사 : 역적들이 잠복하여 있는 것을 비유한다. 《주역》〈동인괘(同人卦) 구삼(九三)〉에 "군사를 덤불 속에 숨겨 두고 높은 구릉에 올라가서 3년이 되어도 일어나지 못한다."라는 말이 나온다.

39 역에서……것 : 《주역》〈계사전 하(繫辭傳下)〉에 나온다.

40 권충재 벌(權冲齋橃) : 권벌(1478～1548)로, 본관은 안동(安東), 자는 중허(仲虛), 호는 충재·훤정(萱亭)·송정(松亭)이며, 시호는 충정(忠定)이다.

결국 이곳에서 세상을 떠났다.”[41]

하였다.

정씨의 본관은 해주(海州)이다. 고려 말에 대장군(大將軍) 초(初)가 여러 번 큰 도적을 꺾고 나중에 영남의 선산으로 이사하여 자손들이 드디어 그곳에 정착하였다. 증조 휘 희언(希彦)은 호조 참의에 증직되었고, 조부 휘 유공(由恭)은 단천 교도(端川敎導)를 지내고 병조 참판에 증직되었다. 아버지 휘 철견(鐵堅)은 성종조에 도(道)가 있다고 천거되어 현감을 지냈다. 어머니 의춘 옥씨(宜春玉氏)[42]는 국자 생원(國子生員) 옥형종(玉荊宗)의 따님이다.

선생은 모두 두 번 장가들었다. 초배(初配)인 성산 이씨(星山李氏)는 중랑장(中郎將) 이엽(李曄)의 따님이고, 안무사(按撫使) 이흥문(李興門)의 후손이다. 계배(繼配)인 고령 신씨(高靈申氏)는 현감 신담(申澹)의 따님이고, 부사(府使) 신송주(申松舟)의 후손이다.

2남 1녀를 두었는데, 장남 의(毅)는 생원이고, 차남은 각(殼)이며, 딸은 송당(松堂 박영(朴英))의 아들인 생원 박거이(朴居易)에게 시집갔다.

손자와 증손자 이하는 다 기록하지 못하나 5세손 영(韺)은 부총관이고, 영의 아들 동망(東望)은 절도사를 지내고 청백(淸白)으로 저명하였으며, 8세손 찬(巑)은 부사를 지냈으니, 이들이 후손 중에 현달한 자들이다.

41 정붕은……떠났다 : 《충재집(冲齋集)》 권4 〈정덕 4년(正德四年) 기사(己巳)〉에 나온다.

42 의춘 옥씨(宜春玉氏) : 의령 옥씨(宜寧玉氏)로, 의춘은 의령의 옛 이름이다.

찬의 아들 전(前) 현감 지신(趾新)이 와서 명(銘)을 부탁하였다. 명은 다음과 같다.

나라에 도가 없을 때	邦無道
직언을 올리고 떠도는 것은	抗言流離
오히려 할 수 있지만	猶可爲也
나라에 도가 있을 때	邦有道
기미를 보고 움직인 것은	見幾而作
미칠 수가 없네	不可及也
그 기절은 신묘하고	其氣也神
그 의리는 정미하였네	其義也精
아, 선생이여	於乎先生

숭록대부 행 지중추부사 치사 봉조하 이공 묘갈명
崇祿大夫行知中樞府事致仕奉朝賀李公墓碣銘

내가 일찍이 사관(史官)으로서 영조 임금을 모시고 있을 때 영의정 김공 재로(金公在魯)[43]가 앞으로 나아와 아뢰기를,

"어떤 한 신하가 있는데, 주군(州郡)을 두루 맡아 다스릴 때는 청렴과 근실이 드러났고, 승정원에 임용됐을 때는 백 가지 일이 엄숙하였으며, 사람들이 하는 말에 의거해 보면 효성과 우애가 특별히 알려졌습니다. 이 사람을 크게 쓰지 않는다면 누구를 크게 쓰겠습니까."

하자, 상이 이르기를,

"그가 누구인가?"

하여, 답하기를,

"바로 이광보(李光溥)입니다."

하니, 상이 살피지 않았다. 이튿날 좌의정 조공 현명(趙公顯命)이 아뢰기를,

"옛날 조보(趙普)[44]는 인재를 천거할 적에 송 태조(宋太祖)가 그 인재를 등용하지 않으면 두 번 천거하고 세 번 천거하는 데에 이르렀고 황제는 몹시 진노하여 그 종이를 찢어 버렸습니다. 그러나 조보는

43 김공 재로(金公在魯) : 김재로(1682~1759)로, 본관은 청풍(淸風), 자는 중례(仲禮), 호는 청사(淸沙) 혹은 허주재(虛舟齋)이다.

44 조보(趙普) : 922~992. 자는 측평(則平)으로, 송 태조를 도와 천하를 평정하는 데 공이 컸고, 태종(太宗) 때에 태사(太師)가 되어 위국공(魏國公)에 봉해졌으며, 죽은 뒤 한왕(韓王)에 추봉되었다.《宋史 趙普列傳》

끝내 그 종이를 붙여서 올릴 수 있었으니, 사람으로서 임금을 섬기는 것은 진실로 이와 같아야 합니다. 듣건대 영의정이 이광보를 천거했으나 성상의 마음에 들지 않아 결국 그만두었다고 하니, 옛날 사람에게 부끄러움이 없을 수 있겠습니까."

하자, 이에 여러 중신(重臣)이 영의정의 말처럼 번갈아 천거하기도 하고 더 강력하게 말하기도 하였으나, 상은 또한 살피지 않았다. 논평하는 자들이 말하기를,

"공이 대각(臺閣)에 있은 지 오래인데 강직하게 법을 지켜 아무리 성상을 가까이에서 모시는 궁속(宮屬)일지라도 만약에 법을 어기는 일이 있으면 조금도 봐주지 않고 바로잡았으니, 공의 불우함은 아마도 이것 때문일 것이다."

하였는데, 이것은 소인의 마음으로 천지를 헤아린 것이다.

공이 대부(大夫)에서 아경(亞卿)에 오른 것이 아무리 노인을 높이고 은혜를 베푼 데에서 비롯하였을지라도, 이로부터 모두 다섯 번 승진하여 숭록대부의 품계에 이른 것은 대부분이 특별한 은총 때문이었다. 공이 기사(耆社)에 들어가자 상이 자주 불러 보며 내시에게 명하여 부축하게 하여서 은총을 내렸으며, 어제(御製) 사언시(四言詩)를 내린 것이 세 번이고, 고비(皐比 호랑이 가죽)・구마(廏馬 내구마(內廏馬))・쌀・비단을 준 것이 여러 번이었다. 공이 치사(致仕)할 때 상이 유시하기를,

"내가 경에 대하여 온전히 등용을 마치지 못하였다."

하고, 정문(正門)에 납시어 선마(宣麻)[45]하고 삼구시(三句詩)를 써서

45 선마(宣麻) : 장상(將相)을 임명할 때나 늙은 신하에게 궤장(几杖)을 하사할 때 백마지(白麻紙)에 조칙을 써서 조정에 공포하는 것을 말한다.

주고 특명으로 아들 동우(東遇)의 관직을 올려 주었다. 공이 세상을 떠나자, 상이 의례대로 예장(禮葬)할 것을 명하였다.

아, 영조 임금께서는 지덕(知德)이 지극했으나 공을 쓰지 않은 것은 논평하는 자들의 말과 같을 리가 없다. 참으로 이와 같다면 만년의 성대한 예우가 어찌 이에 이르렀겠는가. 공을 크게 쓰지 못한 것은 하늘의 뜻이었다.

공의 자는 자연(子淵)이고, 본관은 평창(平昌)이다. 숙종 을미년(1715, 숙종41)에 명경과(明經科)에 뽑혀 승문원에 선발되어 들어가고, 전례대로 전적에 올랐으며, 감찰, 공조 좌랑으로 옮겼다. 대각에서 역임한 관직을 말하자면, 사간원에서는 정언・헌납・사간을 지냈고, 사헌부에서는 장령・집의를 지냈다. 세자시강원에서는 보덕을 지냈다. 여러 관사에서 역임한 관직을 말하자면, 성균관 사성, 태상시 정, 군자감 정, 태복시 정, 승정원 승지, 호조 참의, 병조 참의, 한성부 좌윤, 동지의금부사, 지중추부사, 도총관을 지냈다. 공이 역임한 외직을 말하자면, 대동 찰방(大同察訪), 경기 도사(京畿都事), 용안 현감(龍安縣監), 벽동 군수(碧潼郡守)를 지냈고, 순천(順天)・종성(鍾城)・울산(蔚山)・풍천(豐川)・강계(江界)에서는 부사를 지냈고, 진주(晉州)・홍주(洪州)에서는 목사를 지냈고, 경성(鏡城)에서 판관을 시작하여 나중에는 부사로서 재차 의주(義州)・동래(東萊)에 부임하였고, 충청도 관찰사, 강원도 관찰사, 교동 수사(喬桐水使)에 앞뒤로 의망(擬望)된 것이 또한 여러 번이었다. 공은 79세에 종일품(從一品)으로 치사(致仕)한 후 봉조하(奉朝賀)가 되었다.

공은 얼굴이 옥처럼 빛나고 몸은 옷을 가누지 못할 듯하며[46] 그 마음은 절조가 몹시 확고하여 사람들이 감히 의롭지 못한 일을 청탁하지 못하였다. 공이 대각에 있을 적에 상이 친히 군대를 사열하려 하자, 농사를 살펴야 할 때이고 군사 훈련은 급한 일이 아니라는 이유로 상소하여 그만둘 것을 청하였다.[47] 당시의 공론이 영남의 사대부들을 억누르려 하자, 공이 급히 소를 올려 변론을 매우 명석하게 하였다. 공이 종성을 다스릴 적에는 엄히 법으로 금하고 삼가 지키고 끊어서 간사한 거간꾼이 죽음을 두려워하고 나무꾼과 사냥꾼이 없어져 양국의 국경 사이가 고요했다.

이에 앞서 시호(市胡)[48]가 오면 차장(差長)[49]은 으레 종성 부사에게 절을 받았는데, 공이 예(禮)로 깨우치며 꼿꼿하게 앉아 절을 하지 않자 시호가 매우 성을 내며 앞으로 나와 공을 몇 겹으로 에워싸며 흉흉한 낯빛으로 흘겨보았다. 공을 따라간 자들이 낯빛을 잃었으나 공이 웃으면서 나오자, 차장이 부끄러워하며 사죄하고 그 후에는 공을 보면 번번이 일어나 읍하였다.

강계 지역은 삼(蔘)을 많이 생산하기로 유명한데, 공이 부사로 부임하여 정당한 이유 없이 납입하게 하는 것을 다 혁파하고, 담비 수렵을 중지시켰으며, 이때 큰 흉년이 들자 녹봉으로 받은 양식과 돈을 다

46 몸은……듯하며 : 매우 공손한 모습을 형용한 것이다. 주공(周公)이 부친 문왕(文王)을 섬길 때에 너무도 공손하여 그 모습을 형용하여 "몸은 옷을 가누지 못할 듯하고 말은 입 밖에 나오지 못할 듯하였다."라고 하였다. 《淮南子 氾論訓》

47 공이……청하였다 : 《영조실록》 11년 2월 18일 기사에 보인다.

48 시호(市胡) : 개시(開市)하러 온 오랑캐들을 말한다. 당시에 회령 개시(會寧開市)에 참여했던 오랑캐 상인들이 경원 개시(慶源開市)로 가기 위해 종성을 지나갔다.

49 차장(差長) : 청나라 차사(差使)의 장(長)으로, 여기서는 오랑캐 상인들을 인솔하는 청나라의 낮은 벼슬아치를 뜻한다.

써서 백성을 살렸다.

임기를 마치고 돌아올 때는 오직 해진 이불 한 가지만 있었다. 공은 전후로 10여 군(郡)을 맡아 다스리며 행정 성적이 번번이 한 도(道)의 최고가 되었으나, 집안 살림은 궁핍하여 처자가 굶주림을 걱정하였다. 세상에서 잘 다스린 사람을 헤아릴 때면 벼슬아치들이 모두 공을 말하고, 청렴결백한 사람을 헤아릴 때에도 벼슬아치들이 또한 모두 공을 말한다. 그러나 이것은 다만 공의 재능이 주군(州郡)을 다스릴 때 드러난 것을 보았을 뿐이다. 만약에 여러 대신의 말처럼 진(晉)나라로 하여금 공을 등용하게[50] 했다면 백성에게 끼친 은택이 어찌 끝이 있었겠는가.

공은 비록 학문으로 자처하지 않았으나 품성이 지극히 침착하였고, 평소에 말과 웃음이 적어 발을 드리운 누각이 쓸쓸하였다. 어떤 일로 인해 시비와 의리를 결정해야 할 때는 마치 못을 자르고 쇠를 끊듯이 하며 종신토록 조금도 흔들리지 않았다. 가정에서 품행이 매우 극진하였고 삼 년 동안 곡할 때도 이를 드러내어 웃은 적이 없었다. 제사는 반드시 정성을 다하여 지내고 늙어서도 다른 사람에게 맡기지 않았으며, 제사 지낼 때는 관복을 입고 앉아서 철상(撤床)까지 기다렸다.

50 진(晉)나라로……등용하게 : 주군뿐만 아니라 나라를 경영하는 데 재능을 쓰게 한다는 말이다. 진나라가 등용한다는 말은 원래 《춘추좌씨전》 양공(襄公) 26년 기사에 나온다. 채(蔡)나라 성자(聲子)가 진나라와 초나라 사이의 평화 협정에 관한 일을 처리하기 위해 진나라에 갔다가 돌아오는 길에 초나라에 들르니 영윤(令尹) 자목(子木)이 진나라의 국내 정세를 묻고 진나라와 초나라의 대부(大夫)들에 대한 역량을 견주는 질문을 하였다. 이에 성자는, 초나라의 상벌 제도가 타당하지 못하여 인재들이 다들 외국으로 망명하였는데 그 인재들을 진나라가 데려다 등용하여 그들의 계책이 도리어 초나라에 피해를 입히고 있다는 뜻의 비유로 "초나라에 비록 재목이 있으나 실제로는 진나라가 그들을 등용하고 있다."라고 말하였다.

자손을 훈계할 때는 반드시 "임금을 섬길 때는 속이지 말라." 하였다. 부부 사이에도 엄숙하게 법도가 있어서 서로 보는 것도 때에 맞게 하였다. 대개 공이 세 조정을 두루 섬기며 세상일을 누차 겪으면서도 명분과 행적이 순수하고 깨끗하여 사람들이 감히 지적하여 논평하지 못하였으니, 공이 내면을 수양하여 확장한 것을 알 수 있다.

공은 숙종 갑술년(1694)에 태어나 영조 계사년(1773, 영조49)에 세상을 떠났으니 80세를 살았으며 인천(仁川) 경신리(慶新里)에 안장되었다.

공의 시조 휘 천기(天驥)는 고려조에서 관직이 산기상시(散騎常侍)였다. 조선조에 들어와서 휘 영서(永瑞)는 집현전 교리를 지냈으며 사가독서(賜暇讀書)하였다. 휘 계남(季男)은 이조 판서를 지내고 평원군(平原君)에 봉해졌으며 시호는 익평(翼平)인데, 이로부터 대대로 관직에 오른 사람이 나왔다.

고조 휘 숙(琡)은 학문에 독실하고 예를 좋아하여 천거로 내시교관(內侍敎官)에 제수되었고 호는 만취당(晩翠堂)이다. 증조 휘 창환(昌煥)은 경술과 품행으로 세마(洗馬)에 제수되어 익찬(翊贊)에 이르렀고 호는 해은(海隱)이며 참판에 증직되었다. 조부 휘 배(培)는 진사이고 좌참찬에 증직되었다. 아버지 휘 명석(命錫)은 첨지중추부사를 지냈고 여러 번 증직되어 좌찬성이 되었다. 어머니 창녕 조씨(昌寧曺氏)는 진사 조창구(曺昌久)의 따님으로, 정경부인에 증직되었다.

부인 안동 권씨(安東權氏)는 권윤경(權允經)의 따님으로서 공보다 먼저 세상을 떠났고 정경부인에 증직되었으며, 1남 2녀를 낳았다. 장남 동운(東運)은 생원으로 문장과 덕행이 있었으나 젊은 나이에 죽었다. 장녀는 최명철(崔命哲)에게 시집가고, 차녀는 병조 참지 이세효(李世

孝)에게 시집갔다.

계배(繼配) 진주 유씨(晉州柳氏)는 진사 유이장(柳以章)의 따님으로, 1남 2녀를 낳았다. 장남 동우(東遇)는 문과에 급제하여 승지이다. 장녀는 봉사(奉事) 심경석(沈景錫)에게 시집갔고, 차녀는 진사 이행덕(李行德)에게 시집갔다.

동운의 장남 정훈(正薰)은 문과에 급제하여 정랑이고, 차남 응훈(應薰)은 동우의 후사가 되었으나 어린 나이에 죽었으며, 장녀는 생원 정후조(鄭厚祚)에게 시집갔고, 차녀는 승문원 정자 황석범(黃錫範)에게 시집갔다. 나머지는 기록하지 않는다.

내가 천신선생(薦紳先生)[51]들과 노닌 지 30년이 되었으나 맑고 신중하며 굳세고 정직함이 공과 같은 사람을 보지 못하였다. 마음속으로 사모하고 우러르는 것은 좋아하는 이에게 아첨하기 위해서가 아니다. 지금 승지군(承旨君 이동우(李東遇))이 울면서 간청하기에 단지 눈과 귀로 보고 기억하는 것을 이와 같이 썼을 뿐이니, 붓을 잡아도 부끄러움이 없었다.[52] 명(銘)은 다음과 같다.

조부가 경술과 품행 닦으니	祖以經行
미덕을 계승한 이는 손자라네	趾媺者孫

51 천신선생(薦紳先生) : 관위(官位)가 있고 지체 높은 사람을 뜻한다.

52 부끄러움이 없었다 : 묘갈명을 모두 사실에 근거하여 진실하게 썼으므로 부끄러움이 없었다는 말이다. 후한(後漢) 채옹(蔡邕)이 곽태(郭太)의 비문을 짓고 나서 노식(盧植)에게 "내가 비명을 많이 지었지만, 그때마다 모두 부끄러운 느낌을 가졌는데, 곽유도(郭有道)에 대해서만은 부끄러움이 없다."라고 말한 고사가 전한다.《後漢書 郭太列傳》 유도(有道)는 곽태의 자이다.

우리가 그것을 어찌하랴	我其何與
쓰거나 버리는 것은 하늘 뜻이네	用舍者天
맑은 절조와 아름다운 명성	淸節令名
우리의 도는 이와 같네	吾道如是
누림이 적어 후손에 복 남기니	薄享詒昆
내가 명을 새겨 기다리네	我銘以竢

사호 오공 묘갈명

沙湖吳公墓碣銘

사호(沙湖) 오공(吳公)의 휘는 익창(益昌)이고, 자는 유원(裕遠)이며, 계보는 함양(咸陽)에서 나왔다. 천령부원군(天嶺府院君) 광휘(光輝)가 그 시조이다. 6대조 휘 치선(致善)은 이조 참판을 지냈고, 조부 휘 세영(世英)은 연산군의 혼란한 시대를 당하자 전라도 무장현(茂長縣)에 은둔했는데, 자손들이 그대로 그곳에 정착하였다. 아버지 휘 인(寅)은 진사이고 좌승지에 증직되었으며, 생원 이학(李鶴)의 따님에게 장가들어 가정(嘉靖) 정사년(1557, 명종12)에 공을 낳았다.

공은 겨우 성동(成童)의 나이에 이미 대유(大儒)로 이름이 났다. 국가에서 대군적(大軍籍)[53]을 시행할 때 공이 강소(講所)에 나아가 《성리대전(性理大全)》을 욀 것을 자원하였다. 이때 공의 나이가 14세였으므로 강경(講經)을 시험하는 사람이 기특하게 여기고 한 책을 뽑아 시험했는데, 환히 알지 못하는 것이 없자, 이에 크게 놀라고 감탄하였다.

23세에 사마시에 합격하였다. 임백호 제(林白湖悌)[54]가 선운산(禪雲

53 대군적(大軍籍) : 대대적으로 군적을 정리하는 것을 말한다. 유생이지만 학문을 닦지 않는 자들을 강경 시험으로 걸러 내어 군적에 편입시켰다.

54 임백호 제(林白湖悌) : 임제(1549～1587)로, 본관은 나주(羅州), 자는 자순(子順), 호는 백호·겸재(謙齋)·풍강(楓江)·소치(嘯痴)이다. 1577년(선조10) 문과에 급제하여 예조 정랑을 지냈으나 당시 동서 분당(東西分黨)으로 다투는 것을 개탄하고, 명산을 찾아다녔다.

山)을 함께 유람하자고 하여 수십 일을 머물렀는데, 백호가 말하기를,

"나는 일찍이 전라도에서 혼자 앞서가는 사람임을 자부했는데, 이제는 도리어 그대에게 넘겨줘야겠네."

하였다.

선조 정유년(1597, 선조30)에 충무공(忠武公) 이순신(李舜臣)[55]이 통제사로서 한산도(閑山島)에서 왜적을 막았다. 이때 원균(元均)이 막 패하여 전함은 겨우 12척이고 적선은 바다를 덮을 정도로 모였다. 이때 난리를 피하여 바다로 나간 남쪽의 사대부들은 배가 수천 척이었으나 통제사의 군사력이 약한 것을 보고 모두 흩어져 사방으로 달아나려 하였다. 공이 울면서 여러 사람에게 말하기를,

"공들이 흩어지면 통제사는 도와줄 사람이 없게 됩니다. 통제사에게 도와줄 사람이 없게 되면 왜적은 반드시 우리나라를 가볍게 보고 승세를 타고 진격할 터이니, 이것은 나라가 없어지는 것입니다. 어찌 나라가 없어지는데 백성이 홀로 온전할 수 있겠습니까."

하니, 여러 사람이 또한 울면서 일제히 소리를 질러 말하기를,

"옳소."

하였다. 이에 배들을 연결하여 통제사의 군선 뒤에 이어 대고 성세를 도우니 군대가 다시 위세를 떨쳤다.

통제사의 군사들이 추위에 떨자, 공이 여러 배의 사람들을 타일러 옷을 벗어 군사들에게 주도록 했다. 통제사의 군대가 왜적의 탄환에

55 이순신(李舜臣) : 1545~1598. 본관은 덕수(德水), 자는 여해(汝諧), 시호는 충무(忠武)이다. 임진왜란 때, 삼도 수군통제사가 되어 서해안으로 북상하는 일본 수군을 궤멸시켜 전세를 역전시키는 공을 세웠다.

맞아 병졸들이 새파랗게 질리자, 공이 여러 배의 사람들을 타일러 솜이불 100여 장을 내게 하고 그것을 물에 적셔서 펼쳐 두게 하여 탄환이 뚫지 못하게 하였다.

전투가 한창 격렬할 때 노 젓는 군졸들이 목말라 하여 배를 부릴 수 없자, 통제사가 다급하여 어찌할 줄 몰랐는데, 공이 동아를 실은 배를 끌고 와서 갈증을 풀어 주었다. 이에 앞서 공이 왜적을 피하여 도망갈 적에 집안 물건은 버리고 돌아보지 않으며 마을에 버려진 동아를 주워 배에 가득 실으니, 사람들이 괴이하게 여겼다. 이때에 이르러 사람들은 비로소 공의 슬기로운 생각에 감복하였다. 통제사가 공의 재능을 기특하게 여겨 조정에 천거하고자 하였는데 마침 통제사가 전사하고 공 또한 숨기고 말하지 않았다. 그러나 조정에서는 공의 명성을 듣고 제원도 찰방(濟源道察訪)에 제수하였다.

이때에 명나라 군대가 전라도에 주둔하고 있으면서 접대하는 관리에게 모욕을 주니, 관리 중에 모욕을 면할 수 있는 이가 없었다. 관찰사가 공을 방료 군관(放料軍官)[56]에 임명하여 급료 지급을 주관하게 했는데, 공이 산가지를 벌여 놓지 않고 가만히 마음으로 계산하며 조금도 틀린 적이 없자, 명나라 장수들이 모두 칭찬하였다. 종부시 직장, 의금부 도사, 사헌부 감찰, 공조와 형조의 정랑과 좌랑을 역임하였다.

광해군의 정사가 어지러울 때 적신(賊臣) 이이첨(李爾瞻)이 문권(文權)을 장악하고서[57] 한 시대의 선비들을 함정에 빠뜨렸는데, 공으로

56 방료 군관(放料軍官) : 군사에게 급료를 지급하는 군관을 말한다. 관원이 아닌 아전에게 주는 급료는 봉록(祿俸)이라 하지 않고 요(料)라 한다.

57 이이첨(李爾瞻)이 문권(文權)을 장악하고서 : 문권은 대제학을 말한다. 이이첨은

하여금 자신의 문하를 통해 출세하게 하고자 자신의 아들을 보내 안부를 묻게 하고 마침내는 또한 자기가 직접 방문하였다. 이와 같이 한 것이 두 번이었는데 공이 답방하지 않자, 이이첨이 원한을 품고 전후로 과장에서 시험을 주관할 때 공의 시권(試券)을 찾아내어 아무리 급제할 만한 성적이더라도 번번이 탈락시켰으며 공의 막내아들에게도 그렇게 하였는데 공은 개의치 않았다.

얼마 안 가서 공은 별시(別試) 초시(初試)에 합격했으나 버리고 호연히 남쪽으로 돌아가 송사(松沙)[58]의 심원동(深源洞) 별장에 기거하였다. 이에 앞서 이이첨이 반드시 공을 죽을 자리에 놓고자 하여 날로 심하게 무함하였는데, 그것은 선비를 죽이는 일이라고 이이첨에게 경계해 준 사람이 있어서 공이 죽음을 면할 수 있었다. 이로부터 공은 세상에 나갈 생각을 다시는 하지 않았다. 그러나 정묘년(1627, 인조5)에 오랑캐의 침략을 당하자, 공은 군량미 공급이 부족할 것을 염려하여 배에 곡식을 실어 강화도의 행재소에 보냈으니, 이것은 충의(忠義)가 평소 쌓였기 때문이다.

공이 숭정 을해년(1635) 심원동에서 세상을 마치니, 나이가 79세였다.

공은 평소 집안에서의 품행이 더욱 돈독하여, 누이들과 재산을 나눌 적에 척박한 땅은 자기에게 돌렸다. 큰 흉년이 든 해를 만났을 적에는

광해군이 즉위하자 예조 판서에 올랐고, 이어 대제학을 겸임하였다.

58 송사(松沙) : 무장현(茂長縣)을 뜻한다. 무장현은 원래 무송현(茂松縣)과 장사현(長沙縣)이었던 것을 1417년(태종17) 두 현을 합쳐 새로이 개설하였다. 무장(茂長)이란 이름은 무송현과 장사현의 머리글자를 따서 지은 것이고, 송사는 뒷글자를 딴 것이다.

사방의 굶주린 사람들을 사적으로 구휼하여 온전하게 산 사람이 매우 많았다. 공의 집을 약탈하기 위해 모의하는 도적이 그 무리와 의견을 주고받았는데, 무리가 말하기를,

"오공은 어진 사람이다. 어찌 차마 범하겠는가."

하여, 드디어 그만두었다.

자제들을 가르칠 때는 한결같이 예법으로 하여 가정이 엄숙하였고, 사람들을 가르칠 때는 효제를 근본으로 삼았으며 다른 사람의 잘잘못을 논한 적이 없었다. 그러나 선악에는 엄격하여, 일찍이 상소를 올려 직언을 하며 호남 오신(湖南五臣)[59]의 원통함을 변론하여 신원시켰다. 이 일을 보고 느끼어 나아갈 방향을 알게 된 선비들이 많았다. 군자로다, 공이여!

아, 공의 재능과 지혜가 드러나 쓰인 것은 왜적을 막은 전투뿐이어서 세상에는 아는 사람이 드물고, 강화도에 군량미를 실어 보낸 것은 조정에서 공의 충의를 포상하지 않은 적이 없으나 증직이 공의 덕에 차지 못하였으니, 공은 살아서나 죽어서나 불우했다고 할 만하다. 아, 슬프도다. 공이 작고한 지 백여 년이 지났는데 한 지방의 선비들이 공의 덕을 사모하기를 그치지 않고 사당을 세워 제사 지내니 후대에 선행을 하는 사람들은 권면하는 바를 알 수 있을 것이다.

공의 배위(配位) 이씨(李氏)는 충의위(忠義衛) 이유겸(李惟謙)의

59 호남 오신(湖南五臣) : 정개청(鄭介淸), 이발(李潑), 이길(李洁), 유몽정(柳夢井), 조대중(曺大中)을 말한다. 1589년(선조22) 정여립(鄭汝立)의 모반을 계기로 일어난 기축옥사(己丑獄事)에 화를 입고 오래도록 신원을 받지 못했는데, 오익창이 호남의 여러 선비와 함께 상소하여 신원을 받았다.

따님이고, 계배(繼配) 유씨(柳氏)는 현감 유형진(柳亨進)의 따님이다. 아들 전(琠)은 북평사를 지냈는데 이씨의 소생이다. 제(瓍)는 일찍 죽었고, 사위는 별좌 이지일(李志一), 장령 유창문(柳昌文), 참봉 정육(鄭縟)인데, 이들에게 시집간 딸들은 유씨의 소생이다.

전(琠)의 아들 첨경(添慶)은 문과에 급제하여 승문원 정자를 지냈고, 첨선(添善)은 진사였으며, 첨희(添喜)는 유학을 공부하였다. 사위는 김신헌(金愼憲)과 나첨(羅襜)이다. 내외의 증손은 다 기록하지 않는다. 명(銘)은 다음과 같다.

재능으로 왜적을 막고	才以捍賊
충성으로 간사함을 거절했네	忠則拒邪
사람들은 빌붙으나 나는 은둔하여	人麗我遯
호수와 바다에서 살았네	湖海以家
내가 요즘 사람들을 보건대	我觀今人
권세를 두려워하여 복종하네	怵勢而靡
공의 묘소를 지나가거들랑	有過公墓
행여 또한 부끄러운 줄 알기를	尙亦知恥

가선대부 행 승정원 도승지 정공 묘갈명

嘉善大夫行承政院都承旨鄭公墓碣銘

우리의 도(道)는 당파에 속한 사람들에게 배척받아 산골짜기 초라한 오두막에 머물고 있을 따름이니, 선비들이 대부분 자포자기하여 인물이 더욱 아득하다. 오직 구옹(龜翁) 정국이(鄭國耳)가 경학(經學)에 근본을 두고 재능과 지혜로 이루었으니, 등용하지 않을지언정 등용하면 공은 공고(公孤)[60]가 되었을 것이다.

공은 잘생기고 키가 컸으며 두 눈썹이 검푸르고 짙어서 눈에 위엄이 있었다. 공은 평소에는 엄숙하고 근엄하였으며 일을 만나면 한결같이 의리에 따라 판단하고 개인적인 이해를 끼워 넣지 않았으며, 시론(時論)에 끼어들어 벼슬을 구하려고 하는 세상 사람들을 보면 마치 나란히 서고 싶어 하지 않는 것 같았다. 나아가기를 어렵게 여기고 물러나기를 쉽게 여기며 공적인 일이 아니면 서울에 오래 머문 적이 없었다. 공과 같은 이는 마땅히 옛날 사람 중에서 찾아야 하니, 어찌 '당세의 인물'이라 말하고 그칠 뿐이겠는가. 공이 죽어서 우리의 도가 더욱 외로워졌으니, 슬프도다.

공의 휘는 언충(彦忠)이고, 국이(國耳)는 자이다. 동래 정씨(東萊鄭氏)는 고려조의 좌복야(左僕射) 목(穆)으로부터 본조(本朝)의 직제학사(賜), 집의 난손(蘭孫), 판서 광세(光世), 참의 충량(忠樑)에 이르기까지 종족이 번성하고 현달하여 세상 사람들이 대갓집이라 불렀다.

60 공고(公孤) : 삼공삼고(三公三孤)의 준말로 정승 같은 고관을 의미한다.

3대를 내려와 사도시 정(司䆃寺正) 홍임(弘任)이 일찍이 남쪽 지방의 고을을 다스릴 적에 궁차(宮差) 중에 기세를 부리며 여러 고을에서 횡포를 부린 자를 장살(杖殺)했는데, 그 궁차는 인목대비(仁穆大妃)의 유모 남편이었다. 인목대비가 진노하여 공의 죄가 사형에 해당한다고 여겼는데, 인조께서 조용히 대비에게 말하기를,

"이 사람은 광해군 때 소를 올려 직언한 사람인 정홍익(鄭弘翼)[61]의 사촌 동생입니다."

하자, 대비가 느끼고 깨달아 일이 해결되었는데, 이분이 공의 고조이다. 홍임은 집의(정난손(鄭蘭孫))의 셋째 아우 좌참찬 익혜공(翼惠公) 난종(蘭宗)의 후손인 유석(有錫)을 데려다 양자로 삼았는데, 유석은 장원서 별제(掌苑署別提)를 지냈고 사복시 정에 증직되었다. 사복시 정의 아들 태주(泰周)는 국자 진사(國子進士)이고 좌승지에 증직되었다. 좌승지의 아들 문서(文瑞)는 호조 참판에 증직되었는데, 이분이 공의 아버지이다. 공의 신분이 높아진 뒤에 3대가 역시 증직되었다. 어머니 진주 소씨(晉州蘇氏)는 소영(蘇瑛)의 따님이자, 교리를 지낸 소광진(蘇光震)의 현손이다.

공은 숙종 병술년(1706, 숙종32)에 태어났다. 공이 9세 때 어머니가 세상을 떠나고, 12세 때 아버지가 세상을 떠났다. 아버지의 병이 4년 동안 끌며 낫지 않을 때 공은 간호하며 잠시도 곁을 떠나지 않았고,

61 정홍익(鄭弘翼) : 1571~1626. 본관은 동래(東萊), 자는 익지(翼之), 호는 휴암(休菴)·휴옹(休翁)·휴헌(休軒), 시호는 충정(忠貞)이다. 1617년(광해군9) 선조의 계비이자 영창대군의 어머니인 인목대비를 폐서인하자는 의론에 극력 반대하며 극간하다가 진도, 종성, 광양 등지에 유배되었다.

똥과 오줌을 다른 사람에게 대신 받아 내게 하지 않았다. 초상이 나서 몹시 슬퍼하자 이웃 마을 사람들이 말하기를,

"효성스럽도다, 정씨의 아이여."

하였다. 공은 장성하고 나서는 마음과 힘을 다해 독서했는데 낙민(洛閩)[62]의 글을 더욱 좋아하였으며, 개연히 위기지학(爲己之學)[63]에 뜻을 두고서 문을 닫고 단정히 앉아 독서하여 먹고 자는 것을 잊기도 하였다.

공령문(功令文)[64]은 공이 평소에 뜻을 둔 것이 아니었으나 할아버지와 할머니의 명이 있었으므로 과거에 응시하여, 28세에 사마시에 합격하였다. 영조 경신년(1740, 영조16)에 문과에 뽑혀서 승문원에 선발되어 강릉 별검(康陵別檢)이 되었다가 전적(典籍)으로 승진하고 종묘서영(宗廟署令)으로 옮겼다. 번육(膰肉)이 오자 관인(館人)[65]이 몰래 시장에 팔아 다른 물건으로 바꿔 왔는데, 공이 비로소 그것을 알고 급히 값을 돌려주며 번육을 돌려받아 오라고 독촉하며 말하기를,

"번육은 의리상 팔아서는 안 된다."

하였다. 이어서 예조 정랑, 병조 좌랑으로 옮겼다.

62 낙민(洛閩) : 염락관민(濂洛關閩)의 준말로, 송(宋)나라 때의 학자 염계(濂溪)의 주돈이(周敦頤), 낙양(洛陽)의 정호(程顥)·정이(程頤), 관중(關中)의 장재(張載), 민중(閩中)의 주희(朱熹)를 통칭한 것이다.

63 위기지학(爲己之學) : 오직 자신의 덕성을 닦기 위해 공부하는 것을 말하는데, 남들에게 잘 보이고 출세하기 위한 학문인 위인지학(爲人之學)과 대칭되는 말이다. 《논어》〈헌문(憲問)〉에 "옛날 학자들은 자신을 위한 학문을 하였는데, 지금의 학자들은 남에게 보이기 위한 학문을 한다.〔古之學者爲己, 今之學者爲人.〕" 하였다.

64 공령문(功令文) : 과거 보는 데 소용되는 여러 가지 문체의 글, 즉 과체문(科體文)을 말한다.

65 관인(館人) : 객관을 지키고 손님 접대를 하는 사람이다.

무진년(1748)에 사헌부 지평에 제수되었다. 그리고 이조 좌랑에 제수되었다. 얼마 안 되어 또 지평으로 옮겼다. 공이 탄식하며 말하기를,

"지금 말할 만한 것으로 붕당의 해로움보다 급한 것이 없다."

하고, 드디어 소를 올려 붕당의 화(禍)가 반드시 나라를 망칠 것임을 극진히 말했는데, 이것을 좋아하지 않는 자들이 시끄럽게 떠들며 공격하여 공을 교체하여 파직시켰다.

기사년(1749)에 전라 도사(全羅都事)에 제수되었다. 공은 성품이 근엄하여 비록 친지일지라도 감히 사악한 말로 공의 마음을 떠보지 못하였다. 공이 과거 시험을 관장할 적에 선비들 역시 공을 신뢰하여 떠들거나 소란을 피우는 일이 하나도 없었고 급제자 명단이 든 봉투를 뜯어 이름을 부르면 흡연히 진심으로 복종하였다.

신미년(1751)에 보령 현감(保寧縣監)에 제수되었다. 공이 묵은 폐단을 살피고 찾아내서 흐트러진 머리카락을 빗듯이 엉킨 실타래를 잘라 내듯이 하여 공적(公糴)[66]이 완비되었으나 자신은 청렴하게 살았다.

다음 해에 지평으로 소환되었다가 누차 장령에 제수되었으나 사양하고 나아가지 않았다.

병자년(1756)에 고산 찰방(高山察訪)에 제수되었다. 부임하고 나서 평택 현감(平澤縣監)으로 옮겨 제수되었는데 우졸(郵卒)[67]들이 공을 놔주려 하지 않아서 관찰사가 조정에 보고하여 그대로 유임시키니, 공이 마음을 다해 개혁하며 가렴주구가 우졸에게 미치지 못하게 하였

66 공적(公糴) : 춘궁기에 관곡(官穀)을 농민에게 대여하였다가 가을에 거두어들이는 쌀이다.

67 우졸(郵卒) : 역에 소속된 하인으로, 역졸(驛卒)과 같다.

다. 공이 임기를 마치고 돌아온 뒤에 우졸들이 비석에 새겨 공의 덕을 칭송하였다.

다음 해에 연풍 현감(延豐縣監)에 제수되었는데, 연풍은 사방이 바위로 둘러싸인 산중 고을이다. 수령 된 자들이 힘이 조금도 없어 전지(田地)는 못 쓰게 되었고, 탁지(度支)의 세입(稅入)은 백성이 흩어지고 도망가서 거의 없었다. 공이 관찰사의 감영에 힘껏 간쟁하여 허명(虛名)뿐인 호세(戶稅)를 다 제거하고, 화전(火田)을 일구는 백성에게 3년 동안 세(稅)를 면제하는 것을 허락하였으며, 관가의 경비를 덜어서 도호(逃戶)[68]를 돕게 하니, 부역에 종사하는 백성들이 모여들었고 치적은 팔도에서 최고가 되었다.

5년이 지나고 나서 풍기 군수(豐基郡守)로 옮겨 제수되자, 연풍의 백성들이 쇠고기와 술을 가지고 전송했는데 조령(鳥嶺)의 정상에 이르러 모두 눈물을 흘리며 인사하였다. 공이 풍기군을 다스릴 적에 학교 정책에 더욱 마음을 다하고, 예양(禮讓)을 가르치고 신의(信義)를 도탑게 하니, 아전과 백성이 보고 느껴 풍기군이 크게 다스려졌다.

정해년(1767)에 특명으로 동부승지에 제수되었다. 이에 앞서 상국 서지수(徐志修),[69] 상국 김상철(金尙喆)[70]이 공을 경학과 절조로써 번갈아 가며 천거하여 상이 뽑아서 썼다. 이로부터 돈녕부 도정, 병조

68 도호(逃戶) : 부역(賦役)을 도피한 가호라는 말로, 호적(戶籍)도 없이 유랑하는 집을 가리킨다.

69 서지수(徐志修) : 1713~1768. 본관은 달성(達城), 자는 일지(一之), 호는 송옹(松翁), 시호는 문청(文淸)이다.

70 김상철(金尙喆) : 1712~1791. 본관은 강릉(江陵), 자는 사보(士保), 호는 화서(華西)이다.

참지에 제수되고 또 승지에 제수되었다. 공이 일찍이 병조의 낭관으로서 상을 모실 적에 연신(筵臣)이, 공이 번육을 돌려받아 오라고 독촉한 일을 아뢴 적이 있었는데, 이때에 이르러 상이 가까이 앞으로 나아오게 하여 이르기를,

"번육의 일은 내가 지금까지 가상히 여기고 있다."

하였다.

무자년(1768)에 호조 참의에 제수되었다가 승지로 옮겨졌다. 마침 나주 목사(羅州牧使) 자리가 비자, 상이 이르기를,

"한 고을의 백성을 위하는 일인데 내가 어찌 근시(近侍)의 신하를 아까워하겠는가."

하고, 특별히 공을 나주 목사에 제수하였다. 나주는 전라도의 큰 고을인데, 공이 몇 달을 다스리자 모든 사람이 말하기를,

"신령스럽고 이치에 밝도다."

하였다. 당시에 상이 전(殿)에 납시었는데 가까운 반열에서 재채기를 하여 침방울이 튀어나온 자가 있어서 자수할 것을 명했는데 입을 다물고 응답하는 자가 없자, 상이 쓴웃음을 지으면서 이르기를,

"요즘 세상에 임금을 속이지 않는 자는 정언충뿐이니, 어찌 한 세상을 권면하지 않겠는가."

하고, 특명으로 가선대부의 품계에 올리고 형조 참판에 제수하였다.

기축년(1769)에 병조 참판으로서 도승지로 옮겨졌다. 이때 상이 진연례(進宴禮)를 행하여 대신(大臣)과 도위(都尉)가 차례로 술잔을 올렸는데, 차례가 공에게 미쳤을 때 공이 예의대로 나아가자 상이 친히 술잔을 잡고 공에게 하사하며 이르기를,

"이 술잔은 경의 현명함에 상으로 주는 것이다."

하였다.

신묘년(1771)에 부총관, 동지돈녕부사에 제수되었다. 조정이 강계(江界)의 삼정(蔘政)에 관한 폐단을 염려하여 조정 신하 중에 가려서 개혁을 책임지게 하려 했는데, 조정의 의론이 모두 공에게 맡기고자 하였다. 이에 공을 품계에 비해 낮은 강계 부사로 삼았다. 강계의 토산물은 삼(蔘)이고 백성은 삼으로 부세를 냈는데, 삼이 귀해질수록 부세가 더욱 가혹해져서 백성이 견디지 못하여 부역(賦役)을 도피한 가호가 반을 넘었다. 공이 저울을 공평하게 하고 잉삼(剩蔘)[71]을 개혁하며 폐단을 열에 다섯을 제거하니 백성들이 크게 기뻐하였다. 공이 말하기를,

"이것이 어찌 족히 은혜가 되겠느냐."

하고, 드디어 소를 올려 그 폐단을 아뢰었는데 거의 수천 글자였다. 상이 칭찬하고 감탄하며 이르기를,

"얽힌 뿌리를 만나지 않으면 어떻게 날카로운 기구를 알아보겠는가."

하고, 특별히 강계의 부세를 감면할 것을 명하였다. 온 고을의 백성들이 기뻐서 뛰며 부(府)의 문 앞을 가득 메우고 사례하였다. 공이 폐단의 근원을 다 헤아려서 장차 크게 조치하려고 했는데, 병이 발작하여 마침내 임진년(1772) 7월 7일에 관아에서 세상을 떠나니, 나이가 67세였다. 상이 애석해해 마지않으며 친히 글을 짓고 영구가 오는 길 중간에 신하를 보내 제사를 지내 주게 하였으며 삼도(三道)에 신칙하여 영구를 호송하게 하였다. 영구가 떠나자 백성들이 전(奠)을 차리고 곡을 하며 전송하니, 곡소리가 길에 이어졌다. 10월에 부여(扶餘) 옥천

71 잉삼(剩蔘) : 세삼(稅蔘)을 징수할 때에 보관상의 손모(損耗)를 이유로 일정량씩을 첨가하여 받아 공용(公用)에 사용하는 것을 말한다.

산(玉泉山) 동쪽 기슭 해좌(亥坐)의 언덕에 안장되었다.

전배(前配)인 풍양 조씨(豐壤趙氏)는 증(贈) 참판 조광하(趙光夏)의 따님으로서 시부모를 섬기지 못한 것을 한스러워하며 제향을 올리는 일에 공경을 다하니, 종족과 마을 사람들이 칭송하였다. 계배(繼配)인 사천 목씨(泗川睦氏)는 진사 목상순(睦尙純)의 따님으로서 공이 세상을 떠나자 슬퍼하다가 몸이 상하여 또한 세상을 떠나니, 공과 합장하였다.

전 부인은 1남 2녀를 낳았다. 아들은 유(濰)이고, 사위는 사인(士人) 오경(吳璟), 승문원 정자 이경명(李景溟)이다. 후 부인은 아들 회(澮)를 낳았다.

유(濰)는 한태상(韓泰相)의 딸에게 장가들었는데 자식이 없어서, 종증조제(從曾祖弟)인 담(潭)의 아들 한동(漢東)을 데려다 아들로 삼았다. 오경은 아들 세 명을 낳았는데, 장남은 오일해(吳日海)이고, 둘째는 오승해(吳昇海)이며, 막내는 어리다. 이경명은 1남 1녀를 낳았는데, 모두 어리다. 회(澮)는 권세구(權世構)의 딸에게 장가들었으나 한 해를 넘기고 요절하여 종고조제(從高祖弟) 해(瀣)의 아들을 데려와 후사를 삼았는데, 해는 아직 어리다.

공은 비록 과거에 급제하여 벼슬에 나아갔으나 학문에 힘쓰기를 게을리하지 않았고, 매일 반드시 일찍 일어나고 일어나면 반드시 관디(冠帶)를 하고 가묘(家廟)에 배알하였으며, 앉을 때는 무릎을 꿇었고 설 때는 기대서거나 비스듬히 서지 않았으며, 심한 병이나 극한 업무가 아니면 송독(誦讀)을 중단한 적이 없었다. 온 집안의 많은 사촌들이 모두 본받아 법칙으로 삼았다.

아들 유(濰)가 명경과(明經科)를 공부하다가 일찍이 초시에 응시하

면서 문장으로 이름난 친지에게 자기를 대신하여 글을 지어 달라고 요청했는데, 공이 말하기를,

"이미 스스로 짓지 못하는데, 어찌 임금을 속일 수 있겠는가."

하고, 이어서 아들로 하여금 과거를 접게 하였다. 상이 대신을 통해 듣고 탄식하며 이르기를,

"이군행(李君行)[72]의 일이로다."

하였다.

영조 임금의 시대에 궁인(宮人) 문씨(文氏) 여인의 남동생인 문성국(文聖國)[73]은 음탕하고 잔학하며 버릇이 없었는데, 대신(大臣) 이하 모두가 그를 두려워하여 입을 다문 채 한마디도 말하지 못하였으며, 더욱이 불량한 자들이 서로 결탁하여 지위를 보존할 계교를 세웠다. 공이 시골 오두막에 있으면서 사헌부에 제수하는 명이 내렸다는 말을

72 이군행(李君行) : 대본에는 '李君素'로 되어 있다. 《대산집(大山集)》 권48 〈가선대부승정원도승지구옹정공묘갈명(嘉善大夫承政院都承旨龜翁鄭公墓碣銘)〉에 근거하여 '素'를 '行'으로 바로잡아 번역하였다. 군행은 송(宋)나라 건주(虔州) 사람인 이잠(李潛)의 자이다. 《소학(小學)》 〈선행(善行)〉에 "개봉부(開封府)로 들어갈 적에 사주(泗州)에 이르러 머물고 있었는데, 그 자제가 먼저 가기를 청하자 이군행이 이유를 물어보니 '과거 날짜가 가까우니 먼저 서울로 가서 개봉부의 호적(戶籍)에 편입하여 응시하려고 합니다.' 하였다. 이군행이 이를 허락하지 않고서 '너는 건주 사람인데 개봉부의 호적에 편입하는 것은 임금 섬기기를 원하면서 먼저 임금을 속이려 하는 것이니, 그래서야 되겠는가. 차라리 몇 년을 늦출지언정 가서는 안 된다.' 하였다."라는 내용이 나온다.

73 궁인(宮人)……문성국(文聖國) : 문성국은 자신의 누이인 숙의(淑儀) 문씨(文氏)가 영조의 후궁이 되자 정승 김상로(金尙魯)와 결탁하여 영조와 사도세자(思悼世子) 사이를 이간하여 나라의 근본을 뒤흔들 계획을 꾸미고 양인의 자식을 몰래 구하여 왕위를 찬탈할 흉계를 도모하였는데, 정조가 즉위한 뒤 처벌을 받았다. 《日省錄 正祖卽位年 4月 11日, 5月 14日》

듣고 당장에 소명(召命)에 달려가서 장차 다음 날 사헌부에 출근하여 문성국을 포박해 와서 그를 장살하려고 했는데, 마침 체직되어 뜻을 행하지 못하였다. 수십 년 후에 금상(今上)이 등극했는데 문성국이 이미 죽어서 뒤미처 역률(逆律)로 단죄하였다. 아, 나라가 있다는 것만 알고 자신의 몸이 있다는 것은 알지 못하였다는 말은 공을 두고 한 말이 아니겠는가. 명(銘)은 다음과 같다.

대신은 경술 때문에 천거하고	大臣以經術薦
성군은 재능과 지혜 때문에 뽑았네	聖主以才謂擢
백성의 복이 될 것 같았으나	若將爲斯民之福也
오래 살지 못하였네	而不永年
어찌하리오	奈何乎
우리 도의 곤액이로다	吾道之厄

증 사헌부 집의 행 호조 정랑 허공 묘갈명

贈司憲府執義行戶曹正郎許公墓碣銘

성상(聖上 영조) 32년 병자년(1756)에 간지가 세 번 돈 것에 감회가 일어나서 남한산성에서 절의를 지키다 죽은 신하들을 잘 갖추어 표창하고 선양하였으니, 이에 제사를 내리고 시호를 내렸다. 다만 증(贈) 집의 허공(許公)에게는 제사와 시호가 내리지 않았다. 공의 증손인 생원 첨(襜)이 상언(上言)하여 "공이 나랏일을 위해 죽은 상황이 자못 상세하니, 바라건대 해당 조(曹)로 하여금 위로하는 은전을 모두 거행하게 하소서."라고 했는데 역시 비답을 받지 못하여, 군자들이 한스러워하였다.

대개 공은 인조조 병자년(1636, 인조14)에 호조 정랑으로서 원수부 종사관(元帥府從事官)을 겸대하며 어가를 남한산성으로 호종(扈從)하고 명을 받들어 동로(東路)의 군량을 감독하였다. 이때 적의 기병이 경기를 공격하였으므로 공을 위해서 위태롭게 생각하지 않는 이가 없었으나 공은 어렵게 여기는 기색이 없었다.

걸음이 지평(砥平)의 백동역(白洞驛)에 도착했을 때 오랑캐가 비바람처럼 들이닥쳤다. 공은 사세가 위급함을 알고 수행자들을 돌아보고 말하기를,

> "너희는 함께 죽을 필요 없다. 어찌 도망하여 목숨을 보전했다가 내 시신을 수습하려 하지 않느냐."

하였다. 군교(軍校)가 공에게 피신할 것을 권하자, 공이 말하기를,

> "내가 어찌 새나 짐승처럼 도망가겠느냐. 죽을 자리를 얻었으니 족하다."

하였다. 이에 적이 칼로 공의 상투를 잘라 상투가 땅에 떨어졌다. 공이 천천히 일어나 몸을 구부려 상투를 주워서 품에 넣고 앉았던 자리로 돌아가 앉았다. 적이 칼로 공을 위협하고 말로 겁을 주었으나 공은 굽히지 않고 적을 끊임없이 욕하다가 마침내 죽음을 당하였다. 때는 정축년(1637) 1월 20일이었다.

공의 두 아우 적(積)[74]과 진(稹)이 소식을 듣고 달려가서 품에 상투가 있는 시신을 찾아보니 상투가 완연히 품 안에 있었다. 아, 어찌 그리 장렬한가. 본현(本縣)에서 그 일을 상주하자 인조 임금이 크게 놀라고 애도하며 공을 사헌부 집의에 증직할 것을 명하였고, 한 시대의 명공(名公)들이 모두 만가를 지어 공을 애도하였다.

공은 경오년(1630) 사마시에 합격하고, 신미년(1631)에 사산감역(四山監役)[75]에 제수되었다. 임신년(1632)에 익위사 세마(翊衛司洗馬)에 제수되고, 이해에 정시(庭試)에 제2등으로 입격하여 《소학》 1부(部)를 하사받았다.

계유년(1633)에 대과(大科)에 뽑혀 승문원 정자에 보임되고 박사(博士)로 옮겨졌다. 다음 해에 전적(典籍)으로 승진했다가 호조 좌랑에 제수되었다. 그리고 다음 해에 외직으로 나가 보안 찰방(保安察訪)이 되었다. 이것은 전형을 맡은 관리가 공을 좋아하지 않아서 공을 대각(臺閣)에 들이는 것을 꺼렸기 때문이다. 보안 찰방이 된 지 열흘이

74 적(積) : 허적(許積, 1610~1680)으로, 본관은 양천(陽川), 자는 여차(汝車), 호는 묵재(默齋)·휴옹(休翁)이다.

75 사산감역(四山監役) : 사산재식감역(四山栽植監役)의 줄임말로, 사산(四山) 즉 백악산(白岳山)·목멱산(木覓山)·인왕산(仁王山)·타락산(駝駱山)에 소나무를 심고 그 벌목을 금하는 일을 감독하는 벼슬이다.

안 되어 관향사(管餉使)가 공을 종사관으로 불렀다. 이때에 북쪽 오랑캐가 조석간에 들이닥칠 것 같아서 조정이 서쪽 변방의 양식과 군량미를 염려하여 공을 외직으로 내보냈다가 다시 소환한 것이다. 공이 양서(兩西)를 검찰하며 위엄을 주군(州郡)에 떨치니, 군량미 비축이 그 덕분에 완비되었다.

병자년(1636)에 호조 정랑에 제수되었다. 오랑캐가 크게 침략해 오자 공은 원수부 종사관을 겸대하였다. 공은 어려서부터 기량이 크고 깊었으며, 조금 자라서는 효성과 우애가 지극히 돈독하며 문장이 화려하고 풍부하여 붕우들에게 존중받았다. 공이 호조 정랑이 되었을 때 판서 김공 시양(金公時讓)[76]이 아랫사람들을 엄하게 단속했으나 공은 비리를 적발하는 것이 신명과 같아 엄하게 하지 않아도 위엄이 있어서 아전과 서리 들이 서로 말하기를 "판서가 본래 두렵지만 판서에 대한 두려움은 정랑에 대한 두려움에 미치지 못한다."라고 하는 데에 이르렀다. 공이 원수부를 보좌할 때 지부(地部 호조)의 금과 비단을 강화도로 수송했는데 움직임이 시의에 맞아 당시 사람들이 모두 공의 재능에 복종하였다. 그러나 이것은 공에게는 모두 작은 일이다.

공은 충주(忠州)의 청계산(淸溪山)에 있는 청룡사(靑龍寺) 동쪽 해방(亥方)을 등진 언덕에 안장되었다. 이때 공의 나이는 34세였다. 의정공(議政公 허치(許穉)의 아버지 허한(許僩))이 공의 시신을 어루만지고 곡하며 말하기를,

"신하로서 임금의 일을 위하여 죽었으니 되었다. 내가 무엇을 한스러

76 김공 시양(金公時讓) : 김시양(1581~1643)으로, 본관은 안동(安東), 초명은 시언(時言), 자는 자중(子仲), 호는 하담(荷潭)이다.

워하겠느냐."

하였다. 공의 아우인 적(積)은 매번 울면서 말하기를,

"나의 백씨(伯氏)는 문장이 왕의 계책을 빛내기에 족하고 재능이 공훈을 세우기에 족하고 기량이 만물을 진정시키기에 족하여 내가 미칠 수 있는 바가 아니다. 백씨가 수립한 것을 어찌 헤아릴 수 있겠는가."

하였다.

공의 휘는 치(穉)이고, 자는 여유(汝孺)이다. 양천 허씨(陽川許氏)는 본래 수로왕(首露王)의 후예이다. 휘 선문(宣文)은 고려 태조를 도운 공훈으로 공암백(孔巖伯)에 봉해졌다. 그 후에 종족이 크게 번창하여 고려에서 성조(聖朝)까지 이름난 석학이 성대하게 서로 이어졌다.

휘 초(礎)는 중종 기묘년(1519, 중종14)에 현량과(賢良科)에 천거되었으나 책문(策文) 시험을 보지 않고 물러나 충주의 북촌(北村)에서 살았고, 《기묘록(己卯錄)》에서 "지조가 구차스럽지 않았다."라고 칭송하였으며, 나중에 좌찬성에 증직되었다. 휘 잠(潛)[77]은 현량과를 통해 벼슬에 나아가서 임진왜란 때 왕실에 충성을 바쳤고 재차 청백리에 뽑혀 선조 임금의 명신이 되었으며, 관직은 지중추부사에 이르렀고 찬성에 증직되었으며, 시호는 충정(忠貞)이다. 이분들이 공의 증조부와 조부이다.

아버지 휘 한(僩)은 관직이 부사(府使)에 이르렀고 영의정에 증직되었으며, 7개 군(郡)을 맡아 다스릴 적에 청렴과 근실로 저명하였고, 광해군 시절에 친족이 후궁에 들어가자 드디어 과거 공부를 접었는데,

77 잠(潛) : 허잠(許潛)으로, 본관은 양천, 자는 경량(景亮), 호는 한천(寒泉)이다.

선비들이 장하게 여겼다.

어머니 증(贈) 정경부인(貞敬夫人) 김씨(金氏)는, 관찰사를 지냈고 영의정에 증직된 시호 문숙(文肅) 김제갑(金悌甲)[78]의 따님이다. 김씨는 9세 때 임진왜란을 만났는데 아버지 문숙공이 영원성(鴒原城)[79]을 지키다가 문을 닫고 순절하였는데, 충성스러운 여종이 자기 자식을 버려둔 채 어린 김씨를 업고 성을 나왔다. 김씨는 자라서 의정공 댁에 시집가서 규방의 규범을 한결같이 예법을 따랐다.

배위(配位) 숙인(淑人) 신씨(辛氏)는 징사(徵士)[80] 신응망(辛應望)[81]의 따님으로, 고아들을 의방(義方)[82]으로 가르쳐 잘 성취시켰고, 만년에 자식들의 봉양을 받으면서 말하기를,

"나는 너희 집 며느리가 된 후에 늘 집안이 대대로 청빈함을 보았다. 너희가 나를 과분하게 봉양하는 것을 바라지 않는다."

하였다. 향년은 70세이고 공의 묘소에 합장되었다.

공은 4남 1녀를 두었다. 해(垓)는 한성부 서윤(漢城府庶尹)이고, 전(塼)은 연원 찰방(連原察訪)이며, 호(壕)는 함흥 판관(咸興判官)이고

78 김제갑(金悌甲) : 1525~1592. 본관은 안동, 자는 순초(順初), 호는 의재(毅齋)이다. 임진왜란 때 원주 목사로 있었는데, 왜군이 침공해 오자 경내의 요새인 영원산성(鴒原山城)으로 들어가 방어하다가 성이 함락되자 순절하였다.

79 영원성(鴒原城) : 현재의 강원도 원주시 치악산 남쪽에 있는 산성이다.

80 징사(徵士) : 조정의 부름을 받아들이지 않고 은거한 선비를 말한다.

81 신응망(辛應望) : 1595~1654. 본관은 영산(靈山), 자는 희상(希尙)이다.

82 의방(義方) : 정도(正道), 즉 바른 도리를 의미한다. 《춘추좌씨전(春秋左氏傳)》 은공(隱公) 3년에 현대부(賢大夫) 석작(石碏)이 "자식을 사랑한다면 바른 도리로 가르쳐서 삿된 길로 빠져들지 않게 해야 한다.〔愛子, 敎之以義方, 弗納于邪.〕"라고 위 장공(衛莊公)에게 충간한 명언이 나온다.

공의 아우 좌윤 질(秩)의 양자가 되었으며, 우(堣)는 순창 군수(淳昌郡守)이고 진(稹)의 양자가 되었다. 딸은 장령 유연(柳延)에게 시집갔다. 측실에게서 낳은 아들은 중(重)이다.

서윤(庶尹)은 5남 4녀를 두었다. 아들은 주부(主簿) 단(鏄), 도사(都事) 명(銘), 진사 조(錭), 홍(鉷), 약(鑰)이다. 사위는 별검(別檢) 민원석(閔元錫), 참봉 권후(權厚), 윤사정(尹師定), 정희수(鄭熙叟)이다. 찰방(察訪)은 후사가 없다. 판관(判官)은 5남 3녀를 두었다. 아들은 참봉 집(鍓), 생원 현(鋧), 오(鏊), 교(鐓), 거(鐻)이다. 군수(郡守)는 4남 5녀를 두었다. 아들은 만(鏋), 선(銑), 진사 약(鑰), 문과에 급제하여 승문원 정자인 추(錘)이다. 사위는 현감 유도중(兪道重), 판서 유명현(柳命賢), 직강 이중장(李重章), 송유적(宋儒迪), 오상석(吳尙奭)이다.

증손과 현손과 외손은 많아서 다 기록하지 못한다. 명(銘)은 다음과 같다.

자취는 대각에 오르지 못하고	迹不登臺閣
임금은 얼굴을 알지 못하였네	君王不識面目
지위는 낭잠에 지나지 않았으니[83]	位不過郎潛
수풀 사이 또한 살아가기 족했네[84]	草間亦足求活

83 지위는……않았으니 : 허치의 관직이 낮았다는 말이다. 낭잠(郎潛)은 한나라 안사(顔駟)가 문제(文帝) 때 낭관(郎官)이 되어서 경제(景帝)와 무제(武帝) 때까지 불우하게 낭관에 머물렀던 고사에서 온 말이다.

84 수풀……족했네 : 허치는 높은 벼슬을 하지 않고 낮은 벼슬을 하였으므로 나라가 어려운 때에 외직을 맡아 다스린 것이 합당했다는 말이다. 진(晉)나라 주의(周顗)가

나라 위해 한번 죽기로 마음먹어 公之心一死殉國
머리 잘려도 무릎 굽힐 수 없었네 頭可斷膝不可屈
그때 모든 사람이 공처럼 마음먹었다면 當時人皆以公心爲心
어찌 예의의 나라가 항복하는 치욕 당했으랴
夫豈使禮義吾邦抱下城之辱
청계산 한 줌 무덤에 淸溪之山一抔之塋
지금까지 찬란하고 영광스러운 곳 있네 烈烈然至今有耿光處
공언을 일삼으며 실질은 없는 선비들 士之空言無實者
이곳 지나면 얼굴 달아오르지 않겠는가 過此而能不面騂

패전한 뒤에 피란하라는 주위의 권고를 듣고는 "내가 대신의 자리를 채우고 있는 신분으로, 조정이 결딴난 이 마당에 어떻게 다시 수풀 사이에서 구차하게 살려고 하면서 밖으로 호월에 몸을 던질 수가 있겠는가.〔吾備位大臣, 朝廷喪敗, 寧可復草間求活, 外投胡越邪.〕"라고 말한 '초간구활(草間求活)'의 고사를 인용한 것이다. 《晉書 周顗列傳》

가선대부 삼도통제사 완은군 이공 묘갈명

嘉善大夫三道統制使完恩君李公墓碣銘

기억하건대 나는 18세 때 상제(庠製)[85]에 선발되어 성균관 합제(合製)[86]에 응시하고 밤에 걸어서 돌아오다가 이희경(李羲卿)을 한길에서 만났다. 이때 희경도 합제를 보고 돌아가는 길이었다. 숭례문(崇禮門)에 도착했으나 때가 일러서 성문이 열리지 않았다. 겨울밤이 추워서 몸이 떨리자 저 멀리 깜박이는 주막 등불을 보고 희경이 내 손을 끌고가 문을 두드리고 들어갔다. 그러나 주머니에 돈이 없어 허리에 찬 칼을 잡히고 술과 고기를 내오게 하여 나와 함께 추위와 배고픔을 물리쳤다. 얼마 있다가 닭이 울고 성문도 열리자 각자 헤어져 집으로 돌아갔다.

1년 후에 나는 포의(布衣)로 길가를 달리다가 희경이 천구마(天廏馬 내구마)에 걸터앉아 내달리며 내 앞을 지나가는 것을 바라보았다. 이때 희경은 이미 별천(別薦)으로 무과에 급제하여 사복시 내승이 되었는데, 기개가 호탕하여 더 이상 합제를 치르고 집으로 돌아가던 때의

85 상제(庠製) : 사학(四學)의 유생에게 1년을 4분기로 나누어 제술(製述)과 강서(講書) 시험을 보이는 제도이다.

86 합제(合製) : 사학 합제(四學合製)로, 사학 시제(四學試製)와 사학 고강(四學考講)을 통틀어 이르던 말이다. 사학 고강은 조선 시대 소과(小科)의 초시(初試) 대신 시행하여 성균관 대사성이 매년 사학에서 선발한 유생들에게 사서(四書)와 《소학(小學)》을 외게 하던 시험이다. 사학 시제는 성균관 대사성이 매년 사학에서 선발한 유생들에게 시부(詩賦)의 제술로 시험을 보게 하던 제도이다.

문인의 모습이 아니었다. 희경은 장군의 아들로서 본래 서재(書齋)에서 독서만 하기에 적합하지 않았으니 또한 희경을 위하여 그 재능을 아까워하지 않을 수 없었다.

수십 년 후에 나는 외람되게 경(卿)의 반열에 들어가고 희경도 지위가 아장(亞將)에 올랐는데, 희경이 가끔 나를 찾아오면 매번 겨울밤 술 샀던 일을 이야기하며 마주 보고 웃었다. 희경이 비록 두 귀밑머리가 일찍 세었으나 영민한 정신은 예전보다 줄지 않았고 눈동자는 기상이 반짝반짝 빛나서 나라가 위급한 때에 의지할 수 있으리라 생각했다. 아, 이제는 세상에 없도다.

희경은 이공 은춘(李公殷春)의 자이다. 희경은 성종 임금의 왕자인 계성군(桂城君) 순(恂)의 7대손이다. 계성군은 자식이 없어 월산대군(月山大君)의 아들인 덕풍군(德豐君) 이(𢢝)의 둘째 아들 계림군(桂林君) 유(瑠)를 데려와 후사로 삼았다. 계림군은 을사년(1545, 명종 즉위년)의 원흉이 꾸민 모함에 걸려들어 외숙인 파평부원군(坡平府院君) 윤임(尹任)과 같이 화를 당하고,[87] 선조조에 이르러 이 문성공(李文成公 이이(李珥))이 차자를 올려 변론하여 밝힌 것을 계기로 비로소 복관되었는데, 사적이 역사서에 실려 있다.

회의군(懷義君) 철남(哲男)은 계림군의 손자인데 이에 이르러 선적(璿籍)[88]에 오르는 것이 끝났다. 회의군의 아들 익형(益亨)은 포도대장

87 계림군은……당하고 : 1545년 명종의 외숙인 윤원형(尹元衡)과 인종의 외숙인 윤임이 권력을 다투다가 윤원형이 윤임을 몰아낸 을사사화가 일어났는데, 당시 예조 참의로 있던 윤원형이 수렴청정하는 문정왕후(文定王后)의 권세를 빌려 형조 판서 윤임, 유인숙(柳仁淑), 유관(柳灌) 등을 반역 음모죄로 몰아 죽이고 이어 계림군도 음모에 관련되었다는 혐의로 죽였다.

을 지내고 병조 참판에 증직되었다. 참판의 아들 성뢰(聖賚)는 통제사를 지내고 순충보조 공신(純忠補祚功臣) 좌찬성 완성군(完城君)에 증직되었다.

완성군의 아들 수량(遂良)은 무과에 급제하고, 영조 무신년(1728, 영조4)에 군대를 출동시켜 국내의 적을 토벌할 때 수량 공이 군마를 거느리고 행군하여 노량진에 도달하여 머물렀는데, 어떤 사람이 당파의 색목 때문에 수량 공을 의심하여 상께 참소하였다. 수량 공이 창을 베고 밤새도록 울자 상이 듣고 의롭게 여겨 임무를 더욱 전적으로 맡기니, 마침내 안성(安城)과 죽산(竹山)의 전투에서 크게 승리하였다.[89] 적의 목을 바친 후에는 수충갈성양무 공신(輸忠竭誠揚武功臣)에 책훈되고 완춘군(完春君)에 봉해졌으며, 지중추부사 도총관으로 있다가 세상을 떠나서 좌찬성에 증직되었으며 시호는 충양공(忠襄公)이다.

충양공에게 대를 이을 적자(嫡子)가 없자 상이 염려하여 공을 양자로 삼을 것을 명하였다. 공의 생부 휘 경만(慶萬)은 회의군의 백부인 연양군(延陽君) 시(諟)의 4대손으로, 이조 참판에 증직되었다. 공의 신분이 높아져서 충양공과 3대의 조상은 품계가 모두 높여졌으나, 생부에게는 증직할 수 있는 근거가 없었는데, 상이 생부에게도 옮겨 증직도록 명한 것이니, 특별한 예우이다.

공의 어머니인 정경부인 나주 나씨(羅州羅氏)는 나찬(羅禶)의 따님이고, 생모인 동래 정씨(東萊鄭氏)는 찰방 정환(鄭瓛)의 따님이고 좌

88 선적(璿籍) : 조선조 왕실의 세보(世譜)를 말한다.

89 무신년에……승리하였다 : 1728년 3월에 일어난 이인좌(李麟佐)의 난을 평정한 것을 가리킨다.

의정 정언신(鄭彦信)의 후손이다.

공이 12세 때 조카와 별장에서 글을 읽는데, 밤에 창 밖에서 성나 울부짖는 소리가 들려서 문틈으로 엿보니 호랑이가 계단 위에 웅크리고 있었다. 공이 재빨리 곁에 있는 자로 하여금 숨게 하고 뒷문으로 혼자 나가 막대기로 놋쇠 그릇을 두드려 소리를 크게 울렸으며, 계속 두드리면서 나아가자 호랑이가 놀라서 달아났다. 이웃 마을 사람들이 매우 기특하게 여겼다.

공이 충양공의 양자로 들어가서 매우 극진하게 사랑하고 공경하니, 충양공이 늘 말하기를,

"효성스럽구나, 내 아들아."

하였다.

을묘년(1735)에 충양공의 상을 당하자 예제보다 지나치게 슬퍼하여 몸을 상하였다. 상기를 마치자, 대사마(大司馬 병조 판서) 박공 문수(朴公文秀)[90]가 상께 공을 천거하니, 상이 불러 보고 선전관(宣傳官)에 제수하고 시사(試射)[91]를 명하고 과거 급제 자격을 주었다.

기미년(1739)에 내승(內乘)으로서 명을 받들고 전라도에서 말을 점검하였다.

다음 해 북쪽 변방을 방비하였다. 이때 박공(朴公 박문수)이 함경도

90 박공 문수(朴公文秀) : 박문수(朴文秀, 1691~1756)로, 본관은 고령(高靈), 자는 성보(成甫), 호는 기은(耆隱), 시호는 충헌(忠憲)이다.

91 시사(試射) : 현직 문무관에게 보이던 궁술(弓術) 시험으로 매달 초하루에 실시하는 것을 삭시사(朔試射), 특별히 실시하는 것을 별시사(別試射), 임금이 친림(親臨)하여 실시하는 것을 친림 시사(親臨試射)라고 한다. 이 외에 별부료 군관에게 보이던 별부료 시사(別付料試射)도 있다.

관찰사가 되어서 공을 맞이하여 막부(幕府)에 두고 변경에 일이 생기면 반드시 함께 의논하다가 선전관으로 소환하였다. 이로부터 무겸(武兼), 중추부 도사, 참상 선전관(參上宣傳官)을 역임하고 도총부 경력, 훈련원 부정(訓鍊院副正)에 올랐다.

계해년(1743)에 공은 훈련원 정으로서 외직으로 나가 영암 군수(靈巖郡守)가 되었다. 미처 부임하기 전에, 상이 대사례(大射禮)를 행하는데 공 대신 훈련원 정을 맡을 사람을 찾기 어려워 공을 훈련원 정에 잉임할 것을 명하고, 대사례를 마치자 덕원 부사(德源府使)에 제수하였다. 상이 일찍이 공에게 유시하기를,

"매번 그대가 손가락에 활깍지 낀 모습을 보건대 옛날 장수 이삼(李森)[92]의 풍모로다."

하였다.

공은 덕원을 다스릴 때 군사 업무에 더욱 마음을 다하였고, 절도사가 순찰하고 조련하러 오면 공은 겸영장(兼營將)으로서 엄하면서도 은혜롭게 병졸을 통솔하였다. 군사들이 모두 송덕비를 세웠다.

갑자년(1744) 봄에 청주 영장(清州營將)으로 승진하였으나 부임하지 않았다. 겨울에 다시 제수되어 부임했는데 겨우 6개월 만에 체직을 청하고 그만두었다. 국가 제도는 영장이 임기 개월 수를 채우지 않으면 곧 자급을 강등하였는데, 공은 근친(覲親)에 뜻을 두고 자급을 염두에 두지 않았다.

을축년(1745)에 삼척 영장(三陟營將)에 제수되었다가 곧바로 죽산

92 이삼(李森) : 1677~1735. 본관은 함평(咸平), 자는 원백(遠伯)이다. 지리의 이용과 기계의 제조, 여러 무술에 두루 능통하였다.

부사(竹山府使)에 제수되어 비로소 자급이 올라갔다.

다음 해에 내금위장(內禁衛將)을 거쳐 통진 부사(通津府使)가 되었는데, 옥새 찍힌 문서와 말을 하사받은 것은 암행 어사가 칭찬했기 때문이다.

정묘년(1747)에서 신미년(1751)까지 두 태부인(太夫人) 및 참판공(이은춘의 생부 이경만(李慶萬))이 서로 이어서 세상을 버렸는데, 공은 7년 동안 상중에 있으면서 한결같이 예를 지켰다. 복제가 끝나자 정주 목사(定州牧使)에 제수되고, 1년여 만에 길주 방어사(吉州防禦使)로 옮겨졌는데, 또한 암행 어사의 칭찬으로 인하여 옥새 찍힌 문서와 표리(表裏)를 하사받았다.

을해년(1755)에 전라우수영 수군절도사(全羅右水營水軍節度使)에 제수되었다. 흉년이 크게 들어서 굶주린 백성들이 죽어 시체가 쌓였다. 공이 말하기를,

"백성이 죽어 가면 이것은 나의 임금을 저버린 것이 된다. 백성을 살릴 수 있다면 내가 죄받는 것은 걱정하지 않는다."

하고, 드디어 비축해 두었던 휴번포(休番布)[93]를 돈으로 바꾸고 그 이익을 취하여 진휼하였다. 비장 중에 곤(棍)으로 역졸(驛卒)을 때려 죽게 한 자가 있어서 장리(長吏)가 들어와 고하여 아뢰기를,

"막부의 비장이 사사로이 사람을 죽였습니다. 마땅히 관찰사의 감영에 문서로 보고해야 합니다."

하자, 공이 갑자기 말하기를,

"내가 시킨 것이다. 절도사가 비장에게 명하여 역졸 한 명을 곤을

93 휴번포(休番布) : 군인이 번(番)을 쉬는 대가로 바치던 포목을 가리킨다.

쳐서 죽게 한 것은 불행일 따름이다. 비장에게 무슨 죄가 있겠느냐."
하여, 일이 드디어 끝났다. 공이 뜻밖의 일에 처하여 민첩하게 대처한 것이 대부분 이와 같았다.

병자년(1756)에 경상좌도 병마절도사에 올랐다. 헌신(憲臣)이 역졸이 죽은 일을 논핵했으나 상이 받아들이지 않았다. 이어서 또한 이전에 휴번포를 마음대로 베푼 것 때문에 치대(置對)[94]했으나 상이 공의 뜻이 백성을 살리는 데 있었다는 이유로 특별히 용서해 주었다.

무인년(1758)에 행수 선전관(行首宣傳官)을 거쳐 안악 군수(安岳郡守)가 되었는데, 얼마 되지 않아 대신(臺臣)이 또한 불법이라고 들추어냈다. 상이 비록 듣지 않았으나 공은 그날로 관직을 버리고 돌아갔다. 관찰사는 공을 억지로 머물게 할 수 없다는 것을 알고 어쩔 수 없이 장파(狀罷)하였다. 암행 어사가, 안악의 백성들이 모두 공이 가 버린 것을 애석해한다고 진달하고, 대신(大臣)이 또한 공을 등용해야 한다고 아뢰자, 상이 이르기를,

"융원(戎垣 장수의 직임)을 위하여 인재를 모아 길러야 한다."
하고, 특별히 서용(敍用)하였다.

기묘년(1759)에 또한 특명으로 가선대부의 품계에 오르고 어영청의 아장(亞將)에 선발되었으며 완은군(完恩君)을 습봉하였다. 총융청·금위영의 아장을 역임하였다. 이때 북시(北市)[95]에서 청나라 사람에게

94 치대(置對) : 의금부나 국청(鞫廳) 등에서 직접 심문하여 답변하게 하는 일 또는 심문을 받아 답변하는 일을 말한다.

95 북시(北市) : 북관 개시(北關開市)를 말한다. 청나라와 무역을 하기 위해 회령(會寧), 경원(慶源)에 둔 시장이다.

증급(贈給)하는 물품이 해마다 더해져 백성들이 견디지 못하게 되자, 상이 그것을 걱정하여 공을 관북 절도사로 삼았다. 공이 부임해서 약조를 엄하게 시행하자 증급에 조금도 더하는 일이 없었고 청나라 사람들도 감히 떠들지 못하였다.

행영(行營)에 영소당(永嘯堂)이란 건물이 있는데, 이것은 김절재 종서(金節齋宗瑞)[96]가 세운 것으로 수백 년이 되어 집채가 무너졌다. 이전 절도사들은 화복설(禍福說)에 영향을 받아 감히 수리할 계획을 세우지 못하였는데 공이 웃으면서 철거시켰다. 공사를 시작한 후에 병무를 맡은 비장이 죽고 소실도 죽었다. 이에 온 고을의 문사와 무사들이 번갈아 가며 중지할 것을 간하였으나 공은 태연히 꿈적도 하지 않고 공사를 더욱 부지런히 감독하여 완공하고야 마니, 북관 사람들이 비로소 감복하였다.

경진년(1760)에 분총관(分摠管)으로서 왕세자가 온천에 가는 것을 배종하고, 돌아와서 부총관 용호장(副摠管龍虎將)에 제수되었다.

신사년(1761)에 외직으로 나가 황해도 절도사가 되었다.

임오년(1762)에 강계 부사(江界府使)에 제수되었으나 대신(大臣)이 아뢰어 유임되었다가 훈련도감 중군(訓鍊都監中軍)으로 옮겼다. 삼도통제사(三道統制使)에 제수되었는데, 수영(水營)은 여러 선조가 선정을 남긴 땅이므로 공이 매우 진지하게 군사와 백성을 어루만졌으며 곳간을 기울여 굶주린 백성을 진휼하니, 백성들이 그해에 흉년이 크게 든 것을 알지 못하였다. 부임한 지 1주년이 되자마자 힘써 사직하고

96 김절재 종서(金節齋宗瑞) : 김종서(1390~1453)로, 본관은 순천(順天), 자는 국경(國卿), 호는 절재이다.

돌아왔다.

다시 훈련도감 중군에 제수되고, 이어서 훈련원 도정, 포도대장에 제수되었으며, 특명으로 충훈부 유사 당상(忠勳府有司堂上)으로 차임되었다. 영변 부사(寧邊府使)에 제수되었는데, 영변은 서쪽 변방의 중요한 요새이므로 겹성을 5리에 걸쳐 축조하여 북산(北山)의 낮은 산맥을 보완하니, 철옹산성(鐵甕山城)[97]이 이에 더욱 중하게 되었다.

정해년(1767)에 수원 부사(水原府使)에 제수되었다.

기축년(1769)에 포도대장으로서 평안 절도사에 제수되었다. 이때 청천강(淸川江)의 둑이 무너지고 터져 물이 물길을 따라 흐르지 않자, 대신이 준설하자는 의론을 힘써 주장하였는데, 전후의 절도사들은 오직 지시만을 받들고 수만 금을 쓰며 부고(府庫)를 텅 비웠다. 공이 탄식하며 말하기를,

"거실(巨室)[98]의 뜻을 어길까 두려워하여 소회가 있어도 진달하지 않는 것을 나는 차마 하지 못하겠다."

하고, 드디어 급히 장계하여, 안주성(安州城)은 못이 동쪽은 높고 서쪽이 낮아서 땅이 마치 엎어 놓은 키〔箕〕 같고, 강물에 침식되고 언덕이 무너져서 산이 마치 깨진 기와 같으므로 훗날 힘을 얻기 어려움을 갖추어 진달하고, 이어서 진(鎭)을 철옹산성으로 옮길 것을 청했는데, 결국 거실이 저지하니 기각되어 시행하지 못하였다.

임진년(1772)에 새로 부임한 절도사 구현겸(具顯謙)이 공격할 자료를 찾아 모아 상께 아뢰자 상이 공을 치대(置對)받게 한 후에 또한

97 철옹산성(鐵甕山城) : 영변산성(寧邊山城)의 다른 이름이다.

98 거실(巨室) : 대대로 국록을 먹는 대가(大家)를 말한다.

어사에게 명하여 그 사건을 조사하게 했는데, 사건이 사실이 아니라고 결론이 나자 구현겸을 삭직할 것을 명하였다. 그러나 상은 대신의 말을 애써 따라서 공을 안변(安邊)에 유배 보내고, 10여 일 있다가 특명으로 석방하였다. 이때 훈부(勳府)가 상께 진찬(進饌)했는데, 상은 공이 미처 돌아오지 못한 것을 한스러워하며 어제시(御製詩) 1구(句)를 써서 내려 주었다. 상이 시종 예우해 준 것이 이와 같았다.

대가(大駕)가 북한산성에 거둥했을 때, 관성장(管城將) 구현겸이 군량미를 축낸 죄로 처벌을 받자 특별히 공을 대신 임명하였다. 구현겸이 포흠(逋欠)한 수백 금을 공이 애써 주선하여 갚고 말하기를,

"다른 사람이 아무리 나를 저버려도 나는 다른 사람을 저버리지 않는다."

하였다.

여름에 공의 병이 발작하여 의원이 약을 올리자, 공은 웃으면서 물리쳤고 한강 가로 물러나 거처하여 정신과 기운을 절로 시원하게 하였다. 그러나 동가(動駕)하는 일이 있으면 달려갔고, 시원(試院)을 감독하라는 명이 내리면 들것에 실려서라도 달려갔으니, 진췌(盡瘁)[99]를 본받은 것이다. 결국 7월 21일에 집에서 세상을 떠났다. 공은 숙종 을미년(1715, 숙종41)에 태어나 영조 임진년(1772, 영조47)에 생을 마쳤으니 58세를 살았다. 상이 조문과 부의를 전례대로 하였다.

99 진췌(盡瘁) : 국궁진췌(鞠躬盡瘁)를 말한다. 공경하고 근신하며 심력을 다 바치는 것을 뜻한다. 삼국 시대 촉(蜀)의 제갈량(諸葛亮)이 지은 〈후출사표(後出師表)〉에 "몸을 굽히고 수고로움을 다하여 죽은 뒤에야 그만둘 것입니다.〔鞠躬盡瘁, 死而後已.〕"라고 한 말에서 온 표현이다.

공은 부모를 섬길 때는 지극한 정성으로 하고 형을 섬길 때는 아버지를 섬기듯이 하였으며, 친족 중에 곤궁하여 의지하는 자가 있으면 모두 입히고 먹여 주었다. 공은 조정에 선 30여 년 동안 주(州)와 부(府)를 여섯 번 맡아 다스리고 부절(符節)을 여덟 번 받아 통솔했는데, 관리와 백성이 모두 공을 받들었고 융원(戎垣)을 보좌할 때[100]는 군졸들이 편안하였다. 병이 위독할 때도 오직 말하기를,

"나라의 은혜를 갚지 못하였다."

하며, 사적인 일을 말하지 않았으니, 본받을 만하다.

전배(前配) 한산 이씨(韓山李氏)는 이발(李渤)의 따님이자 이상(貳相) 이덕형(李德泂)의 현손으로서 정숙하고 신중하여 규범(閨範)이 대부분 전할 만하였다. 병인년(1746)에 세상을 떠나, 고양(高陽) 문봉산(文峯山) 아래에 안장했다가 나중에 교하(交河) 백석산(白石山) 을좌(乙坐)의 언덕으로 이장하여 공과 합장하였다. 계배(繼配) 여산 송씨(礪山宋氏)는 송박(宋璞)의 따님이자 판서 송시길(宋時吉)의 5대손이다.

아들 형(炯)은 무과에 급제하여 군수가 되었으나 이른 나이에 죽었으며 통제사 조경(趙儆)의 딸에게 장가들었으나 자식이 없다. 훤(烜)은 부사 조영항(趙榮恒)의 딸에게 장가들었다. 이들은 모두 전 부인의 소생이다. 익(熤)은 무과에 급제하여 부사가 되었으며 절도사 허임(許任)의 딸에게 장가들어 아들 한 명을 두었는데 그 아들은 어리다. 영(煐)은 정언 송락(宋樂)의 딸에게 장가들었다. 딸은 사인(士人) 한경권(韓景權)에게 시집갔다. 이들은 모두 후 부인의 소생이다. 서자(庶

100 융원(戎垣)을 보좌할 때 : 이은춘이 어영청의 아장을 지낼 때를 말한다.

子) 현(炫)은 군수 심용(沈鏞)의 딸에게 장가들었다.

공의 아들 휜이 안쓰럽게도 상복 자락을 끌고 와서 나에게 명(銘)을 부탁하였는데, 명문을 완성하기도 전에 휜이 죽어서 다른 사람이 대신 오니, 감회가 진실로 깊다. 명은 다음과 같다.

충양공[101]에게는 아들이 있고	忠襄有子
성군에게는 신하가 있었네	聖主有臣
문을 갖추고 무까지 갖춰	旣文而武
융단에 반걸음 내디뎠네[102]	跬步戎壇
어찌 관심 기울이지 않았으랴만[103]	豈不注意
부족한 것이 수명이었네	所乏者年
성군이 애석해하고	聖主嗟惜
군졸들이 눈물 흘렸네	戎卒涕洟
늙은 내가 반복해 읽는 것은	老我三復
간성의 시[104]라네	干城之詩

101 충양공(忠襄公) : 이은춘의 양아버지인 이수량의 시호이다.

102 융단(戎壇)에 반걸음 내디뎠네 : 이은춘이 어영청의 아장을 지낸 것을 말한다.

103 어찌……않았으랴만 : 임금이 이은춘에게 관심을 기울였다는 말이다. 《사기》 〈육가열전(陸賈列傳)〉에 "천하가 평안하면 재상에게 관심을 기울이고, 천하가 위태로우면 장수에게 관심을 기울이게 마련이다."라는 말이 나온다.

104 간성(干城)의 시(詩) : 간성은 방패와 성으로, 전하여 국가를 위하여 방패가 되고 성이 되는 훌륭한 장수를 뜻한다. 《시경》 〈주남(周南) 토저(兎罝)〉에 "굳세고 굳센 무부여, 공후의 간성이로다.〔赳赳武夫, 公侯干城.〕"라고 하였다.

증 참판 엄공 묘갈명

贈參判嚴公墓碣銘

한계(寒溪)의 계수봉(桂樹峯) 아래에 서당의 옛터가 있는데, 바로 고(故) 엄공(嚴公)이 학문을 강론하며 문도를 가르친 곳이다. 공이 살았을 때는 풍도를 들은 선비들이 이르렀고, 세상을 떠난 뒤에는 고장 사람들이 그 유허지를 가리키며 말하기를,

"이곳은 돌아가신 군자가 남긴 자취이다."

하며, 오래도록 잊지 않았다. 아, 옛날에 향선생(鄕先生)[105]이라 일컫던 것이 공을 두고 한 말이 아니겠는가.

공은 어려서부터 학문에 뜻을 두었다. 공이 영남에 있을 때는 일찍이 좌랑 이재용(李在容)[106]을 따라 노닐며 자주 칭찬을 받았다. 그리고 관설(觀雪) 허 선생(許先生)[107]의 문하에서 노닐었는데, 허 선생이 미수옹(眉叟翁 허목(許穆))을 마주하고 말할 때 공을 칭찬해 마지않았다. 공은 성리학에 관한 서적을 보면 번번이 손수 베껴 쓰고 연구했는데, 《심경》과 주자(朱子)의 글을 가장 사랑하여 날마다 부지런히 연구하였다.

105 향선생(鄕先生) : 《의례(儀禮)》 〈사관례(士冠禮)〉에 의하면, 향선생은 그 지방 출신 대부(大夫)로서 벼슬에서 물러나서 시골에 내려와 서당을 세우고 학생을 가르치는 선생을 말한다.

106 이재용(李在容) : 1619～? 본관은 흥양(興陽), 자는 이능(爾能)이다.

107 관설(觀雪) 허 선생(許先生) : 허후(許厚, 1588～1661)로, 본관은 양천(陽川), 초명은 열(說), 자는 중경(重卿), 호는 관설·둔계(遯溪)·일휴(逸休)이다. 허목의 사촌형이고 장현광(張顯光)의 문인이다.

어머니의 가르침으로 인하여 가끔 공거문(公車文)을 공부했는데, 어머니가 세상을 떠난 뒤에는 그만두고, 금양(衿陽 현재의 경기도 시흥)의 한계 가에 초가집을 짓고 자신을 한계산인(寒溪散人)이라 불렀다. 고장 사람들이 학행으로 여러 번 조정에 천거했는데, 공은 번번이 즐거워하지 않고 말하기를,

"대저 선비는 규방의 처녀와 같은 것이다. 만약 연줄을 타고 오르며 작록을 꾀한다면 이것은 구멍의 틈을 뚫는 것이다.[108]"

하였다.

공은 숙종 무술년(1718, 숙종44) 10월 9일에 세상을 떠났으니, 향년 75세이다. 병이 위독해지자 부녀자들을 물리치고, 안정하라는 말을 두 번 세 번 외치고는 편안히 잠자리에 들어 세상을 떠났다.[109] 원근에서 부음을 듣고서 탄식하고 애석해하는 말을 하지 않은 이가 없었다. 훗날 장남이 가선대부의 품계에 오르자 공도 이조 참판에 증직되었다.

108 구멍의……것이다 : 도를 따르지 않는 것을 비유한 말이다. 《맹자》 〈등문공 하(滕文公下)〉에, 장부가 태어나면 아내가 있기를 원하며 여자가 태어나면 시가가 있기를 원하는 것은 사람마다 갖고 있는 부모의 마음이지만 "부모의 명과 중매의 말을 기다리지 않고 구멍의 틈을 뚫고 서로 엿보며 담을 넘어 상종하면 부모와 나라 사람들이 모두 천하게 여긴다. 옛사람이 일찍이 벼슬하지 않고자 한 것은 아니었으나 또한 도를 따르지 않음을 미워하였으니 그 도를 따르지 않고 가는 것은 구멍의 틈을 뚫고 엿보는 것과 같은 것이다."라고 한 데서 온 말이다.

109 안정하라는……떠났다 : 엄진(嚴縉)이 운명할 때 《가례》에 따라 집안사람들에게 안정하라고 말하고 편안히 세상을 떠났다는 말로, 엄진이 《가례》를 철저히 준수했음을 알 수 있다. 《가례》 권4 〈상례 초종(初終)〉의 질병천거정침조(疾病遷居正寢條)에 "안팎을 안정시켜 숨이 끊어지기를 기다린다. 남자는 부인의 손에서 죽지 않으며, 부인은 남자의 손에서 죽지 않는다."라고 하였다.

공의 휘는 진(縉)이고, 자는 운경(雲卿)이며, 본관은 영월(寧越)이다. 비조(鼻祖)는 고려조에 있었던 분으로 광(光)이라 하는데 상서복야(尙書僕射)를 지냈다. 이때부터 대대로 높은 관직에 오른 사람이 나왔다. 조선조에 들어와서 휘 유온(有溫)이 동지총제(同知摠制)를 지냈다. 2대를 내려와서 휘 송수(松壽)는 문과에 급제하여 교리를 지냈다. 그의 아들 휘 회(誨)는 현감을 지내고 연산군의 조정에서 죽었으나 그의 죄가 아니었으며 중종조에 참의에 증직되었는데, 공이 그의 6세손이다.

증조 휘 인진(仁進)은 문장과 덕행이 있었으나 일찍 숨졌으며 훗날 좌승지에 증직되었다. 조부 휘 열(悅)은 영월 군수(寧越郡守)를 지냈는데, 광해군이 인목대비(仁穆大妃)를 유폐시키자 관직을 버리고 돌아왔다. 당시에 종제(從弟) 동강공(桐江公)[110]이 한림(翰林)으로서 간사한 의론을 배척했다가 폐고(廢錮)[111]되자, 서로 마주하고 눈물을 흘리며 슬피 울고 함께 강호에 은둔한 것이다. 인조 임금이 집의에 증직하고 훗날 또한 참판에 증직하였다.

아버지 휘 항구(恒耉)는 문재가 있었으나 요절하였으며 참의에 증직되었다. 어머니는 숙부인(淑夫人)에 증직된 영동 김씨(永同金氏)로 진사 김료(金遼)의 따님이자, 도승지 김지복(金知復)의 손녀이다.

공은 일찍 아버지를 여의고 어머니를 효성으로 섬겼다. 누이 한 사람

110 동강공(桐江公) : 엄성(嚴惺, 1575~1628)으로, 본관은 영월, 자는 경보(敬甫), 호는 동강이다. 1613년(광해군5) 유생 이위경(李偉卿)이 이이첨(李爾瞻)의 사주를 받아 폐모소를 올렸을 때, 이위경의 상소를 정지시키려다가 도리어 파면되었다.

111 폐고(廢錮) : 종신토록 벼슬을 못 하도록 막는 것이다.

과 우애가 깊어서 누이를 위해 집 옆에 집을 지어 주었다. 이때 누이의 남편이 책임을 다하지 않으므로, 온 가족을 오게 하여 그릇과 용품을 함께 썼다. 상을 당하자 슬픔으로 몸이 상한 것이 예제(禮制)를 넘어서 몇 번이나 야위어 죽을 뻔하였는데도 끝내 맛있는 음식을 가까이하지 않았다. 상제를 마치고 나서 재산을 나눌 때는 기름진 땅을 골라 누이에게 주고 자신은 척박한 땅을 가졌다. 누이가 사양하며 말하기를 "지나치고 또한 균등하지 않다." 하였다.

어머니의 친정이 상산(商山 상주(尙州))에 있어서 공은 어릴 적에 상산에서 자랐다. 외할머니가 공을 특별히 사랑하여 시골집을 떼어 주었는데, 공은 외가의 사손(嗣孫)에게 양보하고 받지 않았다. 공이 서울로 돌아오자 외할머니가 땅문서를 보내왔는데, 공은 그것을 불살라 버렸다. 공은 늘 자제들을 훈계하여 말하기를,

"과거는 입신(立身)하는 첫 번째 사다리이다. 이 과거에서 부정하게 급제한다면 벼슬길에 나가 임금을 섬길 때 이익을 보고 의를 잊지 않을 줄 어찌 알겠는가."

하였다.

공과 같이 공부한 벗 중에 시원(試院)의 일부를 맡아 관장하게 된 사람이 말하기를,

"바라건대 그대는 내가 관장하는 시험장에 와서 시험을 보게."

하자, 공이 얼굴빛을 엄정하게 하며 말하기를,

"뜻밖이군. 그대가 이런 말을 하다니."

하였다. 평소 공과 사이좋게 지내다가 문임(文任)을 맡게 된 사람이 시험 기간이 되자 공에게 한번 자기 집에 와서 자고 가기를 바랐으나 공은 일을 핑계 대고 가지 않았다. 공이 몸가짐을 엄하게 단속한 것이

이와 같았다.

관곡(寬谷) 이공 국번(李公國蕃)이 일찍이 공이 지은 〈제사칠변후설(題四七辨後說)〉을 보고 감탄하며 말하기를,

"도산(陶山 이황(李滉))의 정맥(正脈)이 여기에 있구나."

하였다. 공이 초야에 묻힌 것을 애석해한 세상 사람들이 어찌 공을 알았다고 할 수 있겠는가.

공은 처음에 금천(衿川) 간곡(間谷) 선영 아래에 안장되었다가 44년 뒤인 신사년(1761, 영조37) 10월에 셋째 아들 경응(慶膺)이 인천 신현(新峴) 분토동(粉土洞)에 이장하니, 실로 간좌(艮坐)의 언덕이다. 계배(繼配)로서 정부인(貞夫人)에 증직된 월성 이씨(月城李氏)가 합장되었다.

초취(初娶) 진산 강씨(晉山姜氏)는 강태인(姜太仁)의 따님으로서 정부인에 증직되었으며, 딸 두 명을 낳았는데 장녀는 심득정(沈得鼎)에게 시집가고, 차녀는 이상하(李尙夏)에게 시집갔다. 이 부인은 이항(李杭)의 따님이다. 장남 경윤(慶胤)은 음직으로 벼슬길에 올라 돈녕부 도정을 지내고 4녀 1남을 낳았다. 둘째 경수(慶脩)는 1녀를 두었고, 셋째 경응은 1남 1녀를 두었다. 명(銘)은 다음과 같다.

공이 삼대의 시대에 태어났다면　　使公而生於三代之際
반드시 빈흥[112]의 선발에 들었으리라　　吾知其必居賓興之選

112 빈흥(賓興) : 빈객(賓客)으로 예우하여 천거한다는 뜻으로, 인재를 천거하는 것을 말한다. 《주례(周禮)》〈지관사도(地官司徒)〉에 "향삼물로 만민을 가르치고 빈객으로 예우하여 천거한다.〔以鄕三物, 教萬民而賓興之.〕"라고 하였다.

지금 세상은 과갑을 중시하고 행의를 경시하니 今之世先科甲後行誼
공과 같은 자는 불행히 뒤늦게 태어났네 若公者不幸而生晩
후인들이여 그 초목을 자르지 말라[113] 後之人勿翦其草木
가슴 아프도다, 은군자의 유택이라네 傷哉隱君子幽宅

113 그……말라 : 엄진이 은덕을 많이 베풀었으므로 잊지 말라는 말이다. 《시경》〈소남(召南) 감당(甘棠)〉의 "무성히 자란 감당나무, 자르거나 베지 말라. 우리 소백께서 초막 삼아 쉬셨던 곳이니라."라고 한 데서 온 말이다.

가의대부 한성부 좌윤 이공 묘갈명
嘉義大夫漢城府左尹李公墓碣銘

나 제공은 후생으로서 일찍이 치정공(致政公)[114]과 아윤공(亞尹公)[115]의 사이에서 종유(從遊)하였다. 두 공(公)은 사촌 형제로서 집안에서는 품행과 도의가 같았고, 조정에서는 청렴하고 신중함이 같았으며, 관직과 나이는 비록 차이가 있었지만 또한 대략 서로 같아서 가마를 타고 오가며 화목하게 지내지 않은 날이 없었다.

두 공은 내가 이르는 것을 보면 흔연히 관심을 보이며 일이 크건 작건 간에 논의하여 확실하게 하지 않음이 없었다. 나 역시 일을 만나 결정하기 어려우면 번번이 두 공에게 어떻게 생각하는지 여쭈었다. 지난해 치정공이 세상을 떠나서 내가 묘갈명을 지었는데, 지금 승지군(承旨君)[116]이 안쓰럽게도 상복 자락을 끌고 와서 나에게 아윤공의 묘갈명을 부탁하니, 내가 어찌 슬프지 않겠는가.

이공(李公)의 본관은 평창(平昌)이다. 시조는 고려조의 산기상시

114 치정공(致政公) : 이광보(李光溥, 1694~1773)로, 본관은 평창, 자는 자연(子淵)이다. 숭록대부 지중추부사가 되어 치사(致仕)하였다. 치정(致政)은 치사와 같은 말이다.

115 아윤공(亞尹公) : 이광익(李光瀷, 1703~1780)으로, 본관은 평창, 자는 원숙(源叔)이고, 한성부 좌윤 등을 역임하였다. 아윤(亞尹)은 한성부 좌윤과 우윤을 달리 표현한 말이다.

116 승지군(承旨君) : 이동현(李東顯, 1725~?)으로, 본관은 평창, 자는 덕회(德晦)이다. 이광익의 아들이다.

(散騎常侍) 천기(天驥)이다. 10대조와 9대조는 조선조에서 집현전 교리를 지내고 호당(湖堂)에서 사가독서(賜暇讀書)하였으며 호(號)가 희현당(希賢堂)인 영서(永瑞)와 행 이조 판서를 지내고 공훈을 세워 평원군(平原君)에 봉해졌으며 시호가 익평(翼平)인 계남(季男)이다. 고조부 숙(琡)은 호가 만취당(晩翠堂)이고 돈독한 품행으로 예를 좋아하였고 천거되어 내시교관(內侍教官)에 제수되었는데 광해군 시절을 만나자 관직을 버리고 벼슬하지 않았다.

증조부 창환(昌煥)은 호가 해은(海隱)이고 경학(經學)으로 천거되어 세마(洗馬)에 제수되었으며 익찬(翊贊)에 오르고 참판에 증직되었다. 조부 경(坰)은 성균관 생원이고 승지에 증직되었다. 아버지 태석(泰錫)은 문과에 급제하였으며 사류(士流)에게 존중을 받았으나 불행하게도 일찍 세상을 떠나서 관직이 현감에 그쳤다. 어머니 파평 윤씨(坡平尹氏)는 생원으로 대사헌에 증직된 윤해수(尹海壽)의 따님이다. 계비(繼妣) 한양 조씨(漢陽趙氏)는 조수(趙琇)의 따님이자 응교를 지낸 조빈(趙贇)의 증손녀이다. 어머니 두 분은 모두 정부인(貞夫人)에 증직되었다. 조씨 부인이 숙종 계미년(1703, 숙종29)에 공을 낳았다.

공의 휘는 광익(光瀷)이고, 자는 원숙(源叔)이다. 공은 두 살 때 아버지를 여의었는데 두 형도 모두 어렸다. 조씨 부인은 부지런히 양육하고 엄하게 교육하며 오직 날마다 학문에 힘쓰도록 권하였다. 공은 어려서부터 효성을 타고나 자모(慈母)의 가르침을 어기지 않았으며, 단정히 앉아 글을 읽을 때면 목소리가 금석(金石)[117]에서 나오는 듯하여 듣는 자들이 기이하게 여겼다.

117 금석(金石) : 쇠로 만든 종(鍾)과 돌로 만든 편경(編磬) 등의 악기를 이른다.

계축년(1733, 영조9)에 중형(仲兄)[118]과 함께 문과에 급제하여 괴원(槐院 승문원)에 선발되어 들어갔다.

정사년(1737)에 전적(典籍)에 오르고, 예조 좌랑, 병조 좌랑이 되었으며, 황해 도사(黃海都事)로 나갔다.

경신년(1740)에 병조 정랑에 제수되었다. 당시에 조공 현명(趙公顯命)이 병조 판서로서 상께 아뢰어 공의 관직을 옮기지 말게 하였는데, 군색 낭청(軍色郎廳)에 적임자를 얻었기 때문이다. 대개 군색 낭청은 경비를 관리하여 농간 부릴 구멍이 많았는데, 공이 엄하면서도 각박하게 하지 않고 은혜롭게 하면서도 사정을 봐주지 않으니, 아전들이 감히 농간을 부리지 못하였으며, 몇 년이 지나자 부고(府庫)가 가득 찼다.

계해년(1743)에 시종신(侍從臣)의 반열에 들어갔다. 정언, 지평에 제수된 것이 여러 번이었다.

갑자년(1744)에 또 병조의 군색 낭청에 제수되었다.

을축년(1745)에 정언으로 옮겨졌는데, 병조 판서 정공 석오(鄭公錫五)[119]가 상께 아뢰어 공을 이전 직임인 군색 낭청에 잉임하게 하였다. 결국 옮겨졌으나 병으로 체직되었다. 이로부터 이조 좌랑·정랑에 제수되고 장령에 올랐다.

기사년(1749)에 봉상시 정(奉常寺正)을 거쳐서 영광 군수(靈光郡守)로 나갔다. 영광군은 전라도에서 행정 사무가 번잡하고 많은 고을로, 습속이 교활하고 간사하며 사치와 낭비가 심했는데, 공이 강직함으

118 중형(仲兄) : 이광직(李光溭, 1692~?)으로, 본관은 평창, 자는 원중(源仲)이다.

119 정공 석오(鄭公錫五) : 정석오(1691~1748)로, 본관은 동래(東萊), 자는 유호(攸好), 시호는 정간(貞簡)이다.

로 간사한 짓을 조사하고 청렴으로 백성을 교화하였다. 이전에는 관아에서 소금을 전매하면서 소금이 흔할 때 사서 귀할 때 팔아 해마다 늘 수천 민(緡)을 남겼는데, 공이 처음 부임하자 아전이 예로부터 내려오는 관례라고 하며 아뢰었다. 공이 말하기를,

"이것은 이익을 꾀하는 짓이다. 해서는 안 된다."

하니, 아전이 아뢰기를,

"이것이 아니면 공용(公用)을 충당할 수가 없습니다."

하였다. 공이 웃으면서 말하기를,

"공용은 내가 알아서 할 일이지, 네가 알 바가 아니다."

하고, 창곡(倉穀)의 포흠(逋欠)을 세세하게 찾아내니 포흠한 것이 수만 섬에 가까웠고, 포흠한 아전들을 체포하니 감옥에 가득 찼다. 어느 날 마당에 모아 놓고 깨우쳐 주며 말하기를,

"너희는, 이리저리 굴리며 매질을 하면 단지 죽음을 기다리게 될 뿐이다. 만약 내보내 주면 노력하여 갚을 수 있겠느냐?"

하자, 죄수들이 머리를 조아리며 울기에 그 자리에서 칼을 풀고 놓아주니, 모두 감격하여 죽을힘을 다하여 갚아 나갔다. 반년이 지나자 거의 다 채워졌으나 창곡이 1000섬 정도 모자랐다. 마침내 공이 봉록의 일부를 덜어서 보태어 일을 완수하였다. 과도하게 포흠한 자들을 기록해 놓았다가 사방으로 정배(定配)하여 징계하니, 백성들이 흐뭇해하였다.

신미년(1751)에 중앙 관직인 장령으로 옮겨졌다가 체직되어 사복시 정에 제수되었다.

임신년(1752)에 어머니 조씨 부인의 상을 당하였는데, 늙어 쇠약한 몸으로 예를 지킴이 법제를 넘었다. 상제를 마치자 군자감 정에 제수되었다.

병자년(1756)에 진주 목사(晉州牧使)로 나갔다. 진주 사람들은 평소 공이 전라도 영암에서 이룬 치적을 익히 들었고, 토호와 세력가 중에 관적(官糴)[120]의 규정을 어기는 것을 일상으로 삼던 자들은 공의 단속을 두려워하여 곡식을 수레에 싣고 마차로 보내서 기일에 맞춰 수송하여 달을 넘기지 않으니, 도백(道伯)이 깜짝 놀랐다. 5개월 동안 근무하다가 절도사와 서로 화목하지 못하여 인끈을 던지고 곧바로 돌아오는데, 백성들 수십 수백 명이 길을 막아서 거의 앞으로 나갈 수 없었다. 그러나 만류할 길이 없자 비석에 새겨 공이 간 뒤에 그리워하는 마음을 담았다.

정축년(1757)에 헌납에 제수되었다가 사간으로 옮겼다.

무인년(1758)에 종성 부사(鍾城府使)로 승진하여 통정대부에 올랐다. 종성은 두 나라가 서로 무역을 하는 요충지인데, 백성의 세금에 일정한 법규가 없어서 거의 버틸 수 있는 사람이 없었다. 상이 이것을 염려하여 다시 일정한 제도를 세울 것을 명하였다. 공은 부임하자마자 일의 형편을 헤아리고 증급 물품의 수량을 줄였는데 호차(胡差)[121]가 또한 감히 떠들지 못하고, 백성들이 지금까지 덕을 보고 있다. 여러 보(堡)를 단속하며 호령을 분명하고 엄숙하게 하고, 유생에게 과업을 주며 《소학》을 강독하게 하니, 지극한 행정으로 한 도를 진작시켰다.

관찰사 이공 이장(李公彝章)[122]이 상에게 급히 장계하여 아뢰기를,

120 관적(官糴) : 각 고을에 설치되어 있는 사창(社倉)에서 봄에 백성에게 곡식을 대부하여 주었다가 가을에 받아들이는 것을 말한다.

121 호차(胡差) : 청나라에서 파견된 사람을 말한다.

122 이공 이장(李公彝章) : 이이장(1708~1764)으로, 본관은 한산(韓山), 자는 군칙(君則), 호는 수남(水南), 시호는 충정(忠正)이다.

"아랫사람을 단속하면 강포하고 교활한 자들이 숨을 죽이고, 송사를 들으면 잘잘못을 세밀하게 분석하며, 해진 옷을 입고 거친 음식을 먹으면서도 지푸라기 하나도 취하지 않아, 몸가짐과 행정이 엄격하고 정연하며, 조금도 명예를 구하는 일이 없었으나 혜택이 실제로 백성에게 미쳤습니다. 변경의 밀무역을 금지한 것으로 말하자면 강을 따라 파수병들이 밤낮으로 신호를 부르고 망을 보는 것이 늘 전쟁터에 임한 것 같고 강 건너 오랑캐의 산은 이전부터 벌거벗은 채로 있었는데, 3년 만에 초목이 울창하게 자라고 백성은 간혹 울타리를 헐어서 밥을 짓더라도 원망하는 말이 없었습니다. 몰래 국경을 넘는 자들이 끊어졌고 인심이 감복하니, 이것으로 징험할 수 있습니다."

하니, 상이 옥새 찍은 문서를 내리고 말을 하사하였다. 암행 어사 정만순(鄭晩淳)[123]과 감시 어사(監市御史) 엄린(嚴璘)이 모두 공의 치적이 으뜸이라고 상주하자, 상이 또한 말을 하사하며 공을 총애하였다.

신사년(1761)에 공이 돌아오자, 백성들이 공을 그리워하며 절벽에 새겨 덕을 기렸다. 판결사에 제수되었다가 체직되어 동부승지에 제수되었다.

얼마 안 되어 회양 부사(淮陽府使)에 제수되었다. 이에 앞서 이웃 고을의 여자가 회양으로 시집왔는데 시부모의 마음을 얻지 못하자 도망갔다. 여자의 아버지가, 시아버지가 자기 딸을 죽였다고 무고하여 관가에서 그 시아버지를 체포하였다. 시아버지는 크게 궁지에 몰려 여러 차례 형벌을 받았으며 스스로 해명할 길이 없게 된 지 여러 해가

123 정만순(鄭晩淳) : 1721~1781. 본관은 동래, 자는 상우(尙友)이다.

되었다. 공은 끝까지 힐문하고는 의심이 일어나자 임시방편으로 밀정을 보내어 여자를 꾀어서 오게 하여 관아 처마 아래에 두고 휘장으로 가렸다. 여자의 아버지를 앞으로 나오게 하고 말하기를,

"너는 늘 네 딸이 죽었다고 했는데, 만약 죽지 않고 살아 있다면 너는 과연 딸의 얼굴을 알아보겠느냐?"

하고, 이어서 휘장을 걷고 여자를 밀어 내게 하였다. 여자의 아버지는 고개를 숙이며 부끄러워했고, 시아버지는 억울함을 풀었으며, 고을 사람들은 신명(神明)과 같다고 칭송하였다. 공이 돌아오자 거사비(去思碑)를 세웠다.

무자년(1768)에 또한 외직으로 나가서 초산 부사(楚山府使)가 되었다.

기축년(1769)에 〈귀거래사(歸去來辭)〉를 읊었다.[124] 늠료로 받은 쌀이 500섬 남았는데 모두 굶주린 사람에게 주어서 돌아오는 행장에는 아무것도 없었다. 공이 고을의 고개에 도착했을 때 백성들이 소 수십 마리를 끌고 기다리고 있기에 그 까닭을 물으니, 아뢰기를,

"구관(舊官)의 탁장(橐裝)[125]을 수송하기 위해서입니다. 이 고개의 관례입니다."

124 귀거래사(歸去來辭)를 읊었다 : 벼슬을 사직하고 고향으로 돌아갔다는 말이다. 도잠(陶潛)이 팽택현(彭澤縣)의 현령으로 있을 때 군(郡)에서 독우(督郵)를 보냈는데, 현리(縣吏)가 도잠에게 의관을 갖추고 독우를 만나 뵈라고 하자 "오두미(五斗米)를 위하여 구차히 향리의 소아(小兒)에게 허리를 굽힐 수 없다." 하고는, 즉시 인끈을 풀고 〈귀거래사〉를 읊고 고향으로 돌아간 고사에서 온 말이다.

125 탁장(橐裝) : 귀중품을 넣어 둔 행장을 말한다. 한나라 육가(陸賈)가 남월(南越)에 사신으로 갔을 적에, 월왕 위타(尉他)가 그의 행장에 천금의 가치가 있는 보물을 싸 주며 선물한 고사에서 온 말이다. 《史記 陸賈列傳》

하니, 공이 말하기를,

"나는 수송할 만한 물건이 없다."

하고, 웃으면서 그들을 보냈다.

경인년(1770)에 형조 참의에 제수되었다.

임진년(1772)에 공의 아들[126]을 시종신으로 삼고 추은(推恩)하여 공을 가선대부에 승진시키고 부총관에 제수하였다. 이해 2월 27일은 곧 우리 영조대왕이 잠저(潛邸)에 계실 때 공이 처음으로 총관(摠管)에 제수되었던 연월일의 간지가 다시 돌아온 날이다. 영조 임금이 친히 총부(摠府)에 납시어 진찬(進饌)하며 여러 총관에게 헌수(獻壽)할 것을 명하고, 하교하기를,

"경을 보지 못한 지 오래되었다. 어찌 이렇게 쇠약해졌는가."

하고, 임금의 시에 화답하여 올릴 것을 명하였다. 이윽고 또 음식을 하사하고 음악을 하사하여 용호영(龍虎營)에서 잔치를 여니, 특별한 예우였다.

계사년(1773)에 상이 80세가 되었기에 추은하여 공을 가의대부에 올리고 한성부 좌윤에 제수하였다.

경자년(1780, 정조4) 4월 8일에 공이 정침(正寢)에서 세상을 떠나니, 향년 78세이다. 부음을 듣자 상이 조문과 부의를 전례대로 하였다. 6월 7일에 양천(陽川) 개화산(開花山) 남쪽 기슭 정부인의 묘소에 합장하였는데, 실로 임좌(壬坐)의 언덕이다.

공은 어머니를 섬길 때 한결같이 어버이를 기쁘게 해 드리려는 마음을 가졌다. 공이 영광을 다스릴 적에 백형인 필선공(弼善公)[127]이 진주

126 공의 아들 : 이동현(李東顯)이다.

(晉州)를 맡고 중형인 동돈녕공(同敦寧公 이광직)이 울산(蔚山)을 맡아 번갈아 어머니를 가마로 모셔 가며 수령으로서 봉양을 극진히 하니, 사람들이 영화롭게 여겼다. 공은 일찍이 돈녕공과 한집에 살며 의복을 나누어 입고 밥을 함께 먹으면서 사사로이 재산을 가진 적이 없었으며, 병든 중형을 간호할 때는 몸소 부축하며 다른 사람으로 하여금 수고를 대신하게 하지 않았다. 과부가 된 누님이 늙고 가난했는데, 공이 매우 부지런히 받들어 봉양하였으며 누님의 자녀를 모두 때에 맞게 시집보내고 장가들였다. 필선공의 병이 위중할 때는 정성을 다해 약물의 양을 저울에 재며 밤에도 옷을 벗지 않았다. 병세가 위독해지자 필선공이 공의 손을 잡고 말하기를,

"네가 비록 매우 극진하게 간호했지만 운명인 것을 어찌하겠느냐."

하고, 공을 끌어당겨 베개를 함께 베고 눕게 하고서 공을 안고 한참 있다가 세상을 떠났다. 그 우애가 이와 같이 돈독하였다.

종손이 가난하여 제사를 지낼 수 없게 되자 따로 사당을 짓고 여러 후손과 약속하여 해마다 제물을 갖추어 도왔으며, 자질(子姪)이 잘못을 저지르면 조금도 봐주는 기색이 없어서 가정이 엄숙하였다.

일찍이 공이 군색 낭청을 맡았을 때 부유한 역관(譯官)이 문으로 들어와 만나 뵙기를 청하고, 비단과 인삼당(人蔘糖)을 많이 가져와서 앞에 올리고 아뢰기를,

"대부인(大夫人)이 댁에 계시어, 감히 약물을 바칩니다."

하였는데, 공이 물리치고 받지 않았다. 대개 역관이 본조(本曹)를 저버

127 백형인 필선공(弼善公) : 이광식(李光湜, 1690~?)으로, 본관은 평창, 자는 원백(源伯)이다.

리고 만여 금을 포흠하였다가 뇌물을 주고 죄를 면하려 한 것인데, 공은 엄하게 감독하여 정해진 수량대로 거두어들이고야 말았다.

공이 종성에서 돌아올 때 길에 오른 지 3일 되던 날 갑자기 준마가 앞에 있는 것을 보고 괴이하게 여겨 물어보니, 전송하기 위해 따라온 여러 향인이 앞으로 나아와 아뢰기를,

"이 말은 북쪽에서 생산된 좋은 말입니다. 고을 사람들이 서로 의논하여 명부(明府)[128]를 위하여 사 놓은 지 오래되었는데, 명부께서 북쪽 백성에게 누를 끼치고 싶어 하지 않았기 때문에 관아에 계실 때는 감히 고하지 못했습니다."

하였는데, 공은 웃으면서 물리쳤다. 집이 늘 가난하였으나 공은 태연하였고, 늘 말하기를,

"가난이 무슨 해가 되겠는가. 내가 좋아하는 바를 따르면 족하다."

하였다.

공은 조정에 선 10년 동안 몸과 이름을 깨끗하게 닦았다. 관직에 있을 때는 직분을 다하고, 관직에서 파면되면 문을 닫고 지내서 자만하며 사람을 부르고 따른 적이 없었다. 본성이 화려한 것을 기뻐하지 않아 평소 주렴 내린 책상이 쓸쓸하였으며, 옷은 해진 도포와 홑적삼뿐이었다. 이것은 억지로 해서 그렇게 된 것이 아니었다.

배위(配位) 남양 홍씨(南陽洪氏)의 아버지는 홍이휴(洪以休)이고 조부는 절도사 홍시구(洪時九)이다. 시어머니를 섬길 때는 효성스럽고 유순하였으며, 집안을 다스릴 때는 가지런하고 정돈되었다. 배위는 숙종 기묘년(1699, 숙종25)에 태어나 영조 갑오년(1774, 영조50) 7월

128 명부(明府) : 지방민이 자신이 거주하는 고을의 수령을 가리키는 말이다.

7일에 세상을 떠나니, 향년 76세이다.

배위는 1남 1녀를 두고, 측실은 1녀를 두었다. 아들은 승지군 동현(東顯)이고, 딸은 정언신(鄭彦臣)에게 시집갔으며, 측실 소생 딸은 김영(金瑛)에게 시집갔다.

승지군은 1남 1녀를 두었다. 아들 좌훈(佐薰)은 문장이 있었으나 수명이 짧아 죽었고 양자가 있으나 어리다. 딸은 권영석(權永錫)에게 시집갔다. 정언신의 양자는 오(澳)이고, 김영의 외아들은 어리다. 명(銘)은 다음과 같다.

세교가 쇠퇴하고 피폐하나	世教衰敝
공은 실로 효제를 다하였네	公實以孝以悌
저들은 탐욕스럽고 더러우나	彼哉貪黷
공은 실로 청빈하게 살았네	公實以氷以蘗
명성 세우고 품행 이루었는데	名立行成
내가 하필 공을 위해 슬퍼하랴	吾何必爲公慽
내 마음의 슬픔을	我心之悲
사람들은 알지 못하네	人莫之識
공은 손자를 만났겠지만	公見公孫
나는 의발 전하여 맡길 곳 잃었네[129]	尙傳我衣鉢之無托

129 공은 손자를……잃었네 : 저승에 있는 이광익은 죽은 손자인 이좌훈(李佐薰)을 만나 보겠지만, 번암은 의발을 전하고 의탁할 제자를 잃었다는 말이다. 이좌훈은 15세 때 번암을 찾아와서 가르침을 청한 적이 있는데, 번암은 이좌훈을 처음 봤을 때의 느낌을 〈연암유고서(烟巖遺稿序)〉에서 "군을 한 번 보고, 곧 '의발을 의탁할 만한 사람'이라고 스스로 생각했다."라고 하였다. 《樊巖集 卷32》

증 이조 참판 행 금천 군수 한공 묘갈명

贈吏曹參判行金川郡守韓公墓碣銘

공의 휘는 숙(塾)이고, 자는 수이(受而)이며, 본관은 청주(淸州)이다. 청주 한씨(淸州韓氏)는 종족이 매우 성대하고 대대로 잠불(簪紱)[130]이 이어졌다. 휘 준(準)은 좌참찬을 지내고 공훈을 세워 청천군(淸川君)에 봉해졌으며 호는 남강(南岡)이다. 휘 여직(汝溭)은 행 예조 판서(行禮曹判書)를 지내고 호는 십주(十洲)이며, 아버지와 아들이 선조와 인조 두 조정을 섬겨 성대하게 명신(名臣)이 되었는데, 이분들이 공의 고조부와 증조부이다.

조부 휘 혜(櫘)는 사복시 정에 증직되었다. 아버지 휘 오규(五奎)는 허미수(許眉叟 허목(許穆)) 선생이 "명민하고도 바르다."라고 칭찬했으나 불행히 일찍 세상을 떠났으며 승지에 증직되었다. 어머니 한양 조씨(漢陽趙氏)는 판관을 지낸 조국준(趙國俊)의 따님으로, 숭정 갑신년(1644, 인조22)에서 2년이 지난 해 8월에 공을 낳았다.

공은 겨우 6세 때 어머니가 돌아가시고 7세 때 아버지가 또한 돌아가셔서 불쌍한 고아가 되어 외가의 여러 댁에서 길러졌는데, 학문에 스스로 힘쓸 수 있었다. 조용주(趙龍洲) 선생[131]과 오서파 도일(吳西坡道

130 잠불(簪紱) : 고대 관원의 복식으로 관에 꽂는 비녀와 인끈을 가리키는데, 전하여 귀하고 현달한 관직을 이른다.

131 조용주(趙龍洲) 선생 : 조경(趙絅, 1586~1669)으로, 본관은 한양(漢陽), 자는 일장(日章), 호는 용주·주봉(柱峯)·간옹(囏翁), 시호는 문간(文簡)이다.

一)[132]이 공의 시를 보고는 자주 거론하며 칭찬하니, 동문의 학생 중에 감히 공을 우러러보지 않는 이가 없었다.

갑진년(1664, 현종5)에 연천(漣川)에서 허 선생(許先生 허목)을 찾아뵈었다. 허 선생은 친구의 어린 아들이라 하여 매우 특별히 아끼며 위기지학(爲己之學)[133]으로 권면하였다.

계축년(1673) 사마시에 합격하였다.

숙종 경신년(1680, 숙종6)에 국가에서 《선원록(璿源錄)》을 개수할 무렵에 어떤 사람이 그 일을 가지고 말하기를,

"상께서 불러 낭관(郎官)으로 삼았다."

하니, 사양하고 나아가지 않았다.

기사년(1689)을 당하여[134] 병을 핑계로 물러나 다시는 과거에 응시하지 않았다. 당시에 과거 시험을 열어 선비를 취하는데, 시험장을 맡은 자가 타이르기를,

"군에게 만약 뜻이 있다면 지름길이 없음을 걱정하지 마시게."

하였으나, 공이 응하지 않았다.

상서(尙書) 심재(沈榟)[135]가 경명행수(經明行修)로 천거했으나, 막는 자가 있어서 버려두고 등용하지 않았다.

132 오서파 도일(吳西坡道一) : 오도일(1625~1703)로, 본관은 해주(海州), 자는 관지(貫之), 호는 서파이다.

133 위기지학(爲己之學) : 자신의 인격 수양을 목적으로 하는 학문이다. 320쪽 주63 참조.

134 기사년을 당하여 : 기사환국(己巳換局)을 겪은 것을 말한다.

135 심재(沈榟) : 1624~1693. 본관은 청송(靑松), 자는 문숙(文叔), 호는 양졸재(養拙齋)이다.

무인년(1698)에 휘릉 참봉(徽陵參奉)에 제수되었다가 곧이어 동몽교관(童蒙教官)으로 옮겼다.

신사년(1701)에 사축서 별제(司畜署別提)에 올랐다가 금부 도사(禁府都事), 공조 좌랑으로 옮겼다.

다음 해에 용안 현감(龍安縣監)이 되었다. 여러 유생과 날마다 향교에서 강학하고, 봄과 가을에는 향음주례(鄕飮酒禮)와 향사례(鄕射禮)를 행하였는데, 옛것을 헤아리고 오늘에 알맞게 하여 내려가고 올라갈 때 읍(揖)하고 사양하니[136] 질서정연하여 볼만하였다. 그것을 미루어 진휼에 필요한 물품과 장마를 대비한 기구에 이르기까지 갖추고 저축한 것이 매우 많아서 관찰사와 어사가 번갈아 장계를 올려 천거하였다. 공이 돌아오자 선비와 백성이 각기 비석을 세워 덕을 칭송했는데 하나는 '흥학비(興學碑)'라 하고, 하나는 '청덕비(淸德碑)'라 하였다.

무자년(1708)에 다시 형조 정랑이 되었다가 이윽고 금천 군수(金川郡守)에 올랐다. 관직에 있은 지 오래지 않아 병으로 체직되고, 경인년(1710) 윤7월 26일에 별세하니, 향년 65세이다. 세상을 떠나기 3일 전에 약을 물리치고 먹지 않았으며 여러 일가친척을 두루 맞이하여 손을 잡고 이야기를 나누었는데 정신이 또렷하였다. 공이 별세하는 날에 절구 한 수를 읊기에 모시는 사람이 시의 뜻을 물었는데 끝내 답하지 않았다. 인천(仁川) 계일리(桂日里)에 장사 지냈는데, 그 언덕

136 내려가고……사양하니 : 예를 행하는 모습이 군자다움을 뜻한다. 《논어》〈팔일(八佾)〉에 "군자는 다투는 것이 없으나 반드시 활쏘기에서는 경쟁을 한다. 상대방에게 읍하고 사양하며 올라갔다가 활을 쏜 뒤에는 내려와 벌주를 마시니, 이러한 다툼이 군자다운 다툼이다." 하였다.

은 갑좌(甲坐)이다. 추후에 이조 참판에 증직되었다.

공은 일찍 고아가 되었기에 사람들과 말할 때 말이 돌아가신 부모의 일에 미치면 눈물이 줄줄 흘러내려서 사람들이 하던 말을 감히 마치지 못하였다. 근본에 보답하고 먼 조상을 추모할 때는 마음과 힘을 다하였으며 늙어 죽을 때까지 더욱 정성을 다하였으니, 성품을 타고난 것이었다.

고을을 다스릴 때는 반드시 10대조 이하의 절사(節祀)에 올릴 제수를 갖추는 데 정성을 바쳤다. 어떤 이가 말하기를,

"법에서 정한 한계가 있다."

하자, 공이 웃으면서 말하기를,

"재상[137]에게 후하게 제향하고 제사 지낸 음식을 친척과 붕우에게 나눠 주는 데 무슨 법이 있는가. 법에 어긋날지언정 선조께 후하게 제향을 올리겠다."

하였다. 9대조 이양공(夷襄公)[138]은 철거하지 않는 묘(廟)[139]인데 종손이 가난하여 예를 행하지 못하자, 공이 사우(祠宇)를 짓고 제기를 갖추어 놓았다.

137 재상 : 한숙의 10대조 한기(韓起)는 한명회(韓明澮)의 아버지로서 영의정에 추증되었다.

138 이양공(夷襄公) : 한명진(韓明溍, ?~1454)으로, 본관은 청주, 시호는 이양이다. 한명회의 아우이다. 1453년(단종1) 수양대군(首陽大君)을 도와 계유정난에 공을 세워 정난 공신 3등에 녹훈되고 서원군(西原君)에 봉해졌다.

139 철거하지 않는 묘(廟) : 불천위(不遷位)를 모시는 부조묘(不祧廟)를 말한다. 나라에 큰 공로가 있거나 도덕이 높은 분은 4대가 지나도 별도의 사당에 모셔 계속 제사를 지내는데, 이 제사는 종손이 주관한다.

시조인 태위공(太尉公)[140]의 묘소가 청주(淸州)에 있는데 어떤 사람에게 침탈을 당하여 이생지석(麗牲之石)[141]이 넘어져 흙에 묻혔다. 한씨(韓氏)의 후예가 아무리 많아도 앞장서는 사람이 없자, 공이 통렬히 자신을 책망하며 앞장서서 시조의 덕을 알리고 종족을 따르게 하여 끝내 그 무덤이 태위공의 묘소임을 밝히고 묘표(墓表)를 세우고 지석(誌石)을 묻었다. 이윽고 또한 제실(祭室)을 건립하였는데, 이 공사도 1년이 넘도록 힘을 다하여 수염과 머리칼이 하얗게 세었다.

또한 일찍이 시조 이하 8대 고조의 묘소 위치를 그린 그림을 만들었으며, 선영 중에 묘표를 세워서 표시해 놓은 것이 모두 13위(位)이다. 외가의 선조와 지친(至親), 선사(先師)와 부친 친구의 묘소에 대해 이와 같이 한 것이 또한 8위이며, 봉분을 고치고 지석을 묻은 것은 이루 셀 수 없다.

미수옹(眉叟翁 허목)의 상(喪)에는 심의(深衣)를 제작해 가서 염을 하고 유상(遺像)을 그려 고택에 봉안하였으며 〈자명(自銘)〉[142]을 비석에 새겨 연천으로 보냈다. 가난하여 혼례와 상례를 치르지 못하는 자에

140 태위공(太尉公) : 청주 한씨의 시조 한란(韓蘭)이다. 왕건(王建)이 견훤(甄萱)을 정벌하기 위해 그의 집 앞을 지나자 칼을 차고 나가 종군해 고려의 개국 공신이 되었고 벼슬은 삼중대광태위(三重大匡太尉)에 이르렀다.

141 이생지석(麗牲之石) : 사당이나 묘소 앞에서 제사를 지낼 때 희생(犧牲)을 붙잡아 매던 돌기둥으로, 전하여 비석을 뜻한다. 《예기》 〈제의(祭義)〉에 "제사 지내는 날 임금이 희생을 끌고 가면 세자가 임금을 돕고 경대부가 차례로 따른다. 종묘의 문에 들어가서 돌기둥에 희생을 잡아맨다.〔祭之日, 君牽牲, 穆答君, 卿大夫序從. 旣卽入廟門, 麗於碑.〕"라고 하였다.

142 자명(自銘) : 허목이 지은 〈허미수자명(許眉叟自銘)〉이다. 《記言 卷67》

게는 반드시 재물로 도움을 주었으며, 관직에 있을 때도 이런 식으로 백성들에게 은혜를 베풀었다.

공은 미수옹을 스승으로 모셨으며, 평소에는 반드시 의관(衣冠)을 정제하고 무릎을 꿇고 종일토록 숙연하게 앉아 있었는데, 책상 위에는 성인의 서적 아닌 것이 없었다. 공은 굳세고 정직하며 자신을 순결하게 지켜서 시속을 따라 부침한 적이 없었다. 그러나 늘 병이 많아서 학문에 전념하지 못하는 것을 한스러워하였다.

미수옹이 일찍이 척주(陟州 삼척(三陟))를 다스릴 적에 〈동해비(東海碑)〉를 짓고 전서(篆書)로 써서 만리도(萬里島)에 세웠는데, 말년에 다시 1본(本)을 써서 공에게 주며 말하기를,

"그냥 보관해 두게."

하였다. 미수옹이 세상을 떠난 뒤에 어떤 사람이 그 비석을 부수었기에, 공이 척주 부사 홍공 만기(洪公萬紀)[143]와 도모하여 나중에 받은 본을 이용하여 다시 새겨 세웠으니, 일이 어찌 우연한 것이겠는가.

배위(配位) 증(贈) 정부인(貞夫人) 은진 송씨(恩津宋氏)는 송기상(宋耆相)의 따님이자 참판을 지낸 송석범(宋錫範)의 현손녀로, 17세 때 공에게 시집왔는데, 공의 집이 망한 상태여서 숙인(淑人)은 시집온 지 3일 된 신부로서 가사를 맡아 끝내 그 가정을 이루었다. 늘 자녀에게 훈계하기를,

"선조를 받드는 것은 효도의 근본이고, 공손하고 검소함은 사람의 복이다. 너희는 힘쓸지어다."

143 홍공 만기(洪公萬紀) : 홍만기(1650~?)로, 본관은 풍산(豐山), 자는 여장(汝張)이다.

하였다. 향년 47세로 신미년(1691) 11월 28일에 세상을 떠났다.

아들 덕흠(德欽)은 진사이고, 성흠(聖欽)은 관직이 수사(水使)이고, 막내는 익흠(益欽)이며, 사위 한 명은 권치중(權致中)이다.

덕흠은 3남 1녀를 낳았는데, 장남은 순(洵)이고, 둘째 광(洸)은 선전관이고, 셋째 유(游)는 승문원 정자이며, 사위 박경하(朴景河)는 진사이다. 성흠은 딸이 한 명이고, 익흠은 1남 1녀를 두었고, 권치중은 2남 2녀를 두었다.

순은 아들이 네 명이고, 광은 2남 1녀를 두었으며, 유는 아들이 한 명이다.

공에게는 또한 측실 소생이 있으니, 장남 용흠(龍欽)은 가선대부 동중추부사이고, 차남은 봉흠(鳳欽)이며, 딸은 진여단(陳汝摶)의 아내가 되었다.

공의 손자 중에 영조 임금 시대에 원통함을 안게 된 자[144]가 있었는데, 그의 아들 주악(柱岳)이 피눈물을 흘리며 정성을 들여 위로 명군(明君)을 감동시켜 끝내 그 원통함을 씻어 내고 고가(故家)를 거듭 세웠다. 참으로 공의 손자가 되기에 부끄럽지 않은데, 공의 행장(行狀)을 가지고 와 나에게 명(銘)을 지어 달라고 청하였다. 마침내 명을 지으니, 다음과 같다.

입신은 바라지 않는 것이 아니나　　立身非不願

144 공의……자 : 한숙의 장손자인 한순(韓洵)이 1728년(영조4) 이인좌의 난 역모자들의 공초에서 동생인 한광(韓洸)·한유(韓游)와 함께 이름이 나와 문초를 받았으나, 모두 불복하였다.《英祖實錄 4年 3月 19日》

미워함이 바라는 것보다 심하였네　所惡有甚於所願
결코 과거 시험장에 달려가지 않으며　斷不赴試院
근원 거슬러 올라가 근본 탐구하였네　溯源推本
내가 다해야 할 바를 다하며　盡我所當盡
멀고 가까움을 따지지 않았네　無遠無近
돌아가 조상을 뵈면　歸拜祖先
내가 효손을 두었다 하실 것이고　祖先曰余有孝嗣
돌아가 선사께 아뢰면　歸獻先師
옛 도는 이와 같았다 하시리라　先師曰古道如是

통훈대부 행 공조 좌랑 심공 묘갈명

通訓大夫行工曹佐郎沈公墓碣銘

공의 휘는 득행(得行)이고, 자는 도경(道卿)이며, 판중추부사를 지낸 치정공(致政公)[145]의 셋째 아들이다. 치정공은 네 분의 왕을 두루 섬기며 청의(淸議)를 잘 지녀 명예와 덕이 이지러지지 않았고, 작고한 뒤 2, 3십 년 동안 영조 임금은 말이 치정공에 미치면 칭찬하여 이르기를 "충신이다."라고 하였고, 누차 윤음에 드러냈다. 이것은 진실로 치정공이 당쟁의 화(禍)를 뛰어넘고 왕실에 마음을 두어서 성군(聖君)께 지우(知遇)를 받은 까닭이며 그 출처와 행동에는 새벽부터 저녁까지 도운 것이 실로 많았다고 한다.

공은 재주와 사려가 민첩하고 통달하였다. 공은 16세 때 감시(監試)에 합격하여 현달한 지위를 조만간에 취할 수 있었으나 끝내 접질려 넘어졌다.

을미년(1715, 숙종41)에 비로소 사마시에 합격하였다.

임인년(1722, 경종2)에 장릉 참봉(章陵參奉)에 제수되었으나 나아가지 않았다. 그리고 영희전 참봉(永禧殿參奉)에 제수되었다. 다음 해에 의금부 도사에 올랐다가 동몽교관으로 바뀌었다.

을사년(1725, 영조1)에 국장 감조관(國葬監造官)으로 수고했기 때문에 6품에 올랐다. 당시에 당쟁이 치성한 탓에 공이 치정공을 서쪽

145 치정공(致政公) : 심단(沈檀, 1645~1730)으로, 본관은 청송(靑松), 자는 덕여(德輿), 호는 약현(藥峴)·추우당(追尤堂)이다.

요새의 적소(謫所)에서 모시게 되었다.[146]

정미년(1727)에 치정공이 유배 중에 상백(常伯)에 기용되고,[147] 공도 사옹원 주부에 제수되었다. 이때부터 감찰, 사복시 주부, 종부시 주부, 공조 좌랑으로 옮겼다.

기유년(1729)에 용인 현령(龍仁縣令)에 제수되었다.

경술년(1730)에 병이 들었음을 고하고 돌아왔다. 치정공의 상을 당하였다.

신해년(1731)에 철산(鐵山)으로 귀양 갔다. 이에 앞서 심성연(沈成衍)[148]이 공경(公卿)의 손자로서 하는 짓이 매우 패악스럽고 또한 미쳐서 이성을 잃었으므로, 공이 그를 배척하여 절교하였다. 무신년(1728) 가을에 갑자기 상변하여 평소 원망을 품었던 자들을 끌어댔는데, 공의 이름도 그 안에 들었다. 심성연이 곧 무고임을 자복하여 상이 그의 공초를 불태울 것을 명하여 공의 직임이 그대로 유지되었다. 이때에 이르러 요직에 있는 자가 앞잡이들을 사주하여 없는 일을 지어내게 하였는데, 비록 엄한 견책을 받더라도 상이 공의 억울함을 통촉하고 분부하기를,

"심단(沈檀)의 아들에게 어찌 의심스러운 일이 있겠는가."

하고, 양이(量移)할 것을 명하였으며, 을묘년(1735)에 석방하고 이어

146 공이……되었다 : 이때 심단은 삭주(朔州)에 유배되었다.

147 치정공이……기용되고 : 심단은 1727년 공조 판서에 제수되었다. 상백은 주(周)나라 때 임금의 옆에서 민사(民事)를 관리하던 대신의 관직 이름인데, 뒤에는 시중(侍中)의 별칭으로 쓰이게 되었다.

148 심성연(沈成衍) : 1704～1728. 본관은 청송, 자는 평오(平五)이다. 승지 심중량(沈仲良)의 손자이다.

서 서용(敍用)하라는 문서를 내렸다. 이후로 공은 병을 핑계 대고 문을 닫고 세상일을 묻지 않으며 전원(田園)에서 한가롭게 지낸 것이 10여 년이었다. 조정의 의론은 공의 재능을 아까워하여 공을 다시 등용하려 하였으나 공이 달가워하지 않았다.

공은 병인년(1746) 7월 5일에 세상을 떠났다. 숙종 임술년(1682, 숙종8)에 태어났으니, 향년 65세이다. 과천(果川) 별왕리(別旺里) 신좌(申坐)의 언덕에 장사 지내니, 선영(先塋)이다.

공이 용인을 다스릴 적에 조세(租稅) 외에 강제로 징수하는 명목을 바로잡으니, 백성이 1년에 내야 하는 조세 중에 감면된 것이 6분의 5나 되었고, 관아에서 쓰는 것은 모두 가격을 상의하여 거래하고 그것을 정식으로 만들고 글로 써서 기록하니, 백성들이 손뼉을 치며 말하기를 "만대에 혜택을 주셨다."라고 하였다. 그리고 녹봉을 덜어 따로 저장하고 그것을 '보민고(保民庫)'라 명명하며 염산(斂散)으로 이익을 취하여 국가의 뜻밖의 수요에 응대하였다. 무릇 역(役)이 있어도 용인의 백성들은 알지 못하였으며, 쇠로 만든 비석을 세워 공의 덕을 칭송하였다.

그러나 공의 재능이 어찌 다만 백 리를 다스리는 정도에 그치겠는가. 공은 깊은 식견과 장구한 사려가 있어서 수를 나누거나 사물의 이치를 밝힐 때 계산할 것이 있으면 비록 혹 수억만에 이르기까지 산가지를 펼치거나 손가락을 굽히고 계산하지 않아도 털끝만큼도 어긋나는 일이 없었다.

무릇 국조(國朝)의 전장(典章)의 연혁, 전곡(錢穀)과 갑병(甲兵), 산천(山川)의 이정(里程), 국경의 방어가 흉중에 벌여 있지 않은 것이 없었다. 공이 늘 말하기를,

"만약 국가의 융성을 도우려 한다면, 관서(官署)는 반드시 한가한 자리를 제거하고 의정부의 서사(署事)[149]를 복구해야 하고, 군대는 반드시 오위(五衛)를 복구하고 항오(行伍)를 뽑는 제도를 설치해야 하며, 과거 제도를 중지하고 현량과(賢良科)를 행하고, 겸병(兼幷)을 혁파하고 한전법(限田法)을 써야 한다. 이어서 또한 10년마다 한 번 양전(量田)하고 장적(帳籍 호적 대장)을 분명하게 하여 비여족당(比閭族黨)의 제도[150]를 행하며, 조적법(糶糴法)[151]을 중지하고 주자(朱子)의 사창법(社倉法)[152]을 설치한다면 그런대로 괜찮을 것이나 그렇게 하지 않으면 나라 꼴이 되지 않을 것이다."

149 서사(署事) : 의정부가 육조(六曹)의 공사를 총괄하여 처리하는 것을 말한다. 육조가 각기 소관 사무를 의정부에 보고하면 의정부에서 이를 협의하여 임금의 재가를 받아서 육조에 돌려보내 실시하였다.

150 비여족당(比閭族黨)의 제도 : 향리(鄕里)의 이웃끼리 결속하여 어려운 일이 생기면 서로 돕도록 한 제도를 가리킨다. 《주례(周禮)》 〈지관사도(地官司徒)〉에 "5가(家)가 비(比)가 되는데 서로 보호해 주도록 하고, 5비가 여(閭)가 되는데 서로 받아 주도록 하며, 4여가 족(族)이 되는데 서로 장사를 지내 주도록 하고, 5족이 당(黨)이 되는데 서로 구원해 주도록 한다." 하였다.

151 조적법(糶糴法) : 환곡(還穀)을 방출하고 수납하는 모든 사항을 규정한 법을 말한다. 즉 봄에 백성들에게 나라 곡식을 꾸어 주는 것을 조(糶)라 하고, 가을에 백성에게서 봄에 꾸어 주었던 곡식에 10분의 1의 이자를 덧붙여 거두어들이는 것을 적(糴)이라 한다.

152 주자(朱子)의 사창법(社倉法) : 사창(社倉)은 기근이 들었을 때 빈민을 구제하기 위해 설립한 곡식 저장 시설로, 주희(朱熹)가 1171년 건녕부(建寧府) 숭안현(崇安縣) 오부리(五夫里)에 설립하였다. 원곡(元穀)을 민간에 대여하고 가을 추수 이후에 이자와 함께 원곡을 갚도록 한 제도인데, 1181년 주희의 건의가 받아들여져 사창법을 실시할 것을 선포하였다. 《晦庵集 卷13 辛丑延和奏箚, 卷77 建寧府崇安縣五夫社倉記》

하였는데, 이것은 공이 경제에 관하여 온축한 것이다.

무신년(1728, 영조4) 봄에 공이 약산(藥山) 오공 광운(吳公光運)[153]을 보고 말하기를,

"최 상국(崔相國)이 상변한 뒤[154]에 조정이 진정시키기 위하여 힘쓰며 변화에 응하여 관대하게 하고 있으니, 우리 부자(父子)가 이제 죽을 자리를 얻었다."

하자, 오공이 말하기를,

"저의 뜻도 그러합니다."

하여, 이에 서로 마주하고 눈물을 닦았다. 다음 날 오공이 등대(登對)하여 국청(鞫廳)을 설치하고 궁궐 호위를 시행할 것을 청하였으니, 무신년의 공로는 실로 오공이 으뜸이나, 공의 마음이 곧 오공의 마음이었다. 이것은 공이 충의(忠義)를 바친 공로이다.

치정공의 연세가 80세를 넘자, 공의 형제 또한 수염과 머리카락이 하얗게 세었으나 밤낮으로 곁에서 모셨다. 이를테면 이불을 밤에 깔고 아침에 개는 것을 반드시 몸소 부지런히 하고 시중드는 노비로 하여금 대신하게 하지 않았다. 재산을 나눌 때에는 비옥한 토지를 골라 종가에 돌려주고서 후사를 세워 제사를 받들기를 기다렸으며,[155] 나머지도 형

153 오공 광운(吳公光運) : 오광운(1689～1745)으로, 본관은 동복(同福), 자는 영백(永伯), 호는 약산, 시호는 충장(忠章)이다.

154 최……뒤 : 최규서(崔奎瑞, 1650～1735)가 상변한 일을 말한다. 최규서는 영의정을 지낸 뒤에 치사(致仕)하고 봉조하(奉朝賀)를 받고 돌아갔는데, 1728년 무신란(戊申亂)이 일어날 때, 용인에 있으면서 정보를 입수하고는 80세의 노구를 이끌고 조정으로 달려와 알렸다.

155 재산을……기다렸으며 : 심단의 큰아들인 심득천(沈得天)이 승문원 정자를 지내

제자매에게 나누어 주고 자신은 척박한 토지를 갖는 데 그쳤다. 이 또한 공이 집안에서 행한 것 중에 사람들에게 모범이 될 만한 일이다.

심씨(沈氏)는 본래 청송(青松)의 명망 있는 집안이다. 시조이자 고려를 섬겨 위위시 승(衛尉寺丞)을 지낸 이는 홍부(洪孚)이다. 3대를 내려와 시중(侍中)을 지내고 청성백(青城伯)에 봉해진 이는 덕부(德符)이다. 조선에 들어와 세종 임금의 장인이 되었으며 영의정에 오르고 청천부원군(青川府院君)에 봉해졌으며 시호가 안효공(安孝公)인 이는 온(溫)이다. 이로부터 경상(卿相)이 서로 이어졌다.

증조는 평시서 영(平市署令)을 지내고 이조 판서에 증직된 휘 서(諝)이다. 조부는 영의정에 증직된 휘 광면(光沔)이다. 아버지는 곧 치정공인 휘 단(檀)이다. 어머니는 정경부인(貞敬夫人)에 증직된 광주 이씨(廣州李氏)로, 별검(別檢)을 지낸 이윤원(李允元)의 따님이자 한음(漢陰) 선생 이덕형(李德馨)의 현손이다.

공은 좌참찬 유재(游齋) 이공 현석(李公玄錫)의 딸에게 장가들었는데, 부인은 온순하고 검소하며 시부모를 섬김에 효성스러웠다. 부인은 기유년(1729) 2월 23일에 용인 관아에서 세상을 떠났으며, 처음에는 용인에 장사 지냈다가 공의 묘소로 옮겨 합장하였다. 부인의 딸 한 명은 정언 임선(任珗)에게 시집갔다. 계배(繼配) 전주 유씨(全州柳氏)는 사인(士人) 유한명(柳漢明)의 딸로, 외아들은 규(逵)이다. 영조 임금께서 치정공을 생각하여 "그의 손자에게 관직을 주라." 했는데, 규가 그 손자이며, 군수가 되었다. 사위 한 명은 남우로(南羽老)이다.

고 요절하였는데, 이때까지 후사를 세우지 못했기 때문에 이렇게 조치한 것으로 보인다. 《星湖全集 卷63 輔國判中樞府事兼吏曹判書致仕奉朝賀藥峯沈公墓誌銘》

임선의 양아들은 임희존(任希存)이다. 남우로의 양아들은 남이정(南履正)이다.

군수군(郡守君 심규(沈逵))이 일찍이 나에게 글을 물었는데, 명(銘)을 짓는 일을 나에게 부탁하였다. 나는 약산(藥山 오광운)의 서론(緖論)에 익숙한 자이고, 약산은 사람을 가볍게 허여하지 않았는데, 유독 말하기를,

“당대에 더불어 의논할 만한 자는 오직 심도경(沈道卿)이다.”

하여, 나는 이로써 공을 일찍 알게 되었다. 지금 행장을 살펴보니, 전에 들었던 것과 딱 맞기에 드디어 즐겁게 명을 짓는다. 사(辭)는 다음과 같다.

아버지가 재상이었으니　父爲宰相
겁운이라 말할 수 없고　不可謂劫運
자신이 민사를 다스렸으니[156]　身莅民社
곤액만을 당하지는 않았네　不全爲阨困
그러나 겁운과 곤액을　而劫與阨
공이 참으로 지녔네　公實有之
하늘은 무슨 까닭인가　天曷故焉
재능은 주었으나　與其材而
시운을 주지 않았네　不與其時

156 자신이 민사를 다스렸으니 : 심득행이 용인 현령을 지낸 것을 말한다.

충신 이공 묘갈명

忠臣李公墓碣銘

경주(慶州)의 무릉산(武陵山) 아래에 한 무덤이 우뚝한데, 길 가는 이들이 말하기를,

"이것은 이 의사(李義士)를 초혼(招魂)하여 장사 지낸[157] 곳이다."

하고, 손가락으로 가리키며 탄식하기를 200년을 하루같이 하였다. 금상(今上 정조) 7년(1783) 겨울 그 마을에 정문(旌門)을 세울 것을 명하니 '충신지문(忠臣之門)'이라 하였다. 군자가 또한 손가락으로 가리키며 탄식하기를,

> "공의 죽음은 의리에 편안했기 때문이지, 명성과 영광을 구한 것이 아니다. 그러나 국가가 충성을 장려하고 절의를 숭상한 것이 이에서 유감이 없게 되었다."

하였다.

공은 만력 임진년(1592, 선조25)을 당하여 남방의 왜구가 날뛰어 어가(御駕)가 피란하는 것을 가슴 아파하고, 몸을 바쳐 나라의 은혜를 갚을 것을 생각하여 개연히 유생의 학업을 버리고 갑오년(1594) 호방(虎榜)[158]에 합격하였다. 다음 해 겨울에 영남좌도 절도사 박진(朴

157 이……지낸 : 전사한 이팽수(李彭壽)의 시신을 찾지 못하자, 평소 입던 옷으로 초혼하고 그 옷을 무덤에 장사 지냈다는 말이다.

158 호방(虎榜) : 무과(武科) 합격자의 명단을 가리킨다. 문과는 용방(龍榜)이라 하였다.

晉)[159]이 공을 불러 울주(蔚州 울산(蔚山))의 복병장(伏兵將)으로 삼았는데, 공의 충성과 용맹을 들었기 때문이다.

이때 왜구의 칼이 매우 광포하여 여러 군진이 무너지자 군사들이 모두 새나 쥐처럼 엎드린 채 감히 작전을 도모하지 못하였다. 공이 가동(家僮) 5, 6인을 이끌고 칼을 쥐고 달려갔는데, 고을의 장사(壯士)로서 따르기를 바란 자가 25인이었다. 출발에 앞서 부인에게 말하기를,

"나라에 난리가 일어났으니, 의리상 마땅히 죽을 뿐이오."

하고, 드디어 곧장 울주로 달려갔다.

공은 서생포(西生浦)의 길목을 죄고 강구(江口)의 길에 출몰하며, 서생포에 주둔한 왜적을 탐색하다가 싸울 때면 번번이 몸을 솟구쳐 크게 죽이니, 왜적은 복병이 있을까 의심이 들기도 하고 두려워서 감히 멋대로 마구 쳐들어오지 못하였다.

어느 날 왜적의 추장이 대군(大軍)을 집결하고 진격하자, 공이 이끌던 시장 사람들은 달아날 뿐이었다. 공은 사태가 어찌할 수 없음을 알고 칼로 저항하다가 끝내 왜적에게 죽음을 당하니, 병신년(1596) 1월 4일이다. 공을 따르던 가동 및 장사는 다 전사하고, 살아 돌아온 자는 2명뿐이었다. 집안사람들이 가서 시신을 찾아보았으나 시신을 찾지 못하여, 결국 초혼하여 무릉산 기슭에 장사 지낸 것이다.

공이 10세 때 아버지가 돌아가시자, 통곡하고 가슴을 치며 빈소를

159 박진(朴晉) : 1560~1597. 본관은 밀양(密陽), 자는 명부(明夫), 시호는 의열(毅烈)이다. 1592년 밀양 부사로 있던 중 임진왜란이 일어나자 경상좌도 병마절도사가 되어 각지의 의병들과 연합해 경주성(慶州城)을 탈환하는 등 영남 지역에서 뛰어난 전공을 세웠다.

떠나지 않고 어른같이 예를 지켜서 향리에서 공의 효성을 칭찬하였는데, 이때에 이르러 모두 말하기를,

"참말이로구나. 효자의 가문에서 충신을 얻는다[160]고 하더니."

하였다.

공의 휘는 팽수(彭壽)이고, 자는 미수(眉叟)이며, 선조는 청안(淸安) 사람이다. 8대조 양길(陽吉)은 제주 판관(濟州判官)으로서 적란(賊亂)에 죽었고[161] 사적이 《고려사(高麗史)》에 실려 있다. 그의 아들 종주(從周)는 조선에서 벼슬하여 지울주사(知蔚州事)를 지냈다. 군수를 지낸 정(旌), 현감을 지낸 림(臨)을 거쳐 현령을 지낸 지(地)에 이르는데, 지가 충청도에서 이사하여 경주의 안강현(安康縣)에 터를 잡으니, 이분이 공의 고조이다. 증조는 대생(大生)이고, 조부는 세발(世發)이며, 아버지는 거(琚)이다. 어머니 오천 정씨(烏川鄭氏)는 사인(士人) 정이함(鄭以咸)의 따님이다.

공은 손씨(孫氏)에게 장가들었는데, 손씨는 본관이 밀성(密城)이고, 아버지는 참의에 증직된 손덕침(孫德沈)이다. 손씨는 정숙한 품행이 있었고 공보다 15년 뒤에 세상을 떠나, 공의 묘소에 합장하였다. 아들 한 명은 경춘(景春)이다. 경춘의 아들은 면(葂)이고 사위는 통제사(統制使) 김시성(金是聲)이다.

160 효자의……얻는다 : 《후한서(後漢書)》 〈위표열전(韋彪列傳)〉에 "어버이를 효도로 섬기는 까닭에 충성을 임금에게 옮길 수가 있다. 그래서 충신은 반드시 효자의 집안에서 구하는 것이다."라는 공자(孔子)의 말이 나온다.

161 양길(陽吉)은……죽었고 : 이양길(李陽吉)은 직간하다가 제주 판관으로 좌천되었는데, 1356년(공민왕5) 원나라가 설치한 탐라 목장을 관할하던 제주 목호(牧胡) 홀고탁(忽古托)이 난을 일으키자 이를 평정하던 중 순절하였다.

6세손 상사생(上舍生) 술현(述賢)[162]이 상언(上言)하여 공의 사적을 아뢰었는데, 예부(禮部)가 일이 오래되었다는 이유로 중지하고자 하여, 보답을 받지 못하였다. 상이 특별히 영남 관찰사에게 명하여 사실을 조사하여 보고하게 했는데, 영남 관찰사가 보고하기를,

"이팽수는 효성을 옮겨 충성을 다하였고, 지금까지 200년 동안 사람들의 입에 오르내려 떠들썩합니다. 비록 말이 후손에게서 나오기는 했지만 실은 선비들의 공론입니다."

하였다. 이에 그 마을에 법식대로 정문(旌門)을 세웠다. 그리고 대신(大臣)의 말을 따라 병조 참판을 특별히 증직하였다.

아, 증자(曾子)가 말하기를,

"전투가 벌어지는 군진에서 용기가 없는 것은 효가 아니다."

하였다. 용기는 목숨을 가볍게 여기는 것이고 효도는 어버이를 섬기는 것이어서, 두 가지가 서로를 꼭 필요로 하지 않을 듯하다. 그러나 충과 효는 두 가지가 아니니, 효가 아니면 무엇을 미루어서 임금을 섬기고, 충이 아니면 무엇으로써 어버이 섬김을 확인하겠는가. 공과 같은 이는 참으로 증자의 교훈에 부끄럽지 않으니, 존경스러울 따름이다. 명(銘)은 다음과 같다.

해와 달이 마을 문을 비추고　日月照閭
소나무 잣나무가 묘소를 둘러쌌네　松柏繞墟

162 상사생(上舍生) 술현(述賢) : 이술현(李述賢, 1736~?)으로, 본관은 청안, 자는 학조(學祖), 호는 인와(忍窩)이다. 상사생은 소과인 생원시와 진사시에 합격하여 성균관에 입학한 유생을 말한다. 일반적으로 생원과 진사를 지칭하는 말로 쓰인다.

공을 알고 싶거들랑	有欲求公
공은 이 속에 있다네	公在此中

통정대부 수 충청도관찰사 겸 병마수군절도사 순찰사 공주목사 이공 묘갈명

通政大夫守忠淸道觀察使兼兵馬水軍節度使巡察使公州牧使李公墓碣銘

공의 휘는 명익(溟翼)이고, 자는 만리(萬里)이고, 성은 이씨(李氏)이고, 호는 반초당(反招堂)이다. 퇴도(退陶 이황(李滉)) 노선생의 방계 후손이고, 나은(懶隱) 선생 동표(東標)[163]의 숙부이다. 나은 선생은 숙종 기사년(1689, 숙종15)에 청의(淸議)가 강직하여 사림의 영수가 되었는데, 후세 사람들은 나은 선생이 존경할 만하다는 것만 알지, 선생을 가르치고 성취시켜 이러한 경지에 이르게 한 것이 모두 공의 노력임을 알지 못하니, 연원을 상론(尙論)했다고 말할 수 있겠는가.

공은 자질이 특별히 아름답고 총명함이 매우 남달랐으며, 일찍 통달하자 신동이라 불리고 학문에 힘쓰자 효우를 먼저 하였으며, 나가서 조정에 서면 두려워하지 않고 꺾이지 않으며 의리만을 살폈다. 조정의 정국이 갑자기 변할 때에도 마침내 완인(完人)[164]이 되었고, 가르침이 가정에서 행해져 곧 집안과 국가의 영광을 잉태하였으니, 또한 성대하

163 동표(東標) : 이동표(李東標, 1644~1700)로, 본관은 진보(眞寶), 자는 군칙(君則)·자강(子剛), 호는 나은, 시호는 충간(忠簡)이다. 기사환국 때 인현왕후(仁顯王后)의 폐위를 반대하여 죄를 입은 박태보(朴泰輔)·오두인(吳斗寅) 등을 신구하다가 양양 현감(襄陽縣監)으로 좌천되었다. 여러 차례 관직에 제수되었으나 나아가지 않고 그때마다 시정에 관한 직언을 올려 소퇴계(小退溪)라고 불렸다.

164 완인(完人) : 사화나 당쟁 같은 혼란 속에서도 지조와 목숨을 모두 온전하게 지킨 사람을 말한다.

지 않은가.

공은 인조 기축년(1649, 인조27)에 문과에 급제하였다. 공이 막 향해(鄕解 향시(鄕試))에 합격했을 때 회위(會闈 문과(文科))가 며칠 남지 않았는데, 굳건히 앉아 전처럼 글을 읽었다. 어머니가 말씀하시기를,

"왜 행장을 꾸리지 않느냐?"

하자, 공이 아뢰기를,

"향해 합격이 이미 행운인데, 행운은 겹쳐 일어나지 않습니다."

하였으나, 어머니가 강권하여 공은 감히 어기지 못하고 한 번 응시하여 드디어 문과에 급제하였다.

공은 괴원(槐院 승문원)에 뽑혀 들어가 정자가 되어서 당후(堂后)의 붓을 대리하였다.[165] 이때 효종 임금이 새로 즉위하여 복수하여 치욕을 씻고자 뜻을 다지며 탁지(度支 호조)의 신하와 비밀 계획을 세웠는데, 말이 자못 누설되었다. 상이 몹시 진노하여, 죄는 전적으로 기주관(記注官)에게 있다고 하며 공을 옥리(獄吏)에게 내려보냈다. 사헌부의 신하가 공을 구원하여 풀어 주려 하였으나 하지 못하였고, 상국(相國) 이공 경여(李公敬輿)[166]·이공 시백(李公時白)[167]이 연명(聯名)으로 차자를 올려 간하고 또한 어전에서 힘껏 간쟁하여, 비로소 영월군(寧越郡)에 유배되었다.

165 당후(堂后)의 붓을 대리하였다 : 이명익이 1650년(효종1) 가주서(假注書)를 지낸 것을 말한다. 당후는 승정원의 주서(注書)를 칭하는 말이다.

166 이공 경여(李公敬輿) : 이경여(1585~1657)로, 본관은 전주, 자는 직부(直夫), 호는 백강(白江)·봉암(鳳巖)이고, 시호는 문정(文貞)이다.

167 이공 시백(李公時白) : 이시백(1581~1660)으로, 본관은 연안(延安), 자는 돈시(敦詩), 호는 조암(釣巖), 시호는 충익(忠翼)이다.

계사년(1653, 효종4)에 석방되었다. 다음 해에 천거로 한림(翰林)에 제수되었다. 얼마 지나지 않아 대교(待敎)로 옮기고 시강원 설서를 겸하였다. 한림 이숙(李翻)[168]과 함께 사국(史局)의 대천(代薦)[169]을 상의했으나 의논이 맞지 않아 서로 소를 올려 해명했는데, 대각(臺閣)이 모두 파직시킬 것을 청하였다. 상이 전교하기를,

"이숙은 문답한 내용을 전부 숨겼다. 어찌 사대부가 말하고 도리어 식언하는 경우가 있단 말인가."

하였다.

기해년(1659)에 다시 대교에 제수되었다. 이때 현종 임금이 저위(儲位)에 있으면서 처음 강연(講筵)을 열었는데, 공이 실록(實錄)을 봉안하라는 명을 받들고 강화도로 갈 무렵 소를 올려 시강원의 겸함(兼銜)을 해면해 줄 것을 청하였다.[170] 상이 진강한 후에 하직 인사를 할 것을 명하니, 남다른 예우였다.

현종 1년 경자년(1660)에 공은 봉교(奉敎)를 거쳐 감찰(監察)에 오르고 형조 정랑으로 옮겼으며, 얼마 후에 의성 현령(義城縣令)에 제수되었다. 공이 의성에 이르러 보니 기근이 들었으므로 소를 올려 민역(民役)을 덜어 주었고, 두서너 해 다스리자 치행(治行)으로 표리(表裏)를 하사받았다.

168 이숙(李翻) : 1626~1688. 본관은 우봉(牛峰), 자는 중우(仲羽), 호는 일휴정(逸休亭), 시호는 충헌(忠獻)이다.

169 대천(代薦) : 후임자를 추천하는 것이다.

170 공이……청하였다 : 《반초당집》 권1 〈사시강원설서소(辭侍講院說書疏)〉에 나온다.

계묘년(1663)에 관직을 버리고 돌아왔다.

이로부터 내직으로는 병조 좌랑·정랑·참지·참의, 예조 참의, 공조 참의, 사헌부 지평, 사간원 정언·사간·대사간, 시강원 필선, 종부시 정을 지내고, 은대(銀臺 승정원)에서는 동부승지에서 좌승지에 이르렀으며, 한 관직을 여러 번 지내기도 하였다.

옥서(玉署)에서는 일찍이 도당(都堂)의 회권(會圈)[171]에서 조 문간공 경(趙文簡公絅)[172]이 공의 이름을 들어 천거하자, 민종도(閔宗道)[173]가 의심하며 말하기를 "늙고 병들었습니다." 하였다. 이전에 공이 대각에 있을 적에 민종도가 성균관 유생들을 논핵하여 벌주게 할 것을 부탁했는데, 공이 듣지 않았다. 민종도가 원한을 품다가 끝내 이와 같이 해코지한 것이다. 나중에 문간공이 공을 만나 보고 탄식하기를 "사람이 나를 속였구나."라고 하였다. 공이 비옥(緋玉)에 오른 것은 산릉도감도청(山陵都監都廳)으로 공로를 세웠기 때문이다.

외직으로는 고산 찰방(高山察訪), 충청도 도사, 함경도 도사, 공산도호부 판관(公山都護府判官), 충주 목사, 충청도 관찰사, 광주 목사(光州牧使)를 지냈다. 고산 찰방과 함경도 도사에는 모두 부임하지 않았다. 충주에 가서 부임할 무렵 권세를 지닌 사람의 집안에서 상여를 운반하여 이 고을을 지나가는데, 잘 보호하여 고을의 경계를 지나가게

171 도당(都堂)의 회권(會圈) : 홍문관의 교리와 수찬을 선발할 적에 의정(議政), 이조 판서, 참판, 참의 등이 모여 홍문록(弘文錄)에 오른 명단에서 적합한 사람의 이름 위에 권점(圈點)을 찍어 권점을 많이 받은 사람을 임금에게 추천하던 제도이다.

172 조 문간공 경(趙文簡公絅) : 조경(1586~1669)으로, 본관은 한양, 자는 일장(日章), 호는 용주(龍洲)·주봉(柱峯)·간옹(馯翁), 시호는 문간이다.

173 민종도(閔宗道) : 1633~? 본관은 여흥(驪興), 자는 여증(汝曾)이다.

해 주면 마땅히 품계를 올려 줄 것이라는 말을 전하였다. 공이 말하기를 "이런 말을 듣고도 부임해야 하는가." 하고, 즉시 사직하여 체직되었다.

공이 대사간으로 있을 때는 숙종 임금 시대였는데, 재이(災異) 때문에 상소를 올려서, 수령이 백성을 걸태질하는 것과 관방(官方)[174]이 뒤섞여 어수선한 것을 논하며 그 원인을 인주(人主)의 일심(一心)에 돌렸으며, 《대학》의 격물치지(格物致知)와 《중용》의 명선 성신(明善誠身)[175]을 반복하여 개진하니, 상하로 천 마디 백 마디였다. 상이 우악한 비답으로 권면하였다.

공이 좌승지로 있을 때 교지를 받들어 교서를 지어 팔도에 선유(宣諭)했는데, 그 대략에,

> "감사 된 자가 탐오하고 잔학하다는 이유로 일개 수령을 내쫓았다는 말을 듣지 못하였다. 전최(殿最)로 파직한 것은 단지 문서와 장부의 작은 일들을 들어 그 책임을 메웠고, 혹 계문하여 파직한 경우에는 '병이 중하다.'라고 할 뿐이니, 내가 한 지방을 전적으로 맡겨서 착한 이를 승진시키고 나쁜 이를 물리치게 한 뜻이 과연 어디에 있단 말인가."[176]

하였다. 충청도 관찰사를 지낼 적에 앞에서 한 말을 실천하지 못할까

174 관방(官方) : 관부(官府)나 관직(官職)을 설치하는 것을 말한다.

175 명선 성신(明善誠身) : 선이 무엇인지를 분명히 알고서 자기 몸을 참되게 한다는 뜻으로, 《중용장구》 제20장의 "몸을 참되게 하는 길이 있으니, 선을 분명히 알지 못하면 몸을 참되게 하지 못할 것이다.〔誠身有道, 不明乎善, 不誠乎身矣.〕"라는 말을 요약한 것이다.

176 감사……말인가 : 《반초당집(反招堂集)》 권1 〈교팔도감사서(敎八道監司書)〉에 보인다.

염려하여 세력을 믿고 불량한 짓을 하던 수령 십수 인을 물리치니, 눈을 흘기는 자가 많았다.

이때 절도사 김익훈(金益勳)[177]이 장차 공주진(公州鎭)에서 군사 조련을 행하려고, 금고(金鼓)를 들이는 것을 여쭈었다. 공이 말하기를,

"공주는 관찰영(觀察營)이니, 체례가 이와 같아서는 안 된다."

하니, 절도사가 통제를 받지 않고 곧장 충주진(忠州鎭)으로 향하기에 이르렀다. 공이 말하기를,

"병졸이 이미 모였는데, 모였다가 돌아가니, 거의 거짓 봉수(烽燧)[178]에 가깝지 않은가."

하고, 드디어 진영장(鎭營將)과 함께 조련을 행하고, 계문하여 절도사를 파직시키니, 공에게 유감을 품은 사람들이 이 기회를 얻어서 대각(臺閣)을 움직여 말하게 하였다. 공이 소를 올려 일의 시말을 드러냈는데, 얼마 지나지 않아 체직되어 돌아왔다.

그 후에 공이 좌승지로서 소를 올려 아뢰기를,

"신은 도를 믿고 도리에 따라 행하여, 용렬한 자들을 모두 하고(下考)에 놓고 탐오한 자들을 보는 대로 계문하여 파직하니, 원망과 비방이 떼로 일어나 서로 간계를 부리고 모함하였습니다. 나중에는 또한 신에게 마음대로 하고자 하는 자가 있어서, 백 가지로 없는 일을 지어내어 무고하고 유언비어를 전파하였으니, 탄핵하는 상소

177 김익훈(金益勳) : 1619～1689. 본관은 광산(光山), 자는 무숙(懋叔), 호는 광남(光南)이다.

178 거짓 봉수(烽燧) : 주나라 유왕(幽王)이 포사(褒姒)가 웃는 모습을 보려고 거짓으로 봉수를 올려 제후들을 소집하였는데, 나중에 실제 견융의 침입에 아무도 원군을 보내지 않아서 패망하였던 고사에서 온 말이다. 《史記 周本紀》

문이 나올 줄을 신은 진실로 예상하였습니다."
하였다.

공이 주(州)와 목(牧)에 부임하자, 혹은 소를 올려서 밀린 조세를 견감할 것을 청하고, 혹은 편의에 따라 혁파하기도 하고 시행하기도 하여 이르는 곳마다 현능하다는 명성이 있었다. 광주(光州)에서 돌아왔을 때는, 요직에 있는 자가 공을 해칠 방도를 찾으려고 암행 어사에게 부탁하여 공이 관직에 있을 때 저지른 과오를 조사하게 했는데, 흠잡을 만한 일이 하나도 없자 암행 어사가 탄식하기를 "사람의 말이 어찌 믿을 만하겠는가." 하였다.

영남의 조세를 멀리 가흥(可興)[179]으로 수송하는 것은 영남 백성의 고질이 되었는데, 공이 건의하고 변통하여 영(嶺)에 가까운 6, 7개 읍으로 하여금 단양강(丹陽江)으로 나아가 납세하게 하며 폐단을 열에 일고여덟을 제거하였다. 영남의 부세는 일정한 법이 없어 백성들이 괴로워했는데, 공이 상서(尙書) 이원정(李元禎)[180]과 건의하여 양호(兩湖)의 대동법(大同法)을 쓰니, 백성들이 지금까지 덕을 보고 있다.

공은 71세로 정묘년(1687, 숙종13) 12월 12일에 예안(禮安)의 고향집에서 편안히 세상을 떠났다. 처음에는 원당(元堂)[181]에 장사 지냈는

179 가흥(可興) : 충청북도 중원군(中原郡) 가금면(可金面)에 있는 마을이다. 가흥창(可興倉)이라는 조창(漕倉)이 있던 곳으로, 경상도 북부의 여러 고을과 충청도 일원의 전세(田稅)를 이곳에 모아 남한강(南漢江)의 수로를 이용하여 서울로 수송하였는데, 덕흥창(德興倉), 경원창(慶原倉)이라고도 한다.

180 이원정(李元禎) : 1622~1680. 본관은 광주(廣州), 자는 사징(士徵), 호는 귀암(歸巖), 시호는 문익(文翼)이다.

181 원당(元堂) : 《반초당집》 〈유사(遺事)〉에는 '元塘'으로 되어 있다.

데 나중에 모두 세 번 이장하여, 남양리(南陽里) 축방(丑方)을 등진 언덕에 완전히 안장하고, 부인 권씨(權氏)를 합장하였다. 상이 예관(禮官)을 보내어 제사를 법식대로 지내게 하였다.

공은 만력 정사년(1617, 광해군9)에 예안의 온계리(溫溪里)에서 태어났다. 공은 10세 때에 《노론(魯論)》[182] 1부(部)를 잘 배송(背誦)했는데, 참판공[183]이 노비를 따로 주어 총애하였다. 시위(試闈)[184]에 들어갔을 때는 소년의 나이였는데, 외숙인 정공 칙(鄭公侙)[185]이 책문의 제목을 베껴 가지고 올 것을 명하자, 공은 한 번 보고 즉시 돌아와서 다른 사람으로 하여금 붓을 잡게 하고 그 자리에서 외웠다. 정공이 말하기를,

"틀린 곳이 없겠느냐?"

하여, 다시 살펴보았는데 한 글자도 어긋나지 않았다. 모여 앉은 여러 사람이 놀라 말하기를,

"거의 옛날 장 수양(張睢陽)[186]과 같구려."

하였다.

182 노론(魯論) : 《논어》를 말한다. 296쪽 주19 참조.

183 참판공 : 이지형(李之馨)으로, 이명익의 아버지이다. 생원으로서 이조 참판에 증직되었다.

184 시위(試闈) : 선비를 시험 보이는 과장(科場)이다.

185 정공 칙(鄭公侙) : 정칙(1601~1663)으로, 본관은 청주(淸州), 자는 중칙(仲則), 호는 우천(愚川)·와운옹(臥雲翁)이다.

186 장 수양(張睢陽) : 당(唐)나라 때의 충신 장순(張巡)으로, 안녹산(安祿山)의 난 때 수양 태수(睢陽太守) 허원(許遠)과 함께 수양성(睢陽城)을 지키면서 적과 싸우다가 중과부적으로 성이 함락되자 장렬하게 절사(節死)하였다. 《신당서(新唐書)》〈장순열전(張巡列傳)〉에서 "글은 세 번을 읽는 데에 지나지 않았으나 종신토록 잊지 않았다." 하였다.

공은 일찍이 청량산(淸涼山)에 들어가 글을 읽었는데, 밤이 깊어지면 문득 찬물을 정수리에 부어 잠을 쫓아내고 끈으로 상투를 매달아 놓기를 처음부터 끝까지 한결같이 하였다. 날마다 함께 지내던 이들이 공을 본받고자 했으나 며칠 만에 모두 병이 들어서 하지 못하였다. 공이 평생 몸을 닦고 품행을 절제한 것은 실로 독실하게 배우고 강구(講究)하여 확충한 것이다.

공은 일찍 아버지를 여의었고 어머니를 봉양할 때 뜻과 몸의 봉양을 모두 지극하게 하였으며, 상(喪)을 당했을 때는 죽을 먹고 시묘살이를 하며 3년을 마쳤는데, 중 한 사람과 거처하며 아침저녁으로 슬퍼하고 살폈다.

공은 선조를 받드는 일에는 언제나 정성을 다하였다. 수곡(樹谷)의 재사(齋舍)는 퇴계옹(退溪翁)이 창건한 것으로 문장이 또한 벽에 걸려 있었으나 세월이 오래되어 기울고 무너졌는데, 공이 중건하고 기문(記文)[187]을 예전처럼 걸어 놓았으며, 계현사(啓賢祠)의 토지와 노비를 헤아리고 계획하여 영구히 유지할 계책을 마련하였다. 기일(忌日)이나 증상(烝嘗)[188]을 만나면 비록 늙은 몸일지라도 목욕재계하고 제사를 지냈으며, 친소(親疏)에 차이를 두지 않고 궁한 이를 구휼하고 의롭게 베풀었으며, 창고의 재물은 친족과 함께 나누어 썼다.

자제를 가르칠 때는 몹시 엄하여, 반드시 자제로 하여금 새벽에 세수

187 기문(記文) : 《퇴계집(退溪集)》 권42 〈수곡암기(樹谷菴記)〉이다.

188 증상(烝嘗) : 가을철과 겨울철에 지내는 제사를 말한다. 봄 제사는 향(享)이라 하고, 여름 제사는 약(禴)이라 하고, 가을 제사는 상(嘗)이라 하고, 겨울 제사는 증(烝)이라 한다.

하고 머리 빗고 늘어서서 절하게 하였으며, 예복을 입지 않으면 감히 뵙지 못하게 하였으며, 물가에 가서 몸을 씻고 머리를 감도록 타이르고 방 안에 씻는 도구를 두지 못하게 하면서 말하기를,

"아이들을 안일하게 키우게 될까 염려된다."

하였다. 임종할 때는 나은공(懶隱公 이동표(李東標))을 불러 말하기를,

"우리 가문을 일으켜 세울 희망이 오직 너에게 달렸다. 내가 미처 겨를이 없어 하지 못한 것은 네가 이어 나가거라."

하였다. 아, 가정 안에서 기대하고 가르쳤으니 임종 시에 한 말로 미루어 보면 생전에 어떻게 했는지를 알 수 있다. 그렇다면 상론(尙論)하는 자가 여기에서 가학(家學)의 연원을 알 수 있지 않겠는가.

공의 계보는 진보(眞寶)에서 나왔다. 고려 말에 휘 석(碩)이 현리(縣吏)에서 일어나 생원시에 합격하고 밀직사(密直使)에 증직되었다. 그의 아들 휘 자수(子脩)는 문과에 급제하고 홍건적을 평정하여 송안군(松安君)에 봉해졌다. 4대를 내려와 휘 우(堣)에 이르는데, 휘 우는 문학으로 지위가 아경(亞卿)에 이르렀으며 호는 송재(松齋)이다. 2대를 내려와 휘 빙(憑)에 이르는데, 휘 빙은 관직이 첨정(僉正)이고 사복시 정에 증직되었으며, 아우 휘 충(冲)의 아들 휘 일도(逸道)를 후사로 삼았다. 휘 일도는 관직이 봉사(奉事)이고 좌승지에 증직되었다. 그의 아들 휘 지형(之馨)은 생원이고 이조 참판에 증직되었는데, 공의 아버지이다. 어머니 청주 정씨(淸州鄭氏)는 정사의(鄭士毅)의 따님으로, 여러 번 증직되어 정부인(貞夫人)에 증직되었다. 3대가 증직을 받은 것은 공이 존귀해졌기 때문이다.

공은 모두 두 번 장가들었는데, 전 부인 안동 권씨(安東權氏)는 권상충(權尙忠)의 따님이자 권충재(權冲齋) 선생의 현손녀로, 시어머니를

섬김은 효성과 공경으로 알려지고, 가정을 다스림은 부지런히 일한 것으로 이름이 났는데, 정부인에 증직되었다. 후 부인 고창 오씨(高敞吳氏)는 오익렬(吳益烈)의 따님으로 정부인에 봉해졌고, 원당리(元堂里)에 안장되었다.

공은 2남 8녀를 낳았다. 장남은 단표(端標)이고, 차남은 현감을 지낸 학표(學標)이다. 유후창(柳後昌), 장만원(張萬元), 군수를 지낸 이후영(李後榮), 현감을 지낸 김세평(金世平), 권수태(權壽泰)에게 시집간 딸들은 권 부인의 소생이고, 조희명(趙喜命), 김위열(金偉烈), 이함(李涵)에게 시집간 딸들은 오 부인의 소생이다.

단표는 자식이 없어 학표의 아들 인겸(仁兼)을 후사로 삼았다. 학표의 두 아들은 의겸(義兼), 인겸이다.

유후창은 1남 1녀를 두었다. 장만원은 3녀를 두었다. 이후영은 7남 2녀를 두었다. 김세평은 1남 2녀를 두었다. 권수태는 1남을 두었다. 조희명은 2남을 두었다. 김위열은 5남 1녀를 두었다. 이함은 자식이 없다.

의겸의 1남은 중진(重震)이고 2녀는 모두 시집갔으며, 측실 소생으로 아들 중한(重翰)이 있다. 인겸의 3남은 중덕(重德), 중휴(重休), 중관(重觀)이며, 4녀는 모두 시집갔다.

중진의 2남은 진동(鎭東), 진악(鎭岳)이다. 중한은 1남 3녀를 두었다. 중덕의 3남은 진해(鎭海), 진한(鎭漢), 진근(鎭根)이다. 중휴의 4남은 진규(鎭珪), 진두(鎭斗), 진극(鎭極), 진업(鎭業)이고, 2녀는 모두 시집갔다. 중관의 3남은 진홍(鎭弘), 진석(鎭石), 진용(鎭容)이고, 3녀는 모두 시집갔다.

내외 자손이 모두 100여 명인데, 많아서 다 기록하지 못한다.

진동이 위포(韋布)로서 소를 올려 영남에서 무신년(1728, 영조4)에 창의(倡義)한 일을 진달하자,[189] 상이 입시(入侍)할 것을 명하여 그의 행동거지와 용모를 보고 누차 하교하기를,

"재상의 그릇이다. 재상의 그릇이다."

하여, 내가 본래 그 사람을 흠모하였는데, 그가 일부러 나를 찾아와 명(銘)을 부탁하니, 내가 어찌 감히 사양하겠는가. 이에 명을 지으니 다음과 같다.

신하로서 충신이 되고	臣而爲藎臣
자식으로서 효자가 되었네	子而爲孝子
오도가 권면하는 것은	吾道所勉
이와 같을 뿐이네	如是焉而已
공은 이 두 가지에 대해	公於斯二者
배운 것을 저버리지 않았네	不負所學
그 온축한 것을 다 쓰지 못했으니	用不盡厥蘊
후손이 꼭 보답받으리라	吾知後昆之有報必食

189 진동이……진달하자 : 이진동(李鎭東)이 1788년(정조12) 무신란(戊申亂) 60주년을 맞이하여 당시 이인좌(李麟佐) 군에 저항한 영남 사대부의 행적을 기록한《무신창의록(戊申倡義錄)》과 그들의 절의를 주장하는 영남 유생의 상소를 대표로 올린 것을 말한다. 위포는 위대포의(韋帶布衣)의 준말로 가죽띠와 베옷을 가리킨다. 벼슬을 하지 않는 가난한 선비를 뜻한다.

통훈대부 행 동복 현감 순천 진관 병마절제도위 이공 묘갈명

通訓大夫行同福縣監順天鎭管兵馬節制都尉李公墓碣銘

나 제공(濟恭)은 영남의 선비를 맞이한 적이 많았는데, 고(故) 현감 이공(李公)에 대해서는 매우 특별히 친애하였다. 대개 공은 선조가 창석(蒼石) 선생[190]이고, 품행은 효우(孝友)를 이어받았으며, 풍채와 태도가 빼어나고 말과 웃음에 법도가 있어서, 공의 외모를 보고 그 중심이 질박하면서도 문채가 있는 것을 알았다. 공은 남쪽 고을을 5년 동안 다스렸는데, 돌아가자마자 곧 병이 들어서 일어나지 못하였다. 공을 매우 사랑한 사람으로서 어찌 상심이 크고 애석함이 간절하지 않을 수 있겠는가.

지금 공의 고아 곤대(坤大)가 슬픔으로 야윈 중에 나에게 글을 보내 알리며 말하기를,

"나의 아버지께서 평소 공을 북두칠성처럼 앙모하였습니다. 만약 그 죽음을 애도하여 명(銘)을 지어 주신다면 살아 있는 것과 같을 것입니다."

하였다. 나는 글을 보고 울었으며, 마침내 행장을 살펴보고 다음과 같이 글을 지었다.

공의 휘는 화국(華國)이고, 자는 유기(由己)이고, 계보는 흥양(興陽)에서 나왔으며, 고려조의 국자 생원(國子生員) 양승(陽升)의 후손

190 창석(蒼石) 선생 : 이준(李埈, 1560~1635)으로, 본관은 흥양, 자는 숙평(叔平), 호는 창석, 시호는 문간(文簡)이다.

이다. 우리 태종을 섬기고 대사헌을 지낸 분은 은(垠)이라 한다. 은의 아들 전주 부윤(全州府尹) 언(堰)은 호가 낙빈(洛濱)인데, 청렴결백으로 드러나서, 세조 임금이 직접 쓴 글을 내려 포창하였다. 4대를 전하여 휘 준(埈)에 이르렀는데, 휘 준은 홍문관 부제학을 지내고 사후에 이조참판에 증직되었으며, 문장과 도학으로 선조와 인조 두 조정의 명신이 되었다. 실로 창석 선생은 공에게 5대조이다.

고조 휘 광규(光圭)는 국자 생원이다. 증조 휘 재아(在雅)는 교관이다. 조부 휘 성지(性至)는 누차 천거되었으나 벼슬하지 않았다. 아버지 휘 증술(增述)은 향리 사람들이 그의 효성과 의리에 감복하였다. 어머니 한산 이씨(韓山李氏)는 이득운(李得運)의 따님이다.

공은 영조 을유년(1765, 영조41)에 생원시에 합격하였다. 금상(今上) 무술년(1778, 정조2)에 이부(吏部)가 영남 선비들의 바람을 조사하여 공을 동몽교관으로 기용하였다. 몇 해 지나서 장악원 주부로 승진하였다가 북부 도사(北部都事)로 옮기고, 이어서 호조 좌랑에 제수되었으며, 호조를 거쳐서 동복 현감(同福縣監)이 되었다.

공이 교관으로서 상을 모실 적에, 상이 집안의 덕행을 물어보고 나서 하교하기를,

"그대는 대대로 녹을 받은 집안의 신하이다."

하였다. 공이 동복 현감에 제수되어 하직 인사를 할 때, 상이 또한 하교하기를,

"너는 영남 사람이다. 영남의 기풍을 저버리지 말라."

하였다.

공은 관직에 있을 때 늘 말하기를,

"내가 밤낮으로 경계하고 성찰하는 것은 세 가지이다. 상의 뜻을

어찌 감히 잊을 수 있겠는가. 전윤공(全尹公)[191]이 전한 청렴결백을 어찌 실추할 수 있겠는가. 한강(寒岡 정구(鄭逑))과 설월당(雪月堂)[192]이 후세에 끼친 은택을 어찌 막히게 할 수 있겠는가."

하였다.

공이 재물을 덜어 선비를 양성하니, 선비들이 흥기하였다. 흉년이 든 해에는 늠료를 덜어서 백성을 진휼하니, 백성들이 야위지 않았다. 영남에 있는 농장에서 수확하면 사람을 보내 그 저장한 곡식을 수많은 친족에게 나누어 주었는데, 그 곡식을 기다려 밥 지을 불을 지핀 이가 70여 집이었다. 파직되자 기쁘게 향리로 돌아왔는데, 몇 달 지나지 않아 정미년(1787) 2월 8일에 세상을 떠나니, 향년 60세였다. 원근에서 부음을 들은 자들은 탄식하고 애도하지 않는 사람이 없었으며, 고장의 시장 또한 중지하였다.

초배(初配) 풍산 유씨(豐山柳氏)는 공보다 13년 먼저 세상을 떠났으며, 1남 1녀를 두었다. 아들은 곤대(坤大)이고, 사위는 박찬혁(朴瓚赫)이다. 계배(繼配) 창녕 조씨(昌寧曺氏)는 공보다 8년 먼저 세상을 떠났는데, 함께 상주(尙州)의 안산(安山) 손좌(巽坐)의 언덕에 안장되었다. 이때에 이르러 유 숙인(柳淑人)의 무덤을 파고 합장하였다.

공은 어버이를 섬길 적에, 봉양할 때는 필요한 물건을 미리 갖추었고 병환이 들었을 때는 근심을 다하였으며, 장례와 제사는 모두 예법을

191 전윤공(全尹公) : 이화국의 선조로서, 전주 부윤을 지낸 이언을 말한다.

192 설월당(雪月堂) : 김부륜(金富倫, 1531~1598)으로, 본관은 광산(光山), 자는 돈서(惇敍), 호는 설월당이다. 1585년(선조18) 동복 현감으로 부임하여 향교를 중수하고 봉급을 덜어 서적을 구입하는 등 지방 교육 진흥에 공헌하였다.

따라 지내서 흠결이 없었다. 아우가 죽어서 두 고아를 보살필 때는 자기 자식과 차별을 두지 않았다. 아, 관직에 있을 때의 치적은 사람들이 모두 말하고 있으나, 집안에서 순박하고 독실했던 품행은 글로 알리지 않는다면 또한 누가 기뻐하고 사모할 수 있겠는가. 이것은 명을 쓰기에 합당하다. 명은 다음과 같다.

창석이 오대조	蒼石五世
나는 그 후손을 보았네	吾見其孫
풍도가 진중하고 심원하며	風度凝遠
질박한 데다 또한 문채 났네	旣質且文
남들과 함께 서울에 와서	旅進京師
자주 나를 찾아왔네	頻來我訪
향기는 옛 자리에 남아 있는데	芬留舊席
눈물이 남은 행장에 떨어지네	淚墮遺狀
명을 써서 보내 주네	銘以貺之
상안[193]의 장례에	商顏之葬

193 상안(商顏) : 상산(商山)의 남쪽이라는 뜻으로, 경북 상주의 별칭이다.

증 자헌대부 호조 판서 행 가선대부 경상좌도 병마절도사 증시 무의 박공 묘갈명

贈資憲大夫戶曹判書行嘉善大夫慶尙左道兵馬節度使贈諡武毅朴公墓碣銘

금상(今上) 7년 계묘년(1783, 정조7)에 박공(朴公)을 판서에 증직하고 무의(武毅)라는 시호를 내렸는데, 실로 200년 동안 미처 이루지 못했던 은전이다. 아무리 후손의 정성이 하늘에 닿아서 이렇게 된 것일지라도 우리 성상이 충정(忠貞)을 생각하고 "두터이 여기며 잊지 않으리라."[194] 한 것이 아니었다면 어떻게 이런 일이 있었겠는가. 아, 아름답도다.

공의 휘는 의장(毅長)이고, 자는 사강(士剛)이며, 가정 을묘년(1555, 명종10)에 영해(寧海)의 원구리(元丘里) 집에서 태어났다. 공은 23세 때 무과에 급제하였다.

무자년(1588, 선조21)에 주부(主簿)를 거쳐 진해 현감(鎭海縣監)이 되었다. 두서너 해 머물자 고을 사람들이 행정을 잘한다고 하였다. 그리고 경주 판관(慶州判官)에 제수되었다.

선조 임진년(1592) 여름에 왜적이 대거 침입하자, 공은 휘하의 병졸을 이끌고 병마사(兵馬使) 이각(李珏)을 따라 동래부(東萊府)를 구원하기 위해 달려갔다. 출발하여 중간 정도 갔을 때에 이각이 겁을 먹고 후퇴하려는 형세를 취하자, 공이 나아가서 말하기를,

194 두터이……않으리라 : 《서경》 〈미자지명(微子之命)〉에 "내 너의 덕을 가상히 여기니, 두터이 여기며 잊지 않으리라."라고 하였다.

"적을 보지도 못했는데, 어찌 퇴각합니까."

하니, 이각이 노하여 위령률(違令律)로 처벌하려 하였다. 공이 준엄한 목소리로 말하기를,

"적을 죽이지도 못하고 도리어 싸울 장수를 죽이려 하시니, 국가의 중임을 받고서 이와 같이 해서는 안 될 듯합니다."

하니, 이각이 부끄러워하며 뉘우치고 술잔을 들어 술을 따라 주며 사과하고, 이내 공을 경주로 돌아가 지키게 하였다.

공이 경주에 이르러 보니, 성은 비었고 무기는 남아 있는 것이 하나도 없었다. 공은 장기 현감(長鬐縣監) 이수일(李守一)[195]과 함께 성을 지킬 전략을 의논하였다. 전열을 갖추기도 전에 왜적이 추격해 오니, 공은 사세가 어찌할 수 없음을 알고 이수일에게 울면서 말하기를,

"어찌 잠시 피했다가 훗날의 공효를 도모하지 않겠는가."

하고, 이에 성안 백성을 이끌고 부(府) 서쪽 죽장현(竹長縣)에 들어가 지키며, 흩어지고 도망갔던 사람들을 거두어 모으니 군세가 다시 형성되었다. 이때가 되어 조정은 병마사 이각이 군대를 버리고 도망갔다는 이유로 즉시 그가 있는 곳에 사람을 보내어 목을 베게 하고 박진(朴晉)[196]을 후임으로 삼았다.

박진이 13개 읍의 군졸 5만 명을 출동시켜 왜적을 공격했는데, 도리

195 이수일(李守一) : 1554~1632. 본관은 경주(慶州), 자는 계순(季純), 호는 은암(隱庵)이다. 1592년 임진왜란이 일어나자 의병을 일으켜 분전하였다.

196 박진(朴晉) : 1560~1597. 본관은 밀양(密陽), 자는 여회(汝晦)·명보(明甫), 시호는 의열(毅烈)이다. 밀양 부사 재직 시, 임진왜란이 일어나자 병마절도사 이각과 함께 소산(蘇山)을 지키다가 패하여 성에 불을 지르고 후퇴하였다. 이후 경상좌도 병마절도사가 되어 영천(永川)과 경주를 탈환하는 데 많은 공을 세웠다.

어 왜적에게 기습을 당했다. 왜적이 더욱 치성하자 공이 이에 의병(疑兵)을 많이 설치하고, 밤에는 횃불을 벌여 놓고 낮에는 말을 달리면서 활을 쏘았다. 왜적은 아무리 성곽과 진지에 웅거하고 있을지라도 마음을 감히 스스로 편안하게 갖지 못하였다.

9월에 공이 수하의 결사대를 이끌고 밤에 성 가까이 다가가 대포로 진천뢰(震天雷)[197]를 쏘니, 대포 소리가 하늘을 진동하고, 진천뢰에 맞는 것은 가루처럼 부서지지 않는 것이 없었다. 왜적이 크게 놀라고 두려워하여 밤에 달아났으므로 이에 경주성을 수복하였는데, 성안에는 남은 곡식이 4만 섬(石)이나 있어서 군량미로 많이 쓸 수 있었다. 이 전투에서 병마사 박진이 조정에 공적을 보고하면서 다 자신의 공으로 돌렸으나, 공은 간여하지 않았다. 병사 중에 주먹을 불끈 쥐며 분개하지 않는 이가 없었으나 공은 개의치 않고 죽거나 살거나 간에 나라에 보답하고자 하는 기운을 더욱 가다듬었다.

계사년(1593) 3월에 왜적과 우연히 대구의 파잠(巴岑)에서 마주치자 공은 종일토록 죽음을 각오하고 싸웠는데, 죽이거나 포획한 것이 매우 많았다. 이에 앞서 조정이 여러 번 공에게 선공감 부정(繕工監副正), 군기시 첨정(軍器寺僉正)을 제수하였다가 본직(本職)에 번번이 잉임하였는데, 이때에 이르러 통정대부의 품계에 올랐다. 얼마 지나지 않아 특지(特旨)로 자급을 뛰어넘어 본부(本府 경주)의 부윤(府尹)에

197 진천뢰(震天雷) : 비격진천뢰(飛擊震天雷)이다. 선조 때 화포장(火砲匠) 이장손(李長孫)이 발명한 폭탄으로, 화약, 철편(鐵片), 뇌관을 속에 넣고 겉을 쇠로 박처럼 둥글게 싸서 대완포구(大碗砲口)로 발사하면 5, 6백 보를 날아가 떨어지는데, 진천뢰 속 화약이 안에서 폭발하며 철편이 사방으로 날아가 살상하였다.

제수하고, 교지를 내려 포창하고 표리(表裏) 일습(一襲)을 하사하였다. 12월에 아버지의 상(喪)에 달려갔는데, 조정에서 상중에 복직하여 임지로 돌아갈 것을 명하였다.

당시에 왜적이 바닷가에 주둔하면서 불시에 출몰하여 집을 불태우고 재산을 빼앗았다. 갑오년(1594) 2월 양산(梁山)에 있던 왜적이 경계를 침범하자, 공이 격파하였다. 3월에 임랑포(林浪浦)에 있던 왜적이 고을의 남쪽을 차지하고, 5월에 기장(機張)에 있던 왜적이 경계를 침범하고 7월에는 돌아서 고을의 동쪽을 침입했는데, 공이 모두 격퇴하였다. 고을 남쪽 전투에서는 되찾아 온 사람과 소와 말과 무기가 매우 많았다. 이로부터 왜적이 서로 경계하며 감히 경주의 경계에 가까이 오지 못하였다. 이에 공은 물러나 상제(喪制)를 마치게 해 줄 것을 힘써 요청했으나 조정이 허락하지 않았다.

을미년(1595) 겨울에 교지를 내려 이르기를,

"박의장(朴毅長)이 경주를 지켜 낸 공로는 보통보다 훨씬 뛰어나다. 그에게 가선대부의 품계를 더한다."

하였다. 이해 겨울에 임기가 끝나게 되자, 체찰사가 급히 장계하여 공을 잉임할 것을 청했는데, 이것은 백성들이 바랐기 때문이다.

정유년(1597)에 왜적이 다시 침입하자, 공이 여러 장수를 독려하며 영천(永川)에서 싸워 적을 격파하였다. 또한 안강(安康)에 있는 왜적을 무찌르자, 왜적은 도산(島山)[198]으로 물러나 지켰다. 이때 체찰사

198 도산(島山) : 도산성(島山城)으로, 지금의 울산 학성(鶴城) 지역이다. 이곳은 가등청정(加藤清正)이 주둔하였는데 울산성 전투는 임진왜란의 말미를 장식한 대혈전으로 조명 연합군이 성을 함락시키지는 못했으나 일본군에게 큰 타격을 입혔다.

유공 성룡(柳公成龍)이 동경(東京 경주)에 개부(開府)하고, 명나라 장수 양호(楊鎬)[199]와 마귀(麻貴)[200]가 5만의 군사를 이끌고 크게 집결하니, 음식물을 준비하여 접대하는 비용이 거만(鉅萬)으로 계산할 정도였다. 공이 난리 속에서도 여러 가지 방법으로 힘쓰고 쉴 새 없이 일하여 조치들이 모두 시의(時宜)에 잘 들어맞으니, 명나라 장수들이 공을 중시하였다.

무술년(1598) 봄에 명나라 군대가 도산을 공격하였다. 후퇴할 때 공이 정예병을 이끌고 뒤를 끊으며 세 번 싸워 세 번 이기니, 공의 군대만이 온전하였다. 상이 가의대부(嘉義大夫)로 품계를 올릴 것을 명하고 전마(戰馬)를 내려서 공을 총애하고 전처럼 교지를 내려 포창했는데 더욱 정중하였다. 이해 겨울에 왜적이 군대를 철수하여 돌아갔다.

기해년(1599)에 성주 목사(星州牧使)로 옮겨 가서 방어사(防禦使)를 겸하였다. 다음 해 봄에 승진하여 경상좌도 절도사에 제수되었다. 겨울에 병이 들어서 돌아왔다.

무신년(1608)에 이르러 또 제수되었는데, 군사와 백성이 공이 온다는 말을 듣고 크게 기뻐하고 뛰면서 서로 축하하였다.

경술년(1610, 광해군2)에 요직에 있는 자가 묵은 감정 때문에 대관

199 양호(楊鎬) : 명나라 장수로, 정유재란 때에 경리조선군무(經理朝鮮軍務)가 되어 구원병을 거느리고 참전했으나 울산 도산성에서 왜군에게 패해 파면되었다.

200 마귀(麻貴) : 1597년 정유재란이 발생하자 명나라에서 조선을 지원하도록 파견된 제독이다. 이해 12월 도원수 권율(權慄)과 합세하여 울산에 내려가서 도산성을 공격하였으나 적장 흑전장정(黑田長政)이 이끄는 왜군에게 패하여 경주로 후퇴하였다. 1598년 만세덕(萬世德)이 거느린 14만 원군을 따라 들어와 다시 도산성을 공격하였으나 성과를 올리지 못하고, 왜군이 철수하자 귀국하였다.

(臺官)을 사주하여 공을 탄핵하여 파직시키게 하자 군사와 백성이 조정에 달려가 호소하였으며, 공이 유임하지 못하게 되자 비석을 세워 사모하는 마음을 담았다.

신해년(1611)에 인동 부사(仁同府使)에 제수되었다.

임자년(1612)에 또 경상좌도 절도사에 제수되었다. 이것은 조정이 공으로 하여금 남쪽 변방을 떠나지 않게 하여 남쪽을 돌아보는 근심을 끊으려 한 것이다. 대관이 요직에 있는 자의 사주를 받고 또 전처럼 하였으나 군사와 백성의 호소로 인하여 즉시 서용하여 공홍도 수군절도사(公洪道水軍節度使)로 삼았는데, 공이 어버이가 늙었다는 이유로 사직하자, 본도(本道 경상도)의 수군사(水軍使)로 바꾸는 것을 허락하고 또한 바닷가 고을을 순행하고 살피는 것을 허락하였다. 이로 인해 근친(覲親)하기 편하였으니, 특별한 예우이다.

을묘년(1615)에 병이 발작하여 1월 25일에 군영(軍營)에서 세상을 떠나니, 향년은 환갑이었다. 조정이 예관(禮官)을 보내어 제사를 지내고, 또한 자헌대부(資憲大夫) 호조 판서에 증직하고 겸직은 전례와 같이 하였다.

공은 젊었을 적에 유일재(惟一齋) 김공 언기(金公彦璣)[201]에게 가르침을 받았다. 경사(經史)에 통달하고 고금(古今)에 박식하였으나, 사람들은 공의 용모가 빼어나고 공손한 것만을 보고 좋은 서생(書生)이

201 김공 언기(金公彦璣) : 김언기(1520~1588)로, 본관은 광산(光山), 자는 중온(仲昷), 호는 유일재(惟一齋)이다. 교육과 학문 연구로 일생을 마치면서 권위(權暐), 박의장, 신지제(申之悌), 권태일(權泰一), 김기(金圻), 권강(權杠) 등 많은 명사들을 배출하였다.

라 여겼다. 그러나 국가에 큰 난리가 나자, 공이 경주에서 임무를 받아 3년 동안 판관을 지냈고 승진하여 7년 동안 부윤을 지냈으며, 한 고을의 땅으로 흉적의 칼날을 막으며 전후로 50여 전투에서 패배한 적이 한 번도 없어서 중흥의 대업을 도왔으니, 문무를 온전히 겸비한 재능이 아니면 그 누가 이에 참여할 수 있겠는가.

병마사가 공훈을 보고할 때 사실대로 하지 않았고 요직에 있는 자가 또한 번번이 공을 모함하여, 공의 모습이 기린각(麒麟閣)에 그려지지 못하게 하고 지위가 장군의 자리에 오르지 못하게 하였는데, 이것이 진실로 공론이 분개하고 유감을 갖는 까닭이다. 그러나 존경하고 받들기 위하여 조두(俎豆)를 두고 덕을 숭상하기 위하여 절혜(節惠)를 두었으니, 후세의 군자들 역시 권장하는 바를 알 수 있을 것이다.

공의 계보는 무안(務安)에서 나왔으며, 고려에서 국학 전주(國學典酒)를 지낸 진승(進昇)의 후예이다. 국학 전주의 후손으로서 서로 이어 장상(將相)이 된 자는 모두 10여 대(代)이다. 증조 휘 지몽(之蒙)은 부사직(副司直)을 지내고 사복시 정에 증직되었다. 조부 휘 영기(榮基)는 용양위 우부장(龍驤衛右部將)을 지내고 공조 참의에 증직되었다. 아버지 휘 세렴(世廉)은 현감을 지내고 병조 판서에 증직되었으며, 어머니 정부인 영양 남씨(英陽南氏)는 남시준(南時俊)의 따님이다. 공의 신분이 높아져서 은혜가 3대에 미쳤다.

배위(配位) 정부인 영천 이씨(永川李氏)는 이지영(李之英)의 따님으로, 법도 있는 가문에서 나고 자라 현숙한 품행이 있었다. 갑인년(1554, 명종9)에 태어나 기사년(1629, 인조7)에 세상을 떠났으니 향년 76세이며, 공과 오현(烏峴)에 함께 안장되었다가 훗날 부(府) 서쪽 집희암(集喜巖)이 있는 산의 태좌(兌坐) 언덕으로 이장되었다.

공은 4남 3녀를 두었다. 장남 유(瑜)는 현령을 지냈고, 차남은 위(瑋)이고, 셋째 륵(玏)은 도총부 경력을 지내고 병조 참의에 증직되었으며, 넷째 선(璿)은 유학자의 품행이 있어 천거되어 동몽교관(童蒙敎官)에 제수되었다. 사위 세 명은 충의위(忠義衛) 손로(孫魯), 진사 박종무(朴樅茂), 사인(士人) 이시형(李時亨)이다. 손자와 증손자 이하는 많아서 다 기록하지 못한다.

공의 6세손 사주(師周)가 천 리 밖 서울에 와서 머물면서 명(銘) 짓는 일을 나에게 맡겼다. 사주는 곧 공이 임진년(1592, 선조25)에 이룬 공로를 하늘에 호소하여 공에게 사시(賜諡)를 받게 한 자이다.[202] 그의 정성이 참으로 사람을 감동시키기에 충분하니, 이에 명(銘)을 짓는다. 명은 다음과 같다.

하늘에 액운이 있다가	天有厄運
그 액운이 내려오면 어찌하나	運至則那
반드시 준걸을 낳아	必生俊傑
나라를 지켜 준다네	保有邦家
지난 임진년에	粤歲在壬
왜적이 동토[203]를 유린하였네	倭躪東土
높고 높은 동도[204]	嶪嶪東都
뱀과 돼지의 집이 되었네	蛇豕攸宇

202 사주는……자이다 : 《정조실록》 8년 2월 8일 기사에 보인다.

203 동토(東土) : 조선을 말한다.

204 동도(東都) : 경주를 말한다.

공에게 진포[205]가 있으니　公有震砲
광광 천둥처럼 울었네　吼霆訇霹
적은 달아나고 우리 군사 들어가니　賊遁我入
쌀이 산처럼 쌓여 있네　有米山積
왕이 이곳 다스릴 것을 명하니　王命尹玆
만 리 밖을 밝게 보았네　萬里明見
가는 곳마다 모두 이기니　無往不捷
크고 작은 수많은 전투였네　大小百戰
누구의 공적이 으뜸이었나　誰其上功
공은 큰 나무 아래 있었네[206]　公在大樹
원수부에 창과 둑[207] 있으니　帥府戟纛
저 사람이 참소하였네　彼哉讒口
우리 왕은 훌륭한 군주이고　我王烝哉
선조 임금의 후손이네　宣廟之孫
아름다운 시호를 내리니　錫以美謚

205 진포(震砲) : 비격진천뢰와 그것을 쏘는 대포를 말한다.

206 큰……있었네 : 전공을 세우고도 겸손하여 공로를 내세우지 않는 것을 말한다. 《후한서(後漢書)》〈풍이열전(馮異列傳)〉에 "편장군(偏將軍) 풍이(馮異)의 위인이 겸손하여 자신의 공로를 자랑하지 않았고 적과 접전(接戰)하지 않을 경우에는 부하들로 하여금 항상 제군(諸軍)의 뒤에 행군하도록 하였다. 전투가 끝나고 여러 장수들 논공행상(論功行賞)할 적마다 풍이는 항상 나무 밑에 있었기 때문에 군중(軍中)에서 대수장군(大樹將軍)으로 호칭하였다."라고 하였다.

207 둑(纛) : 둑기(纛旗)이다. 대가(大駕)나 군대의 행렬 앞에 세우던 대장기(大將旗)로, 큰 창에 소의 꼬리를 달거나 극(戟)에 삭모(槊毛)를 달아서 만들었다.

사륜이 빛나네 煥乎絲綸
기련산 본뜬 큰 무덤[208] 祈連大塚
집희암의 언덕에 있네 集喜之原
황하가 끊임없이 흐르듯 黃河不斷
나의 이 명 함께 전하리라 我銘同傳

208 기련산(祈連山)……무덤 : 큰 공적을 세운 박의장의 무덤을 말한다. 기련산은 원래 기련산(祁連山)으로 표기한다. 한 무제(漢武帝) 때 명장 곽거병(霍去病)이 기련산 일대에서 흉노를 정벌하였는데, 곽거병이 병으로 죽자 무제는 그의 죽음을 슬퍼하여 장안(長安)에서 무릉(茂陵)에 이르는 넓은 지역에 그의 무덤을 축조하면서 무덤의 모양을 그가 생전에 전공을 세운 기련산을 본떠 만든 고사에서 온 말이다. 《史記 驃騎列傳》

지은이 **채제공(蔡濟恭)**

1720년(숙종46)～1799년(정조23). 조선 후기의 문신으로, 본관은 평강(平康), 자는 백규(伯規), 호는 번암(樊巖)·번옹(樊翁)이며, 시호는 문숙(文肅)이다. 1743년 정시 문과에 병과로 급제하여 승문원 권지부정자에 임명되면서 관직 생활을 시작하였다. 1748년 11월 영조의 특명으로 시행한 한림 소시(翰林召試)에서 수석을 차지하여 예문관 검열과 대교가 되었고, 이후 대사간, 한성부 판윤, 병조 판서, 예조 판서, 호조 판서 등을 역임하였다. 1780년 역적 홍국영과의 친분, 사도세자에 대한 신원 주장으로 공격을 받자 사직하고, 명덕산(明德山)과 노량(鷺梁) 등지에서 은거하였다. 1788년 우의정이 되었으며 2년 후 좌의정으로 승진하면서 3년간 혼자 정승을 맡아 국정을 운영하였다. 영조가 사도세자의 죽음을 후회하여 기록한 〈금등(金縢)〉을 정조와 함께 보관할 유일한 신하로 채택될 만큼 두 국왕의 깊은 신임을 받았으며, 정조의 탕평책을 추진한 핵심적인 인물이었다. 사후인 1801년 황사영 백서 사건(黃嗣永帛書事件)으로 관작이 추탈되었다가 1823년 영남만인소로 신원되었다. 문장은 소차(疏箚)에 능했고, 시풍은 위로는 이민구(李敏求)·허목(許穆), 아래로는 정약용(丁若鏞)으로 이어진다고 한다.

옮긴이

정문채(鄭文采)

부산대학교 국어국문학과를 졸업하고 서울대학교 국어국문학과 석사과정을 수료하였으며 한국고전번역원 부설 고전번역교육원 연수과정을 졸업하였다. 현재 한국고전번역원 고전문헌번역실 교점번역위원이다.

김정기(金正基)

한림대학교 부설 태동고전연구소와 강원대학교 국어국문학과 박사과정을 수료하였다. 현재 한국고전번역원 고전문헌번역실 교점번역위원이며, 한국국학진흥원 영남선현문집번역 객원연구원이다.

번암집 12

채제공 지음 | 정문채 김정기 옮김

2021년 12월 31일 초판 1쇄 발행

발행인 신승운 | 발행처 한국고전번역원
등록 2008. 3. 12. 제25100-2018-000049호
주소 (03310) 서울시 은평구 진관1로 85
전화 02-350-4800 | 팩스 02-350-4994 | 홈페이지 www.itkc.or.kr

번역 정문채(제46권~제47권) 김정기(제48권~제49권)
연구총괄 양기정 | 연구기획 김지민 | 자문 정선용

책임편집 하현주 | 편집진행 김태훈 신진호 김지수
편집교정 박현진 서세영 유정님 | 조판 김지현 | 제작 김형석
디자인 씨디자인 | 인쇄 ㈜대유기획인쇄

값 20,000원
ISBN 978-89-284-0866-5 94810
978-89-284-0427-8 (세트)